Rechtsprechung und Schrifttum

in

Reichssteuersachen

Herausgegeben von

Dr. R. Kloß,

Senatspräsidenten am Reichsfinanzhof, Sächsischem Geheimen Rat.

X. Band

enthaltend das Jahr 1928.

1 9 2 9

München, Berlin und Leipzig

J. Schweitzer Verlag (Arthur Sellier).

Druck von Dr. F. P. Datterer & Cie., Freising-München

Vorwort.

Der vorliegende Band weist für das Kalenderjahr 1928 zu 40 Reichsgesetzen und Staatsverträgen die in Reichssteuersachen ergangenen amtlich oder sonst veröffentlichten Entscheidungen des Reichsfinanzhofs und anderer oberster Gerichtshöfe, sowie das in den Fachzeitschriften und in Einzelschriften enthaltene Schrifttum zum Reichssteuerrecht nach. Er schließt ab mit Band 24 der amtlichen Sammlung der Entscheidungen und Gutachten des Reichsfinanzhofs, im übrigen je mit dem letzten im Jahre 1928 erschienenen Stück der in Betracht kommenden Zeitschriften und amtlichen Blätter.

Für die Reihenfolge der behandelten Gesetze ist die alphabetische Ordnung, bezogen auf die beim RFH. üblichen Abkürzungen der Gesetzesüberschriften, beibehalten worden.

München, im April 1929.

Dr. R. Kloß.

Inhaltsverzeichnis.

Abkürzungen.

BG.	=	Bankarchiv (Bandzahl).
Bek.	=	Bekanntmachung.
DJZ.	=	Deutsche Juristenzeitung.
DStBl.	=	Deutsches Steuerblatt.
DVR.	=	Deutsche Verkehrsteuer-Rundschau.
DStZ.	=	Deutsche Steuerzeitung.
E.	=	Entscheidungssammlung (Bandzahl).
FA.	=	Finanzamt.
FG.	=	Finanzgericht.
G.	=	Gesetz.
IndMitt.	=	Mitteilungen der Steuerauskunftsstelle des Reichsverbandes der deutschen Industrie
JW.	=	Juristische Wochenschrift.
LFA.	=	Landesfinanzamt
n. v.	=	Nicht veröffentlicht.
OVG.	=	Oberverwaltungsgericht.
PrOVGSt.	=	Entscheidungen des preußischen Oberverwaltungsgerichts in Steuersachen (Bandzahl).
RFBl.	=	Amtsblatt der Reichsfinanzverwaltung.
RFH.	=	Reichsfinanzhof.
RG.	=	Reichsgericht-Zivilsachen.
RGBl.	=	Reichsgesetzblatt,
RGSt.	=	Reichsgericht-Strafsachen.
RStBl.	=	Reichssteuerblatt.
RuPrVBl.	=	Preußisches Verwaltungsblatt (Jahrgang).
S.	=	Sammlung der Entscheidungen und Gutachten des Reichsfinanzhofs (Bandzahl). — Gutachten sind durch ein D im Aktenzeichen kenntlich.
StA.	=	Steuerarchiv
StuW.	=	Steuer und Wirtschaft.
StZdL.	=	Die Steuerzeitung des Landwirts.
V.	=	Verordnung.
VR.	=	Verkehrsrechtliche Rundschau.
VGH.	=	Verwaltungsgerichtshof.
ZfZ.	=	Zeitschriften für Zollwesen und Verbrauchssteuern.
ZStFr.	=	Zeitgemäße Steuer- und Finanzfragen.

Die Abkürzungen der Steuergesetze sind diesen im vorstehenden Inhaltsverzeichnis beigesetzt.

1.
Allgemeines.

I. Schrifttum.

Büchner, Reichssteuersystem. (Leipzig: Teubner 1928.) — Friedrichs, Das System des Abgabenrechts. StFR. 1927, 713. — Kloß, Rechtsprechung u. Schrifttum in Reichssteuersachen. 9. Bd. (München: Schweitzer 1928). — Pistorius, Unser Steuerrecht. I. Teil. (Stuttgart: Kohlhammer 1928). — Soergel, Jahrbuch des Reichssteuerrechts 1927. (Stuttgart: Kohlhammer 1928).

Ball, Steuerrecht und Privatrecht in der Rechtsprechung des Reichsfinanzhofs. StuW. 1928, 995. — Becker, Enno, Die Entwicklung des Steuerrechts durch die Rechtsprechung seit 1926. StuW. 1928, 855. — Bley, Die Bedeutung der Rechtsprechung des Reichsfinanzhofs für das Konkursrecht. StuW. 1928, 1095. — Boethke, Steuerrecht und Privatrecht in der Rechtsprechung des Reichsfinanzhofs. StuW. 1928, 1203. — Emge, Das grundsätzliche Verhältnis des Zivilrechts zum Steuerrecht. DJZ. 1928, 860. — Hein, Steuerrecht u. Handelsrecht. (Berlin: de Gruyter 1928). — Hensel, Die Entwicklung des deutschen Steuerrechts durch die Gesetzgebung vom September 1926 bis August 1928. StuW. 1928, 841. — Hensel, Welche Funktion hat das Finanz- und Steuerrecht im wissenschaftlichen Unterricht zu erfüllen? StuFR. 1928, 1. — Kronstein, Steuerrecht und Rechtswissenschaft. StuW. 1928, 121/22. — Pape, Das Steuerrecht, ein Stiefkind des Zivilrechts? DStZ. 1928, 100. — Waldecker, Steuerrecht und Rechtsstaat. (Berlin: Hermann Sack 1928).

Boethke, Steuerliche Ersatztatbestände. DStBl. 1928, 138. — Mallochow, Neue Fiktionen und Präsumtionen im Steuerrechte. DStBl. 1928, 141. — Nawiaski, Einiges über steuerrechtliche Grundfragen. StFR. 1928, 442. — Sonnemann, Öffentlichkeit von Steuergutachten. StZdL. 1928, 12. — Zülow, Änderung des Gesetzes im Wege der Auslegung. StA. 1928, 6.

Aust, Volkseinkommen und Steuerlast. IndMitt. 1928, 254. — Derselbe Steuerreform als Glied der Verwaltungsreform und über die Durchführung der letzteren. StZdL. 1928, 107. — Hoff, Die steuerpolitischen Wünsche der Industrie an den neuen Reichstag. IndMitt. 1928, 272. — Kluckhohn, Steuerreform als wirtschaftliche Nothilfe. DStBl. 1928, 181. — Lilienthal, Steuerreform als wirtschaftliche Nothilfe. (Berlin: Otto Liebmann 1928). — Pistorius, Gegenwartsaufgaben der Finanz- und Steuerpolitik. JW. 1928, 2341. — Popitz, Gegenwartsprobleme der Steuergesetzgebung u. Steuerverwaltung. StuFR. 1927, 5. — Raab, Die Steuerleistung der deutschen Aktiengesellschaften vor dem Kriege und nach der Inflation. StuW. 1928, 497, 637. — Rienhardt, Württemberg zur Steuer- und Verwaltungsvereinfachung. PrVBl. 1928, 273. — Sommer, Bundesstaat und Einheitsstaat und die Höhe der öffentlichen Ausgaben. (München: Oldenburg 1928). — Trumpler,

Untersuchungen über die Möglichkeit einer Relation zwischen Einkommen- und Realsteuern mit Rücksicht auf das geplante Reichsrahmengesetz über die Realsteuern. (Berlin: Deutscher Industrie- und Handelstag 1927). — Zarden, Steuerfragen der Zukunft. StuW. 1928, 765. — Zimmermann, Zur Frage der Senkung der direkten Steuern und des weiteren Ausbaues indirekter Steuern. DStBl. 1928, 522.

Aust, Steuerüberwälzung und Steuerpolitik. IndMitt. 1928, 51. — Conrad, Psychologie u. Besteuerung. (Stuttgart: J. Heß 1928). — Dr. Le Coutre u. Altenloh, Bilanzpolitik u. Steuerpflicht. (Berlin C 2: Spaeth & Linde 1923). — Lion, Die Steuer als wirtschaftliche Erscheinung. StuFR. 1927, 651. — Mering, Die Steuerüberwälzung. (Jena: Fischer 1928). — Radecke, Besitzsteuern und Umsatzsteuer in der Rechtsprechung. (Berlin: Heymann 1928).

Burkhardt, Zur steuerlichen Behandlung von Beteiligungen. DStZ. 1928, 331. — Derselbe, Praktische Steuerfragen bei Grundstücksgesellschaften. DStZ. 1928, 720. — Fischer, Zum Steuerrecht der Syndikate. IndMitt. 1928, 19. — Friesecke, Die Abgrenzung der Begriffe „Angestellter", „Agent" und „Kommissionär" im Steuerrechte. DStBl. 1928, 653. — Geiler, Die Einwirkung des Steuerrechts, insbesondere der Rechtsprechung des Reichsfinanzhofs auf das Recht der Personalgesellschaften. StuW. 1928, 1009. — Giese, Steuerführer für die freien Berufe. (Berlin: Heymann 1928). — Goldscheid, Steuerverwendung und Interessenpolitik. (München: Duncker & Humblot 1928). — Karger, Das Steuerrecht der Ehefrau und der minderjährigen Kinder. DStZ. 1928, 322. — Kluckhohn, Die steuerliche Behandlung des Treuhandverhältnisses. IndMitt. 1928, 241. — Derselbe, Die steuerliche Behandlung der Übertragung von Anteilen an einer Grundstücksgesellschaft m. b. H. ZStFr. 1928, 15. — Mariaschk, Steuerliche Maßnahmen zugunsten der Jugendpflegeveranstaltungen und -einrichtungen. RuPrVBl. 1928, 289. — Mühlbach, Die steuerliche Haftung der preußischen Fideikommisse. ZStFr. 1928, 109. — Neumeyer, Die steuerliche Behandlung des Damnums. ArchfRevTreuhWesen 1928, 27. — Pape, Zusammenschlüsse und Wertzuwachssteuer. DStZ. 1928, 388. — Reichsfinanzminist., Zusammenhänge zwischen Steuern und Betriebswirtschaft. (Berlin: Reichsdruckerei 1928). — Runge, Die Interessengemeinschaft im Steuerrecht. IndMitt. 1928, 290. — Ruprecht, Rücklagen in der steuerlichen Gesetzgebung und Rechtsprechung. DStZ. 1928, Sp. 1108. — Schlör, Die steuerliche Behandlung von Betriebszusammenschlüssen. ArchfRevTreuhWesen 1928, 15. — Theis, Empfiehlt sich die Fusionierung von Konzernen im steuerlichen Interesse? DStZ. 1928, Sp. 713. — Weber, Die Besteuerung d. Waldes. (Frankfurt a. M.: Sauerländer 1909). — Wirckau, Die Organtheorie des Reichsfinanzhofs. StA. 1928, 193, 234. — Wulff u. Knof, Die Steuern des Bankiers. (Berlin: Spaeth & Linde 1928). — Zachau, Der Kapitalbegriff in der deutschen Steuergesetzgebung der Gegenwart. (Jena: Fischer 1928). — Zeine, Steuerliche Behandlung von Pensionsversorgung von Arbeitnehmern durch Arbeitgeber. DStZ. 1928 Sp. 1085.

Braun, Über die Möglichkeit internationaler Steuerlastenvergleiche. DStBl. 1928, 455. — Dorn, Doppelbesteuerung und Völkerbund. Die Gutachterentwürfe. StuW. 1928, 49/50. — Derselbe, Die Bedeutung des internationalen Steuerrechts für das nationale Steuersystem. StuW. 1928, 909. — Derselbe, Das Recht der internationalen Doppelbesteuerung. StuFr. 1927, 189. — Gratz, Handelspolitische Kollektivverträge. ZfZ. 1928, 441. — Lademann, Bericht über die Sachverständigenkonferenz in Genf zur Beseitigung der internationalen Doppelbesteuerung. IndMitt. 1928, 456. — Paasche, Die Genfer Doppelbesteuerungskonferenz. DSt. 1928, 694.

Lemke, Die Vorgeschichte u. gegenwärtige Gestaltung des französischen Steuersystems. (Jena: Fischer 1927). — Scholz, Die Besteuerung deutscher Vertreter und Firmen in Frankreich. IndMitt. 1928, 371. — Grabower, Beiträge zu den Beziehungen zwischen Steuerverwaltung und Accoutents in Großbritannien. StuFR. 1928, 11. — Fux, Die Reform der direkten Steuern in der Tschechoslowakei. DJZ. 1928, 353. — Breska, Freigabe und amerikanische Einkommensteuer. DStBl. 1928, 476. — Haensel, Die Finanz- und Steuerverfassung der Union der sozialistischen Sowjetrepubliken. (Jena: Fischer 1928). — Lederer, Internationales Steuerrecht der tschechoslowakischen Steuerreform. ZStFr. 1928, 225. — Gunzenhäuser, Die „Rules of Practice before The United States Board of Tax Appeals“ — eine amerikanische Reichsfinanzhofordnung. ZStFr. 1928, 222. — Marcuse, Finanzen und Steuer in den Vereinigten Staaten in den Fiskaljahren 1926 und 1927. StuW. 1928, 645. — Sarre, Die Durchführungsbestimmungen zur steuerlichen Behandlung des beschlagnahmten deutschen Eigentums in den Vereinigten Staaten von Amerika. JW. 1928, 2345.

II. Rechtsprechung.

Reichsverfassung.

Art. 82.

1. In den Bremischen Zollausschlußgebieten steht die Zollgesetzgebung und Zollverwaltung nach Maßgabe der Reichsverfassung dem Deutschen Reiche zu (zu vgl. RFH. Bd. 15 S. 295). **Staatsgerichtshof** 15. Okt. 27 RGZ. 118, 41.
2. Ein an der See in das Festland führender Entwässerungsgraben, der zu beiden Seiten mit Gras bewachsen ist, gehört nicht zu den außerhalb der Zollgrenze liegenden Küstengewässern, sondern zum Festland. Als zum Festland gehörender Teil des Reichsgebiets gehört ein solcher Graben zum Zollgebiete, soweit er nicht durch besondere Vorschriften davon ausgeschlossen ist. **RFH.** 27. Juni 28 IV A 177/28 ZfZ. 1928, 317 = DStBl. 1928, 507.

Art. 164.

1. Die Rüge einer Gesetzesverletzung kann in einem Steuerrechtsstreite nicht auf § 164 der Reichsverfassung gegründet werden. Denn diese Vorschrift, in der gesagt ist, daß der selbständige Mittelstand in Land-

wirtschaft, Gewerbe und Handel in Gesetzgebung und Verwaltung zu fördern und gegen Überlastung und Aufsaugung zu schützen sei, stellt nicht unmittelbar geltendes Recht, nicht einen zur unmittelbaren Rechtsanwendung geeigneten Rechtssatz, sondern nur eine Richtlinie für die künftige Gesetzgebung auf. Die Ausführung des Programms der Verfassung bleibt im einzelnen besonderen Gesetzen überlassen; an diese allein sind die ausführenden Behörden gebunden. RFH. 28. Sept. 28 I A 327/28 (n. v.).

Bürgerliches Gesetzbuch

§ 397.

1. Ein Verzichtsvertrag braucht keineswegs einen Erlaß im Sinne des § 397 BGB. zu enthalten. Durch den Erlaßvertrag wird gemäß § 397 BGB. ein bestehendes Schuldverhältnis zum Erlöschen gebracht. Der im BGB. nicht einheitlich behandelte Verzicht setzt im Gegensatze dazu überhaupt nicht ein bereits erworbenes Recht des Verzichtenden voraus, er kann vielmehr auch in dem Erlaß einer künftigen Schuld bestehen, mit der Folge, daß durch den Verzichtsvertrag die Entstehung des künftigen Schuldverhältnisses von vornherein ausgeschlossen wird. RFH. 25. Sept. 28 I A 25/28 S. 24, 125.

2.
Reichsabgabenordnung
vom 13. Dezember 1919 (RGBl. S. 1093)

Becker, Reichsabgabenordnung. 6. Aufl. (Berlin: Carl Heymann 1928). — Dresky-Düffe, Die Reichsabgabenordnung. (Liegnitz: Krumbhaar 1928). — Lottner, Die Besteuerung nach der Reichsabgabenordnung. (Hamburg: Hermes 1928).

§ 1.

1. Wie der Branntweinaufschlag selbst sind auch die Verzugszinsen für Branntweinaufschlag keine Steuer im Sinne des § 1 AO. RFH. 26. Sept. 28 IV A 256/28 ZfZ. 1928, 435 = DStBl. 1928, 611.
2. Die Abgabenordnung gilt auch dann, wenn Reichserbschaftssteuer von Erwerben, für die unter Anwendung der bisherigen Vorschriften Erbschaftssteuer eines Landes zu erheben gewesen wäre, für Rechnung dieses Landes erhoben wird. RFH. 14. Okt. 27 Ve A 397/27 S. 22, 83 = StA. 1928, 24 = JW. 1928, 2382 *(m. Bespr. v. Lucas).*

§ 4.

Hachenburg, Die Bedeutung der Rechtsprechung des Reichsfinanzhofs für die Auslegung von Gesetzen und Rechtsgeschäften. StuW. 1928 Sp. 987/988. — Lion, Steuerrechtliche Wirtschaftsbegriffe. StuFR. 1927, 132.

1. a) Bei Auslegung der Steuergesetze sind auch die Rechtsentwicklung, die praktische Durchführbarkeit des Gesetzes und die Gleichmäßigkeit der Belastung zu berücksichtigen.

b) Der § 4 gilt auch für das Aufbringungsgesetz. RFH. 6. Juni 28 I A 192/27 S. 23, 309 = StuW. 1928 Nr. 461 = DJZ. 1928, 1684 = StuW. 1928 Nr. 499 = DStBl. 1928, 555, 559.

2. Grenzen der Bedeutung eines an sich klaren Wortlautes für die Auslegung von Gesetzesvorschriften. RFH. 3. Nov. 27 VI A 354/27 DJZ. 1928, 524.
3. Sind Begriffe des Steuerrechts aus anderen Rechtsgebieten entlehnt, so ist für das Steuerrecht die Auslegung, die diese Begriffe in der Rechtsprechung und dem Schrifttum jener Rechtsgebiete erfahren haben, grundsätzlich dann anzuerkennen, wenn nicht die Eigenart der Steuergesetze, insbesondere auch § 4, zu einer anderen Auslegung nötigt. Das wird insbesondere dann nicht der Fall sein, wenn es sich um Begriffe handelt, die dem Verkehrsleben entnommen sind. RFH. 10. Okt. 28 I A 35/28 S. 24, 188.
4. Bedeutungslosigkeit der Frage, ob ein Angestelltenverhältnis bürgerlich-rechtlich gültig begründet ist. RFH. 21. Dez. 27 VI A 313/27 StuW. 1928 Nr. 35.
5. Verträge, die mangels der vorgeschriebenen Form oder aus einem anderen Grunde für das bürgerliche Recht der Wirksamkeit entbehren, sind trotzdem steuerrechtlich zu beachten, wenn und solange die Beteiligten diese Verträge trotz ihrer bürgerlich-rechtlichen Nichtigkeit als gültig behandeln und erfüllen. RFH. 29. Nov. 27 I B 56/27 RStBl. 1928, 15.
6. Ein Grundsatz, daß die Erhebung einer Steuer von einem sittenwidrigen oder strafbaren Erwerb mit der Rechtsordnung unvereinbar sei, ist für das Steuerrecht nicht anzuerkennen. RFH. 29. Nov. 27 I B 56/27 RStBl. 1928, 15 = StuW. 1928 Nr. 23.

§ 5.

Boethke, Steuerliche Ersatztatbestände. DStBl. 1928, 138. — Kluckhohn, Zur Anwendung des § 5 KO. bei der Grunderwerbsteuer. DVR. 1928, 49, 65.

1. Die Frage, ob eine ungewöhnliche Rechtsform gewählt ist, entscheidet sich ausschließlich nach objektiven Merkmalen und ist unabhängig davon, ob der Steuerpflichtige sie wählte, weil ihm die den wirtschaftlichen Vorgängen entsprechende rechtliche Gestaltung aus persönlichen Gründen verschlossen war. RFH. 9. Okt. 28 II A 415/28 StA. 1928, 376 = DStBl. 1928, 676.
2. § 5 AO. findet auch Anwendung, wenn beabsichtigt ist, Leistungen nach dem Aufbringungsgesetze zu ersparen. RFH. 30. Mai 28 I A 245/28 DStZ. 1928, 815 = StuW. 1928 Nr. 477 = DStBl. 1928, 311.

2a. Umgehung der Einkommensteuer: Verschiebung von Gehaltsbezügen. RFH. 6. Juni 28 VI A 198/28 StuW. 1928 Nr. 423.

3. Umgehung der Grunderwerbsteuer. Besteht bei Veräußerung von Anteilen einer Grundstücksgesellschaft das wirtschaftliche Ziel in der Übertragung des Grundstücks selbst, so wird die Absicht einer Steuerumgehung auf seiten des Erwerbers der Anteile nicht dadurch ausgeschlossen, daß der Veräußerer sich weigert, an Stelle der Anteile das Grundstück zu veräußern. RFH. 18. Nov. 27 II A 503/27 DVR. 1928, 43 = StuW. 1928 Nr. 82 = JW. 1928, 1420 *(m. Bespr. v. Hegelberg).*

4. — Natürlich erfolgt nicht jeder Erwerb von Geschäftsanteilen einer Grundstücksverwertungsgesellschaft in Mobilisierungsabsicht. RFH. 30. Nov. 27 II A 529/27 DVR. 1928, 42 = StuW. 1928 Nr. 83.

5. — Steuerpflicht nach § 5 kann auch dann eintreten, wenn Grundstücksveräußerungsgeschäfte der im § 5 GrErwStG. bezeichneten Art durch entsprechende Geschäfte mit Geschäftsanteilen an Grundstücksgesellschaften m. b. H. ersetzt worden sind. RFH. 13. Dez. 27 II A 405/27 DVR. 1928, 41 = StuW. 1928 Nr. 195 = StuW. 1928 Nr. 272.

6. — a) Wird der Verkehr mit Grundstücksbruchteilen durch den Verkehr mit Geschäftsanteilen einer Gesellschaft ersetzt, so kommt es nicht darauf an, ob die Gesellschaft eine Grundstücksgesellschaft im eigentlichen Sinne ist. Vielmehr kann § 5 AO. auch dann einschlagen, wenn die Gesellschaft einziges Mitglied der Gesellschaft ist, deren Vermögen im wesentlichen nur aus einem Grundstück besteht.

b) Bei der Frage, ob Steuerumgehungsabsicht vorliegt, ist die von der Grundstücksgesellschaft seinerzeit zu entrichtende Steuer aus § 10 Gr.-ErwStG. jedenfalls dann ohne Bedeutung, wenn sie erst nach einer Anzahl von Jahren fällig wird. RFH. 30. Dez. 27 II A 565/27 StuW. 1928 Nr. 196, 270 = DVR. 1928, 119 = DStZ. 1928, 336.

7. — Wenn einem Makler ein Grundstück zum Kauf angeboten ist mit dem Rechte der Abtretung, so ist für eine Besteuerung aus § 5 AO. im Falle der Eigentumsübertragung vom Grundstückseigentümer auf den vom Makler bezeichneten Dritten hinsichtlich eines Zwischengeschäfts nur Raum, wenn der Makler nicht nur reiner Vermittler sein wollte, sondern die Absicht hatte, das Grundstück in seiner Hand zu haben, um es entweder selbst zu übernehmen oder für eigene Rechnung einem Dritten zu überweisen. RFH. 14. Febr. 28 II A 7/28 StuW. 1928 Nr. 275.

8. — Die Übertragung sämtlicher Anteile an eine Gesellschaft m. b. H. zum Zwecke der Sicherung der Empfänger wegen ihrer Forderungen gegen den Übertragenden kann nicht um deswillen zu einer Heranziehung zur Grunderwerbsteuer führen, weil hier die Sicherungsübereignung des Grundstücks der normale Weg gewesen sei. RFH. 21. Febr. 28 II A 8/28 DStBl. 1928, 318 = StuW. 1928 Nr. 462.

9. — Wenn die Absicht, Wertzuwachssteuer zu ersparen, der Hauptbeweggrund für die Beteiligung zu der ungewöhnlichen Gestaltung der Rechtsbeziehungen zwischen den Beteiligten gewesen ist, so schließt dies die Anwendung des § 5 bei Erhebung einer Grunderwerbsteuer nicht aus, falls den Beteiligten klar war, daß daneben auch eine Ersparnis der Grunderwerbsteuer in Frage kam und sie auch diesen Vorteil mitgenommen und damit auch beabsichtigt haben. Einer Entscheidung, ob § 5 die Absicht der Ersparung der gerade in Streit befangenen Steuer voraussetzt oder ob die Absicht genügt, überhaupt Steuern zu ersparen, bedarf es dann nicht. RFH. 21. Febr. 28 II A 68/28 StuW. 1928 Nr. 197 = DStBl. 1928, 323 = StA. 1928, 247 = DVR. 1928, 119.

10. — Die Aufhebung eines Grundstückkaufvertrags und die Wiederveräußerung des Grundstücks von dem ersten Veräußerer an einen Dritten kann als Umgehung eines Kaufvertrags von dem ersten Erwerber an den Dritten nicht allein um deswillen angesehen werden, weil der erste Erwerber den Dritten zum Ankauf veranlaßt und sich die auf das

Grundstück gemachten Aufwendungen hat ersetzen lassen. RFH. 28. Februar 28 II A 91/28 StuW. 1928 Nr. 198, 379 = StA. 1928, 311.

11. — Wenn jemand eine Grundstücksgesellschaft m. b. H. durch zwei vorgeschobene Personen gegründet hat und demnächst eine von diesen ihren Anteil an den Geschäftsherrn abtritt, die andere aber wiederum an einen Treuhänder des Geschäftsherrn, so läßt sich eine Steuerpflicht aus § 5 AO. in Verbindung mit § 3 GrErwStG. nicht ohne weiteres damit begründen, daß auch die Abtretung des anderen Anteils an den Geschäftsherrn und nicht an einen weiteren Treuhänder der den Verhältnissen entsprechende, der eingeschlagene Weg aber ein Mißbrauch der Gestaltungsmöglichkeiten gewesen sei. RFH. 28. März 28 II A 53/28 DStZ. 1928, 534 = StuW. 1928 Nr. 463, 616.

12. — Der Verkehr mit Geschäftsanteilen einer Gesellschaft m.b.H. kann nicht als Ersatz für den Verkehr mit Grundstücken angesehen werden, wenn die Gesellschaft dereinst sechs Grundstücke besaß, von denen sie einige schon vor der Abtretung der Geschäftsanteile verkauft hatte. RFH. 1. Juni 28 II A 278/28 StuW. 1928 Nr. 753.

13. — Mobilisierung des Grundbesitzes. Besonderheit bei Verkehr mit Grundstücksaktien. RFH. 16. Juni 28 II A 308/28 DVR. 1928, 119.

§ 6.

Hensel, Die Abänderung des Steuertatbestandes durch freies Ermessen und der Grundsatz der Gleichheit vor dem Gesetz. StuFR. 1927. 39.

1. Auch im Anfechtungsverfahren hat die Anfechtungsbehörde die Frage, ob die Geltendmachung der Haftung des gesetzlichen Vertreters nicht gegen Recht und Billigkeit verstößt (§ 6 AO.), ohne Bindung an die früher erteilte Genehmigung zur Geltendmachung zu prüfen. RFH. 20. Dez. 27 IV A 400/27 S. 22, 281 = ZfZ. 1928, 96 = StuW. 1928 Nr. 172.
2. Die Bewilligung geringerer Bewertungssätze auf Grund der Verwaltungsanordnungen der Landesfinanzämter ist nicht aus § 6 im Berufungsverfahren nachzuprüfen. RFH. 9. Mai 28 I A 134/28 StuW. 1928 Nr. 466, 695.
3. Anwendung des Grundsatzes RFH. 1, 1 auf das Einkommensteuerrecht. RFH. 27. Juni 28 VI A 679/28 DStZ. 1928, 1012.

§ 7.

Müller, Zum deutsch-tschechoslowakischen Doppelbesteuerungsvertrag. IndMitt. 1928, 258.

1. Die Anordnung des Reichsministers der Finanzen vom 27. März 1923 zur vorläufigen Beseitigung von Doppelbesteuerungen im Verhältnis zu Polen (RStBl. S. 143) hat keine rechtsverbindliche Kraft. RFH. 3. Okt. 28 VI A 631/27 DStZ. 1928, 1012.

§ 8.

Überblick über die Tätigkeit des Reichsfinanzministeriums. (Berlin: Reichsdruckerei 1928). — Popitz, Der Behördenaufbau der Reichszollverwaltung. StuW. 1928, 2.

Ball, Organisationsprobleme der Finanzverwaltung. Ein Beitrag zur Verwaltungslehre. StuFR. 1927, 523. — Boenicke, Die Organisation der Reichssteuerverwaltung. StuW. 1928, 701. — Becker, Stellung und Aufgabe der akademisch gebildeten Finanzbeamten im Hinblick auf Rechtsschutz und Rechtsverwirklichung. StuFR. 1927, 250. — Brönner, Das Verhältnis der Finanzbehörde zum Steuerzahler. IndMitt. 1928, 249. — Berger, Die rechtliche Stellung der in den Reichsdienst übernommenen Länderfinanzbeamten. DJZ. 1928, 1236.

§ 10.

Keding, Realkredit und Steuergeheimnis. DStZ. 1928, 604.

§ 19.

1. Keine Zuständigkeit der Rechtsmittelbehörden der AO. zur Entscheidung über Kirchensteuern. RFH. 3. April 28 I A 49/28 StuW. 1928 Nr. 446.

§ 21.

Lademann, Zum Aufbau der Finanzämter. IndMitt. 1928,

§ 32.

Hein, Zehn Jahre Rechtsprechung des Reichsfinanzhofs. Ind.-Mitt. 1928, 362. — Jahn, Zum zehnjährigen Bestehen des Reichsfinanzhofs. JW. 1928, 2337. — Kloß, 10 Jahre Reichsfinanzhof. DJZ. 1928, 1289. — Lion, Zehn Jahre Reichsfinanzhof. ZStFr. 1928, 233. — Popitz, Betrachtungen über Errichtung und Einrichtung des Reichsfinanzhofs. StuW. 1928, 971/72.

Boethke, Vom inneren Dienstbetrieb des Reichsfinanzhofs. JW. 1928, 2339. — Hensel, Reichsfinanzhof und Staatsrecht. StuW. 1928, 1127/28. — Karger, Reichsfinanzhof und Wirtschaftsleben. IndMitt. 1928, 92, 364.

§ 47.

1. § 47 Abs. 1 Nr. 6 der AO. bezieht sich nicht auf Beamte des Finanzamts, die nur als Sachverständige und nicht unmittelbar bei der Veranlagung mitgewirkt haben. RFH. 23. Mai 28 VI A 511/27 StuW. 1928 Nr. 484.

§ 50.

1. Keine Ablehnung von Mitgliedern des Finanzgerichts wegen Befangenheit. RFH. 27. März 28 I A 380/27 S. 23, 138 = IndMitt. 1928, 196 = StA. 1928, 376.

§ 62.

1. Die Tatsache allein, daß die Wohnung eines Steuerpflichtigen nicht auch zur Aufnahme seiner Familie ausreicht, rechtfertigt noch nicht die Annahme, daß der Steuerpflichtige dort, wo er die Wohnung hat, keinen Wohnsitz im Sinne des § 2 AO. haben könne, wenn alle sonstigen Umstände für die Annahme eines Wohnsitzes sprechen. RFH. 12. Okt. 27 VI A 438/27 DStBl. 1928, 171 = JW. 1928, 1248 *(m. Bespr. v. Erler).*

2. Zur Frage der Fortdauer des Wohnsitzes des Mannes, wenn der Mann des Erwerbes wegen ins Ausland geht, die Familie auch, sobald sich Gelegenheit findet, nachkommen soll, aber einstweilen die Wohnung beibehält. RFH. 16. Nov. 27 VI A 557/27 RStBl. 1928, 59 = StA. 1928, 121.

§ 68.

1. Eine Ungenauigkeit der Belehrung über die Form der Rechtsmitteleinlegung kann einen Grund zur Nachsichterteilung abgeben. RFH. 12. Okt. 27 VI A 560/27 StA. 1928, 54.
2. Nachsichterteilung, wenn anzunehmen ist, daß der Pflichtige deshalb mit der Absendung des Einspruchs zu lange gewartet hat, weil er auf eine längere Zeit vor Ablauf der Frist an das Finanzamt gerichtete Frage, wann er zur Besprechung seiner Steuerangelegenheit kommen dürfe, bis zum Ablauf der Frist keine Antwort erhalten hat. RFH. 23. Nov. 27 VI A 693/27 DStZ. 1928, 54 = ZfZ. 1918, 57 = StA. 1928, 54 = DStBl. 1928, 102.
3. Daß der Steuerpflichtige von Einlegung eines Rechtsmittels zunächst Abstand genommen hat, weil er es nach Auskunft der Finanzbehörde für aussichtslos gehalten oder weil die Finanzbehörde ihm die Befürwortung eines Gesuchs um Steuererlaß aus Billigkeitsgründen in Aussicht gestellt hat, ergibt keinen Grund zur Gewährung von Nachsicht. RFH. 16. März 28 II A 36/28 DStZ. 1928, 432 = StuW. 1928 Nr. 200 = DStBl. 1928, 324 = StA. 1928, 180 = ZfZ. 1928, 218.
4. Bei Ersatzzustellungen ist die Ersatzperson, der zugestellt wird, nicht als Vertreter des Steuerpflichtigen anzusehen, und es kann deren Verschulden die Nachsichterteilung begründen. RFH. 28. März 28 VI A 126/28 (n. v.).
5. Nachsicht bei Versäumnis der Frist zur Einreichung von Anträgen auf Erstattung von Lohnsteuer. RFH. 7. Nov. 28 VI A 1381/28 RStBl. 1928, 380.

§ 70.

1. Irrtümliche Angabe des Zustellungstags auf dem zugestellten Steuerbescheide hindert den Lauf der Rechtsmittelfrist nicht. RFH. 20. Nov. 28 I A 441/28 (n. v.).

§ 73.

Friedrichs, Wirksamkeit der Beschlüsse. PrVBl. 1928, 360.

1. Wird ein Steuererlaß vor der Bekanntgabe zurückgenommen, so ist ein Erlaß niemals wirksam eingetreten. RFH. 19. Aug. 27 II A 321/27 (n. v.).

§ 74.

Peters, Die Herabsetzung von rechtskräftig veranlagten Steuern auf Grund einer Buch- und Betriebsprüfung. DStBl. 1928, 633.

1. Die Berichtigung des Körperschaftsteuerbescheids durch Hinzurechnung eines bei der Veranlagung versehentlich ausgelassenen, dem Finanzamt aber bekanntgewesenen Einkommenteils auf Grund § 74 Abs. 3 steht nur der Veranlagungsbehörde zu. Eine Hinzurechnung im Rechtsmittelverfahren auf Grund eines nur zugunsten des Steuerpflichtigen eingelegten Rechtsmittels ist nach § 228 Satz 2 AO. nicht zulässig.

RFH. 11. Nov. 27 I A 171/27 S. 22, 268 = DStBl. 1928, 102 = StA. 1928, 180.

2. Falsche tabellenmäßige Errechnung der Einkommensteuer als offenbare Unrichtigkeit. RFH. 21. Dez. 27 VI A 591/27 RStBl. 1928, 96 = StuW. 1928 Nr. 174 = DStBl. 1928, 214 = StA. 1928, 249.
3. Die Unterlassung einer nach §§ 22, 23 EinkStG. gebotenen Zusammenveranlagung stellt keine offenbare Unrichtigkeit im Sinne des § 74 Abs. 3 dar und berechtigt daher nicht zur Erteilung eines berichtigten Bescheids. RFH. 21. Dez. 1927 VI A 757/27 RStBl. 1928, 125 = StuW. 1928 Nr. 136 = DStBl. 1928, 215 = DStZ. 1928, 432.
4. Das Finanzamt ist auf Grund des § 74 Abs. 3 berechtigt, die für eine Aktiengesellschaft zunächst unrichtigerweise (§ 21 Nr. 1 in Verbindung mit § 4 Abs. 1 KStG.) statt nach einem Steuersatze von 20 v. H. des Einkommens nach einem Steuersatze von nur 10 v. H. festgesetzte Körperschaftssteuer nachträglich auf den richtigen Steuersatz von 20 v. H. zu erhöhen. RFH. 31. Jan. 28 I A 415/27 RStBl. 1928, 100 = StuW. 1928 Nr. 137, 325.
5. Keine Berichtigung nach § 74 Abs. 3, wenn die Steuerbehörde versehentlich bei einem Gesamteinkommen von mehr als 20 000 *RM* die Einkommensteuer nach § 57 EinkStG. ermäßigt hat. RFH. 1. Febr. 28 VI A 835/27 StuW. 1928 Nr. 138 = DStBl. 1928, 214.
6. Zu berichtigende offenbare Unrichtigkeiten einer Entscheidung brauchen weder aus dem Inhalt der Entscheidung erkennbar noch dem Inanspruchgenommenen sonst bekannt gewesen zu sein; es genügt, daß sie sich aus den Akten als solche ergeben, so z. B. wenn die Angabe eines Grundstückswerts aus dem Schätzungsbogen infolge eines Schreibfehlers unrichtig in die Steuerberechnung übertragen ist. RFH. 13. März 28 II A 79/28 ZfZ. 1928, 180 = StA. 1928, 311 = StuW. 1928 Nr. 173 = DStBl. 1928, 324.

§ 76.

Heider, Der Einspruch des Finanzamtsvorstehers und die Berichtigung nach § 76 Abs. 1 Nr. 2 AO. bei der Einheitsbewertung. DStBl. 1928, 288. — Wichert, Änderung der Steuerbescheide zum Nachteile der Steuerpflichtigen. DStBl. 1928, 479.

1. Nimmt ein Finanzamt einen von ihm erlassenen Steuerbescheid zurück, weil es zum Erlaß unzuständig war, so steht § 76 dem Erlaß eines neuen Steuerbescheids durch das zuständige Finanzamt nicht entgegen, vielmehr ist ein solcher bis zum Ablauf der Verjährungsfrist nach § 212 Abs. 1 AO. zulässig. RFH. 31. Jan. 28 II A 540/27 DStBl. 1928, 215 = StuW. 1928 Nr. 201 = JW. 1928, 2384 = StA. 1928, 377.
2. Die Befugnis, einen Zölle oder Verbrauchsabgaben betreffenden Steuerbescheid zurückzunehmen oder zu ändern ist, wenn gegen den Bescheid die Anfechtung eingelegt ist, durch § 277 AO. eingeschränkt. Sie ist ausgeschlossen, soweit der Bescheid durch eine Rechtsmittelentscheidung rechtskräftig geworden ist. RFH. 11. Juli 28 IV A 91/28 S. 24, 27 = StuW. 1928 Nr. 467 = DStBl. 1928, 560 = ZfZ. 1928, 415.

§ 78.

1. Ordnet die Verwaltungsbehörde auf Grund des § 12 Abs. 1 Satz 2 TabStG. (a. F.) Barzahlung bei Entnahme von Steuerzeichen an,

ändert sie dann aber die Anordnung der Barzahlung in eine Anordnung auf Sicherheitsleistung um, und verlangt sie später wiederum Barzahlung, so ist die zweite Barzahlungsanordnung nur unter den Voraussetzungen des § 78 AO. zulässig. Ob die Voraussetzungen dieses Paragraphen vorlagen, hat der Reichsfinanzhof im Erstattungsverfahren nach §§ 129, 223 AO. nachzuprüfen. RFH. 2. Mai 28 IV A 369/27 S. 23, 246 = StuW. 1928 Nr. 399 = DStBl. 1928, 440 = ZfZ. 1928, 277.

§ 79.

Arens, Zum Begriff der Haftung im geltenden Steuerrecht. StuFR. 1927, 567.

1. Bei der Zusammenveranlagung von Ehegatten nach § 22 Abs. 1 EinkStG. ist der Mann Steuerpflichtiger im Sinne von § 79 Abs. 1 AO., die Frau gesamtschuldnerisch Mithaftende. RFH. 7. Dez. 27 VI A 672/27 RStBl. 1928, 94 = StuW. 1928 Nr. 57 = StA. 1928, 180.

§ 80.

Kluckhohn, Die steuerliche Behandlung des Treuhandverhältnisses. IndMitt. 1928, 241.

1. Sind ausländische Darlehnsgläubiger einer Gesellschaft als wirtschaftliche Eigentümer der Gesellschaftsgrundstücke anzusehen, so bilden die Grundstücke kein bei der Vermögensteuer der Gesellschaft zu berücksichtigendes Vermögen der Gesellschaft. RFH. 22. Aug. 27 I A 83/27 (n. v.).
2. Bei Schenkungen im Namen einer offenen Handelsgesellschaft gelten als Schenker nicht die Gesellschaft, sondern die Gesellschafter. RFH. 12. Juni 28 Ve A 242/28 S. 23, 282 = ZfZ. 1928, 319 = DStBl. 1928, 506 = DVR. 1928, 141 = StuW. 1928 Nr. 469, 591 = JW. 1928, 2384 *(m. Bespr. v. Büttler).*

§ 81.

Bürger, Die Rechtsfigur des Steuerschuldners. StuFR. 1928, 75.

1. Die Einkommensteuerschuld sowie ein etwaiger Erstattungsanspruch nach § 102 Abs. 3 EinkStG. entstehen mit Ablauf des Steuerabschnitts. Vorher ist auch ein bedingter oder betagter Steueranspruch im Sinne der Konkursordnung nicht vorhanden. RFH. 8. Febr. 28 VI A 71/27 S. 23, 70 = StuW. 1928 Nr. 178 = DJZ. 1928, 1270 = DStZ. 1928, 1270 = DStZ. 1928, 434 = DStBl. 1928, 324.
2. Die Einkommen- und Umsatzsteuervorauszahlungsschulden nach der II. StNVO. für den Gemeinschuldner bis zum Tage der Konkurseröffnung waren im Augenblick der Konkurseröffnung entstanden und konnten deshalb ohne Rücksicht auf ihre Festsetzung durch das Finanzamt zur Konkurstabelle angemeldet werden. RFH. 3. April 28 I A 49/28 (n. v.).
3. Die subjektive Einkommensteuerpflicht beginnt nicht erst mit dem Erwerb von Einkünften. RFH. 22. Dez. 26 VI A 541/26 ZStFr. 1928, 45.

§ 82.

1. Das Finanzgericht kann einen endgültigen Steuerbescheid als vorläufigen aufrechterhalten. RFH. 28. April 28 Gr. S. 2/28 S. 23, 182 =

LZ. 1928, 913 = StuW. 1928 Nr. 401 = DStBl. 1928, 384 = StA. 1928, 247.

2. Heißt es in einem Gesellschaftsteuerbescheide, daß die Steuer „vorläufig" festgesetzt werde, so ist daraus allein noch nicht zu entnehmen, daß eine vorläufige Festsetzung im Sinne des § 82 gemeint ist. In Ermangelung weiterer Anhaltspunkte ist in der Regel anzunehmen, daß nur zum Ausdruck gebracht werden sollte, daß eine Höherveranlagung auch ohne die Voraussetzungen des § 212 Abs. 2 zulässig sei. RFH. 9. Nov. 28 II A 471/28. (n. v.)

§ 84.

1. Zur Haftung des gesetzlichen Vertreters einer juristischen Person für die von dieser für ihre Angestellten und Arbeiter nicht abgeführte Lohnsteuer. Zur Rechtskraft des gegen die juristische Person ergangenen rechtskräftigen Steuerbescheids auch gegen den gesetzlichen Vertreter. RFH. 14. Dez. 27 VI A 611/27 RStBl. 1928, 48 = StA. 1928, 87 = StuW. 1928 Nr. 24.
2. Auch wenn beim Vorhandensein mehrerer Geschäftsführer einer Gesellschaft m. b. H. Kollektivvertretung besteht, kann ein einzelner Geschäftsführer aus den §§ 84, 90 als Haftender in Anspruch genommen werden. RFH. 20. Dez. 27 IV A 400/27 S. 22, 281 = StuW. 1928 Nr. 172.
3. Die steuerstrafrechtliche Stellung des Vorstandes einer Aktiengesellschaft. RG. 16. Jan. 28 33 D 794/27 X 972/27 StA. 1928, 156.

§ 85.

1. Der Konkursverwalter ist verpflichtet, auch für die vor Konkurseröffnung im Betriebe des Gemeinschuldners beschäftigten Arbeitnehmer die Lohnsteuerüberweisungsblätter einzureichen. RFH. 13. Juni 28 VI A 705/27 RStBl. 1928, 306 = StuW. 1928, 470.

§ 86.

Friesecke, Interessengemeinschaft und Umsatzsteuer. Ind.-Mitt. 1928, 114.

§ 87.

1. Als Rechtsnachfolger einer Gesellschaft im Sinne des § 87 ist auch der Gesellschafter anzusehen, der die Gesellschaft auflöst und sämtliche Aktiven und Passiven übernimmt. Er kann angehalten werden, eine Körperschaftsteuererklärung abzugeben. Das Finanzamt ist nicht genötigt, einen Pfleger nach § 87 Abs. 3 bestellen zu lassen. RFH. 28. Aug. 28 I A 413/28 (n. v.).

§ 88.

Schiefler, Vollmachten im Reichssteuerrecht. StZdL. 1928, 27.

1. In der Regel verstößt es nicht gegen § 6, wenn das Finanzamt von einem Steuerpflichtigen, der einen Bevollmächtigten hat, ohne gemäß § 88 Abs. 1 verhindert zu sein, die eigenhändige Vollziehung der Steuererklärung oder der Einkommenserklärung fordert. RFH. 15. Febr. 28 VI A 12/28 RStBl. 1928, 112 = StuW. 1928 Nr. 192.

2. Ein Rechtsanwalt, der für ein bestimmtes Rechtsmittelverfahren bevollmächtigt ist, gilt nicht als Bevollmächtigter für ein anderes Rechtsmittelverfahren. RFH. 28. Sept. 27 VI A 277/27 (n. v.).

§ 89.

Helbig, Zur Frage der steuerlichen Wirkungen von Pfändung und Versteigerung steuerbarer Waren. ZfZ. 1928, 42. — Strauß, Steuerliche Folgen der Sicherungsübereignung. DStZ. 1928, 231.

1. Zur Frage, ob der Streitbevollmächtigte verpflichtet ist, Unterlagen für die Nachprüfung der Besteuerung zu beschaffen. RFH. 11. Mai 28 II A 227/28 StuW. 1928 Nr. 402 = DStBl. 1928, 388 = JW. 1928, 1532.
2. Inanspruchnahme eines Bevollmächtigten oder Vertreters auf Abgabe von Einkommen- und Vermögenssteuererklärungen. RFH. 8. Aug. 28 VI A 659/28 StuW. 1928 Nr. 780.
3. Der Treuhänder, der das Vermögen einer Gesellschaft m. b. H. unter die Gläubiger, zu denen er selbst gehört, zu verteilen hat, haftet nicht nach § 96, möglicherweise aber nach §§ 89, 90. RFH. 17. April 28 V A 41/28 DStBl. 1928, 324 = StuW. 1928 Nr. 427 = StA. 1928, 376.

§ 90.

1. Über den Begriff der schuldhaften Verletzung steuerlicher Verpflichtungen des Vertreters im Sinne des § 90. RFH. 11. Jan. 28 VI A 606/27 S. 22, 319 = IndMitt. 1928, 85 = ZfZ. 1928, 97 = DStZ. 1928, 242 = StuW. 1928 Nr. 29 = StA. 1928, 180.
2. Wenn die Geschäftsführung zwischen mehreren Vertretern einer Erwerbsgesellschaft derart verteilt ist, daß der eine nur bestimmte Geschäfte zu besorgen hat und nicht verpflichtet ist, die Aufsicht über die von dem andern zu besorgenden Geschäfte auszuüben, so kann der erstere nicht für Versehen aus dem Geschäftskreise des letzteren (Nichtabführung der Lohnsteuer) haftbar gemacht werden. RFH. 8. Aug. 28 VI A 948/28 StuW. 1928 Nr. 776.
3. Der gesetzliche kaufmännische Vertreter einer Aktiengesellschaft haftet dafür, daß die Lohnsteuer abgeführt wird, und kann sich nicht damit entschuldigen, daß die Leitung des Bürowesens einer dritten Person anvertraut gewesen sei. RFH. 8. Aug. 28 VI A 106/28 StuW. 1928 Nr. 777.
4. Eine schuldhafte Verletzung der dem Geschäftsführer einer Gesellschaft m. b. H. durch die Steuergesetze auferlegten Verpflichtungen kann darin gefunden werden, daß die Gesellschaft zwar noch erhebliche Zahlungen an ihre Gläubiger und auch an den Geschäftsführer selbst geleistet, die Zahlung der Steuerschulden dagegen unterlassen hat. Dies gilt auch, wenn der Betrieb der Gesellschaft nur unter Schwierigkeiten dadurch aufrechterhalten werden konnte, daß der Geschäftsführer aus seinem eigenen Vermögen Zuschüsse leistete. RFH. 17. Juli 28 V A 166/28 DStBl. 1928, 561.
5. Die Haftung der Vertreter usw. gemäß § 90 erstreckt sich auch auf die Verzugszinsen, jedoch nicht auf die Kosten der Mahnung und Zwangsvollstreckung, die im Beitreibungsverfahren gegen den Steuerpflich-

tigen entstanden sind (§ 315 AO.). RFH. 28. Nov. 28 VI A 934/28 (n. v.).

6. Die nach § 90 haftbar gemachten Personen können nicht ganz allgemein im Haftbarmachungsverfahren die Vollstreckungsmaßnahmen des Finanzamts gegen den eigentlichen Steuerschuldner zum Gegenstand der Nachprüfung machen. Es ist in das pflichtgemäße Ermessen der Vollstreckungsbehörden gestellt, welche Maßnahmen sie im gegebenen Falle für zweckdienlich halten. Nur wenn offensichtlich Recht und Billigkeit durch die Art des Vorgehens der Vollstreckungsbehörde verletzt ist, muß die Zulässigkeit der Haftbarmachung verneint werden. RFH. 11. Mai 28 V A 93/28 (n. v.).

7. Wenn bei einer Erwerbsgesellschaft die Geschäfte mehrerer Vertreter so verteilt sind, daß dem einen Vertreter die kaufmännische Leitung einschließlich der Besorgung oder Überwachung der Lohnsteuergeschäfte obliegt, würde es regelmäßig nach allgemeiner Verkehrsauffassung gegen Recht und Billigkeit verstoßen, wenn der andere Vertreter für Verschulden des ersteren bei Erfüllung der auf den Lohnsteuerabzug bezüglichen Verpflichtungen nach § 90 haftbar gemacht würde. RFH. 8. Aug. 28 VI A 834/27 StuW. 1928 Nr. 778.

§ 93.

1. Im Tabaksteuerrecht unterliegt die offene Handelsgesellschaft als solche der Besteuerung. RFH. 4. April 28 IV F 1/28 ZfZ. 1928, 218 = StuW. 1928 Nr. 400.

§ 95.

Garrels, Gesamtschuldnerische Haftung von Ehegatten für Steuerschulden. StZdL. 1928, 183. — Karger, Das Steuerrecht der Ehefrau und der minderjährigen Kinder. DStZ. 1928, 322.

1. Ein Gesamtschuldner braucht das gegen einen der Gesamtschuldner durchgeführte Steuerverfahren nur dann gegen sich gelten zu lassen, wenn er dabei zugezogen war. RFH. 8. Nov. 27 II A 508/27 StA. 1928, 54.

2. Haftung der Ehefrau für die Einkommensteuer des Ehemanns gemäß § 95 Abs. 2. RFH. 18. Nov. 27 VI A 674/27 RStBl. 1928, 46 = StA. 1928, 183.

3. Die Haftung der Ehefrau für vom Ehemann geschuldete Einkommensteuer-Vorauszahlungen für das Jahr 1924 ist nicht abhängig von einem selbständigen Einkommen der Ehefrau, auch nicht von dem ehelichen Güterrechte, das zwischen den Ehegatten besteht. RFH. 12. April 27 I B 20/27 (n. v.).

§ 96.

Becker, Die Haftung nach § 96 der Reichsabgabenordnung. DStBl. 1928, 235, 373, 420, 485. — Mühlbach, Zur Haftung des Betriebsnachfolgers für Steuerschulden. DStZ. 1928, 225. — Weiß, Erstreckt sich die Steuerhaftung des Betriebsnachfolgers aus § 96 AO. auch auf den Steuerzeichenbezieher. ZfZ. 1928, 353.

1. Die Umsatzsteuerpflicht gründet sich auf den Betrieb des Unternehmens, ist aber keine dingliche Last. RFH. 7. Febr. 28 V A 90/28 RStBl. 1928, 117 = StuW. 1928 Nr. 142 = DStZ. 1928, 433.

2. Veräußerung. Wird ein Grundstück, auf dem eine Brauerei betrieben wird, im ganzen von einem Dritten im Wege der Zwangsversteigerung erworben, so kann die Haftung des Erwerbers nach § 96 in Frage kommen. RFH. 20. Dez. 27 IV A 387/27 ZfZ. 1928, 57 = StA. 1928, 55 = StuW. 1928 Nr. 140.

3. — Der Veräußerung eines Unternehmens im ganzen ist die Verpachtung gleichzuachten. RFH. 12. Juni 28 V A 219/28 S. 23, 279 = ZfZ. 1928, 319 = StuW. 1928 Nr. 424 = IndMitt. 1928, 309 = JW. 1928, 2485 *(m. Bespr. v. Schachian).* = StA. 1928, 376.

4. Einzelfälle. Bei einem mit Kommissionsware betriebenen Weinhandelsgeschäft ist der Kommissionsvertrag eine der wesentlichen Grundlagen des Unternehmens. Ohne Eintritt in den Kommissionsvertrag liegt ein Erwerb des Geschäfts im ganzen nicht vor, wenn jemand die Regale, ein Pult, eine Zahlbank und einen Geldschrank von dem Geschäftsinhaber übernimmt und in die Rechte aus dem Mietvertrag und aus dem Telephonanschluß eintritt. RFH. 23. Nov. 27 IV A 354/27 StuW. 1928 Nr. 28.

5. — Anwendbarkeit des § 96, wenn das einem Unternehmen dienende Grundstück mit wesentlichen Einrichtungen erworben und durch Verpachtung an die Ehefrau des bisherigen Unternehmers eine Fortführung des in gewisser Hinsicht sanierten Unternehmens erstrebt, aber Firma, Kundschaft usw. nicht übernommen werden. RFH. 20. Jan. 28 V A 617/27 StuW. 1928 Nr. 141 = DStZ. 1928, 433 = DStBl. 1928, 261.

6. — Gegenstand des Erwerbs nach § 96 muß sein ein lebender Betrieb, nicht aber lediglich die Summe der wesentlichen Teile, die, mögen sie auch räumlich noch zusammengefaßt sein, doch keinen lebenden Organismus mehr bilden. RFH. 23. Mai 28 V A 194/28 DStBl. 1928, 386 = StuW. 1928 Nr. 471 = StA. 1928, 376.

7. — Die Anwendbarkeit des § 96 hängt nicht vom Veräußerungsvertrag allein ab, sondern von der tatsächlichen Entäußerung und Übergabe des Unternehmens und vom Umfang dieser Entäußerung. RFH. 30. Mai 28 IV A 138/28 ZfZ. 1928, 277 = StuW. 1928 Nr. 428 = StA. 1928, 376.

8. — Der § 96 ist auch dann anwendbar, wenn der Erwerb eines Unternehmens sich nicht im Übergang realer Vermögensgegenstände auf den Erwerber kennzeichnet. RFH. 12. Juni 28 V A 396/28 RStBl. 1928, 284.

9. — Wenn zur Zeit des Erwerbes Wesensbestandteile, auf denen das alte Unternehmen beruhte, nicht mehr vorhanden gewesen sind, so daß das Unternehmen im wesentlichen neu hat aufgebaut werden müssen, so liegt die Veräußerung eines Unternehmens im Sinne des § 96 nicht vor. RFH. 13. Juni 28 IV A 121/28 StuW. 1928 Nr. 426 = DStBl. 1928, 506 = DStZ. 1928, 1010 = StA. 1928, 376.

10. — Der Erwerb der Inhaberschaft des Unternehmens nicht im Außenverhältnis, sondern lediglich wie bei der Sicherungsübereignung im Innenverhältnis reicht zur Anwendung des § 96 nicht aus. RFH. 19. Juni 28 V A 751/27 (n. v.).

11. — Beim Erwerbe einer Schmiede und einer Schlosserei werden gewöhnlich die wesentlichen Grundlagen des Betriebes aus den Einrich-

tungsgegenständen bestehen, die zur Fortsetzung des Betriebes erforderlich sind. RFH. 17. Juli 28 V A 449/28 (n. v.).

12. Rückerwerb. Die Haftung des Erwerbers eines Unternehmens gemäß § 96 tritt sowohl beim Erwerbe durch einen Pächter als auch beim Rückfall des Unternehmens an den Verpächter ein. RFH. 21. März 28 IV A 35/28 S. 23, 109 DStZ. 1928, 434 = ZfZ. 1928, 198 = StuW. 1928 Nr. 204 = StA. 1928, 376.

13. — Auch wer ein Unternehmen im ganzen zurückerwirbt, gilt als Erwerber im Sinne des § 96. RFH. 21. Dez. 27 V A 804/27 RStBl. 1928, 34.

14. Wird ein Unternehmen im ganzen durch Verkauf veräußert und geschieht die Übergabe zu einem späteren Zeitpunkt als dem des Vertragsabschlusses, so gilt als Tag der Veräußerung nicht der des Vertragsabschlusses, sondern der der tatsächlichen Übergabe. RFH. 26. Okt. 27 VI A 325/27 StuW. 1928 Nr. 26.

15. Festgesetzte Steuer. Ist zur Zeit des Überganges eines Betriebs im ganzen die Steuer gegen den Veräußerer durch Steuerbescheid nicht festgesetzt, sondern ist die Steuerforderung lediglich zum Konkursverfahren über das Vermögen des Veräußerers angemeldet, so ist § 96 hinsichtlich der rückständigen Steuern nicht anwendbar. RFH. 12. Juni 28 V A 127/28 (n. v.).

16. Festgesetzte Steuern sind nur die, wegen deren ein Steuerbescheid in der im Gesetze vorgesehenen Form ergangen und dem Steuerpflichtigen bekanntgemacht — d. h. im allgemeinen zugestellt — ist. Bloß aktenmäßige Feststellung oder bloße Bekanntgabe unter Außerachtlassung der Form reicht nicht aus. RFH. 13. Juni 28 IV A 129/28 ZfZ. 1928, 277 = StuW. 1928 Nr. 425 = DStBl. 1928, 506 = DStZ. 1928, 1011 = StA. 1928, 376.

17. Umfang der Haftung. Verzugszinsen sind ein Bestandteil der Steuerforderung und teilen ihre rechtliche Natur, nicht aber Verfahrenskosten.

Für erstere haftet daher — soweit sie bis zum Zeitpunkt des Erwerbes entstanden sind — der Erwerber aus § 96, für letztere nicht. RFH. 13. Juni 28 IV A 121/28 ZfZ. 1928, 277 = DStBl. 1928, 506 StA. 1928, 376.

18. — Die Haftung des Erwerbers eines Unternehmens im ganzen nach § 96 erstreckt sich nicht auf rückständige Lohnsteuerbeträge, für deren Entrichtung der Veräußerer als Arbeitgeber nach § 78 Abs. 1 EinkStG. dem Reiche haftet. RFH. 16. Nov. 27 VI A 600/27 S. 22, 209 = IndMitt. 1928, 34 = StA. 1928, 55 = StuW. 1928 Nr. 27.

§ 98.

Lottner, Die Erfordernisse des Haftungsbescheids nach der AO. ZfZ. 1928, 328.

1. Die bloße Mitteilung an den Erwerber eines Unternehmens, daß er aus § 96 für die Steuerschuld des Veräußerers hafte, ist kein vollstreckbarer und anfechtbarer Haftungsbescheid, wenn nicht die Anforderung der Steuer darin enthalten ist.

Das Erfordernis der Rechtsmittelbelehrung gilt auch für Haftungsbescheide. RFH. 13. Juni 28 IV A 165/28 ZfZ. 1928, 319 = DStBl. 1928, 506 = StuW. 1928 Nr. 487 = StA. 1928, 377.

§ 99.

1. Der nach § 96 haftende Erwerber, der wegen festgesetzter Umsatzsteuer-Vorauszahlungen in Anspruch genommen wird, kann, wenn kein Steuerbescheid nach § 18 UmsStG. gegen den Vorbesitzer vorliegt, die Festsetzung der Steuerschuld in einem endgültigen Steuerbescheide verlangen, gegen den das Berufungsverfahren eröffnet ist. RFH. 14. März 28 V A 67/28 S. 23, 116 = DStZ. 1928, 434 = StuW. 1928 Nr. 203 = DStBl. 1928, 324.

§ 104.

W a l t h e r , Ist eine Steuerschuld nach der Niederschlagung weiter zu verzinsen? ZfZ. 1928, 305.

§ 105.

1. Ist eine Steuerforderung gestundet, so können Stundungszinsen nur so weit gefordert werden, als das in der Stundungsverfügung bestimmt ist. RFH. 27. Okt. 28 II A 442/28 (n. v.).

§ 108.

M e r k e l , Einkommensteuerermäßigungen bei der Veräußerung von Geschäftsgrundstücken. DStZ. 1928, 999. — O l b e r t z , Wesen, Zuständigkeit und Erfolgsaussichten bei Steuererlaßanträgen aus Billigkeitsgründen. IndMitt. 1928, 180, 292. — P e t e r s , Die Herabsetzung von rechtskräftig veranlagten Steuern auf Grund einer Buch- und Betriebsprüfung. DStBl. 1928, 633.

§ 124.

1. Die Handlung, die das zuständige Finanzamt zur Feststellung des Anspruchs vornimmt, muß, um nach § 124 die Verjährung zu unterbrechen, gegen den Zahlungspflichtigen gerichtet sein. RFH. 25. Jan. 28 IV A 395/27 ZfZ. 1928, 93 = DStBl. 1928, 265 = VR. 1928, 152.
2. Maßnahmen der Zollfahndungsstellen sind keine Handlungen des zuständigen Finanzamts, die die Verjährung unterbrechen. RFH. 18. April 28 IV A 435/27 ZfZ. 1928, 198.
3. Die Unterbrechung der Verjährung gegen den Steuerpflichtigen unterbricht nicht auch die Verjährung gegen den nach § 96 Haftenden. RFH. 30. Mai 28 IV A 138/28 ZfZ. 1928, 277 = StuW. 1928 Nr. 428 = StA. 1928, 376.

§ 125.

F r i e d l a e n d e r , Zinsen bei Steuererstattungen. DStBl. 1928, 480.

§ 127.

R e i m a n n , Der Erstattungsanspruch aus Rechtsgründen im Reichssteuerrecht. StuFr. 1928, 355.

§ 128.

Becker, Werden Zinsen erstattet, wenn die Aufbringungsleistungen 1926 u. 1927 überzahlt sind? IndMitt. 1928, 326. — Wünsche, Verzinsung von Erstattungsbeträgen und Reichsfinanzhofgutachten über die Verzinsung geleisteter Vorauszahlungen. Ind.-Mitt. 1928, 55.

§ 129.

Helbig, Erstattungen und Anwendbarkeit der Reichsabgabenordnung. ZfZ. 1928, 265.

1. Der Gegenwert für entnommene Steuerzeichen gilt auch dann als „beigetrieben", wenn von einem Hersteller auf Grund des § 12 Abs. 1 Satz 2 TabStG. Barzahlung verlangt wird und dieser die Barzahlung leistet, um seinen Betrieb nicht stillegen zu müssen. RFH. 2. Mai 28 IV A 369/27 S. 23, 246 = StuW. 1928 Nr. 399 = ZfZ. 1928, 277 = DStBl. 1928, 440, 565.

§ 130.

1. Keine Erstattung aus Rechtsgründen nach rechtskräftigem Steuerbescheid. RFH. 29. Nov. 27 II A 437/27 DVR. 1928, 8.
2. Auch bei Geltendmachung bloßer Erstattungsansprüche aus Rechtsgründen hat die Behörde zu prüfen, ob der zugrunde liegende Steuerbescheid rechtskräftig ist oder nicht — letzteres z. B. infolge unterlassener formgültiger Zustellung oder unterlassener Rechtsbelehrung —. Letzterenfalls ist der Erstattungsanspruch als Rechtsmittel gegen den Steuerbescheid zu behandeln. RFH. 18. April 28 IV A 105/28 ZfZ. 1928, 278.
3. Der Grundsatz, daß Einwendungen, die im Rechtsmittelverfahren vorzubringen sind, nicht im Erstattungsverfahren geltend gemacht werden können, gilt auch für Einwendungen, die im Beschwerdeverfahren hätten geltend gemacht werden können. RFH. 5. Juni 28 I A 23/27 StuW. 1928 Nr. 472 = DStBl. 1928, 507.
4. Die Erstattung von Vorauszahlungen dann, wenn auf Grund der Einkommensteuerveranlagung keine oder nur eine geringere Einkommensteuer geschuldet wird, hat auch die Erstattung der wegen nicht rechtzeitiger Entrichtung der Vorauszahlungen früher festgesetzten Verzugszuschläge zur Folge. RFH. 3. Jan. 28 I A 378/27 S. 23, 2 = StuW. 1928 Nr. 144, 266 = DStBl. 1928, 215 = StA. 1928, 311.
5. Bei zu Unrecht erfolgtem Steuerabzuge vom Kapitalertrage hat der Gläubiger einen im Berufungsverfahren verfolgbaren Erstattungsanspruch aus § 129 Abs. 1 Satz 2 auch dann, wenn der Steuerabzug vor Inkrafttreten des Einkommensteuergesetzes von 1925 im Steuerabschnitt 1925 (1924/25) vorgenommen ist. RFH. 8. Aug. 28 VI A 737/28 DStZ. 1928, 918 = StuW. 1928 Nr. 822.

§ 132.

Arnoldt, Verzinsung beim anerkannten Erstattungsanspruch aus Billigkeitsgründen. ZfZ. 1928, 64. — Becker, Muß das Reich die erstatteten Umsatzsteuervorauszahlungen verzinsen? ZStFr. 1928, 34. — Friedlaender, Zinsen bei Steuererstattungen. DStBl. 1928, 480. — Rütgers, Sind die Steuervergütungen auf die vorläufigen Zahlungen nach dem Aufbringungsgesetz vom Reiche zu verzinsen? IndMitt. 1928, 185. — Stamm, Verzinsung erstatteter Steuerbeträge. DStZ. 1928, 418.

1. Umfang der Verzinsungspflicht bei Änderung eines Grundsteuerbescheids. RFH. 31. Jan. 28 II A 525/27 DVR. 1928, 44.
2. Liegen im Falle der Erstattung veranlagter Steuern die Voraussetzungen der Verzinsung des Erstattungsanspruchs vor, so darf in einem entsprechenden Falle die Verzinsung nicht ausschließlich deshalb abgelehnt werden, weil die Steuer in der Form von Vorauszahlungen entrichtet worden war. RFH. 20. Jan. 28 V A 695/27 S. 22, 352 = ZfZ. 1928, 137 = StuW. 1928 Nr. 143, 205 = DStBl. 1928, 261 = StA. 1928, 376 = JW. 1928, 1616 *(m. Bespr. v. Glaser).*

§ 134.

1. Ein Anspruch auf Rückzahlung einer im Strafunterwerfungsverfahren (§ 410) festgesetzten und bezahlten Geldstrafe, gestützt auf die Behauptung, die Straffestsetzung sei nicht gültig zustande gekommen, kann nicht im ordentlichen Rechtsmittelverfahren geltend gemacht werden. Es ist nur Beschwerde an das Landesfinanzamt gemäß § 418 gegeben. RFH. 30. Aug. 28 II A 317/28 DStZ. 1928, 1011 = ZfZ. 1928, 435 = DStBl. 1928, 611.

§ 137.

Dalquen, Die Besteuerung der immateriellen Werte. StA. 1928, 129.

1. Ist ein eine wirtschaftliche Einheit bildendes Gebäude zum Teil auf eigenem Grund und Boden (Eigengrundstück), zum Teil zu einem vorübergehenden Zwecke (§ 95 Abs. 1 Satz 1 BGB.) mit Genehmigung des Nachbars auf einem Nachbargrundstück errichtet, so ist der hinübergebaute Teil des Gebäudes auch dann, wenn er der größere Teil des Gebäudes ist, Bestandteil des Eigengrundstücks. RFH. 28. Juni 28 II A 204/28 S. 23, 299 = DVR. 1928, 127 = StuW. 1928 Nr. 612 = DStBl. 1928, 561.
2. Grundstücke bilden eine wirtschaftliche Einheit, wenn sie einem einheitlichen wirtschaftlichen Zweck durch die Bestimmung des Besitzers gewidmet sind, mögen sie auch örtlich getrennt liegen; landwirtschaftliche Grundstücke müssen insbesondere einem einheitlichen Betrieb dienen. Die einem Pflichtigen gehörenden Grundstücke können mehrere wirtschaftliche Einheiten bilden. Das wird im allgemeinen der Fall sein, wenn der Landwirt einen Teil seiner Grundstücke einem anderen zum selbständigen Betriebe verpachtet. Dem steht nicht entgegen, daß er von dem Restbesitz aus eine Aufsicht über den Pächter führt. RFH. 7. Sept. 28 VI A 1093/28 StuW. 1928 Nr. 779.

§ 138.

Marcus, Steuerliche Bewertung gesperrter Aktien. IndMitt. 1928, 398. — Mirro, Zur Beratung von Waren und Schulden in der Einkommensteuerbilanz. DStZ. 1928, 113.

1. In Zeiten der Geldknappheit stellt die Vereinbarung, den Kaufpreis ganz in bar zu bezahlen, bei einem Kaufobjekte von rund 90 000 *RM* etwas Ungewöhnliches dar. Ein Kaufpreis, der mit solcher Bedingung vereinbart ist, kann für die Ermittlung des gemeinen Wertes nicht entscheidend sein. RFH. 21. Dez. 27 I A 319/27 S. 22, 297 = StA. 1928, 87 = DStZ. 1928, 345 = StuW. 1928 Nr. 145 = DVR. 1928, 79.
2. Ist ein Grundstück einem bestimmten Zweck entsprechend bebaut, so ist diese Beschaffenheit für die Ermittlung seines gemeinen Wertes maßgebend, sofern für diesen Zweck eine Verwendungsmöglichkeit besteht. RFH. 8. Febr. 28 II A 580/27 StuW. 1928 Nr. 289.
3. a) Gehört zu einem Landgut ein größerer Wald, so ist es nicht ohne weiteres rechtsirrtümlich, wenn bei der Feststellung des gemeinen Wertes der Wald für sich bewertet wird.
b) Bei Wäldern, die nach Gesetz oder nach richtigen Wirtschaftsgrundsätzen nicht vor Eintritt der Schlagreife geschlagen werden dürfen, ist es nicht ohne weiteres als unzulässig zu erachten, den gemeinen Wert dem sogenannten Erwartungswerte gleichzusetzen. RFH. 13. April 28 II A 74/28 StuW. 1928 Nr. 475, 637.

§ 139.

Bauder, Ein weiterer Weg zur Prüfung der Warenbewertung. StA. 1928, 304.

§ 141.

Wolffheim, Die Behandlung von noch nicht voll eingezahlten Aktien und von Verwertungsaktien bei der Vermögensteuer. DStZ. 1928, 237.

1. Unter Kurswert im Sinne des § 141 Abs. 1 ist der an einer deutschen Börse amtlich notierte Kurs zu verstehen. Ob der am freien Markte für Aktien notierte Kurs als deren gemeiner Wert angesehen werden kann, kann nur nach Würdigung aller Umstände entschieden werden. RFH. 13. April 28 II A 58/28 S. 23, 207 = IndMitt. 1928, 229 = DStZ. 1928, 534 = StuW. 1928 Nr. 404, 655 = DStBl. 1928, 387 = ZfZ. 1928, 278 = JW. 1928, 1617 = StA. 1928, 377.
2. Auch für das Gebiet des Reichsbewertungsgesetzes hält der Senat an seinem Urteil vom 9. Febr. 1926 I A 142/25 (Bd. 18 S. 338 ff.) über die Bewertung von Gesellschaftsanteilen fest. RFH. 6. Juni 28 I A 253/28 IndMitt. 1928, 264 = RStBl. 1928, 275 = StuW. 1928 Nr. 476, 681.

§ 143.

Risse, Zur Frage der Schuldenbewertung. IndMitt. 1928, 210.

1. Der Umstand, daß eine Brandversicherungssumme für den Wiederaufbau des beschädigten Grundstücks verwendet werden muß, ist als besonderer Umstand im Sinne des § 40 VermStDurchfBest. 1924 und des § 143 Abs. 1 anzuerkennen und bei der Bewertung zu berücksichtigen. Es ist festzustellen, was ein Dritter, der das beschädigte Unternehmen auf den Stichtag übernommen hätte, voraussichtlich für die die Brandversicherung betreffende Forderung angelegt hätte. RFH. 22. Dez. 27 I A 249/27 S. 22, 325 = IndMitt. 1928, 86 = StuW. 1928 Nr. 133, 146 = StA. 1928, 155.

2. Ist jemand vertraglich verpflichtet, eine ihm gehörige gewerbliche Betriebsanlage, die er in gebrauchsfähigem Zustand erhalten muß, nach Ablauf einer bestimmten Zeit einem andern unentgeltlich zu übertragen, so kann diese Verpflichtung schon vorher als Schuld zum Abzug zugelassen werden. Ihre Bewertung hängt ab einerseits von dem wechselnden Werte der Anlage am jeweiligen Steuerstichtag und anderseits von der alsdann noch ausstehenden Restnutzungsdauer. RFH. 15. Mai 28 I A 494/27 RStBl. 1928, 276 = StuW. 1928 Nr. 694.
3. Bewertung von Guthaben von Kindern an einem Betriebsvermögen, wenn die Guthaben bis zum Tode der Eltern unkündbar und unverzinsbar sind und es vom Ermessen des Vaters abhängt, ob ein Reingewinn gewährt wird. RFH. 30. Mai 28 I A 245/28 StuW. 1928 Nr. 477 u. 788.
4. Der Wert der später fällig werdenden Raten einer Obligationensteuerschuld ist unter Berücksichtigung der Vorschrift des § 143 Abs. 3 durch Abschlag des Zwischenzinses zu ermitteln. RFH. 25. Sept. 28 I A 413/27 (n. v.).

§ 144.

Bacciocco, Welcher Zinsfuß ist nach der Reichsabgabenordnung bei der Berechnung des Gesamtwerts von Nutzungen, die auf bestimmte Zeit beschränkt sind, zugrunde zu legen? ZStuFFr. 1928, 294.

1. Der Wert der Verpflichtung, einen Angehörigen zu unterhalten, wird beeinflußt durch die Verpflichtung des Angehörigen, im landwirtschaftlichen Betriebe des Unterhaltsverpflichteten mitzuarbeiten. RFH. 7. Sept. 28 VI A 204/28 StuW. 1928 Nr. 860.
2. § 144 Abs. 2 wird durch § 144 Abs. 3 eingeschränkt. Zwar sieht diese Vorschrift nicht wie § 145 Abs. 3 vor, die nachträglich sich ergebende kürzere Dauer der tatsächlichen Nutzung ohne weiteres der Steuerberechnung zugrunde zu legen, aber sie gestattet, an den tatsächlichen Verhältnissen, wie sie sich zur Zeit des Eintritts der Steuerpflicht der Beurteilung darstellen, das starre Vielfache, sei es im Sinne einer Geringer- oder Höherwertung, zu korrigieren. Wenngleich nun der Wortlaut des Abs. 3 nicht unmittelbar auf Fälle der vorliegenden Art paßt, so ist doch wegen der Rechtsähnlichkeit mit diesen Fällen entsprechende Anwendung geboten. RFH. 11. Nov. 27 II A 414/27 StA. 1928, 311 = SStZ. 1928, 55.

§ 145.

1. § 145 ist für die Einkommensberechnung aus kaufmännischen Bilanzen nicht verbindlich. RFH. 20. Nov. 28 I A 188/28 RStBl. 1928, 382.

§ 152.

1. Für die Ermittlung der nachhaltigen Ertragsfähigkeit kommt es auf die gesamten Verhältnisse des Grundstücks am Stichtag an. Werden Wiesen infolge ihrer Lage im Überschwemmungsgebiet erfahrungsgemäß seit Jahren im Ertrage beeinträchtigt, so kann dieser am Stichtag bestehende Umstand nicht mit der Erwägung ausgeschaltet werden, daß es in Zukunft besser werden wird, wenn gewisse, vielleicht schon in Aussicht genommene Maßnahmen getroffen sein werden. RFH. 6. Juni 28 VI A 468/28 StuW. 1928 Nr. 684.

§ 153.

1. Wann und inwieweit sind Wasserkräfte und Wasserkraftwerke als Grundstücksbestandteile oder werterhöhende Eigenschaften eines Grundstücks anzusehen? RFH. 6. Dez. 27 II A 474/27 S. 22, 226 = StuW. 1928 Nr. 30 u. 290.

§ 162.

Großmann, Die Bedeutung der Buchhaltung im Steuerrecht. StZdL. 1928, 43. — Grünbaum, Die gemeinsamen Aufgaben der Buch- und Betriebsprüfung und der Veranlagung. StA. 1928, 275. — Ruprecht, Die neuen Grundsätze für die steuerliche Buchprüfung. IndMitt. 1928, 147. — Metzner, Der Gang einer landwirtschaftlichen Buch- und Betriebsprüfung. StZdL. 1928, 120. — Risse, Die formale Gestaltung der Prüfungsberichte des steuerlichen Buchprüfungsdienstes. IndMitt. 1928, 375. — Voß, Das private Revisionswesen und der steuerliche Buch- und Betriebsprüfungsdienst. StZdL. 1928, 87.

1. Eine Buch- und Betriebsprüfung eines Großbetriebs kann nicht zu dem Zwecke vorgenommen werden, die steuerlichen Verhältnisse anderer Steuerpflichtiger zu ermitteln. Prüfungsergebnisse, die bei der Durchführung einer Buch- und Betriebsprüfung, die zum Zwecke der Prüfung eines Großbetriebs angeordnet ist, gewonnen werden und Bedeutung für die Besteuerung dritter Personen haben, dürfen gegen diese verwertet werden. RFH. 9. Mai 28 I D 2/28 S. 24, 1 = DJZ. 1928, 1196 = IndMitt. 1928, 310 = StuW. 1928 Nr. 478 = DStBl. 1928, 562.

§ 165.

1. Ein Verstoß gegen die Vorschriften des § 165 liegt vor, wenn eine Sparkasse Inhaber-Sparkarten ausgibt. RFH. 28. Sept. 28 V D 2/28 S. 24, 206.

§ 168.

1. Die Aufforderung an den Haushaltungsvorstand zur Angabe seines Arbeitgebers und der an ihn zahlenden Kasse (Spalte 11 der auf Grund des § 37 AusfBest. zum EinkStG. aufgestellten Haushaltungsliste) hat ihre Grundlage im § 168 und kann deshalb nach § 202 erzwungen werden. RFH. 16. Nov. 27 VI A 644/27 RStBl. 192, 91.

§ 169.

1. Die Personengemeinschaften des § 65 EinkStG. haben auf Anfordern des Finanzamts eine Einkommenserklärung, d. h. eine Erklärung über den von ihnen erzielten Gewinn abzugeben. Sie gelten insoweit als Steuerpflichtige im Sinne der Reichsabgabenordnung. RFH. 15. Febr. 28 VI A 12/28 RStBl. 1928, 112.
2. Wenn auch das Finanzamt in einem Steuerjahre zu der Auffassung gelangt, daß die subjektive Steuerpflicht zu verneinen sei, so ist es ihm durch keine gesetzliche Vorschrift verwehrt, die Frage in jedem folgenden Steuerjahre von neuem zu prüfen; dem Finanzamt kann nicht verwehrt werden, von dem Steuerpflichtigen Auskünfte, insbesondere in Form einer Steuererklärung zu verlangen. RFH. 29. Aug. 28 I A 445/28 RStBl. 1928, 306.

§ 173.

Kraft, Die Beweislast im Steuerfestsetzungsverfahren. DStZ. 1928, 683, 797. — Ruprecht, Auskunftspflicht des Steuerpflichtigen im Veranlagungsverfahren nach Gesetz und Rechtsprechung. IndMitt. 1928, 246.

1. Verlangt ein Steuerpflichtiger den Abzug am Bilanzstichtag rückständiger Steuern und weiterer Steuern, mit deren rückwirkender Entstehung für den Bilanzstichtag er habe rechnen müssen, so muß er auf Verlangen des Finanzamts diejenigen Steuern angeben und Belege für ihre Anforderung vorlegen, die nach seiner Behauptung am Bilanzstichtag rückständig gewesen sind. Es genügt nicht, daß er ein Verzeichnis sämtlicher von ihm nach dem Bilanzstichtag gezahlter Steuern einreicht und das Finanzamt auffordert, seinerseits zu prüfen, welche dieser Steuerschulden als am Bilanzstichtag entstanden und rückständig anzusehen seien. RFH. 11. Nov. 27 I A 171/27 S. 22, 268 = StuW. 1928 Nr. 164.
2. Grenzen der Nachweisungspflicht. Behandlung eines Passivpostens, wenn der Pflichtige den Gläubiger nicht nennen will. RFH. 9. Mai 28 VI A 527/28 StuW. 1928 Nr. 479.

§ 176.

1. Umfang der den Ärzten obliegenden Verpflichtung, dem vom Finanzamt beauftragten Beamten, Bücher und sonstige Aufzeichnungen vorzulegen. RFH. 23. Mai 28 V A 384/28 RStBl. 1928, 191.

§ 177.

Ruprecht, Gesetz und Rechtsprechung über die Auskunftspflicht Dritter im Steuerfestsetzungsverfahren. IndMitt. 1928, 297.

1. Abweichend von den Bestimmungen der Zivilprozeßordnung, wonach unter gewissen besonderen Voraussetzungen auch nahe Angehörige Zeugnis ablegen müssen, nimmt § 177 Abs. 1 Satz 1 die im § 178 als nahe Angehörige bezeichneten Personen, darunter Geschwister (§ 178 Abs. 2 Nr. 3), schlechtweg und ohne Einschränkung von dem Kreise der Auskunftspflichtigen aus. RFH. 13. Nov. 28 I A 435/27 (n. v.).

§ 186.

1. Bucheinsicht bei Wiederverkäufern. RFH. 27. April 28 V A 501/27 DStZ. 1928, 534.

§ 188.

Ludwig, Befragung Sachverständiger über Zollfragen. ZfZ. 1928, 41.

1. War für eine Einheitswertfestsetzung die Vorbereitung der Einzelbewertung der Grundstücke, die nicht dauernd land- oder forstwirtschaftlichen oder gärtnerischen Zwecken dienen, allgemein den Katasterämtern im Sinne des § 52 Abs. 2 RBewG. nicht übertragen, so steht nichts entgegen, den Katasterbeamten als Sachverständigen im Sinne der §§ 206, 188 AO. im Rechtsmittelverfahren darüber zu vernehmen, ob ein Grundstück mit Recht als Bauland bewertet worden ist. RFH. 7. Dez. 28 I A 675/28 (n. v.).

2. Der Steuerpflichtige hat auf Mitteilung des Namens eines Sachverständigen, der ein Gutachten erstattet, in der Regel keinen Anspruch. Dieser Grundsatz gilt jedoch im allgemeinen nicht für die von einer Behörde erstatteten Gutachten. Dem Steuerpflichtigen ist regelmäßig mitzuteilen, welche Behörde das Gutachten erstattet hat. RFH. 19. Juni 28 I A 314/28 ZfZ. 1928, 359 = DStZ. 1928, 815 = StuW. 1928 Nr. 480 u. 703 = DStBl. 1928, 311 = StA. 1928, 377.

§ 191.

1. Die AO. gibt dem Finanzamt und in dringenden Fällen dem Vollziehungsbeamten des Finanzamts das Recht, für eine Vollstreckungsmaßnahme, bei der nach Lage des Falles polizeilicher Schutz erforderlich erscheint, die Beistandsleistung der Polizeibeamten, insbesondere der Gendarmerie, unmittelbar nachzusuchen, und zwar schon bevor zu der Vollstreckungsmaßnahme geschritten wird. RFH. 21. Dez. 27 V D 1/27 S. 22, 266 = StA. 1928, 55 = ZfZ. 1928, 97 = StuW. 1928 Nr. 31.

§ 200.

1. Kein Finanzbefehl zur Vorlegung des Geschäftstagebuchs, wenn feststeht, daß das Geschäftstagebuch nicht geführt worden ist. RFH. 15. Febr. 28 VI A 18/28 (n. v.).

§ 202.

Arlt, Rechtsmittel gegen erzwingbare Anordnungen (§ 202 AO.) der Landesfinanzämter im Anfechtungs- oder Beschwerdeverfahren. ZfZ. 1928, 201.

1. Zur Ausfüllung von Haushaltungslisten. Notwendigkeit, klare und bestimmte Fragen zu stellen. RFH. 18. Nov. 27 VI A 682/27 DStZ. 1928, 242 = StA. 1928, 247.
2. Zur Frage, ob die rechtzeitige Entrichtung der Lohnsteuer durch Finanzbefehle erzwungen werden kann. RFH. 7. Dez. 27 VI A 649/27 RStBl. 1928, 28 = StA. 1928, 55.
3. § 202 Abs. 5 verbietet nur die Anwendung von Zwangsmitteln gegen öffentliche Behörden als solche. Ein Beamter kann zur Befolgung an sich zulässiger Anordnungen des Finanzamts, die den Amtsbereich seiner Behörde betreffen, durch Zwangsmittel angehalten werden. Von der Lage des Falles hängt es ab, ob die Inanspruchnahme des Beamten und die Androhung von Zwangsmitteln gegen ihn der Billigkeit entspricht und nicht gegen § 6 verstößt. RFH. 25. Jan. 28 VI A 771/27 RStBl. 1928, 55 = DJZ. 1928, 666 = ZfZ. 1928, 137 = DStBl. 1928, 262 = StuW. 1928 Nr. 210 = StA. 1928, 311.
4. Im Falle des § 202 bilden Anordnung und Androhung einen einheitlichen Akt, zu dem als wesentlicher Bestandteil die Fristsetzung gehört. Deshalb ist auf die Rechtsbeschwerde, die sich gegen eine unter Strafandrohung ergangene Anordnung richtet, nachzuprüfen, ob die Vorschrift des § 202 Abs. 6 beobachtet ist. Der Mangel der Fristsetzung bewirkt die Unwirksamkeit der ganzen Verfügung. RFH. 10. Juli u. 24. Sept. 28 V A 95/28 DStBl. 1928, 612.

§ 204.

Kraft, Die Beweiswürdigung im Steuerfestsetzungsverfahren. ZfZ. 1928, 362.

1. Die amtliche Ermittlungspflicht der Steuerbehörden schließt in sich die Verpflichtung zur Verfolgung auch derjenigen Anhaltspunkte, die sich aus den zugezogenen Strafakten ergeben. Die Steuerbehörde hat daher auch diejenigen Auskunftspersonen zu vernehmen, die der Steuerpflichtige in den zugezogenen Strafakten benannt hat, sofern sie die Vernehmung nicht aus beachtlichen Gründen für unerheblich halten kann.
   Die Stellungnahme der Rechtsmittelbehörden gegenüber der Benennung dieser Auskunftspersonen muß sich aus der Rechtsmittelentscheidung ergeben. RFH. 21. März 28 IV A 58/28 ZfZ. 1928, 180 = StuW. 1928 Nr. 225 = DStBl. 1928, 324.
2. Teil III Nr. 7 Ziff. 2 der Anleitung für die Zollabfertigung legt dem Einbringer, der den günstigeren Zollsatz (für Pferde von einem gewissen Höchstmaß) beansprucht, nur die Anmeldepflicht auf; die Steuerbehörden haben, wenn sie von den Angaben des Steuerpflichtigen abweichen, auf dem in der Reichsabgabenordnung für die Ermittlung und Feststellung der Steuer vorgeschriebenen Wege festzustellen, daß die Voraussetzungen des günstigeren Tarifsatzes nicht vorliegen. RFH. 21. März 28 IV A 58/28 ZfZ. 1928, 177 = DStBl. 1928, 326.
3. Bei Abweichung von den Anträgen auf Zollvergütung (Erteilung von Einfuhrscheinen) müssen die amtlichen Ermittlungen, die der Zollvergütung zugrunde gelegt werden, vor Festsetzung der Vergütung dem Berechtigten zur Äußerung mitgeteilt werden. RFH. 20. Dez. 27 IV A 322/27 ZfZ. 1928, 56 = StuW. 1928 Nr. 211.
4. Ist bei der Eingangszollabfertigung hinsichtlich der Gewichtsermittlung nicht ordnungsgemäß verfahren worden, so kann das zollpflichtige Gewicht nachträglich aus anderweiten Anhaltspunkten errechnet werden. RFH. 7. März 28 IV A 396/27 ZfZ. 1928, 156 = DStBl. 1928, 326.

§ 205.

1. § 205 Abs. 4 findet auch auf rechtzeitig eingebrachte Nachträge zu Steuererklärungen Anwendung; die Behörde darf von den nachträglichen Erklärungen zuungunsten der Steuerpflichtigen nicht abweichen, ohne dem Steuerpflichtigen Gelegenheit zur Äußerung gegeben zu haben. RFH. 11. Okt. 27 I A 371/27 DStBl. 1928, 171.
2. Ein Steuerpflichtiger, der gemäß § 1910 BGB. einen Gebrechlichkeitspfleger erhalten hat, ist am Verfahren auch persönlich jedenfalls insoweit zu beteiligen — z. B. durch Anhörung über Beweisergebnisse oder Ladung zu Vernehmungsterminen —, als es sich bei den in Frage stehenden Tatsachen um seine persönlichen Erlebnisse handelt. RFH. 2. Mai 28 IV A 116/28 ZfZ. 1928, 218 = DStBl. 1928, 388 = StuW. 1928 Nr. 430.
3. Es besteht keine Verpflichtung des Finanzgerichts, Sachverständige zu hören, wenn es nach eigener Kenntnis und auf Grund der Schätzung des Steuerausschusses genügende Unterlagen für eine Feststellung des Einkommens als gegeben erachtet. RFH. 18. Nov. 27 VI A 695/27 RStBl. 1928, 47.

§ 207.

1. a) Nach Einlegung der Berufung können Erhebungen im Steuerermittlungsverfahren durch das Finanzamt grundsätzlich nicht mehr angestellt werden.
b) Eine im Steuerermittlungsverfahren unzulässige Maßnahme kann nicht im Steueraufsichtsverfahren getroffen werden, wenn sich die Berufung auf die Steueraufsicht als Mißbrauch (Umgehung) darstellt.
c) Eine Prüfung der gesamten Buchführung im Steueraufsichtsverfahren ist insbesondere für Zwecke der Einkommensteuer nicht zulässig, wenn ein Steuerpflichtiger, der nur zur Aufzeichnung der vereinnahmten Entgelte nach dem Umsatzsteuergesetze verpflichtet ist, freiwillig eine den gesamten Wirtschaftserfolg ausweisende Buchführung eingerichtet hat. RFH. 3. Okt. 28 VI A 35/28 StuW. 1928 Nr. 784 = DStBl. 1928, 676.

§ 208.

Hoeres, Wann ist bei der Einkommensteuerveranlagung trotz formell einwandfreier Buchführung Schätzung zulässig? ZStuFFr. 1928, 292. — Perters, Ist in bezug auf Außenstände und Schulden für die Beweiskraft der Buchführung die Führung eines Kontokorrents erforderlich? DStZ. 1928, 807.

1. Schätzung des Einkommens einer Schneiderin unter Zurückweisung der Aufzeichnungen. RFH. 6. Juni 28 VI A 544/27 StuW. 1928 Nr. 482.
2. Zur Frage der Ordnungsmäßigkeit einer Buchführung. RFH. 25. Jan. 28 VI A 570/27 StuW. 1928 Nr. 181.
3. Beispiele für die Beiseiteschiebung von Buchführung oder Aufzeichnungen. RFH. 23. Mai 28 V A 511/27 StuW. 1928 Nr. 484; 13. Juni 28 VI A 409/28 StuW. 1928 Nr. 483; 8. Aug. 28 VI A 827/28 StuW. 1928 Nr. 782.
4. Verwerfung der Buchführung wegen sachlicher Unrichtigkeit. RFH. 7. März 28 VI A 82/28 DStZ. 1928, 336 = StuW. 1928 Nr. 175.
5. Bei einem Warenhausbetriebe kann die formelle Beweiskraft der Bücher nicht ausnahmslos dadurch als beseitigt angesehen werden, daß Registrierkassenstreifen und Verkaufszettel nicht aufbewahrt oder vernichtet sind. Auch kann bei einem Warenhausbetrieb mittleren Umfangs das Buchergebnis im ganzen nicht ohne weiteres durch allgemein gehaltene Schätzung von Fachkundigen entkräftet werden. RFH. 4. Juli 28 VI A 141/28 StA. 1928, 344.
6. Beseitigung der Kontrollkassenstreifen und Unstimmigkeiten zwischen Kassebuch und Spezialbüchern erschüttern das Vertrauen zu einer richtigen Buchführung derart, daß der Geschäftsgewinn geschätzt werden darf. RFH. 8. Aug. 28 VI A 917/28 (n. v.).
7. Zur Frage, wann eine formell nicht zu beanstandende Buchführung wegen auffallenden Mißverhältnisses zu den Ergebnissen ähnlicher Betriebe beiseite gesetzt werden darf. RFH. 28. März 28 VI A 343/27 IndMitt. 1928, 196 = StuW. 1928 Nr. 213 = RStBl. 1928, 185 = StA. 1928, 180 = DJZ. 1928, 1614.

§ 209.

Cordes, Die Auskunftspflicht Dritter gegenüber dem Finanzamt. LZ. 1928, 1608.

§ 210.

Albrecht, Der Vergleich im Steuerrecht. ZStuFFr. 1928, 216. — Brönner, Wann und wie darf die Steuerbehörde nach der Rechtsprechung des Reichsfinanzhofs schätzen? IndMitt. 1928, 178. — Jacobi, Schätzung mit Rechtsmittelbeschränkung (§ 210 Abs. 3 AO.). StA. 1928, 46.

1. Ist durch rechtskräftiges Urteil eines ordentlichen Gerichts ein Steuertatbestand geschaffen worden, so kann er durch die Steuerbehörden nicht im Wege der Nachprüfung des Gerichtsurteils beseitigt oder geändert werden. RFH. 27. April 28 II A 169/28 S. 23, 172 = LZ. 1928, 313 = ZfZ. 1928, 239 = StuW. 1928 Nr. 405 = DJZ. 1928, 1197 = DStBl. 1928, 388.
2. Preuß. ZollAbgO. § 6 steht mit den Verfahrensgrundsätzen der AO. insoweit nicht in Einklang, als er bei Verschiedenheit des angemeldeten und des durch die Schiffseiche ermittelten Gewichtes stets das größere Gewicht entscheiden läßt und der Anerkennung durch den Pflichtigen bindende Bedeutung beimißt. RFH. 26. Okt. 27 VI A 356/27 JW. 1928, 1698 *(m. Bespr. v. Neuman)*.
3. Wenn das Einkommen aus Gewerbe aus dem Umsatz abgeleitet wird, ist der Umsatz, der der rechtskräftig festgesetzten Umsatzsteuer zugrunde gelegt ist, nicht ohne weiteres für die Ermittelung des Einkommens bindend. RFH. 13. Juni 28 VI A 409/28 StuW. 1928 Nr. 483.
4. Schätzung. Ziel der Schätzung. RFH. 6. Juni 28 VI A 579/27 StuW. 1928 Nr. 485.
5. — Hat ein Steuerpflichtiger, der einen Kraftdroschkenbetrieb und ein Vermittlergeschäft betreibt, für einen Teil seines Betriebes (das Vermittlergeschäft) Aufzeichnungen nicht gemacht, so ist eine Schätzung für den ganzen Betrieb (Vermittlergeschäft und Kraftdroschkenbetrieb) zulässig. RFH. 10. Aug. 28 V A 571/28 RStBl. 1928, 321.
6. — Glaubt ein Steuerpflichtiger, bestimmte tatsächliche Vorgänge mit Rücksicht auf die einem Dritten gegenüber übernommene Schweigepflicht den Finanzbehörden nicht offenlegen zu können, so ist Schätzung auch dem Grunde nach geboten. Auf das Anerbieten zur Eidesleistung braucht sich die Finanzbehörde in solchem Falle nicht einzulassen. RFH. 28. März 28 VI A 452/27 StuW. 1928 Nr. 209 = RStBl. 1928, 186 = DStZ. 1928, 534 = ZfZ. 1928, 239 = StA. 1928, 377.
7. — Bei einer Schätzung der Entgelte für die Umsatzsteuer ist es zulässig, die zahlenmäßig nachgewiesenen ersten inländischen Umsätze nach der Einfuhr von Getreide von der Besteuerung auszunehmen. RFH. 21. Sept. 28 V A 283/28 (n. v.).
8. — Zulässigkeit der Schätzung für die Umsatzsteuer bei mangelhafter Buchführung. Es kommt nicht darauf an, ob sich die Ordnungswidrigkeiten gerade in den für die Umsatzsteuer maßgebenden Büchern und Aufzeichnungen finden. Die Beweiskraft der kaufmännischen Buchführung beruht vielmehr auf dem Ineinandergreifen der verschiedenen Buchungen, deren Übereinstimmung erst die Vermutung der Richtigkeit und Vollständigkeit rechtfertigt. RFH. 2. Nov. 28 V A 446/28 (n. v.).
9. — Ein Grundsatz, daß der höhere Zollsatz anzuwenden sei, wenn durch Verschulden des Pflichtigen die eingehende Beschau und die ordnungs-

mäßige Abfertigung der eingeführten Gegenstände unmöglich geworden ist, ist in dieser Allgemeinheit nicht anzuerkennen. Ergänzend greift in solchen Fällen die Schätzungsbefugnis des § 210 Platz. RFH. 21. März 28 IV A 58/28 StuW. 1928 Nr. 225 = DStBl. 1928, 325.

10. — Sind nur einzelne Mängel in der Buchführung vorhanden, die wenigstens schätzungsweise sich berichtigen lassen, so besteht kein Anlaß, die Buchführung gänzlich beiseite zu schieben und durchweg zur Schätzung zu greifen. RFH. 27. Juni 28 VI A 723/28 StuW. 1928 Nr. 781.

11. — Die formelhafte Wendung, daß der Steuerpflichtige den Pflichten, die ihm das Tabaksteuergesetz auferlegt habe, nicht genügt habe, ist keine ausreichende, den Ausschluß des Anfechtungsverfahrens rechtfertigende Feststellung, soweit Verletzung der Buchführungspflicht in Frage steht und der Steuerpflichtige die Bücher durch einen Angestellten hat führen lassen. Es muß festgestellt werden, daß der Steuerpflichtige selbst vorsätzlich oder fahrlässig gehandelt hat. RFH. 30. Mai 28 IV A 123/28 DStBl. 1928, 388 = ZfZ. 1928, 278 = StuW. 1928 Nr. 486.

12. — Wenn dem Pflichtigen nicht zugemutet werden kann, gewisse von ihm als Werbungskosten behandelte Ausgaben (Schmiergelder) näher zu belegen, so hat der Steuerpflichtige keinen Anspruch darauf, daß seinen Angaben gefolgt werde, sondern muß sich die griffweise Schätzung gefallen lassen. RFH. 26. Okt. 27 VI A 384/27 DStZ. 1928, 55 = RStBl. 1928, 44. Vgl. Nr. 16.

13. — Zur Frage der Einkommensschätzung beim Vorliegen einer Buchführung, wenn ein offenes Mißverhältnis zu Gewinn-Erfahrungssätzen vorhanden ist, das nicht durch besondere Umstände erklärt werden kann. RFH 23. Nov. 27 VI A 686/27 RStBl. 1928, 28.

14. Zur Frage der Schätzung des gewerblichen Einkommens nach Reinverdienstsätzen bei einem nichtbuchführenden Gewerbetreibenden. RFH. 29. Febr. 28 VI A 830/27 RStBl. 1928, 179.

15. — Zur Frage der Schätzung, wenn in einem gewerblichen Betriebe zuverlässige Bücher geführt werden, ein Abschluß (Bilanz) aber erst im Laufe des Einspruchs- oder Berufungsverfahrens angefertigt und vorgelegt wird. RFH. 16. Mai 28 VI A 590/27 StW. 1928 Nr. 413 = StA. 1928, 377. — RStBl. 1928, 266.

16. — Die genaue Bezeichnung der Einzelfälle, in denen Schmiergelder gezahlt worden sind, kann einem Steuerpflichtigen nicht wohl dann zugemutet werden, wenn die Handlung gegen das Strafgesetz verstößt. In solchen Fällen muß die Steuerbehörde, wenn sonst Anhaltspunkte die Ausgaben wahrscheinlich erscheinen lassen, nach § 210 die Höhe der Ausgaben schätzen. (RFH. 7. August 28 I A 9/28 RStBl. 1928, 305. Vgl. Nr. 12.

17. Konkurs. Wird Gesellschaftsteuer für Leistungen aus zweiseitigen Verträgen gefordert, die erst nach Eröffnung des Konkursverfahrens zu erfüllen sind, so gehört die Steuer zu den Massekosten. RFH. 13. April 28 und 7. Aug. 28 II A 22/28 S. 24, 63 = StuW. 1928 Nr. 468 = JW. 1928, 2666.

18. — Das Reichsgericht schließt sich unter Aufgabe der im Urteil vom 2. Dez. 1926 II D 559/26 vertretenen Auffassung der vom RFH. Bd. 19 S. 355 ff. begründeten Meinung an, daß in der Anmeldung einer

Steuerforderung zum Konkursverfahren kein Steuerbescheid zu erblicken ist. RGSt. 26. März 1928 2 D 771/27 E. 62, 101 = StA. 1928, 218.

19. Vgl. zu § 217 Nr. 3 und zu § 433 Nr. 3 u. 5.

§ 211.

Hofmann, Wann wird anläßlich der Zollabfertigung einer eingeführten Ware zum freien Inlandsverkehr ein Steuerbescheid im Sinne der Reichsabgabenordnung erteilt? ZfZ. 1928, 181.

§ 212.

Bühler, Ungleiches Recht für Steuerpflichtige und Steuerverwaltung im Falle des Bekanntwerdens neuer Tatsachen und Beweismittel. JW. 1928, 2343. — Senf, „Fehler" im Sinne des § 212 Abs. 3 AO. (Neuveranlagung) und des § 213 AO. (Berichtigung); ferner Fehler des Steuerpflichtigen bei Aufstellung der Steuererklärung, durch die eine zu hohe Steuerfestsetzung veranlaßt worden ist. IndMitt. 1928, 27.

1. Die amtliche Mitteilung des Buchprüfers über den Bezug einer Tantieme ist keine neue Tatsache, wenn die Tantieme angemeldet, dies aber vom Finanzamt übersehen war. RFH. 18. Jan. 28 VI A 818/27 (n. v.).
2. Tatsachen, die bei der ursprünglichen Steuerfestsetzung als unerheblich angesehen waren und deshalb nicht aufgeklärt wurden, dürfen später nicht als neue Tatsachen zur Begründung einer Neuveranlagung nach § 212 Abs. 2 verwertet werden. RFH. 19. Okt. 1928 II A 473/28 ZfZ. 1928, 478 = StA. 1928, 377 = DStBl. 1928, 676.
3. — Wenn die Steuerbehörde in der Unterstellung einer ordnungsmäßigen Buchführung die Abschlüsse der Veranlagung zugrunde legt und später bei der Buchprüfung die Buchung bezüglich einzelner Posten als nicht zutreffend erachtet, so ist die ermittelte Unrichtigkeit der Buchung eine erst bekanntgewordene neue Tatsache, die, falls sie eine Höherveranlagung bedingt, eine Neuveranlagung rechtfertigt. RFH. 11. Juli 28 VI A 731/28 RStBl. 1928, 313 = StuW. 1928 Nr. 488.
4. Die Zulässigkeit einer Neuveranlagung im Sinne von § 212 Abs. 2 hat der Reichsfinanzhof auch ohne Verfahrensrüge jedenfalls dann nachzuprüfen, wenn auf ein freistellendes Urteil des Finanzgerichts die Steuerstelle die Rechtsbeschwerde eingelegt hat. RFH. 27. Okt. 28 II A 477/28 S. 24, 171.
5. Wird nach rechtskräftiger Festsetzung einer Steuer in Papiermark eine Nachveranlagung in Goldmark gemäß § 212 vorgenommen, so ist bei der Entscheidung über Rechtsmittel gegen letztere gemäß § 222 zu prüfen, wieweit die Änderung des ersten Steuerbescheids durch den letzten reicht, da in Höhe des ersten eine unabänderliche Festsetzung vorliegt. Bei der hiernach notwendig werdenden Umrechnung der Papiermark in Goldmark ist die Steueraufwertungsverordnung nicht maßgebend, sondern es muß von den Verhältnissen zur Zeit des ersten Steuerbescheids ausgegangen werden. Eine Umrechnung der Papiermark nach

den Lebenshaltungszahlen ist nicht rechtsirrtümlich. RFH. 16. März 28 II A 100/28 StA. 1928, 312.

6. a) Einheitswertbescheide können nur unter den gleichen Voraussetzungen geändert werden wie Steuerbescheide.
b) Die Vorschrift des § 212 Abs. 2 gilt auch für Einheitswertfeststellungen.
c) Erfährt nach Feststellung des Einheitswerts des Betriebsvermögens der Gewerbeausschuß durch Mitteilung des zuständigen Finanzamts, daß der Steuerpflichtige außer den bei der Einheitswertfeststellung für das Betriebsvermögen angesetzten Grundstücken noch weitere Grundstücke besitzt, so ist dies eine neue Tatsache i. S. des § 212 Abs. 2. 11. Sept. 28 I A 554/28 StA. 1928, 344 = StuW. 1928 Nr. 855.

§ 213.

Peters, Die Herabsetzung von rechtskräftig veranlagten Steuern auf Grund einer Buch- und Betriebsprüfung. DStBl. 1928, 633. — Stamm, Bilanzberichtigungen im Steuerinteresse. DStZ. 1928, 214.

§ 217.

Arlt, Über die Rechtskraftwirkung von Steuerbescheiden und Rechtsmittelentscheidungen im Zoll- und Verbrauchssteuerrecht. ZfZ. 1928, 401.

1. Wird im Rechtsmittelverfahren der Steuerbescheid berichtigt, so tritt die Rechtsmittelentscheidung an die Stelle des ursprünglichen Steuerbescheids, und es ist nicht zulässig, daneben auch noch eine Berichtigung des ursprünglichen Bescheids vorzunehmen und nunmehr gegen diesen Bescheid von neuem das Rechtsmittelverfahren zu eröffnen. RFH. 21. Dez. 27 VI A 538/27 (n. v.).

2. Wird einem Steuerpflichtigen nach Übermittlung eines Steuerbescheids ein weiteres Schriftstück übermittelt, das äußerlich als Steuerbescheid gekennzeichnet ist, seinem sachlichen Inhalt nach aber lediglich eine Wiederholung der im ersten Bescheid erfolgten Steuerfestsetzung enthält, so kann dieses Schriftstück nicht mit den ordentlichen Rechtsmitteln der Reichsabgabenordnung mit dem Ziele einer Beseitigung oder Änderung der im ersten Bescheid erfolgten und rechtskräftig gewordenen Steuerfestsetzung angefochten werden. 26. Sept. 28 VI A 775/27 StA. 1928, 377.

3. a) Eine vom Finanzamt im Konkurs angemeldete Steuerforderung, die im Prüfungstermine nicht bestritten oder daraufhin in die Tabelle eingetragen worden ist, kann vom Konkursverwalter nicht mehr mit den Rechtsmitteln der Reichsabgabenordnung angefochten werden.
b) Ist eine zur Zeit der Konkurseröffnung noch nicht rechtskräftig festgestellte Steuerschuld bereits ganz oder zum Teil bezahlt, so ist insoweit die Anmeldung durch das Finanzamt als Konkursforderung ausgeschlossen. Der Konkursverwalter kann jedoch insoweit in entsprechender Anwendung des § 10 KO. den Steuerstreit in der Lage, in der er sich zur Zeit der Konkurseröffnung befindet, aufnehmen. RFH. 14. März 28 VI A 85/28 StuW. 1928 Nr. 214 = StA. 247 = RStBl. 1928, 212 = DJZ. 1928, 1478 = ZfZ. 1928, 239.

§ 218.

1. Der Wegfall einer Einspruchsentscheidung in den Fällen, in denen der Steuerpflichtige und das Finanzamt sofortige Entscheidung durch die Berufungsinstanz wünschen, ist unzulässig. RFH. 13. Nov. 28 I A 148/28 S. 24, 216.
2. Zur Zulässigkeit der Rechtsbeschwerde gegen Aussetzungsverfügungen des Vorsitzenden des Finanzgerichts, wenn die Verfügung sachlich eine Aussetzung des Verfahrens bedeutet. RFH. 19. Juni 28 I A 81/28 StuW. 1928 Nr. 489.

§ 220.

1. Erteilt das Landesfinanzamt eine Auskunft dahin, daß ein beabsichtigtes Geschäft grunderwerbsteuerfrei sei, so steht das einer späteren Heranziehung zur Steuer nicht entgegen. RFH. 29. Juli 27 II A 286/27 (n. v.).

§ 223.

1. a) Die Rechtsmittel der §§ 217 bis 219 sind auch gegeben gegen Bescheide, durch die aus Billigkeitsgründen erstattete oder vergütete Beträge zurückgefordert werden.

   b) Wird die Zurückforderung angefochten, weil ein Fall des § 78 Abs. 1 Nr. 2 letzter Halbsatz nicht vorgelegen habe, so hat sich die richterliche Prüfung auch darauf zu erstrecken, ob die irrig angenommenen tatsächlichen Verhältnisse wirklich für die Erlassung der Verfügung maßgebend waren. RFH. 26. März 28 GrS. 1/28 S. 23, 126 = DJZ. 1928, 739 = StuW. 1928 Nr. 216 = DStBl. 1928, 325 = DVR. 1928, 79 = JW. 1928, 1494 *(m. Bespr. v. Riederer v. Paar)*.
2. Wegen des Anspruchs auf den Umtausch oder Ersatz von Steuerzeichen durch andere besteht kein Rechtsanspruch, ebensowenig auf Rückzahlung des für Steuerzeichen entrichteten Geldbetrags. RFH. 26. Okt. 27 IV A 302/27 (n. v.).

§ 225.

1. Im Gebiete des Reichsbewertungsgesetzes ist der Sonderrechtsnachfolger nicht berechtigt, an Stelle des Eigentümers am Hauptfeststellungszeitpunkte Rechtsmittel einzulegen. RFH. 21. Dez. 27 I A 129/27 RStBl. 1928, 56 = DStZ. 1928, 344 = StuW. 1928 Nr. 147, 330 = DStBl. 1928, 262.

§ 228.

1. Ein im Gesetz nicht vorgesehener Abschlag, den die angefochtene Entscheidung von dem richtig ermittelten Anschaffungspreis vorgenommen hat, kann von der Rechtsmittelbehörde beseitigt werden. RFH. 19. Juli 27 I A 130/27 (n. v.).
2. Hat das Finanzamt in der Einspruchsentscheidung den steuerpflichtigen Gewinn zu Unrecht um einen Posten gekürzt, ohne einen Rechtsgrund für diesen Abzug anzuführen, so kann das Finanzgericht in diesem Punkte die Entscheidung zuungunsten des Steuerpflichtigen, der allein Berufung eingelegt hat, abändern, ebenso der Reichsfinanzhof, wenn das Finanzamt Rechtsbeschwerde eingelegt hat. RFH. 29. Juli 27 I A 182/27 (n. v.).

3. Vgl. zu § 74 Nr. 2.

§ 230.

1. Irrtümliche Angabe des Zustellungstags auf dem zugestellten Steuerbescheide hindert den Lauf der Rechtsmittelfrist nicht. RFH. 20. Nov. 28 I A 441/28 (n. v.).

§ 231.

1. Für den Finanzamtsvorsteher läuft die Frist zur Einlegung der Berufung gegen eine unter Mitwirkung des Steuerausschusses ergangene Einspruchsentscheidung nicht erst von der Zustellung dieser Entscheidung an den Pflichtigen, sondern von der Beschlußfassung des Steuerausschusses ab, mit der die Entscheidung als ihm bekanntgeworden gilt. RFH. 15. März 28 VI A 144/28 S. 23, 107 = StuW. 1928 Nr. 217 = DStBl. 1928, 325 = StA. 1928, 312.

§ 233.

1. a) In der Zustimmung zur Abänderung eines Einspruchsbescheids braucht kein Verzicht auf Rechtsmittel gegen den zustimmungsgemäß abgeänderten Bescheid zu liegen.
b) Ein klar ausgesprochener Rechtsmittelverzicht gegen einen abzuändernden Einspruchsbescheid ist schon vor Erlaß des abgeänderten Einspruchsbescheids zulässig.
c) Die Hinzufügung einer Bedingung macht die Erklärung, auf Rechtsmittel verzichten zu wollen, wirkungslos. RFH. 13. Dez. 27 I A 277/27 StuW. 1928, Nr. 218.

§ 234.

Dahmann, Zur schriftlichen Abfassung der Rechtsbeschwerde genügt es nicht, daß die Beschwerdeschrift mit einem Unterschriftsstempel unterzeichnet ist. RuPrVBl. 1928, 514.

1. Wird ein die Rechtsmitteleinlegung enthaltendes Telegramm erst nach Schluß der Dienststunden der Behörde am letzten Tage der Rechtsmittelfrist in den Briefkasten der Behörde geworfen, so ist die Rechtsmitteleinlegung verspätet. RFH. 7. März 28 IV A 59/28 ZfZ. 1928, 137 = DStZ. 1928, 434 = StuW. 1928 Nr. 219 = StA. 1928, 312.
2. a) Eine Rechtsmittelschrift, die am Tage des Fristablaufs nach der letzten, bei Dienstschluß erfolgten Leerung des Briefkastens der Behörde in diesen eingeworfen wird, ist erst bei Wiederbeginn des Dienstes am nächsten Arbeitstage als eingegangen und deshalb als verspätet anzusehen.
b) Wer mit der Absendung der Rechtsmittelschrift grundlos bis zum Tage des Ablaufs der Rechtsmittelfrist wartet, handelt schuldhaft; in diesem Falle kann grundsätzlich Nachsicht auch nicht wegen Irrtums über die rechtliche Bedeutung des Einwurfs eines Schriftstücks in einen Behörden-Briefkasten gewährt werden. RFH. 27. Juni 28 VI A 580/28 S. 24, 31 = StuW. 1928 Nr. 488 = StA. 1928, 376 = ZfZ. 1928, 359 = DStBl. 1928, 560.
3. Trotz ungeschickter und mißverständlicher Fassung einer Rechtsmitteleingabe ist, wenn in Frage kommt, welcher von mehreren Bescheiden angefochten ist, Gewicht darauf zu legen, welche Anfechtung sachlich

den Belangen des Pflichtigen entspricht. RFH. 7. März 28 VI A 194/28 StuW. 1928 Nr. 220 = RStBl. 1928, 199 = StA. 1928, 312.

4. Keine bedingte und deshalb keine unzulässige Berufung ist es, wenn die Berufungsschrift lautet: „Mit Rücksicht auf den nahen Ablauf des Berufungstermins erhebe ich fürsorglich schon jetzt für den Fall der Ablehnung des Vergleichsvorschlags Berufung an das Finanzgericht.“ RFH. 12. Okt. 28 II A 454/28 DStBl. 1928, 676.

§ 235.

Groener, Hat bei Aussetzung der Vollziehung eines Steuerbescheids gem. § 235 AO. eine Verzinsung einzutreten oder nicht? DStBl. 1928, 538. — Zitzlaff, Sind bei Aussetzung der Vollziehung (§ 235 AO.) Verzugszinsen zu erheben? DStBl. 1928, 591.

§ 236.

1. Eine Berufung, die auf Tatsachen gestützt wird, die unter die Rechtsmittelbeschränkung des § 7 Abs. 2 der IV. DurchfVO. zum AufbrG. fallen, ist nicht als unzulässig zu verwerfen, sondern als unbegründet zurückzuweisen. RFH. 20. März 28 I A 404/27 StuW. 1928 Nr. 374.
2. Geht eine Rechtsmittelbegründung deswegen erst nach Ablauf der von der Rechtsmittelbehörde gesetzten Frist ein, weil nach einer zwischen Landesfinanzamt und Postamt getroffenen Vereinbarung Einschreibesendungen nur mit der ersten Tageszustellung übermittelt werden, und hat die Rechtsmittelbehörde inzwischen bereits entschieden, so kann ein wesentlicher Verfahrensmangel — ungenügendes Gehör — vorliegen. Dies gilt auch dann, wenn der Rechtsmittelbehörde die Abmachung mit der Postanstalt nicht bekannt war. RFH. 28. Sept. 27 VI A 129/27 StA. 1928, 312.

§ 237.

1. Die Zurücknahme eines Rechtsmittels ist nicht schon um deswillen unwirksam, weil sie durch eine unrichtige Rechtsbelehrung von seiten einer Finanzbehörde veranlaßt ist. RFH. 29. Nov. 1927 II A 463/27 S. 22, 291 = DVR. 1928, 47 = StuW. 1928 Nr. 221.

§ 239.

Boethke, Empfiehlt es sich, beim Reichsfinanzhof Anwaltszwang einzuführen? DStBl. 1928, 519. — Gunzenhäuser, Die „Rules of Practice before The United States Board of Taxe Appaels“ — eine amerikanische Reichsfinanzhofsordnung. ZStFr. 1928, 222. — Schiefler, Empfiehlt es sich, beim Reichsfinanzhof Anwaltszwang einzuführen? StZdL. 1928, 232.

§ 240.

Nieberl, Recht der Beteiligten auf Auskunft und Akteneinsicht im Besteuerungs- und Steuerstrafverfahren. StA. 1928, 364. — Simon, Auskunft und Akteneinsicht im Steuer- und Steuerstrafverfahren. DStZ. 1928, 324.

1. Aus § 240 ist der Grundsatz zu entnehmen, daß die Besteuerungsunterlagen dem Steuerpflichtigen in jedem Falle so zeitig bekanntgegeben werden müssen, daß er auch neue Tatsachen dagegen noch rechtzeitig geltend machen kann. Das gilt namentlich auch in den Fällen, in denen durch Einlegung der Berufung durch den Finanzamtsvorsteher nach § 245 das Verfahren gegenüber dem Regelverfahren verkürzt wird. RFH. 28. März 28 I A 275/27 StuW. 1928 Nr. 222 = StA. 1928, 312 = ZfZ. 1928, 278 = JW. 1928, 1617 *(m. Bespr. v. Wassertrüdinger).*

§ 241.

1. Beweiserhebung bei Zuziehung Sachverständiger. Grunderwerbsteuersache. RFH. 1. Mai 28 II A 179/28 StuW. 1928 Nr. 490.

§ 243.

1. Wird Erstattung eines gezahlten Betrags nebst Verzugszinsen beantragt, so sind in den Streitwert, falls Höhe und Umfang der Zinsforderungen einen selbständigen Streitgegenstand bilden, die Zinsen einzurechnen, nötigenfalls unter Schätzung des Betrags. RFH. 17. Juni 27 II A 255/27 (n. v.).

§ 245.

1. Parteistellung des Finanzamts im Verfahren über die Berufung. RFH. 23. Mai 28 VI A 328/28 StuW. 1928 Nr. 491.

§ 247.

Simon, Auskunft und Akteneinsicht im Steuer- und Steuerstrafverfahren. DStZ. 1928, 324. — Nieberl, Recht der Beteiligten auf Auskunft und Akteneinsicht im Besteuerungs- und Steuerstrafverfahren. StA. 1928, 364.

1. Akteneinsicht. RFH. 25. Okt. 28 V e A 466/28 StuW. 1928 Nr. 783.

§ 248.

1. Es enthält einen wesentlichen Verfahrensmangel, wenn das Finanzamt einen bei ihm eingereichten Schriftsatz nicht unmittelbar an das Finanzgericht weitergeleitet, sondern seinerseits Ermittlungen auf Grund dieses Schriftsatzes angestellt und dadurch bewirkt hat, daß der Schriftsatz zu spät zur Kenntnis des Finanzgerichts gelangt ist. RFH. 27. April 28 II A 131/28 StuW. 1928 Nr. 407 = StA. 1928, 247 = ZfZ. 1928, 278.

§ 249.

1. Gibt das Finanzgericht einen zur Berufung des Steuerpflichtigen Stellung nehmenden Schriftsatz des Finanzamts als zur Mitteilung an den Pflichtigen nicht geeignet zurück mit der Aufforderung, einen abgeänderten Schriftsatz einzureichen, so liegt darin ein wesentlicher Verfahrensmangel. RFH. 12. Okt. 27 VI A 162/27 StA. 1928, 24.
2. Darin, daß das Finanzgericht auf den Antrag des Steuerpflichtigen auf Entscheidung des Finanzgerichts (§ 251 Abs. 2 Satz 3 AO.) ent-

scheidet, ohne dem Finanzamt den Antrag mitgeteilt zu haben, kann ein wesentlicher Mangel des Verfahrens liegen. RFH. 11. Jan. 28 VI A 626/27 StuW. 1928 Nr. 224 = StA. 1928, 312.

3. Anhörung des Finanzamts über neues Vorbringen im Verfahren über die Berufung. RFH. 23. Mai 28 VI A 363/28 StuW. 1928 Nr. 492.

§ 251.

Boethke, Zweifelsfragen zu § 251 Abs. 2 der Reichsabgabenordnung. DStBl. 1928, 137.

1. Wird gegen den vorläufigen Bescheid des Vorsitzenden des Finanzgerichts der Antrag auf gerichtliche Entscheidung gestellt, so geht damit die Möglichkeit, gegen den Bescheid Rechtsbeschwerde einzulegen, endgültig verloren. Sie lebt auch durch Rücknahme des Antrags nicht wieder auf. RFH. 5. Juni 28 I A 136/28 StuW. 1928 Nr. 493 = DStBl. 1928, 612.

§ 258.

Kraft, Die Beweiswürdigung im Steuerfestsetzungsverfahren. ZfZ. 1928, 383.

1. Zur Würdigung von Sachverständigengutachten. RFH. 19. Sept. 28 VI A 1134/28 StuW. 1928 Nr. 785.
2. Verwertung offenkundiger Tatsachen durch das Finanzgericht. RFH. 13. Juni 28 VI A 612/28 StuW. 1928 Nr. 496.

§ 267.

1. Eine mögliche Auslegung von Verträgen kann mit der Rechtsbeschwerde nicht mit Erfolg angefochten werden. RFH. 9. Jan. 28 VI A 192/28 (n. v.).
2. Altenteilsverträge sind Verträge typischer Art, und der Reichsfinanzhof ist befugt, die Willensauslegung nachzuprüfen. RFH. 30. Sept. 27 Ve A 476/27 (n. v.).
3. Verfahrensmangel. Tatsache der Erhebung der Rechtsbeschwerde als ausreichende Mängelrüge. RFH. 14. Dez. 27 VI A 639/27 StuW. 1928 Nr. 33.
4. — Wenn sich aus den gesamten Umständen des Falles ohne weiteres ergibt, daß die Rechtsbeschwerde auf Verfahrensmängel gestützt werden sollte, die bereits in der Berufung gerügt waren und denen durch das Finanzgericht nicht abgeholfen worden war, kann gegebenenfalls auch schon in der Tatsache der Erhebung der Rechtsbeschwerde eine ausreichende Mängelrüge gesehen werden. RFH. 14. Dez. 27 VI A 689/27 RStBl. 1928, 94 = StA. 1928, 122.
5. — Mit der Rechtsbeschwerde können die nach § 60 RBewG. zugelassenen Anfechtungsgründe nur innerhalb der Schranken des § 267 AO. geltend gemacht werden. RFH. 14. März 28 VI A 805/27 RStBl. 1928, 169 = StuW. 1928 Nr. 340 = StZbL. 1928, 105.
6. — Ein wesentlicher Verfahrensmangel liegt vor, wenn ohne Verschulden des Steuerpflichtigen ein für die Entscheidung des Berufungsgerichts wesentlicher Schriftsatz durch Verkettung ungünstiger Umstände der Vorinstanz nicht bekannt geworden und deshalb bei Erlaß

des Berufungsurteils unberücksichtigt geblieben ist. RFH. 18. Juli 28 V A 837/27 = StuW. 1928 Nr. 495 = DStBl. 1928, 564.

7. — Verstoß wider den klaren Inhalt der Akten. RFH. 26. Sept. 28 VI A 1118/28 StuW. 1928 Nr. 786.

§ 272.

1. Legt ein Finanzamt „Anschlußrechtsbeschwerde" nur mit dem Ziele einer anderen Begründung der im Ergebnis nicht angefochtenen Entscheidung ein, so kann angenommen werden, daß überhaupt kein Rechtsmittel vorliegt, sondern nur ein gewöhnlicher Schriftsatz zur Begründung des finanzamtlichen Standpunkts. Einer Erwähnung der „Anschlußrechtsbeschwerde" im entscheidenden Teile des Urteils bedarf es deshalb nicht. RFH. 16. Nov. 28 II A 409/28 (n. v.).

§ 275.

Boethke, Ist § 275 der Reichsabgabenordnung abänderungsbedürftig? DStZ. 1928, 302. — Neumann, Ist § 275 der Reichsabgabenordnung abänderungsbedürftig? IndMitt. 1928, 247. — Neumann, Zur Frage der Abänderung der Vorschrift des § 275 Abs. 4 der Reichsabgabenordnung betreffend Urteilsbindung. DStZ. 1928, 239.

§ 277.

1. Eine gemäß § 277 Satz 1 erlassene Abhilfeentscheidung in Zoll- und Verbrauchsteuersachen erledigt den Steuerfall endgültig, so daß insoweit eine erneute Inanspruchnahme des Anfechtenden aus diesem Steuerfall ausgeschlossen ist. RFH. 26. Sept. 28 IV A 162/28 S. 24, 129 = ZfZ. 1928, 435 = DStBl. 1928, 612.

§ 282.

1. a) Gegen prozeßleitende Verfügungen des Finanzgerichts ist kein Rechtsmittel gegeben.

   b) Ob eine Verfügung lediglich prozeßleitender Art ist oder eine sachliche Entscheidung enthält, ist nicht nur nach ihrer äußeren Gestalt, sondern vor allem nach ihrem Inhalt, den Akten und der Absicht der Behörde zu beurteilen. RFH. 28. April 28 Gr. S. 2/28 S. 23, 182 = LZ. 1928, 913 = StuW. 1928 Nr. 401 = DStBl. 1928, 384 = StA. 1928, 247 = JW. 1928, 2484 *(m. Bespr. v. Oppenheim).*

§ 283.

1. Gegen eine auf Grund des § 109 Abs. 2 Satz 1 BranntwMonG. von einem Hauptzollamte getroffene Anordnung ist nicht das Beschwerdeverfahren der AO., sondern nur die Dienstaufsichtsbeschwerde gegeben. RFH. 25. Jan. 28 IV A 8/28 S. 22, 344 = ZfZ. 1928, 96.

2. Gegen Beschwerdeentscheidungen der Landesfinanzämter über die von der Steuerbehörde vorgenommene Berichtigung der Tabaksteuer-Betriebsbücher ist die Rechtsbeschwerde an den Reichsfinanzhof zulässig,

wenn eine mit Androhung verbundene Anordnung an den Betriebsinhaber, die Betriebsbücher zu berichtigen, nicht ergangen ist. RFH. 24. Okt. 28 IV A 346/28 ZfZ. 1928, 434 = DStBl. 1928, 677.

3. Legt ein Pflichtiger gemäß § 202 letzter Absatz AO. dar, daß er den vom Finanzamt verlangten Nachweis von Ausgaben nicht liefern könne, und legt er für den Fall, daß die Auflage aufrecht erhalten werde, Beschwerde ein, so enthält die die Beschwerde zurückweisende Entscheidung des Präsidenten des Landesfinanzamtes auch eine Billigung der Aufrechterhaltung der Anordnung des Finanzamts. Die Entscheidung ist, falls nach den Umständen die Auflage mehr verlangt, als den Pflichtigen zugemutet werden kann, wie auch die Anordnung des Finanzamts als nicht mehr gerechtfertigt auf die Rechtsbeschwerde des Pflichtigen aufzuheben. RFH. 26. Okt. 27 VI A 667/27 StA. 1928, 24.

§ 286.

Loewer, Zur Frage der Kostenpflicht, wenn das Rechtsmittel in der Hauptsache erledigt ist. ZStFr. 1928, 206. Schiefler, Die eigenen Kosten in Steuerrechtsmittelsachen. StZdL. 1928, 72.

1. Hat das Finanzgericht auf Arrestbeschwerde die Sache für erledigt erklärt, weil das Finanzamt den Arrest inzwischen als sachlich nicht mehr gerechtfertigt aufgehoben hatte, so sind die Kosten der Beschwerde dem Reich aufzuerlegen. RFH. 14. Dez. 27 VI A 726/27 S. 22, 299 = StuW. 1928 Nr. 34 = ZfZ. 1928, 97 = StA. 1928, 87.

2. Siegt der Steuerpflichtige teilweise ob, so ist es nicht nötig, die Kosten auf das Reich und den Steuerpflichtigen genau nach dem rechnerischen Verhältnis zu verteilen. Die Rechtsmittelbehörde hat vielmehr der Einfachheit halber, namentlich bei geringem Streitwert, einen gewissen Spielraum und kann dementsprechend runde Zahlen wählen. RFH. 1. Mai 28 II A 189/28 StuW. 1928 Nr. 408 = DVR. 1928, 93 = ZfZ. 1928, 278.

§ 288.

1. a) In Reichssteuersachen gelten die Gebührensätze der Reichsgebührenordnung für Rechtsanwälte nicht nur für die Erstattungspflicht des Gegners (des Reichs), sondern auch im Verhältnis des Rechtsanwalts zu seinem Auftraggeber.

b) Hat keine mündliche Verhandlung stattgefunden, so steht dem Anwalt des obsiegenden Steuerpflichtigen in keinem Falle die Verhandlungsgebühr zu. RFH. 21. Febr. 28 II A 507/27 S. 23, 34 = StuW. 1928 Nr. 148 = StA. 1928, 247 = ZfZ. 1928, 180 = DJZ. 1928, 1021 = JW. 1925, 1326 = DStBl. 1928, 325.

2. Im Kostenfestsetzungsverfahren kann sich das Reich nicht darauf berufen, daß die Forderung des Sachwalters gegen seinen Auftraggeber verjährt sei, wenn dieser selbst die Verjährung nicht geltend macht. RFH. 27. April 28 II A 175/28 ZfZ. 1928, 239 = StuW. 1928 Nr. 497 = JW. 1928, 1618 = StA. 1928, 377.

3. Zum Umfang der Erstattungspflicht. RFH. 19. Okt. 28 V A 44/28 StuW. 1928 Nr. 787.

§ 294.

1. Die Erhebung einer Stempelsteuer von außerhalb Sachsens ausgestellten Vollmachten, die zum ausschließlichen Gebrauch in einem im § 1 des Gerichtskostengesetzes bezeichneten Verfahren oder in einem Rechtsmittelverfahren nach der Reichsabgabenordnung in Sachsen bestimmt sind, nach § 2 Abs. 2 und § 24 Abs. 1 Nr. 5 des Sächsischen Stempelsteuergesetzes in der Fassung der Bekanntmachung vom 28. Juni 1923 ist mit dem Reichsrecht nicht vereinbar (RGBl. 1929, 15). RFH. 12. Nov. 28 Gr. S. 4/28 = S. 24, 221. *(Dazu Kloß, DJZ. 1929, 94, DVR. 1929, 1).*

§ 298.

Bauer, Der Einfluß der Vergleichsordnung auf die Steuerschuld und das Beitreibungsverfahren nach der Reichsabgabenordnung. StA. 1928, 273.

1. Die Reichsfinanzverwaltung ist nicht verpflichtet, einem Gerichtsvollzieher, der im Steuerbeitreibungsverfahren einen Vollstreckungsschuldner zur Erzwingung der Leistung des Offenbarungseids verhaftet hat, Gebühren zu zahlen; Auslagen sind dem Gerichtsvollzieher jedoch zu erstatten. RFH. 28. Sept. 28 V D 1/28 S. 24, 148 = DJZ. 1928, 1550 = DStBl. 1928, 612 = LZ. 1928, 1634 = ZfZ. 1928, 478.

§ 301.

Becker, Sicherungsübereignung und Zwangsvollstreckung. ZStFr. 1928, 55. — Friesecke, Nochmals zur Frage der Sicherungsübereignung. DStBl. 1928, 198. — Röttger, Sicherungsübereignung und Steuerbeitreibung. StZdL. 1928, 156.

§ 304.

Senf, Vorabentscheidung über den Grund eines Steueranspruchs als Maßnahme zur Rationalisierung des Steuerrechtsstreits. Ind.-Mitt. 1928, 460.

§ 321.

Helbig, Zur Frage der steuerlichen Wirkungen von Pfändung und Versteigerung steuerbarer Waren. ZfZ. 1928, 42.

§ 339.

Kirchner, Das Verhältnis der Steuerhinterziehung nach § 359 zum Betrug und zu anderen nichtsteuerrechtlichen Straftaten. StuW. 1928, 281/82. — Rosendorf, Unverschuldeter Irrtum und tätige Reue im Steuerstrafrecht. DStZ. 1928, 598.

1. Der Umstand, daß der Drittschuldner durch Nichterfüllung der ihm aus § 339 obliegenden Verpflichtung sich nach allgemein bürgerlichrechtlichen Vorschriften schadenersatzpflichtig macht, schließt die nach § 298 Abs. 1 ganz allgemein für das gesamte Beitreibungsverfahren vorgesehene Anwendbarkeit des § 202 nicht aus. RFH. 17. April 28 V A 287/28 DStBl. 1928, 387 = StuW. 1928 Nr. 481.

§ 351.

1. Arrestkosten im Rechtsmittelverfahren. Vgl. zu § 286 Nr. 1.

§ 355.

Jadesohn, Übersicht über die steuerstrafrechtliche Rechtsprechung. StA. 1928, 209, 302. — Michaelis, Das Steuerstrafverfahren nach der Reichsabgabenordnung. (Hamburg: Hermes 1928). — Mundt, Grundriß des Steuerstrafrechts u. Steuerstrafverfahrens. (Hamburg: Hermes 1928). — Reisser, Was bringt der Entwurf des Strafgesetzbuchs von 1927 für das Steuerstrafrecht Neues? ZfZ. 1928, 268, 295. Ubber, Erfahrungen beim Steuerstrafverfahren. StA. 1928, 225. — Trautvetter, Neuere Rechtsprechung des Reichsgerichts auf dem Gebiete des Verbrauchssteuer- und Zollstrafrechts. ZfZ. 1928, 212. — Wandrey, Der Strafrechtsirrtum im Steuerrecht. IndMitt. 1928, 149.

§ 356.

1. Veruntreuung der einem Vertreter zur Bezahlung von Steuerschulden übergebenen Gelder ist keine Steuerzuwiderhandlung. RG. 24. Okt. 27 III D 620/27 StA. 1928, 58.

§ 357.

Jadesohn, Die Haftung der Geschäftsherren bei Steuerstraftaten von Vertretern und Angestellten. StA. 1928, 76.

1. Liegen die Voraussetzungen des § 357 vor, so **kann** die juristische Person als Täter behandelt werden; die strafrechtliche Verantwortlichkeit der für die jur. Person handelnden Vertreter und Angestellten wird dadurch aber nicht ausgeschlossen. RGSt. 16. Dez. 26 II 591/26 E. 61, 92.

§ 358.

Schmalz, Die Rechtsprechung des Reichsgerichts zu § 358 der Reichsabgabenordnung. DStBl. 1928, 43, 88. — Derselbe, Der Rechtsirrtum des § 358 der Reichsabgabenordnung nach der heutigen Rechtsprechung. StuW. 1928, 304.

1. § 358 geht über § 59 StGB. hinaus. RGSt. 10. Mai 27 I 174/27 E. 61, 238.

§ 359.

Cordes, Gefahren für den Steuerzahler. Auch unpünktliches Steuerzahlen ist Steuerhinterziehung. — Weitgezogene Auslegung des Begriffs der Steuerhinterziehung. DStBl. 1928, 453. — Goetzeler, Die Steuerhinterziehung als Rechtsgrundlage für die steuerliche Pflicht des Hinterziehers. StuFr. 1928, 196. — Höfer, Lohnsteuerhinterziehung nach der Rechtsprechung des Reichsgerichts. DStBl. 1928, 241. — Jadesohn, Die steuerstrafrechtliche Verantwortlichkeit der Notare. DStZ. 1928, 1069. — Warneyer, Steuerbetrug bei Veräußerung eines Fabrikunternehmens. Gründung einer G. m. b. H. als Scheingeschäft. DStZ. 1928, 975. — Derselbe, Steuerhinterziehung bei Umsatzsteuervorauszahlungen ohne Voranmeldung. DStZ. 1928, 696.

1. Vorsatz. Begriff des Vorsatzes im Steuerstrafrecht. RG. 17. Febr. 28 1 D 1109/27 StA. 1928, 185; 27. Sept. 27 I D 134/27 StA. 1928, 25.
2. — Absicht der Steuerverkürzung gehört nicht zum Vorsatz; Verschweigen der Steuerpflichtigkeit genügt jedenfalls bei der Lohnsteuer. RGSt. 3. Febr. 27 II 1012/16 E. 61, 186.
3. — Der Vorsatz, eine Grunderwerbsteuer zu verkürzen, wird durch zu niedrige Angabe des Kaufpreises selbst dann erfüllt, wenn der Täter wußte, daß die Steuerstelle bei Berechnung der Grunderwerbsteuer nicht den Kaufpreis, sondern den gemeinen Wert des Grundstücks zugrunde legen werde, weil bei der Berechnung des gemeinen Wertes dem tatsächlich gezahlten Kaufpreis eine erhebliche Bedeutung beizumessen ist. RGSt. 9. Febr. 28 II D 484/27 StA. 1928, 217.
4. — Steuerverhehlung als Tatbestandsmerkmal der Steuerhinterziehung. RG. 6. Okt. 27 3 D 376/27 (IX) X 486/27 StA. 1928, 59.
5. — Durch bloße Unterlassung kann der Tatbestand der Steuerverkürzung nur verwirklicht werden, wenn für den Täter eine Rechtspflicht zu entgegenstehendem Tun besteht und wenn ihre Verletzung für die Verkürzung der Steuereinnahme kausal geworden ist. Die Nichtabgabe einer vom Finanzamt auf Grund des § 339 AO. geforderten Erklärung kann deshalb nicht den Tatbestand einer Steuerhinterziehung bilden, höchstens für den Tatbestand eines Versuchs hierzu in Frage kommen. RGSt. 19. Nov. 28 III D 706/28.
6. — Die Zahlung eines Betrages in runder Summe statt der Voranmeldung des genau ermittelten höheren Betrages der Umsatzsteuer für den Vorauszahlungsabschnitt kann den Tatbestand der Steuerhinterziehung enthalten. RGSt. 29. Juni 28 I D 510/28 VIII. 734.
7. — Vollendung der Hinterziehung der Gesellschaftsteuer bei Unterlassung der Verwendung von Gesellschaftssteuernachtr. RGSt. 27. Sept. 27 I D 134/27 StA. 1928, 25.
8. Steuerverkürzung dann, wenn ein vorläufiger Steuerbescheid ergeht. RGSt. 2. Mai 27 II A 21/27 E. 61, 259.

§ 360.

1. Schon die Beurkundung eines zu niedrigen Kaufpreises enthält den Versuch einer Grunderwerbsteuerhinterziehung; die Nichtigkeit des Kaufvertrags ändert daran nichts. RGSt. 24. Mai 28 II D 1066/27 StA. 1928, 316. Vgl. zu § 359 Nr. 3.

§ 365.

Niethammer, Die Einziehung im Steuerstrafrecht. StuW. 1928, 307.

§ 367.

1. Begriff der Fahrlässigkeit bei Einholung von Auskünften über die Steuerpflicht. RGSt. 2. Mai 27 II A 21/27 E. 61, 259.
2. Steuergefährdung, wenn sich der Geschäftsherr ohne Prüfung auf die Zuverlässigkeit des die Umsatzsteuervoranmeldungen bewirkenden Buchhalters verläßt. RGSt. 3. Febr. 27 II 1022/26 E. 61, 186.
3. a) Strafrechtliche Haftung bei Abgabe einer Steuererklärung für einen andern.

b) Steuergefährdung durch Unterlassung der Nachprüfung einer von einem Buchhalter entworfenen Voranmeldung. RG. 28. Juni 28 II D 1124/27 IX. 82/28 StA. 1928, 347.

4. Der Begriff der Fahrlässigkeit ist nicht verkannt, wenn ausgesprochen wird, daß es Pflicht des Angeklagten als des Eigentümers einer Molkerei gewesen sei, sich trotz Arbeitsüberlastung und Krankheit um die Aufstellung der Umsatzsteuererklärungen zu kümmern und sie auf ihre Richtigkeit nachzuprüfen, wozu er selbst befähigt war. RGSt. 23. Jan. 28 III D 843/27 (n. v.).

5. — Steuergefährdung des beurkundenden Notars durch ungenügendes Einwirken gegen eine Kaufpreisverheimlichung. RGSt. 25. Febr. 26 E. 61, 42.

§ 374.

Olbertz, Zum Begriff einer unmittelbaren Gefahr der Entdeckung im Sinne des § 473 AO. DStBl. 1928, 405. — Rosendorff, Unverschuldeter Irrtum und tätige Reue im Steuerstrafrecht. DStZ. 1928, 598.

1. Nach § 374 Abs. 1 Satz 1 genügt nicht ein bloßer Widerruf der unrichtigen und unvollständigen Angaben, sondern es ist erforderlich, daß sie zugleich berichtigt oder ergänzt oder daß die unterlassenen Angaben nachgeholt werden. Daher reicht es nicht aus, wenn nur ihre Unrichtigkeit zugestanden wird. RGSt. 8. März 28 II D 950/27 (n. v.).

2. Beweggrund der Steuer bei der Berichtigung ist nicht notwendige Voraussetzung. Zuständige Steuerbehörde. RGSt. 4. Juni 27 I 612/27 E. 61, 115.

§ 377.

Jadesohn, Die steuerstrafrechtliche Verantwortlichkeit der Notare. DStZ. 1928, 1069.

1. Verschulden als Voraussetzung des § 377. RG. 27. Sept. 27 I D 545/27 VII 748 StA. 1928, 58.

2. Die Ordnungsstrafe des § 377 ist eine Kriminalstrafe, die von dem Strafrichter festgesetzt werden darf. RGSt. 14. Mai 28 III D 12/28 (n. v.). Vgl. auch zu § 415 Nr. 1.

§ 383.

1. Abgabe einer eidesstattlichen Versicherung durch den Steuerpflichtigen im Steuerermittlungsverfahren ist keine selbständige Handlung neben der Steuerhinterziehung. RGSt. 9. Febr. 28 II D 507/27 StA. 1928, 218.

2. Fortsetzungszusammenhang bei Fahrlässigkeitsvergehen ist begrifflich undenkbar. Rechtlich möglich ist ein fahrlässiges Dauervergehen, falls aus einem pflichtwidrigen Dauerzustande eine Reihe strafbarer Erfolge erwachsen ist. RGSt. 14. Mai 28 III D 1126/27 (n. v.).

3. Bei Annahme zweier verschiedener Steuervergehen, wie bezüglich der Einkommen- und der Umsatzsteuerpflicht, ist das Vorliegen zweier Fortsetzungstaten denkbar, nicht ein beide Vergehensarten umfassender Fortsetzungszusammenhang. RGSt. 14. Mai 28 III D 1126/27.

§ 410.

Lippmann, Die Wichtigkeit der Unterwerfung im Steuerprozeß bei mangelnder Willensfreiheit des Beschuldigten. ZStFr. 1928, 64. — Michaelis, Ist nach der Reichsabgabenordnung die Wiederaufnahme eines abgeschlossenen Verwaltungsstrafverfahrens zulässig? StA. 1928, 328.

§ 415.

1. Bei Antrag auf gerichtliche Entscheidung gegen einen wegen Steuerhinterziehung oder -gefährdung ergangenen Strafbescheid kann das Gericht ohne Zurückverweisung aufheben und wegen Ordnungswidrigkeit bestrafen. RG. 27. Sept. 27 I D 545/27 VII. 748 StA. 1928, 58.

§ 422.

1. Für die Festsetzung und Einziehung der Auslagen, die im Verwaltungsstrafverfahren vor dem Finanzamt entstanden sind, ist im Falle des § 422 nicht das Gericht zuständig. Das gilt im Falle der gerichtlichen Verurteilung sowohl für den Fall, daß das Finanzamt die Sache, ohne Strafbescheid zu erlassen, an die Staatsanwaltschaft abgegeben hat, als auch für den Fall, daß das Finanzamt vorher einen Strafbefehl erlassen hat. RFH. 11. Nov. 27 V A 3/27 StA. 1928, 312.

§ 426.

Moser, Das Hauptzollamt und die gerichtliche Vernehmung des Beschuldigten im Verwaltungsstrafverfahren. ZfZ. 1928, 449.

§ 427.

1. Nur im Falle des § 427, also nach Überweisung einer Strafsache an das Gericht ohne Zurücknahme eines erlassenen Strafbescheids, hat das Finanzamt einen Anspruch auf Berücksichtigung seines Antrags, daß die Sache vor dem Schöffengericht unter Zuziehung eines zweiten Amtsrichters verhandelt werde. Ein gleiches gilt nicht in den Fällen der §§ 427 oder 390; hieran ist auch durch § 437 nichts geändert. RGSt. 5. Okt. 28 I D 100/28 (n. v.).

§ 431.

1. Die Stellung des Nebenklägers im Steuerstrafverfahren. RG. 20. Okt. 27 II D 350/27 StA. 1928, 185.
2. a) Stellung der Finanzbehörden als Nebenkläger im gerichtlichen Strafverfahren.
   b) Die Kosten der von der Zollbehörde als Nebenklägerin erfolglos eingelegten Berufung sind nicht ihr, sondern der Landesstaatskasse aufzuerlegen. RG. 17. Okt. 27 II D 633/27 StA. 1928, 90.

§ 433.

Arlt, Neuere Entscheidungen des Reichsgerichts und des Reichsfinanzhofs über die Einwirkung des Konkursverfahrens auf das Besteuerungsverfahren. DStBl. 1928, 326. — Trautvetter, Reichsgerichtsentscheidung in Strafsachen zu § 433 AO., zum Tabaksteuer- und zum Branntweinmonopolgesetz. ZfZ. 1928, 310.

1. Hat der Reichsfinanzhof eine Rechtsbeschwerde als unzulässig verworfen oder eine Rechtsbeschwerde gegen ein auf Grund des § 48 der III. Steuernotverordnung erlassenes Berufungsurteil als unbegründet zurückgewiesen, so liegt eine auf die Sache selbst eingehende Entscheidung des Reichsfinanzhofs nicht vor und die Strafgerichte müssen, bevor sie von einer Feststellung des äußeren Steuertatbestandes, wie er von den Steuergerichten getroffen ist, abweichen, die sachliche Entscheidung des Reichsfinanzhofs anrufen. Will ein Strafgericht den inneren Tatbestand einer Steuerzuwiderhandlung, von Vorsatz oder Fahrlässigkeit verneinen, so bedarf es einer vorhergehenden Anrufung des Reichsfinanzhofs überhaupt nicht. RGSt. 8. Nov. 28 II D 409/28 (n. v.).
2. § 433 ist nicht anzuwenden, wenn sich das Strafverfahren gegen die Teilhaber einer offenen Handelsgesellschaft richtet, der Steuerbescheid aber lediglich gegen die Gesellschaft gerichtet ist. RFH. 4. April 28 IV F 1/28 StuW. 1928 Nr. 400.
3. Hat der Strafrichter über eine zum Konkurs angemeldete Steuerforderung zu entscheiden, so greift § 433 nicht Platz, wenn die Steuerbehörde die Erklärung abgibt oder aus ihrem Verhalten hinlänglich ersichtlich ist, daß sie sich mit der konkursmäßigen Festsetzung ihrer Forderung begnügen und einen eigenen Festsetzungsbescheid nicht erlassen will. RGSt. 26. März 28 II D 771/27 E. 62, 101.
4. Wenn ein Finanzamt erklärt, daß es erst die rechtskräftige Entscheidung im gerichtlichen Strafverfahren abwarten und deshalb vorher die im § 433 vorgesehene Vorentscheidung nicht treffen wolle, ist das Revisionsgericht durch diese Vorschrift nicht mehr an dem Erlasse der ihm obliegenden Entscheidung gehindert. RGSt. 2. Nov. 28 I D 544/28 (n. v.).
5. Weder die Zustellung eines Steuerbescheids über vorkonkursliche Steuerschulden des Gemeinschuldners an den Konkursverwalter noch die Anmeldung der Steuerforderung im Konkursverfahren noch die Tabellenfestsetzung sind Entscheidungen der Finanzbehörden im Sinne des § 433, die gegen den Gemeinschuldner persönlich ergangen sind. RFH. 11. Jan. 28 IV F 9/27 ZfZ. 1928, 97 = DStZ. 1928, 243 = StA. 1928, 122 = StuW. 1928 Nr. 226 = DJZ. 1927, 457.
6. Wird wegen Verkürzung der Tabaksteuer eine inzwischen in Konkurs geratene Gesellschaft durch einen zu Händen des Konkursverwalters zugestellten Steuerbescheid in Anspruch genommen, so ist in einem gegen ein Vorstandsmitglied der Gesellschaft durchgeführten gerichtlichen Strafverfahren für die Anwendung des § 433 kein Raum. RGSt. 20. Febr. 28 III D 457/27 (n. v.).
7. Bei versuchter Grunderwerbsteuerhinterziehung ist die Höhe der unternommenen Steuerverkürzung nach dem Erfolge zu bemessen, den sich der Täter versprochen hat, bei falscher Beurkundung des Kaufpreises also nach dem Unterschiede der Steuer, berechnet einmal nach dem falschen, einmal nach dem richtigen Kaufpreis. Auf den Grundstückswert kommt es nicht an und die Anwendung des § 433 kann selbst dann nicht in Frage kommen, wenn ein Steuerfestsetzungsbescheid vorliegt. RGSt. 24. Mai 28 II D 1066/27 (n. v.).
8. Wenn es auch dem Grundgedanken des § 433 entspricht, die Entscheidungen der Steuerbehörden und Steuergerichte denen der Strafgerichte

vorauszugehen zu lassen, so sind dadurch doch die Steuerbehörden nicht gehindert, Ermittlungen des Strafverfahrens für das Steuerfestsetzungsverfahren in eigener freier Nachprüfung zu verwerten. RFH. 9. Nov. 27 IV A 351/27 StuW. 1928 Nr. 32 = StA. 1928, 122.

§ 434.

1. Ein unzulässiger Strafbescheid führt keine Rechtshängigkeit herbei. RGSt. 7. April 27 II 4/27 E. 61, 289.

§ 443.

Hefner, Niederschlagung von Strafverfahren durch die Finanzämter. DStBl. 1928, 243.

§ 449.

Cordes, Unterbrechung der Verjährung beim Bannbruch sowie den Ein- und Ausfuhrdelikten. ZfZ. 1928, 467.

§ 462.

Jancke, Zur Frage der Bestrafung der Hinterziehung von Zöllen und Verbrauchssteuern und des Bannbruchs. ZfZ. 1928, 405.

3.

Gesetz zur Aufbringung der Industriebelastung (Aufbringungsgesetz)

vom 30. August 1924 (RGBl. II S. 269).

Kratz, Zum Begriff der „Landwirtschaftlichen Nebenbetriebe" in den Steuergesetzen. StZdL. 1928, 123. — Ball, Die Umlegung der endgültigen Jahresleistungen nach dem Aufbringungsgesetz für die Jahre 1926, 1927 und 1928 und die zweite Umlegung der Industriebelastung. DStZ. 1928, 28. — Kratz, Die bisherige Rechtsprechung des Reichsfinanzhofs zum Aufbringungsgesetz. DStZ. 1928, 887. — Meyer, Die endgültige Veranlagung der Leistungen nach dem Aufbringungsgesetz für die Jahre 1926, 1927 und 1928. IndMitt. 1928, 4. — Kratz, Überblick über die bisherige Rechtsprechung des Reichsfinanzhofs zum Aufwertungsgesetz. IndMitt. 1928, 98.

§ 2.

Burkhardt, Sind stillgelegte Betriebe industriebelastungs- u. aufbringungspflichtig? IndMitt. 1928, 328. — Hoffmann, Der Gewerbebegriff im Aufbringungsrecht. StA. 1928, 270. — Metz, Sind die Eigentümer von erbauten Grundstücksflächen, wenn die Gebäude ihrer Bauart und Einrichtung nach gewerblichen

Zwecken zu dienen bestimmt sind (z. B. Fabrikgebäude, Warenhäuser, Kontorhäuser) und einem anderen zur Ausübung eines gewerblichen Betriebs dienen (§ 26 Abs. 3 Satz 3 RBewG.) aufbringungspflichtig? IndMitt. 1928, 329.

Abs. 1.

1. Aufbringungspflicht. a) Der Begriff des „industriellen oder gewerblichen Betriebs" im Sinne des AufbrG. deckt sich mit dem Begriffe des „gewerblichen Betriebs" im Sinne des § 26 RBewG. Von der Belastung ausgenommen sind lediglich die nach den besonderen Vorschriften des AufbrG. und der Durchführungsverordnungen befreiten Unternehmungen (z. B. die landwirtschaftlichen und diesen gleichgestellten Betriebe sowie die freien Berufe).

Demgemäß sind aufbringungspflichtig die im § 26 Abs. 2 RBewG. bezeichneten Erwerbsgesellschaften (insbesondere die auf den Mitgliederkreis beschränkten Genossenschaften und reinen Grundstücksverwaltungsgesellschaften) sowie die Eigentümer von bebauten Grundstücksflächen, wenn die Gebäude ihrer Bauart und Einrichtung nach gewerblichen Zwecken zu dienen bestimmt sind (z. B. Fabrikgebäude, Warenhäuser, Kontorhäuser) und einem anderen zur Ausübung eines gewerblichen Betriebs dienen (§ 26 Abs. 3 Satz 3 RBewG.).

b) Der Begriff des „Unternehmers" im Sinne des AufbrG. bestimmt sich nach den Grundsätzen des Vermögensteuerrechts. Infolgedessen sind offene Handelsgesellschaften und Kommanditgesellschaften als solche aufbringungspflichtig.

c) Subjektiv aufbringungspflichtig sind alle Unternehmer eines industriellen oder gewerblichen Betriebs, soweit sie nach dem VermStG. persönlich steuerpflichtig sind. RFH. 6. Juni 28 I A 192/27 S. 23, 309 = IndMitt. 1928, 348 = StA. 1928, 312 = StuW. 1928 Nr. 499, 688 = DStBl. 1928, 553.

2. — Die Aufbringungspflicht wird nicht dadurch ausgeschlossen, daß das belastete Unternehmen keinen Ertrag abwirft oder vorübergehend stilliegt. RFH. 21. Febr. 28 I A 427/27 IndMitt. 1928, 160 = StuW. 1928 Nr. 230 = StA. 1928, 248 = DStZ. 1928, 817.

3. — Die Aufbringungspflicht einer Aktiengesellschaft wird durch die Einstellung des Betriebs nicht berührt. RFH. 14. Aug. 28 I A 223/27 DStBl. 1928, 554 = DStZ. 1928, 1012 = StuW. 1928 Nr. 792; auch RFH. 25. Sept. 28 I A 98/28 StuW. 1928 Nr. 795.

4. — Die Aufbringungspflicht eines Gewerbebetriebs mit einer wirtschaftlichen Zweckbestimmung wird durch seine Verflechtung mit einem andern, von der Aufbringungslast befreiten Gewerbebetriebe nicht berührt. RFH. 19. Okt. 27 I A 204/27 StA. 1928, 313.

5. — Gesellschaften des bürgerlichen Rechtes sind grundsätzlich nicht Unternehmer eines industriellen oder gewerblichen Betriebs; vielmehr sind die einzelnen Gesellschafter mit ihrem Anteil am gemeinschaftlichen Betriebsvermögen zu den Aufbringungsleistungen heranzuziehen. RFH. 9. Nov. 28 I A 294/27 (n. v.).

6. — Wenn ein gewerblicher Betrieb, abgesehen von den Fällen des § 26 Abs. 2 Nr. 3 RBewG., mehreren zur gesamten Hand oder zu Bruchteilen zusteht, ist Bemessungsgrundlage für die Aufbringungsvorauszahlungen 1927 der Anteil des einzelnen Mitinhabers am Betriebs-

vermögen. RFH. 4. Okt. 28 I A 219/27 IndMitt. 1928, 465 = DStBl. 1928, 666.

7. — Die in § 10 der RBewVermStDurchfBest. 1925 ausgesprochene Gleichstellung der Gewerbetreibenden, die eine den freien Berufen verwandte Tätigkeit ausüben, mit den Angehörigen der freien Berufe gilt auch für das Aufbringungsgesetz. Demgemäß sind diese Gewerbetreibenden nicht aufbringungspflichtig. RFH. 30. Nov. 28 I A 650/28 S. 24, 241.

8. — Eine freie Berufstätigkeit liegt in der Regel nur bei persönlicher Ausübung vor. Deshalb können juristische Personen im allgemeinen einen freien Beruf nicht ausüben. RFH. 14. Aug. 28 I A 428/28 (n. v.).

9. — Auch reine Grundstücksverwaltungsgesellschaften unterliegen der Aufbringungspflicht. RFH. 17. Juli 28 I A 257/27 DStBl. 1928, 605 = StuW. 1928 Nr. 740.

10. — Ausland. a) Auch ausländisches Betriebsvermögen unterliegt der Aufbringungs- und Vorauszahlungspflicht.
b) Bemessungsgrundlage für die Aufbringungsvorauszahlungen 1927 ist das zur Vermögensteuer veranlagte ausländische Betriebsvermögen.
c) Die Entscheidung der Veranlagungsbehörden, daß ausländisches Betriebsvermögen vorliegt, ist für das Aufbringungsverfahren bindend und im Rechtsmittelverfahren gegen den Vorauszahlungsbescheid nicht angreifbar. RFH. 31. Juli 28 I A 88/27 S. 24, 91 = IndMitt. 1928, 388 = StuW. 1928 Nr. 741.

11. — — a) Aufbringungspflichtig sind auch Ausländer, soweit sie im Inland unbeschränkt oder beschränkt vermögensteuerpflichtig sind. Mit allgemein anerkannten Grundsätzen des Völkerrechts steht dies nicht in Widerspruch.
b) Der deutsch-italienische Handels- und Schiffahrtsvertrag vom 31. Oktober 1925 (RGBl. II S. 1020) und der deutsch-italienische Doppelbesteuerungsvertrag vom 31. Okt. 1925 (RGBl. II S. 1145) stehen der Heranziehung von italienischen Staatsangehörigen zu den Aufbringungsleistungen nicht entgegen. RFH. 8. Aug. 28 I A 472/27 S. 24, 69 = DStBl. 1928, 605 = StuW. 1928 Nr. 791.

12. — — Die für die Vorauszahlungen 1927 entwickelten Grundsätze der Entscheidung Bd. 24 S. 91 über die Aufbringungspflicht ausländischen Betriebsvermögens und von Beteiligungen an ausländischen offenen Handelsgesellschaften und Kommanditgesellschaften gelten auch für die endgültigen Aufbringungsleistungen 1926 und 1927 und die Aufbringungsleistungen 1928. RFH. 16. Nov. 28 I A 578/28 (n. v.).

13. Landwirtschaft. a) Viehzuchtbetriebe unterliegen auch dann der Aufbringungspflicht nicht, wenn sie außerhalb der Landwirtschaft als selbständiges Gewerbe betrieben werden.
b) Die Schweinemästerei gehört zur Viehzucht im Sinne des Aufbringungsgesetzes. RFH. 19. Okt. 28 I A 144/28 S. 24, 185.

14. — Der Begriff des landwirtschaftlichen Betriebs i. S. des § 2 AufbrG. deckt sich mit dem entsprechenden Begriff des RBewG.
b) Die Entscheidung der Bewertungsbehörden, ob ein landwirtschaftlicher Betrieb (landwirtschaftliches Vermögen) vorliegt, ist für das Aufbringungsverfahren bindend. Dies gilt auch dann, wenn der land-

wirtschaftliche Betrieb zu einem gewerblichen Betriebe gehört (§ 31 Abs. 3 Satz 1 RBewG.). Demgemäß sind Vermögensgegenstände, die bei der Einheitswertfestsetzung als landwirtschaftliches Vermögen bewertet worden sind, für die Bemessung der Aufbringungsleistungen ohne weiteres aus dem Betriebsvermögen auszuscheiden, während anderseits im Rechtsmittelverfahren gegen den Aufbringungsbescheid die Aussonderung nur dann verlangt werden kann, wenn im Bewertungsverfahren landwirtschaftliches Vermögen als vorliegend angenommen worden ist. RFH. 29. Aug. 28 I A 407/27 S. 24, 182.

15. — Bildet das in der Vermögenserklärung angegebene Betriebsvermögen die Bemessungsgrundlage für die Aufbringungsvorauszahlungen 1927, so ist für die Frage, ob in dem Betriebsvermögen ein aufbringungsfreier landwirtschaftlicher Betrieb enthalten ist, die Angabe in der Vermögenserklärung maßgebend. Die in der Vermögenserklärung als landwirtschaftlicher Betrieb bezeichneten Gegenstände sind daher für die Bemessung der Vorauszahlungen aus dem Betriebsvermögen auszusondern. Ist für diese Gegenstände ein besonderer Wert in der Vermögenserklärung nicht angegeben und auch aus den Büchern des Pflichtigen nicht zu ermitteln, so ist der auf den landwirtschaftlichen Betrieb entfallende Teil des in der Vermögenserklärung angegebenen Gesamtwerts nötigenfalls durch Schätzung zu ermitteln, wobei die später festgestellten Einheitswerte als Maßstab verwendet werden können. RFH. 10. Okt. 28 I A 154/27 DStBl. 1928, 665.

16. — Ob ein Nebenbetrieb der Landwirtschaft oder ein selbständiger gewerblicher Betrieb vorliegt, ist ausschließlich im Bewertungsverfahren zu entscheiden; die dort getroffene Entscheidung ist für das Aufbringungsverfahren bindend. RFH. 31. Okt. 28 I A 166/28 (n. v.).

17. — a) Für die Frage, ob gewerblicher Hauptbetrieb oder landwirtschaftlicher Nebenbetrieb vorliegt, ist die Größe der gewerblichen Anlage und des darauf verwendeten Anlagekapitals nicht allein entscheidend; es kann sehr wohl eine Anlage ursprünglich als gewerblicher Hauptbetrieb gedacht sein, dann aber infolge veränderter Zeitverhältnisse zu einem bloßen Nebenbetriebe der Landwirtschaft herabsinken.

b) Auch der Umstand, daß mehr fremde als eigene landwirtschaftliche Erzeugnisse in der gewerblichen Anlage verarbeitet wurden, ist dann nicht unbedingt ausschlaggebend, wenn die dabei gewonnenen Nebenerzeugnisse und Abfälle in der Hauptsache der eigenen Landwirtschaft des Inhabers zugute kommen.

c) Es kommt also lediglich darauf an, ob der gewerbliche Betrieb so ausgeübt wird, daß er überwiegend dazu dient, den Betrieb der Landwirtschaft zu fördern, zu verbilligen und ihr Erträgnis zu erhöhen. RFH. 22. Dez. 27 I A 467/27 StA. 1928, 88 = StZbL. 1928, 80 = StuW. 1928 Nr. 227.

18. — Zu den gärtnerischen Betrieben gehört nicht die Unterhaltung öffentlicher Anlagen. RFH. 13. Okt. 27 I A 345—349/27 (n. v.).

19. — Auch Molkereien unterliegen der Aufbringungspflicht. RFH. 19. Okt. 28 I A 214/27 DStBl. 1928, 665.

Abs. 2.

20. Zum Begriff der werbenden Betriebe im Sinne des Aufbringungsgesetzes. RFH. 11. Okt. 27 I A 372/27 RuPrVBl. 49, 719.

21. a) Wird ein Unternehmen von einer Gesellschaft des bürgerlichen Rechtes betrieben, an der außer einer Gemeinde auch Privatpersonen beteiligt sind, so ist es kein „werbender Betrieb".
b) Auf solche Unternehmungen finden auch die Vorschriften des § 4 Abs. 3 der AusfVO. zu § 60 FinAusglG. vom 21. Juli 1923 (RGBl. I S. 731) und des § 2 Abs. 2 der I. DurchfVO. z. AufbrG. keine Anwendung. RFH. 9. Nov. 28 I A 294/27 (n. v.).

22. Kanalisationsanlagen gehören im allgemeinen nicht zu den werbenden Betrieben. RFH. 30. Nov. 28 I A 292/27 (n. v.).

23. Unternehmer eines industriellen oder gewerblichen Betriebs im Sinne des AufbrG. ist nicht die den werbenden Betrieb unterhaltende Gemeinde usw., sondern der werbende Betrieb als solcher.
b) Ein werbender Betrieb kann auch von mehreren Gemeinden gemeinschaftlich unterhalten werden.
c) Liegen in einem solchen Falle bei einzelnen der beteiligten Gemeinden die Voraussetzungen für die Annahme eines werbenden Betriebs nicht vor, so ist das gemeinschaftlich betriebene Unternehmen (z. B. ein Wasserwerk) insoweit kein werbender Betrieb. Derjenige Teil des Betriebsvermögens, der dem Anteil dieser Gemeinden entspricht, ist bei Bemessung der Aufbringungsleistungen außer Ansatz zu lassen. RFH. 19. Juni 28 I A 510/27 DStBl. 1928, 494 = StuW. 1928 Nr. 502 = RStBl. 1928, 357.

24. Ein Wasserwerk, das die Ausgaben durch die Einnahmen deckt, ist ein werbender Betrieb. RFH. 19. Juni 28 I A 76/28 DStZ. 1928, 817 = DStBl. 1928, 493 = StuW. 1928 Nr. 501.

25. Die Aufzählung im § 4 Abs. 2 der AusfVO. zu § 60 FinAusglG., § 2 Abs. 1 der I. DurchfVO. z. AufbrG. begründet lediglich eine Vermutung, daß die dort aufgeführten Unternehmungen zu den aufbringungspflichtigen werbenden Betrieben gehören. Es kommt allerdings nicht darauf an, ob die Deckung der Ausgaben durch die Einnahmen im einzelnen Fall tatsächlich erreicht wird, sondern ob der Betrieb nach gesetzlicher Vorschrift oder allgemeinen finanzwirtschaftlichen Grundsätzen in der Weise geführt werden sollte, daß durch die Einnahmen mindestens die Ausgaben gedeckt werden. Der Grundsatz, daß durch die Einnahmen mindestens die Ausgaben zu decken sind, gilt aber bei einem Wasserwerke, das Zuschüsse erfordert, dann nicht, wenn aus besonderen, außerhalb des Machtbereichs der Gemeinde liegenden Gründen eine Deckung der Ausgaben durch die Einnahmen nicht möglich ist und sich die Gemeinde bei der Betriebsführung nicht durch die Absicht der Ertragserzielung, sondern lediglich durch die Rücksicht auf das Gemeinwohl leiten läßt. Daß ein Benutzungszwang besteht oder daß das Unternehmen als öffentliche Anstalt nach dem Gebührenprinzip verwaltet wird, ist für den Begriff des werbenden Betriebs nicht immer entscheidend. RFH. 31. Mai 28 I A 271/27 DStBl. 1928, 429 = StuW. 1928 Nr. 500 = RStBl. 1928, 355.

26. Verbindlichkeit der Entscheidungen der Bewertungsbehörden über das Vorliegen eines gewerblichen Betriebs für das Aufbringungsverfahren.

RFH. 6. Juni 28 I A 192/27 S. 23, 309 = StuW. 1928 Nr. 499 = DStBl. 1928, 555.

27. Für die Aufbringungspflicht ist es bedeutungslos, ob die das Unternehmen betreibende öffentliche Körperschaft dem Unternehmen tatsächlich regelmäßige Zuschüsse aus allgemeinen Mitteln gewährt hat oder gewährt. RFH. 8. Mai 28 I A 255/28 StuW. 1928 Nr. 503.

28. Zur Frage der Gemeinnützigkeit einer Stadthalle. RFH. 8. Mai 28 I A 255/28 DStZ. 1928, 818.

Abs. 3.

29. a) Betriebsinhaberin und damit Unternehmerin im Sinne des AufbrG. ist der Eigentümer eines verpachteten Betriebs, nicht der Pächter.

b) Ist der verpachtete Betrieb als solcher ein Gewerbebetrieb im Sinne des AufbrG., so unterliegt der Eigentümer des Betriebs der Aufbringungspflicht, ohne Rücksicht darauf, ob er bei der Verpachtung auf seine Kosten kommt oder nicht.

c) Daß einzelne Gegenstände nicht mitverpachtet sind, sondern erst vom Pächter beschafft werden müssen, schließt die Annahme der Verpachtung eines ganzen Betriebs nicht aus. RFH. 13. Sept. 27 I A 312/27 (n. v.).

30. Die im § 2 Abs. 4a der II. DurchfV. z. AufbrG. vorgesehene Verteilung der Aufbringungslast zwischen Verpächter und Pächter gilt nur für das Verhältnis der Beteiligten zueinander und berührt nicht die Verpflichtung des Betriebsinhabers gegenüber der Steuerbehörde zur Entrichtung der ganzen Aufbringungsleistungen. RFH. 27. März 28 I A 380/27 S. 23, 138 = IndMitt. 1928, 196 = StuW. 1928 Nr. 373/III.

31. Die im § 2 Abs. 4 der II. DurchfV. z. AufbrG. vorgesehene Verteilung der Aufbringungsleistungen zu 3/4 auf den Pächter und zu 1/4 auf den Verpächter gilt nur für das Verhältnis der Beteiligten zueinander und berührt nicht die Verpflichtung des Betriebsinhabers gegenüber dem Finanzamt zur Entrichtung der ganzen Leistungen. RFH. 27. März 28 I A 450/27 StuW. 1928 Nr. 409 = StA. 1928, 248 = DStZ. 1928, 818.

32. Wenn das Finanzamt die Aufbringungsleistungen zunächst vom Verpächter zu 1/4 und vom Pächter zu 3/4 eingefordert hatte, ist es durch § 212 AO. nicht gehindert, später den ganzen Betrag gegen den Verpächter festzusetzen. RFH. 27. März 28 I A 450/27 StuW. 1928 Nr. 406 = StA. 1928, 248 = DStZ. 1928, 818.

33. Die in § 26 Abs. 3 Satz 3 RBewG. bezeichneten Gebäude, die ihrer Bauart und Einrichtung nach gewerblichen Zwecken zu dienen bestimmt sind (z. B. Fabrikgebäude, Warenhäuser, Kontorhäuser) und einem anderen zum Betrieb eines Gewerbes dienen, bilden einen industriellen oder gewerblichen Betrieb im Sinne des Aufbringungsgesetzes, und zwar auch dann, wenn sie ohne die zur Ausübung des Gewerbebetriebs erforderlichen Einrichtungsgegenstände (Maschinen, Kontormöbel u. dgl.) überlassen sind. RFH. 17. Juli 28 I A 243/27 DStBl. 1928, 605 = StuW. 1928 Nr. 789.

34. Die Verpachtung eines zum Betriebsvermögen einer Erwerbsgesellschaft (§ 26 Abs. 2 RBewG.) gehörenden Gegenstandes an ein ausschließlich gemeinnütziges Unternehmen begründet an sich für diesen Gegenstand noch keine Befreiung der Eigentümerin von der Aufbrin-

gungspflicht. RFH. 4. Sept. 28 I A 136/27 DStBl. 1928, 605 = StuW. 1928 Nr. 790.

35. Grundstücke einer G. m. b. H., die einem anderen zu gewerblichen oder Wohnzwecken überlassen sind, sind von der Aufbringungslast nicht befreit. RFH. 4. Sept. 28 I A 272/27 DStZ. 1928, 1012.

§ 3.

1. Betreibt jemand mehrere selbständige, aufbringungspflichtige Unternehmungen, so ist bei der Prüfung der Frage, ob die Freigrenze von 20 000 RM überschritten wird, das den verschiedenen Unternehmungen gewidmete Betriebsvermögen zusammenzurechnen. RFH. 4. Nov. 27 I A 390/27 IndMitt. 1928, 38 = DStBl. 1928, 51 = StA. 1928, 313.

§ 4.

1. Der Aufbringungspflicht unterliegt alles zur Vermögensteuer veranlagte Betriebsvermögen im Sinne des RBewG., soweit es nicht nach den besonderen Vorschriften des AufbrG. und der DurchfV. von der Belastung ausgenommen ist (z. B. landwirtschaftliche und diesen gleichgestellte Betriebe sowie Gegenstände, die der Ausübung eines freien Berufs dienen und eine wirtschaftliche Einheit für sich bilden). RFH. 6. Juni 28 I A 192/27 S. 23, 309 = StuW. 1928 Nr. 499 = DStBl. 1928, 555.
2. Bei einer aufbringungspflichtigen Erwerbsgesellschaft ist das gesamte zur Vermögensteuer veranlagte Betriebsvermögen, auch soweit es nicht einem an sich aufbringungspflichtigen Betriebe dient (z. B. Mietwohngrundstücke), den Aufbringungsleistungen zugrunde zu legen, mit Ausnahme der durch die besonderen Vorschriften des Aufbringungsgesetzes und der Durchführungsverordnungen befreiten Gegenstände. RFH. 17. Juli 1928 I A 230/27 DStZ. 1928, 1012 = DStBl. 1928, 606 = StuW. 1928 Nr. 793.
3. Für die Bemessung der Aufbringungsvorauszahlungen 1927 sind aus dem mit der Summe der Steuerkurswerte angesetzten Einheitswerte des Betriebsvermögens (§ 33 RBewG.) die mit dem Schachtelprivileg ausgestatteten Beteiligungen (§ 27 RBewG.) nicht auszusondern. RFH. 18. Sept. 28 I A 360/27 StA. 1928, 346 = DStBl. 1928, 613.
4. Hat eine Veranlagung zur Vermögenssteuer stattgefunden, so kann der Einwand, daß subjektiv aufbringungspflichtiger Unternehmer des aufbringungspflichtigen Betriebes ein anderer als der zur Vermögenssteuer Veranlagte sei, regelmäßig im Aufbringungs-Vorauszahlungsverfahren nicht selbständig geltend gemacht werden. Alsdann ist die subjektive Aufbringungspflicht und deren Beurteilung in dem Vermögenssteuerverfahren für das Aufbringungs-Vorauszahlungsverfahren maßgebend. RFH. 4. Nov. 27 I A 279/27 DStBl. 1928, 93 = DStZ. 1928, 243 = IndMitt. 1928, 128 = StA. 1928, 181.
5. Im Falle der besonderen Feststellung des Betriebsvermögens für die Aufbringungs-Vorauszahlungen 1927 (§ 3 Abs. 2 der IV. DurchfV.), z. B. bei werbenden Betrieben, ist der Wert des Betriebsvermögens nicht in einem besonderen Feststellungsverfahren, sondern im Aufbringungsverfahren zu ermitteln und im Vorauszahlungsbescheide fest-

zustellen. Hierbei ist § 205 Abs. 4 AO. zu beachten. RFH. 13. März 28 I A 442/27 S. 23, 98 = StuW. 1928 Nr. 228.

6. a) Die Entscheidung der Bewertungsbehörden darüber, daß Vermögensgegenstände nicht zum landwirtschaftlichen Vermögen, sondern zum gewerblichen Betriebsvermögen gehören, ist für das Aufbringungsverfahren maßgebend.
b) Deshalb kann das Rechtsmittel gegen den Aufbringungsbescheid nicht darauf gestützt werden, daß Vermögensgegenstände, die bei der Einheitsbewertung zum Betriebsvermögen gerechnet sind, nicht zu diesem, sondern zum landwirtschaftlichen Vermögen gehören.
c) Wohl aber kann in diesem Rechtsmittelverfahren geltend gemacht werden, daß ein zum Betriebsvermögen gehörender Viehzuchtbetrieb nicht der Aufbringungspflicht unterliege. RFH. 19. Okt. 28 I A 144/28 S. 24, 185.

7. Unrichtigkeit der Einheitsbewertung und Änderung des Einheitswertes können bei Bemessung der Aufbringungsvorauszahlungen für 1927 nur dann berücksichtigt werden, wenn sie vor Erteilung des Vorauszahlungsbescheides zu einer Änderung der Einheitswertfeststellung bzw. einer Neufeststellung des Einheitswertes geführt haben. RFH. 27. März 1928 I A 380/27 S. 423, 138 = StuW. 1928 Nr. 373.

8. Nach Zustellung des Vorauszahlungsbescheides festgestellter Einheitswert. RFH. 28. Mai 28 I A 369/27 DStBl. 1928, 667.

§ 6.

Becker, Werden Zinsen erstattet, wenn die Aufbringungsleistungen 1926 und 1927 überzahlt sind? IndMitt. 1928, 326. — Bütgers, Sind die Rückvergütungen des Finanzamts auf die vorläufigen Zahlungen nach dem Aufbringungsgesetz vom Reiche zu verzinsen? IndMitt. 1928, 185.

1. Im Bewertungsverfahren nach dem Reichsbewertungsgesetze vorgekommene Verfahrensmängel, z. B. mangelndes rechtliches Gehör, sowie Verletzung des § 6 AO. bei Festsetzung der Einheitswerte können im Verfahren über die Vorauszahlungen nach dem Aufbringungsgesetze nicht mehr geltend gemacht werden. RFH. 20. März 28 I A 404/27 StuW. 1928 Nr. 374.

2. Die erst nach Erteilung des Vorauszahlungsbescheids vorgenommene Herabsetzung des Einheitswertbescheids bleibt für die Höhe der Vorauszahlungen ohne Einfluß. RFH. 20. März 28 I A 404/27 StuW. 1928 Nr. 374.

3. Für die Vorauszahlungen zum Aufbringungsgesetz bleibt die Angabe des Steuerpflichtigen in der Vermögenserklärung, daß Gegenstände zum Betriebsvermögen gehören, so lange maßgebend, als nicht festgestellt ist, daß diese Gegenstände überhaupt nicht zu einem Betriebsvermögen des Steuerpflichtigen gehören. RFH. 3. April 28 I A 164/28 StuW. 1928 Nr. 372.

4. § 6 AO. berechtigt das Finanzamt nicht, für die Aufbringungsvorauszahlung von der Zugrundelegung des festgestellten Einheitswerts abzuweichen. RFH. 15. Mai 28 I A 320/27 StuW. 1928 Nr. 505.

5. a) Für das AufbrG. gilt auch der § 4 AO.
b) Die Reichsregierung kann Abweichungen von den Vorschriften der Reichsabgabenordnung (§ 6 AufbrG.) nur im Rahmen der durch § 15

AufbrG. erteilten Ermächtigung zum Erlasse von Durchführungsverordnungen anordnen. RFH. 6. Juni 28 I A 192/27 S. 23, 309 = StuW. 1928 Nr. 499 = DStBl. 1928, 555.

6. Die Entscheidung der Bewertungsbehörden, daß ein selbständiger gewerblicher Betrieb im Sinne des § 26 Abs. 3 RBewG. vorliegt, ist für das Aufbringungsverfahren bindend. RFH. 17. Juli 28 I A 243/27 StuW. 1928 Nr. 789.

§ 8.

Becker Ernst, Änderung, insbesondere Ermäßigung der Aufbringungsleistungen. ZStuFr. 1928, 197.

§ 9.

Ball, Die Umlegung der endgültigen Jahresleistungen nach dem Aufbringungsgesetz für die Jahre 1926, 1927 und 1928 und die zweite Umlegung der Industriebelastung. DStZ. 1928, 28. — Hauser, Aufbringungsleistungen beim Wechsel des Unternehmers. DStBl. 1928, 252. — Hoffmann, Einheitsbewertung und Aufbringungsleistungen bei Betriebsveräußerungen. DStZ. 1928, 791. — Olbertz, Aufbringungsleistungen und Liquidation eines Unternehmens. IndMitt. 1928, 141. — Uhlich, Die Aufbringungslast beim Wechsel des Betriebsinhabers. IndMitt. 1928, 143.

1. Hat bei der Einheitswertfeststellung und der Vermögensteuerveranlagung für Grundstücke, die sowohl gewerblichen Zwecken wie Wohnzwecken dienen, gemäß § 29 RBewVermStDurchfBest. 1925 eine Zerlegung des Wehrbeitragswerts stattgefunden, so können in dem Aufbringungsverfahren Rechtsmittel nicht darauf gestützt werden, daß bei der Zerlegung der den gewerblichen Zwecken dienende Grundstücksteil zu groß genommen und damit das Betriebsvermögen zu hoch bewertet worden sei. RFH. 21. Febr. 28 I A 140/27 StuW. 1928 Nr. 229 = DStZ. 1928, 817.
2. Die bei der Einheitsbewertung vorgenommene Zerlegung des Wertes eines bebauten Grundstücks nach Wohn- und gewerblichen Zwecken kann im Aufbringungsverfahren nicht angefochten werden. RFH. 27. März 28 I A 380/27 S. 23, 138 = IndMitt. 1928, 196 = StuW. 1928 Nr. 373/II.
3. Die Entscheidung der Veranlagungsbehörden, daß ausländisches Betriebsvermögen vorliegt, ist für das Aufbringungsverfahren bindend und im Rechtsmittelverfahren gegen den Vorauszahlungsbescheid nicht angreifbar. RFH. 31. Juli 28 I A 88/27 S. 24, 91 = IndMitt. 1928, 388.
4. In dem Aufbringungsverfahren können Rechtsmittel nicht darauf gestützt werden, daß Schulden bei der Ermittlung des Einheitswerts für das Betriebsvermögen nicht berücksichtigt worden sind, da ein solcher Einwand darauf hinausläuft, daß das Betriebsvermögen zu hoch bewertet worden sei. RFH. 17. April 28 I A 115/28 StuW. 1928 Nr. 375 = DStZ. 1928, 818.
5. Die Entscheidung der Bewertungsbehörden, daß ein gewerblicher Betrieb vorliegt, ist für das Aufbringungsverfahren bindend, soweit nicht

nach den besonderen Vorschriften des AufbrG. und der DurchfV. eine Aufbringungspflicht ausgeschlossen ist (z. B. bei landwirtschaftlichen und diesen gleichgestellten Betrieben, sowie bei freien Berufen). Jedoch ist die von den Bewertungsbehörden getroffene Entscheidung der Vorfrage, ob z. B. ein landwirtschaftlicher Betrieb (landwirtschaftlicher Nebenbetrieb) oder ein selbständiger gewerblicher Betrieb vorliegt, auch für das Aufbringungsverfahren maßgebend. RFH. 6. Juni 28 I A 192/27 S. 23, 309 = StuW. 1928 Nr. 499 = DStBl. 1928, 555.

6. Die Rechtsmittelbeschränkung des § 7 Abs. 2 Satz 1 der IV. DurchfV. zum AufbrG., wonach im Rechtsmittelverfahren gegen den Vorauszahlungsbescheid 1927 die Bewertung des Betriebsvermögens nicht angefochten werden kann, gilt nicht für die Fälle des § 3 Abs. 2 der V., in denen ein Einheitswert für die Vermögensteuer oder eine andere Einheitswertsteuer nicht festgestellt ist, gegebenenfalls also nicht bei werbenden Betrieben. RFH. 13. März 28 I A 442/27 S. 23, 98 = StuW. 1928 Nr. 228 = DStBl. 1928, 313.

7. a) Der § 11 AufbrG. gilt auch für Vorauszahlungen.
b) Vorauszahlungen für 1927 sind auch dann zu entrichten, wenn im Jahre 1925 oder 1926 über das Vermögen des aufbringungspflichtigen Unternehmers das Konkurverfahren eröffnet ist.
c) Bei Geltendmachung der Aufbringungsleistungen gegenüber dem Konkursverwalter ist die Entscheidung Bd. 19 S. 355 zu beachten. RFH. 28. Aug. 28 I A 256/27 DJZ. 1928, 1410 = StuW. 1928 Nr. 794.

§ 10.

Meyer, Die endgültige Veranlagung der Leistungen nach dem Aufbringungsgesetz für die Jahre 1926, 1927 und 1928. IndMitt. 1928, 4.

§ 12.

Hoffmann, Einheitsbewertung und Aufbringungsleistungen bei Betriebsveräußerungen. DStZ. 1928, 791. — Ölbertz, Aufbringungsleistungen und Liquidation eines Unternehmens. IndMitt. 1928, 141. — Uhlich, Die Aufbringungslast beim Wechsel des Betriebsinhabers. IndMitt. 1928, 143.

1. Die Vorschrift des § 12 in Verbindung mit § 49 IndBelG. findet auch auf die Aufbringungsvorauszahlungen 1927 Anwendung. RFH. 21. Febr. 28 I A 427/27 IndMitt. 1928, 160 = DStBl. 1928, 311 = DStZ. 1928, 817.

2. Der Haftungsübergang nach § 12 Abs. 1 AufbrG., § 49 Abs. 1 Ind.-BelG. tritt auch ein, wenn der Erwerber der Aufbringungspflicht nicht unterliegt. RFH. 22. Mai 28 I A 245/27 StuW. 1928 Nr. 504.

3. a) Einzelne, unselbständige Gegenstände des Betriebsvermögens, z. B. ein Grundstück oder eine Maschine, sind keine „Bruchteile".
b) Eine Veräußerung des Betriebsvermögens „im ganzen" liegt schon dann vor, wenn die wesentlichen Grundlagen des Unternehmens, insbesondere die dem Betriebe dienenden Grundstücke mit den für die Fortsetzung des Unternehmens wesentlichen Einrichtungen, übertragen werden. Dabei macht es keinen Unterschied, ob die Veräußerung freihändig oder im Wege der Zwangsversteigerung erfolgt und ob der

Erwerber den Betrieb weiterführen will oder nicht. RFH. 23. Mai 28 I A 172/28 RStBl. 1928, 431 = StuW. 1928 Nr. 649, 429 = DStZ. 1928, 817.

4.

Beamtensiedelungsverordnung

vom 11. Februar 1924 (RGBl. I S. 53).

§ 11.

1. Befreiung von der Wechselsteuer wird durch § 11 Abs. 1 Satz 1 nicht gewährt. RFH. 7. Aug. 28 II A 371/28 RStBl. 1928, 319 = DVR. 1928, 155 = StuW. 1928 Nr. 775.

5.

Beförderungsteuergesetz

vom 29. Juni 1926 (RGBl. I S. 357).

§ 3.

1. Eine Personenbeförderung im Arbeiterverkehre liegt nur da vor, wo die Abfertigung zu ermäßigten Preisen tarifmäßig auf Arbeiter beschränkt ist. RFH. 11. Mai 28 II A 196/28 RStBl. 1928, 218 = StuW. 1928 Nr. 506.

6.

Biersteuergesetz

vom 9. Juli 1923 (RGBl. S. 557); 11. August 1923 (RGBl. S. 770); 12. Februar 1924 (RGBl. S. 68); 10. August 1925 (RGBl. I S. 244, 248).

Herzog, Die Bierbesteuerung in der mittelalterlichen Stadtwirtschaft. ZfZ. 1928, 408. — Martell, Zur Geschichte der Biersteuer in Bayern. ZStFr. 1928, 41.

§ 3.

Dührßen, Nachforderung von Biersteuern bei Fusionen. ZfZ. 1928, 66.

1. Die Begünstigung im § 3 Abs. 3 Satz 2 ist nur auf die vor dem 1. August 1909 steuerlich getrennt behandelten Brauereibetriebe beschränkt. Wird zu diesen Betrieben von der Person oder Gesellschaft, auf deren Rechnung sie betrieben werden, ein neuer Brauereibetrieb

hinzuerworben und weitergeführt, so tritt im Verhältnis der bisher getrennt behandelten Brauereibetriebe zueinander keine Änderung ein. Dagegen greift hinsichtlich der Bemessung des Steuersatzes für die neu hinzuerworbene Brauerei sowie für die getrennt behandelten Brauereien in ihrem Verhältnis zu der neu erworbenen Brauerei die Vorschrift des § 3 Abs. 3 Satz 1 Platz. RFH. 22. Febr. 28 IV A 437/27 ZfZ. 1928, 158 = DStBl. 1928, 313.

2. Einem zwischen mehreren Aktienbrauereien geschlossenen Verschmelzungsvertrage, dem durch besondere Vereinbarung rückwirkende Kraft beigelegt ist, kommt steuerrechtliche Wirkung hinsichtlich der Behandlung der zusammengeschlossenen Brauereien als ein Brauereibetrieb gemäß § 3 Abs. 3 Satz 1 erst von dem Zeitpunkt an zu, an dem der Verschmelzungsvertrag durch die Beschlüsse der Generalversammlungen der Aktiengesellschaften genehmigt worden ist. RFH. 2. Mai 28 IV A 51/28 S. 23, 180 = ZfZ. 1928, 217 = DStBl. 1928, 377.

§ 8.

Karger, Der Hausbrauer von bierähnlichen Getränken. ZfZ. 1928, 472. — Kirschner, Hausbrauer. ZfZ. 1928, 429.

1. a) Nach § 8 Abs. 1 Satz 1 BierStG. in Verbindung mit § 13 AusfBest. hierzu sind nicht die den Arbeitern und Angestellten zustehenden, sondern die tatsächlich als steuerfreier Haustrunk entnommenen Biermengen im Biersteuerbuch anzuschreiben; nur für diese Biermengen kommt auch in dem Falle, daß eine Genehmigung nach § 13 Abs. 3 AusfBest. erteilt ist, Steuerfreiheit in Betracht.

b) Die Brauerei darf nur an die in dem nach § 12 AusfBest. zu führenden Verzeichnis eingetragenen Arbeiter und Angestellten Bier als steuerfreien Haustrunk abgeben; für Bier, das die Brauerei im Wege des Ankaufs von Bierzeichen von den bezugsberechtigten Arbeitern etwa erwirbt, kommt ihr bei der Abgabe des Bieres an andere nicht bezugsberechtigte Personen Steuerbefreiung nicht zu. RFH. 22. Febr. 28 IV A 432/27 ZfZ. 1928, 135 = DStBl. 1928, 205.

2. Die Steuerfreiheit des Haustrunkes ist von der Einhaltung der Bestimmungen abhängig, die der Reichsminister der Finanzen zur Ausführung des § 8 Abs. 1 erlassen hat. RFH. 13. Juni 28 IV A 93/28 ZfZ. 1928, 434.

3. Auf Angestellte und Arbeiter, die in einer Mälzerei beschäftigt sind, erstreckt sich die Vergünstigung des § 8 Abs. 1 Satz 1 nur dann, wenn die Mälzerei von der Brauerei selbst betrieben wird. Für die Angestellten und Arbeiter einer im Lohnbetrieb für eine Brauerei arbeitenden Mälzerei kommt die Steuervergünstigung auch dann nicht in Frage, wenn die Angestellten und Arbeiter von der Brauerei zur Arbeitsleistung in die Mälzerei abgeordnet sind und wenn Brauerei und Mälzerei durch eine Interessengemeinschaft verbunden sind. RFH. 11. Juli 28 IV A 180/28 ZfZ. 1928, 359 = DStBl. 1928, 555.

§ 13.

1. Die Bestimmung im § 57 der AusfBest. bezieht sich nicht auf die nicht zur Bierbereitung bestimmten Zuckervorräte. Der Inhaber eines Brauereibetriebs, der auf seinem Brauereigrundstück auch einen Be-

trieb zur Herstellung von Limonaden eingerichtet hat, ist daher zur Führung eines Verwendungsbuchs über Zuckervorräte, die ausschließlich zur Herstellung von Limonaden bestimmt sind, nicht verpflichtet. RFH. 23. Nov. 27 IV A 233/27 DStBl. 1928, 52.

§ 17.

1. Ergeben sich bei der Bestandsaufnahme Fehlmengen, so ist zu prüfen und festzustellen, ob diese Fehlmengen etwa auf außergewöhnliche Betriebsverhältnisse, die eine hierdurch veranlaßte anderweite Festsetzung des Schwundes für die Brauerei rechtfertigen würde, zurückzuführen sind. RFH. 2. Mai 28 IV A 76/28 ZfZ. 1928, 217.

7.

Gesetz über das Branntweinmonopol vom 8. April 1922 (RGBl. I S. 405).

§ 109.

1. Gegen eine auf Grund des § 109 Abs. 2 Satz 1 BranntwMonG. von einem Hauptzollamte getroffene Anordnung ist nicht das Beschwerdeverfahren der AO. (§§ 281—283), sondern nur die Dienstaufsichtsbeschwerde gegeben. RFH. 25. Jan. 28 IV A 8/28 S. 22, 344.

§ 119.

W a g n e r, Die Reform des formellen Monopolstrafrechts. ZfZ. 1928, 472. — D e r s e l b e, Die Reform des Monopolstrafrechts. ZfZ. 1928, 373.

§ 120.

1. Die in § 120 BranntwMonG. aufgestellten Vermutungen einer — vollendeten — Abgabenhinterziehung sind widerlegbar; und zwar nicht nur hinsichtlich des Vorsatzes der Hinterziehung, sondern auch hinsichtlich des beim Vorliegen des äußeren Vermutungstatbestandes eines der Fälle des § 120 vom Gesetz unterstellten Eintritts einer Abgabenverkürzung. RGSt. 19. April 28 II D 1012/27.

§ 122.

H u m m e l, Nochmals: Die Verkürzung von Einnahmen aus dem Branntweinmonopol in Geheimbrennereien. ZfZ. 1928, 107.

§ 123.

1. Aus § 123 BranntwMonG. 1922 kann nicht gefolgert werden, daß bei der Ermittlung der Monopolabgabe das in der Brauerei tatsächlich verwandte Maischmaterial unberücksichtigt zu bleiben hätte und die für den Betrieb zweckmäßigste Maischung für die Abgabenberechnung zugrunde zu legen wäre. RFH. 16. Mai 28 IV A 149/28 DStBl. 1928, 377 = ZfZ. 1928, 278.

§ 154.

1. Inländischer Branntwein ist monopolausgleichpflichtig, wenn er nach begonnener Ausfuhr wieder ins Inland zurückgelangt. Für die Entstehung des Zollanspruchs bildet die Zollgrenze die Landesgrenze gegen das Ausland. RFH. 18. April 28 IV A 436/28 JW. 1928, 2038 *(m. Bespr. v. Joachimzkyk).*

8.

Gesetz über Vertrag zwischen dem Deutschen Reich und der Tschechoslowakischen Republik zur Ausgleichung der in- und ausländischen Besteuerung insbesondere zur Vermeidung der Doppelbesteuerung auf dem Gebiete der direkten Steuern

vom 31. Dezember 1921 (RGBl. II S. 70).

Art. I.

1. Angehörige der Tschechoslowakischen Republik, die in der Tschechoslowakei und im Deutschen Reich einen Wohnsitz haben und im Deutschen Reich gewerbliches Einkommen beziehen, haben keinen Anspruch auf Abzüge nach §§ 51, 52 EinkStG. RFH. 3. Okt. 28 VI A 431/28 (n. v.).

9.

Einkommensteuergesetz

vom 10. August 1925 (RGBl. I S. 189).

Strutz, Einkommensteuergesetz 1925, V. Lfg. (Berlin: Liebmann 1928). — Pißel, Die Einkommensteuernovelle vom 22. Dezember 1927. DStZ. 1928, 6.— Mirre, Zur neueren Rechtsprechung in Einkommensteuersachen. StA. 1928, 8, 103, 197, 265, 353.

§ 2.

Roederer, Die persönliche Steuerpflicht nach dem deutschen und nach dem englischen Einkommensteuerrecht. StuFr. 1928, 676.

§ 3.

Eisner, Die Besteuerung der Einkünfte aus ausländischem in Deutschland fundierten Immobiliarkredit nach deutschem Steuerrecht. Ihre Härten und ihre Milderungsmöglichkeiten. IndMitt.

1928, 173. — F r i e s e c k e, Unter welchen Voraussetzungen gilt ein Warenlager als Betriebsstätte? DStBl. 1928, 376. — K r e i t n e r, Besteuerung österreichischer Betriebsstätten reichsdeutscher Unternehmen. DStZ. 1928, 234.

1. a) Als Einkünfte aus i n l ä n d i s c h e m G e w e r b e b e t r i e b oder inländischer Berufstätigkeit ist nur das im Inland erzielte Einkommen der deutschen Besteuerung zu unterwerfen.
b) Der Erlaß des RMdF. III 7100 vom 29. Juni 1923 und die V. des RMdF. vom 4. Mai 1921 (RZBl. S. 385) enthalten keine bindende Rechtsnorm darüber, was für das neue Einkommen- und Körperschaftsteuerrecht als inländisches Einkommen anzusehen ist.
c) Nach Möglichkeit soll die gesonderte Berechnung des inländischen Einkommens die Grundlage für dessen Besteuerung bilden.
d) Ob eine gesonderte Berechnung des inländischen Einkommens beim Versicherungsgewerbe grundsätzlich und im Einzelfalle möglich ist, ist eine vom Sachverständigen zu beurteilende Frage. Soweit das nicht möglich ist, kann das inländische Einkommen aus dem gesamten Einkommen schlüsselmäßig nach Maßgabe der Prämieneinnahmen gebildet werden. RFH. 21. Dez. 27 I A 177/27 S. 22, 331.
2. Zum Begriff der B e t r i e b s s t ä t t e. RFH. Mai 28 I A 213/27 DStZ. 1928, 914.
3. S t ä n d i g e V e r t r e t e r sind auch bloße Vermittlungsagenten im Sinne der §§ 84 ff. HGB. RFH. 5. Okt. 28 I A 513/27 RStBl. 1928, 345, Nr. 627.
4. Unter Einkünften aus der B e t e i l i g u n g a n e i n e m i n l ä n d i s c h e n H a n d e l s g e w e r b e als stiller Gesellschafter sind auch Einkünfte eines Darlehnsgebers zu verstehen, dem als Gegenleistung für die Gewährung des Darlehns Beträge entrichtet werden, deren Höhe sich nach den Erträgen eines inländischen Handelsgewerbes richtet. RFH. 11. Juli 28 VI A 788/27 DStZ. 1928, 914 = StuW. 1928 Nr. 507 = RStBl. 1928, 329.

§ 6.

A l b r e c h t, Sind Jubiläumsgeschenke einkommen- oder schenkungssteuerpflichtig? ZStFr. 1928, 31. — B e c k e r, Die Werbungskosten nach dem Einkommensteuergesetz von 1925. — StuW. 1928, 331. — — F r i e s e c k e, Der Mietwert eines Landhauses als steuerpflichtiges Einkommen. IndMitt. 1928, 326. — H e f n e r, Nachträgliche Entlohnung nach dem Einkommen- und Erbschaftssteuergesetze. DStBl. 1928, 83. — D e r s e l b e, Leistungsgewinne, wiederkehrende Bezüge oder Einkünfte aus Kapitalvermögen. DStBl. 1928, 128. — K o c h, Zur Besteuerung der freien Berufe. DStZ. 1928, 195/96. — R u p r e c h t, Der Begriff des Einkommens aus Gewerbebetrieb in Gesetz und Rechtsprechung. IndMitt. 1928, 409. — S c h i e f l e r, Wie Gartenbau, hier Kunst- und Handelsgärtnerei. Eine kritische Betrachtung. StZdL. 1928, 212. — W i e t f e l d, Aussteuer und Austattung. Die zivil- und steuerrechtliche Bedeutung. DStBl. 1928, 81. — W o l f f h e i m, Die Besteuerung von Gewinnen aus Konsortialbeteiligungen. StA. 1928, 161. — W u l f f, Die Besteuerung von Gewinnen aus Konsortialgeschäften. StA. 1928, 297.

1. Vergütung aus einmaliger schiedsrichterlicher Tätigkeit als einkommenssteuerpflichtige Einkünfte. RFH. 7. Juli 27 VI A 255/27 DJZ. 1928, 98.
2. Spielgewinne sind nicht einkommensteuerpflichtig. RFH. 14. März 28 VI A 783/27 StuW. 1928 Nr. 231 = DJZ. 1928, 1355 = RStBl. 1928, 181 = DStZ. 1928, 537 = DStBl. 1928, 313.
3. Wird einem mit Anwartschaft auf Ruhegehalt, Witwen- und Waisenpension, sowie auf Bestattungsgeld angestellten Beamten bei seinem Übertritt in eine andere Behörde der nach versicherungsmathematischen Grundsätzen errechnete, seinem erdienten Ruhegehalt entsprechende Rückkaufswert des Anspruchs auf Zahlung der genannten Bezüge aus einem von dem Arbeitgeber auf seine Kosten gebildeten Ruhegehaltsstock mit der Bestimmung ausgezahlt, dieses Kapital der neuen Behörde zur Erhaltung seiner bei dem ersten Arbeitgeber erdienten Pensionsanwartschaft auszuhändigen, so ist dieser Kapitalempfang steuerfrei. RFH. 18. April 28 VI A 140/28 StuW. 1928 Nr. 410 = RuPr.-VBl. 1928, 1050.
4. Ist in einem Vertrag über Unfallschadenersatzansprüche ein Betrag für den in der zurückliegenden Zeit entstandenen Schaden und eine Rente für die Folgezeit festgesetzt, so ist der erstere Betrag nach § 6 Abs. 3 EinkStG. steuerfrei, die Rente dagegen nach § 40 steuerpflichtig, auch wenn sie an Stelle einer Unterhaltsleistung des beim Unfall Getöteten tritt. RFH. 16. Okt. 28 VI A 1232/28 DStBl. 1928, 667.
5. Zur Frage der Anwendbarkeit von § 6 Abs. 3 und der V. über Einkommensteuervergünstigungen für verheiratete ausgeschiedene weibliche Beamte und für entlassene Arbeitnehmer v. 25. Nov. 1925 (RMinBl. S. 1358) auf einen ausscheidenden mit Kapital abgefundenen Bankprokuristen. RFH. 3. Nov. 27 VI A 302/27 DStBl. 1928, 53 = RStBl. 1928, 26 = StuW. 1928 Nr. 37 = StA. 1928, 314.
6. Die Rechtskraft einer Veranlagung oder einer Rechtsmittelentscheidung bezüglich der Umsatzsteuer kann in dem Verfahren, betreffend die Einkommensteuerveranlagung, in welchem der Umsatz lediglich hilfsweise zur Ermittlung des Einkommens im Wege der Schätzung herangezogen wird, irgendwelche bindende Wirkung bezüglich des dort festgestellten Umsatzes nicht ausüben. RFH. 18. Jan. 28 VI A 895—898/27 RStBl. 1928, 110.

§ 8.

Lion Gibt es steuerfreie Einnahmen? DStZ. 1928, 94. — Zeine, Steuerliche Behandlung der Pensionsversorgung von Arbeitnehmern durch Arbeitgeber. DStZ. 1928, 1085.

§ 10.

1. Wechsel der Betriebe eines buchführenden Gewerbetreibenden. RFH. 30. Juni 28 VI A 273/27 DStBl. 1928, 606.
2. Bei vorzeitiger Beendigung eines landwirtschaftlichen Wirtschaftsjahres durch Verpachtung ist in den Endbestand des Grundstückseigentümers ein Passivum einzusetzen, das den Mehrkosten der Bewirtschaftung bis zum Ende des normalen Wirtschaftsjahres entspricht. Werden die vorhandenen Vorräte von dem Pächter übernommen, so kann statt der Einsetzung eines Passivums der Wert der

übernommenen Vorräte in dem Endbestand des Verpächters unberücksichtigt gelassen werden. RFH. 11. Juli 28 VI A 658/27 und VI A 34/28 StuW. 1928 Nr. 742.

3. Beginnt ein buchführender Kaufmann einen Gewerbebetrieb in der Mitte eines Kalenderjahres, so endigt das erste Wirtschaftsjahr mit dem Zeitpunkt, zu dem er den ersten ordnungsmäßigen Abschluß macht, spätestens nach 12 Monaten. Macht er auch zu dem Ende der 12 Monate keinen Abschluß, so hat dies nicht zur Folge, daß das erste Wirtschaftsjahr als mit dem Ende des ersten Kalenderjahrs beendigt gilt.

Enden zwei Wirtschaftsjahre desselben Betriebs in demselben Steuerabschnitte, so sind die Einkünfte beider Wirtschaftsjahre dem Einkommen des Steuerabschnitts zuzurechnen. RFH. 31. Okt. 28 VI A 1243/28 RStBl. 1928, 380.

§ 11.

Hein, Die Besteuerung der Geschäftsführer-Tantiemen einer G. m. b. H., nach der neuesten Rechtsprechung des Reichsfinanzhofs. DStZ. 1928, 1098.

1. Die einem nichtbuchführenden Provisionsvertreter gezahlten Vorschüsse sind grundsätzlich als im Zeitpunkt ihrer Zahlung zugeflossene Einnahmen anzusehen. Sie sind jedoch bei der Veranlagung insoweit nicht zu berücksichtigen, als im Zeitpunkt der Veranlagung feststeht, daß sie zurückzuzahlen sind oder Vorschüsse auf im abgelaufenen Steuerabschnitte noch nicht verdiente Provisionen darstellen. RFH. 7. Dez. 27 VI A 309/27 RStBl. 1928, 93 = DStBl. 1928, 209 = DStZ. 1928, 434 = StuW. 1928 Nr. 232.
2. Rechtsanwälte, die regelmäßige Abschlüsse auf Grund ordnungsmäßiger Buchführung im Sinne des § 11 Abs. 2 fertigen, können in ihrem Abschluß neben der bloßen Gegenüberstellung der tatsächlichen Einnahmen und Ausgaben auch einen auf die laufenden fälligen Forderungen und Schulden sich erstreckenden Bestandsvergleich vornehmen. RFH. 7. Dez. 27 VI A 292/27 RStBl. 1928, 92 = DStZ. 1928, 337 = StuW. 1928 Nr. 233 = DJZ. 1928, 523 = StA. 1928, 314.
3. Eine 1925 fällig werdende Einnahme ist dem Einkommen des Jahres 1925 auch dann zuzurechnen, wenn die Forderung bereits 1924 entstanden ist. Es ist unerheblich, daß die Forderung nach dem EinkStG. 1920 als Einnahme des Jahres 1924 gelten würde. RFH. 25. Jan. 28 VI A 885/27 StuW. 1928 Nr. 176 = DStZ. 1928, 436 = RStBl. 1928, 342.
4. Zur Frage des Zufließens von Bezügen, die leitende Angestellte wegen schlechter Geschäftslage des Unternehmens stehen lassen. RFH. 22. Febr. 28 VI A 311/27 StuW. 1928 Nr. 179 = RStBl. 1928, 177.
5. Zur Frage, welchem Steuerabschnitt Entnahmen zuzurechnen sind, die ein Geschäftsführer und Gesellschafter einer G. m. b. H. in Hinblick auf sein Gehalt gemacht hat. RFH. 14. März 28 VI A 87/28 StuW. 1928 Nr. 510.
6. Behandlung von Tantiemen, die nach feststehenden Grundsätzen ermittelt, aber zum Teil erst nach Feststellung der Jahresbilanz durch den Aufsichtsrat gezahlt werden. Vorschüsse auf Gehalt oder Darlehen. RFH. 4. Juli 28 VI A 543/28 StuW. 1928 Nr. 509 = DStZ. 1928, 915.

7. Uneinbringlichkeit einer fälligen Pachtforderung. RFH. 13. Juli 28 VI A 305/28 StuW. 1928 Nr. 513 = StZdL. 1928, 224.
8. Instandsetzungskosten für gepachtete Grundstücke als im Jahre der Aufwendung abzugsfähige Werbungskosten. RFH. 29. Juli 28 I A 116/28 IndMitt. 1928, 347.
9. Zur Frage der Auswirkung eines Umsatzsteuernachlasses auf die Einkommensberechnung. RFH. 17. Okt. 28 VI A 1264/28 RStBl. 1928, 380.
10. Vereinbaren die Gesellschafter einer G. m. b. H. vor Ablauf des Geschäftsjahres, daß jeder von ihnen einen bestimmten Betrag auf den zukünftigen Gewinn abheben dürfe, so liegt vor der tatsächlichen Abhebung auch bei Buchung keine Einnahme vor. RFH. 26. Okt. 27 VI A 331/27 RStBl. 1928, 25 = IndMitt. 1928, 34 = DStZ. 1928, 56 = DStBl. 1928, 163 = StA. 1928, 183.
11. Behandlung von Tantiemen, auf deren Zahlung wegen ungünstiger Lage der Gesellschaft vorläufig verzichtet ist. RFH. 23. Mai 28 VI A 310/28 DStBl. 1928, 429 = DStZ. 1928, 726 = RStBl. 1928, 343 = StuW. 1928 Nr. 511.
12. Tantiemen, die der Geschäftsführer einer Gesellschaft m. b. H. bezieht, sind Einnahmen des Steuerabschnitts, in welchem sie rechnungsmäßig festgestellt werden und zur Verfügung des Geschäftsführers stehen, auch wenn der Abschluß des Geschäftsjahrs der Gesellschaft m. b. H., dessen Gewinn für die Berechnung maßgebend ist, in einen früheren Steuerabschnitt fällt. RFH. 25. April 28 VI A 473/27 StuW. 1928 Nr. 512.

§ 12.

Auler, Der Unternehmungsmehr- und -minderwert in der Bilanz. (Sonderabdruck aus der „Zeitschrift für Betriebswirtschaft" 1927). — Becker Enno, Die Grundlagen für die Ermittlung des Einkommens aus Landwirtschaft. StuW. 1928, 519. — Dr. Brandes, Die Buchführung in der Landwirtschaft. (Berlin: Dtsch. Schriftenverlag 1928). — le Coutre, Praxis der Bilanzkritik. (Berlin: Spaeth & Linde 1926). — Eckstein, Das steuerliche Kapitalentwertungskonto. StuW. 1928, 155/56. — Friesecke, Ist der Verkaufserlös für Zuchtvieh den Durchschnittssätzen zuzuschlagen? StZdL. 1928, 119. — Hoeres, Über die Zugehörigkeit von Wertpapieren, Forderungen und Kassenbeständen zum Geschäfts- oder Privatvermögen. DStZ. 1928, 506. — Klocke, Buchführung und Bilanzen der G. m. b. H. 2. Aufl. (Köln: Schmidt 1928). — Lademann, Einrichtung und Führung besonderer steuerlicher Konten in der kaufmännischen Buchhaltung. IndMitt. 1928, 400. — Lion, Bilanzreform. ZStFr. 1928, 122. — Derselbe, Geschichtliche Betrachtungen zur Bilanztheorie bis zum Allgemeinen Deutschen Handelsgesetzbuch. StuFr. 1928, 401. — Derselbe, Der Reichsfinanzhof und das Bilanzsteuerrecht. StuW. 1928, 1033/1034. — Ruprecht, Rücklagen in der steuerlichen Gesetzgebung u. Rechtsprechung. DStZ. 1928, 1108. — Schiefler, Die landwirtschaftliche Buchführung im deutschen Steuerrecht. StZdL. 1928, 1. — Schwinger, Die landwirtschaftliche Bilanz. (Regensburg: Habbel 1926). — Zimmermann, Bewertung der zum Verkauf bestimmten Gegenstände in der Bestandsvergleichung nach §§ 12, 13, 19

EinkStG. ZStFr. 1928, 234. — Derselbe, Auswirkung von Geldgeschäften und Geldbeschaffungsgeschäften auf das landwirtschaftliche Einkommen. DStBl. 1928, 277, 366.

1. Bei nichtbuchführenden Landwirten berühren grundsätzlich Geldverluste und Aufwendungen, die anläßlich der Geldbeschaffung entstanden sind, das steuerbare Einkommen nicht. RFH. 25. Jan. 28 VI A 480/27 StuW. 1928 Nr. 180 = RStBl. 1928, 196 = StZbL. 1928, 201.
2. Zur Ermittlung des Einkommens aus Landwirtschaft in einem Rumpfwirtschaftsjahre. RFH. 11. Juli 28 VI A 350/27 S. 24, 37 = StuW. 1928 Nr. 450.
3. Zur Anwendbarkeit des § 12 Abs. 1 Satz 3 Berücksichtigung der Forderungen und Schulden des Landwirts. RFH. 7. Sept. 28 VI A 125/28 StuW. 1928 Nr. 798.
4. Gebühren, die von einem Landwirt an das Auflösungsamt für Familiengüter bezahlt werden, können als Betriebsausgaben des betreffenden Steuerabschnitts abgezogen werden. RFH. 17. Okt. 28 VI A 857/28 StuW. 1928 Nr. 799.
5. Die Kosten, die ein Landwirt aufwendet, um ein auf Grund des Reichssiedlungsgesetzes vom 11. Aug. 1919 gegen ihn gerichtetes Enteignungsverfahren abzuwenden, sind abzugsfähige Betriebsausgaben. RFH. 13. Nov. 28 VI A 1034/28 RStBl. 1928, 380.
6. Aufwertung von Ansprüchen aus Betrieben eines freien Berufes. RFH. 30. Nov. 27 VI A 488/27 DStZ. 1928, 56.
7. Auch bei einem Bücherrevisor kann der Verlust an einem aus Betriebsrücksichten gewährten Darlehn den Gewinn mindern. RFH. 13. Juni 28 VI A 559/28 DStZ. 1928, 726 = RStBl. 1928, 379 = StuW. 1928 Nr. 514.
8. Verkauf eines vom Maurermeister erbauten Hauses zu den Gestehungskosten an den Sohn des Maurermeisters. RFH. 27. Juni 28 VI A 683/28 StuW. 1928 Nr. 515.
9. Zur Bedeutung dessen, daß Notare den Gewinn zu versteuern haben. Behandlung von Eingängen aus rückständigen Forderungen, deren Eingang früher zweifelhaft war. RFH. 27. Juni 28 VI A 264/28 StuW. 1928 Nr. 517.

§ 13.

Becker, Die Werbungskosten nach dem Einkommensteuergesetz von 1925. StuW. 1928, 331/332. — Evers, Die Bewertung von Beteiligungen in der Körperschaftssteuerbilanz, namentlich bei Aktienumtausch aus Anlaß von Fusionen. DStZ. 1928, 18. — Friedländer, Die steuerlich bestimmenden Faktoren für die Zugehörigkeit eines Gegenstandes zum kaufmännischen Betriebsvermögen sowie des Erfolges einer Handlung, insbesondere eines Rechtsgeschäfts zum kaufmännischen Betriebsgewinn. DStBl. 1928, 643. — Hoeres, Die neuere Rechtsprechung des Reichsfinanzhofs über steuerlich zulässige Abschreibungen auf Forderungen. IndMitt. 1928, 369. — Derselbe, Die Zulässigkeit von Schuldposten auf Grund von Haftungsmöglichkeiten bei der Einkommensteuer. DStBl. 1928, 467. — Höfer, Gewinnermittlung nach § 13 des Einkommensteuergesetzes vom 10. August 1926 und Umsatzsteuer. StA. 1928. 79. — Hein, Die bilanzrechtliche und steuerrechtliche Behandlung der stillen Reserven der Aktiengesellschaft nach der neuesten Rechtsprechung des Reichsgerichts und des Reichsfinanzhofs. IndMitt. 1928, 437.— Kennerknecht, Grundstücksgesellschaften und Körperschaftsteuer. DStZ. 1928, 778. — Kliem, Buchtechnische und steuerliche Behandlung der am Bilanzstichtag in Ausführung begriffenen Beamten. DStBl. 1928, 470. — Lion Bilanzberichtigung nach Handels- und Steuerrecht. DStZ. 1928, 869, 984. — Pißel, Die Behandlung des Gewinnes des offenen Handelsgesellschafters und Kommanditisten bei der Vermögen- und Einkommensteuer. DStZ. 1928, 879. — Flochtheim, Der „Anschaffungspreis" bei Einbringung, Tausch und Fusion. DStZ. 1928, 292. — Stamm, Bilanzberichtigungen im Steuerinteresse. DStZ. 1928, 14. — Steffens, Handelsbilanz und Steuerbilanz. StA. 1928, 97. — Mirre, Bilanzberichtigung und Bilanzänderung. StA. 1928, 38. — Ders., Zur Bilanzkontinuität. ZStFr. 1928, 75. — Ders., Der Kundschaftswert in der Bilanz der Aktiengesellschaften. ZStFr. 52. — Zitzlaff, Zur Besteuerung der Buchgewinne aus Akkorden. ZStFr. 1928, 10.

1. Verluste an einer als Abfindung für eine stille Beteiligung gewährten Forderung vermindern den Betriebsgewinn, wenn die stille Beteiligung zum Betriebsvermögen gehörte. RFH. 14. März 28 VI A 200/28 IndMitt. 1928, 193 = StuW. 1928 Nr. 237 = RStBl. 1928, 183 = DStZ. 1928, 536 = StA. 1928, 183.

2. Der rechnerisch auf die eigenen Aktien einer Aktiengesellschaft entfallende, nicht ausgeschüttete Teil des Jahresgewinns erhöht das steuerlich in Betracht zu ziehende Anfangsvermögen der AG. für das nächste Geschäftsjahr. Wird der Gewinn des neuen Geschäftsjahrs unter Einbeziehung eines solchen Gewinnvortrags ausgewiesen, so ist für die Steuerberechnung dieser bereits versteuerte Teil des ausgewiesenen Bilanzgewinns für das neue Geschäftsjahr abzusetzen. RFH. 4. Okt. 28 I A 88/28 S. 24, 45 = RStBl. 1928, 345 = IndMitt. 1928, 422 = DStBl. 1928, 675.

3. Zur Frage, ob eine Abfindung, die ein Gewerbetreibender für Verlegung seiner Geschäftsräume erhalten hat, als Betriebseinnahme anzusehen ist. RFH. 4. Sept. 28 VI A 758/28 RStBl. 1928, 311 = DStZ. 1928, 915 = StuW. 1928 Nr. 521.

4. Es besteht steuerrechtlich eine weitergehende Aktivierungspflicht als handelsrechtlich. Und zwar besteht für einen kaufmännische Bücher führenden Gewerbetreibenden wegen derjenigen Wirtschaftsgüter, die er gegen eine Aufwendung, regelmäßig also gegen eine Geldleistung, erworben hat, steuerrechtlich eine Aktivierungspflicht dann, wenn sie nach allgemeiner Verkehrsanschauung an und für sich einer besonderen Bewertung zugänglich sind und nach eben dieser Verkehrsanschauung einen wesentlichen und über die Dauer des einzelnen Steuerabschnitts wesentlich hinausreichenden Wert für das gewerbliche Unternehmen besitzen. Darunter können geeignetenfalls auch solche Erwerbungen fallen, die weder körperliche Sachen sind noch Rechte im bürgerlichen Sinne begründen; freilich stellt noch keineswegs jedweder gegen Entgelt erlangte wirtschaftliche Vorteil ein solches steuerrechtlich aktivierungspflichtiges Wirtschaftsgut dar. RFH. 27. März 28 I A 470/27

IndMitt. 1928, 260 = DStZ. 1928, 819 = StuW. 1928 Nr. 417, 516 = RStBl. 1928, 260.

5. a) Der zunächst für Unternehmer, die ihr Geschäft selbst betreiben, geltende Grundsatz, daß Aufwendungen für Anlagegegenstände so lange nicht zu aktivieren sind, als sie, im Rahmen des ganzen Betriebs betrachtet, als laufende Ausgaben erscheinen (RFH. Bd. 19 S. 201, 205), gilt auch für Erwerbsgesellschaften, die ihr Unternehmen verpachtet haben, hinsichtlich der von dem Pächter angeschafften Gegenstände, die nach dem Pachtvertrag ohne weiteres und unentgeltlich in das Eigentum der Verpächterin übergehen.

b) Im übrigen bildet der Umstand, daß die Verpächterin während der Dauer des Pachtvertrags keinerlei Nutzen aus den von dem Pächter gemachten Neuanschaffungen und Verbesserungen ziehen kann, keinen Grund, die Einstellung tatsächlich vorhandener Gegenstände in die Bilanz der Verpächterin zu unterlassen. RFH. 27. März 28 I A 475/27 S. 23, 196 = DStBl. 1928, 383 = StuW. 1928 Nr. 674.

6. Der Grundsatz, daß zweiseitige laufende Verträge regelmäßig in der Bilanz nicht berücksichtigt zu werden brauchen, weil sich die Rechte und Verpflichtungen aus ihnen für den Bilanzierenden aufheben, kann nicht durchgreifen beim Abschluß von Verträgen, die das Vermögen der Gesellschaft stark beeinträchtigen. Beispielsweise muß eine Gesellschaft, welche die Rechte aus laufenden Pachtverträgen aufgibt und lediglich die Verpflichtungen daraus beibehält, ein entsprechendes Passivum in der auf die Abtretung folgenden Bilanz ausweisen. RFH. 19. Okt. 27 I A 3/27 RStBl. 1928, 6.

7. a) Hat eine buchführende Erwerbsgesellschaft ein Firmenrecht gegen die Einräumung eines Rentenrechts entgeltlich erworben, so ist sie verpflichtet, in ihrer Bilanz die Schuld, die sie durch Übernahme der Rentenverpflichtung eingegangen war, unter den Passiven auszuweisen. Der so gebildete Passivposten ist dann im Laufe der bei seiner Bildung angenommenen Dauer der Rentenverpflichtung durch gleichmäßige jährliche Absetzungen zu tilgen. Soweit die jährlichen Rentenzahlungen höher sind, als der von dem Passivposten abzusetzende Jahresbetrag, ist für eine Hinzurechnung des Unterschiedsbetrags zum Bilanzgewinne regelmäßig kein Raum. Erlischt das Rentenrecht, bevor der Passivposten voll getilgt ist, so fällt der alsdann noch vorhandene Restbetrag des Passivpostens weg. In der Jahresschlußbilanz erhöht sich der Gewinn entsprechend. Umgekehrt vermindert sich der Gewinn um den vollen Betrag der Jahreszahlungen in den Jahren, in denen die Rentenverpflichtung etwa noch wirksam bleibt nach Ablauf derjenigen Anzahl von Jahren, welche bei der ursprünglichen Einsetzung des Passivpostens als Dauer der Verpflichtung der Berechnung zugrunde gelegt ist.

b) Ein zulässigerweise aufgenommener Aktivposten für ein entgeltlich erworbenes Firmenrecht darf nicht in den folgenden Bilanzen so schnell wie möglich abgeschrieben werden. Der Steuerpflichtige darf es, da das Firmenrecht einer Abnutzung nicht unterliegt, nur dann herabsetzen, wenn und insoweit der gemeine Wert des Firmenrechts gesunken ist. RFH. 22. Dez. 27 I A 276/27 RStBl. 1928, 49 u. 52 = StuW. 1928 Nr. 116 = DStZ. 1928, 628.

8. Schließt eine offene Handelsgesellschaft eine sogenannte Teilhaberversicherung ab, so bilden die gezahlten Prämien regelmäßig eine Betriebsausgabe und ist andererseits der Rückkaufswert der Versicherung als Aktivum in die Bilanz einzustellen. RFH. 25. April 28 VI A 293/28 StuW. 1928 Nr. 411 = RStBl. 1928, 280 = DStZ. 1928, 820 = IndMitt. 1928, 354 — IW. 1928, 2390 *(m. Bespr. v. Fleck).*

9. Ein durch eine Veräußerung erzielter Buchgewinn ist auch dann steuerpflichtig, wenn die wirtschaftliche Lage des Unternehmens durch den Verkauf ungünstig beeinflußt ist. Ob der veräußerte Gegenstand nach den Regeln ordnungsmäßiger Buchführung in die Bilanz gehörte und tatsächlich aktiviert war oder nicht, ist gleichgültig. RFH. 20. März 28 I A 92/28 DStZ. 1928, 536 = StuW. 1928 Nr. 392 = IW. 1928, 1953. *(m. Bespr. v. Glaser).*

10. Findet ein Kaufmann einen Gesellschafter mit einem dessen Kapitalkonto übersteigenden Betrag ab, so ist der Mehrbetrag nicht einfach dem Bilanzgewinne zuzusetzen, vielmehr davon auszugehen, daß der Mehrbetrag für zur Zeit des Ausscheidens des Gesellschafters vorhanden gewesene stille Reserven gezahlt ist und dementsprechend der Mehrbetrag zu aktivieren. RFH. 14. März 28 VI A 489/27 RStBl. 1928, 166 = IW. 1928, 2658 = IndMitt. 1928, 194 *(m. Bespr. v. Fleck).* = StuW. 1928 Nr. 235 = DStZ. 1928, 629.

11. Nutzt der Eigentümer Räume im eigenen Hause in seinem Gewerbebetriebe oder zu sonstiger selbständiger Berufstätigkeit, so begründet der Nutzungswert für ihn keine Einkünfte. Das gilt auch dann, wenn er für das Einkommen aus dem Gewerbebetrieb oder der sonstigen Berufstätigkeit, innerhalb deren die Nutzung stattfindet, subjektiv steuerfrei ist. RFH. 3. Jan. 28 I A 221/27 S. 22, 306 = IndMitt. 1928, 85 = StA. 1928, 153 = RStBl. 1928, 49 u. 52 = StuW. 1928 Nr. 115 = DStZ. 1928, 344.

12. Ist ein buchführender Kaufmann am Bilanzstichtage Hereingeber eines Kostgeschäfts, so ist er berechtigt, die veräußerten Effekten, wie ihm gehörig mit dem ursprünglichen Anschaffungspreis zu bewerten und den Rückkaufspreis wie eine Darlehensschuld zu behandeln. RFH. 27. Okt. 28 VI A 1047/28 IndMitt. 1928, 462 = StA. 1928, 379 = DStBl. 1928, 667 = StuW. 1928 Nr. 802.

13. Beschließt eine Gemeinde den baldigen Bau einer Anlage, die angrenzende Grundstücke in ihrem Werte beeinträchtigt, so liegt nicht nur eine künftig drohende Entwertung der Grundstücke vor, vielmehr tritt alsbald eine Entwertung ein, die sofort in der Bilanz berücksichtigt werden kann. RFH. 7. Aug. 28 I A 297/28 IndMitt. 1928, 385 = RStBl. 1928, 326 = StA. 1928, 345 = DStBl. 1928, 611 = StuW. 1928 Nr. 849.

14. Für die Ermittlung des Einkommens der buchführenden Kaufleute kommt der Begriff der Einnahme nicht in Frage. RFH. 18. Nov. 27 VI A 694/27 DStZ. 1928, 55 = RStBl. 1928, 46.

15. Passivbuchungen für erwartete künftige Verluste, Ausgaben, Reparaturen sind keine Rückstellungen (Wertberichtigungskonten), sondern echte Rücklagen (Reserven). RFH. 6. Dez. 27 I A 334/27 RStBl. 1928, 6.

16. Im allgemeinen keine Rückstellung wegen der Notwendigkeit der Anschaffung von Gegenständen. RFH. 18. Nov. 27 VI A 582/27

DStZ. 1928, 59 = IndMitt. 1928, 33 = StuW. 1928 Nr. 48 = RStBl. 1928, 124 = StA. 1928, 123.

17. Bei Erwerbsgesellschaften schließt der Umstand, daß die pachtende Gesellschaft die Errichtung eines Gebäudes innerhalb des gepachteten Betriebs zu aktivieren hat, nicht aus, daß die verpachtende Gesellschaft ihrerseits das Gebäude, das in ihr Eigentum übergegangen ist, in ihre Bilanz aufnimmt. Gegebenenfalls kann gegenüber dem aktivierten Gebäude ein Ausgleichskonto gebildet werden, durch das die Verpflichtung der Verpächterin, das errichtete Gebäude der Pächterin zu überlassen, zum Ausdruck kommt. RFH. 27. März 28 I A 475/27 S. 23, 196 = IndMitt. 1928, 228 = StuW. 1928 Nr. 674 = DStZ. 1928, 535 = DStBl. 1928, 383.

18. Behandlung der Unterbilanz eines Gesellschafters bei der einheitlichen Feststellung des Gewinns der offenen Handelsgesellschaft. RFH. 20. Juni 28 VI A 281/28 DStZ. 1928, 819 = IndMitt. 1928, 346 = DStBl. 1928, 495 = StuW. 1928 Nr. 525 = RStBl. 1928, 344.

19. Zahlungen an frühere Mitinhaber als Betriebsausgaben. RFH. 13. Juni 28 VI A 639/28 DStZ. 1928, 727 = StuW. 1928 Nr. 534.

20. a) Verpflichtet sich eine Gesellschaft, einer anderen mehrere Jahre lang jährlich laufend einen bestimmten Betrag zu zahlen, so muß in dem Jahre, in dem die Verpflichtung eingegangen wird, die Gesamtsumme der zu entrichtenden Jahresbeträge als Schuld unter Berücksichtigung von § 143 AO., insbesondere Abs. 3, in die Bilanz aufgenommen werden.

b) Gewinnausschüttungen, die durch Eingehen von Verbindlichkeiten vorgenommen werden, sind steuerlich in dem Jahre zu erfassen, in dem die Verbindlichkeiten eingegangen werden. RFH. 28. Sept. 28 I A 177/28 RStBl. 1928, 360 = DStBl. 1928, 675.

21. Verklagt ein Dritter den Gesellschafter einer Gesellschaft m. b. H. auf Herausgabe seiner Geschäftsanteile und übernimmt die G. m. b. H. dem Dritten gegenüber eine Schuld, um den Rechtsstreit gütlich beizulegen und ihrem Gesellschafter den Besitz seiner Geschäftsanteile zu erhalten, so handelt es sich bei der G. m. b. H. um eine betriebsfremde Schuld, die bei ihr nicht als Werbungskosten abgezogen werden kann. Die Schuldübernahme ist steuerlich entweder als Kapitalrückzahlung oder als Gewinnausschüttung zu beurteilen. RFH. 31. Juli 28 I A 36/28 RStBl. 1928, 364 = DStBl. 1928, 675.

22. Behandlung eines Darlehns, das ein Kaufmann aus Betriebsmitteln seinem Schwiegersohn für dessen Geschäftsbetrieb gewährt. RFH. 4. Juli 28 VI A 124/28 StuW. 1928 Nr. 520.

23. Baut ein Gewerbetreibender Räume um, die er in einem Privatwohnhause für seine Betriebszwecke auf 10 Jahre gemietet hat, so sind die Umbaukosten auf die Dauer der Miete zu verteilen. RFH. 22. Febr. 28 VI A 4/28 StuW. 1928 Nr. 149 = DStZ. 1928, 438.

24. Wenn eine offene Handelsgesellschaft Räume in einem Grundstück mietet, das den Gesellschaftern nach Bruchteilen gehört, so ist die gezahlte Miete eine abzugsfähige Ausgabe. RFH. 8. Aug. 28 VI A 910/28 IndMitt. 1928, 386 = DStZ. 1928, 1013 = DStBl. 1928, 606 = StuW. 1928 Nr. 801.

25. a) Verluste, die daraus entstanden sind, daß eine Firma aus Gefälligkeit gegen einen gemeinnützigen Verein die Vermittlung eines mit erheb-

lichem Risiko verbundenen Verkaufs übernommen hat, brauchen nicht den Geschäftsinhabern zugerechnet zu werden, sondern können als Geschäftsverluste behandelt werden, wenn bei Übernahme der Vermittlung zwar nicht mit einem unmittelbaren Gewinn aus dem Geschäft zu rechnen war, wohl aber mittelbare Vorteile in Frage kamen.

b) Zur Frage der Zugehörigkeit eines Geschäfts zu einem Gewerbebetrieb. RFH. 8. Aug. 28 VI 748/28 DStZ. 1928, 1014 = StuW. 1928 Nr. 744.

26. Zur Behandlung von Aufwendungen, die nur während der Dauer eines Mietsvertrages genützt werden können. RFH. 16. Mai 28 VI A 590/28.

27. Ist bei einer früheren Veranlagung ein steuerlich abzugsfähiger Betrag unberücksichtigt geblieben, so kann er nachträglich nur in den von der Reichsabgabenordnung gezogenen Grenzen, insbesondere nur, soweit nicht die Rechtskraft der Veranlagung entgegensteht (vgl. §§ 76, 212, 213 AO.), und nur durch Änderung der früheren Veranlagung berücksichtigt werden, nicht aber durch Absetzen vom steuerpflichtigen Einkommen eines späteren Steuerabschnitts. RFH. 13. März 28 I A 116/28 StuW. 1928 Nr. 212, 323 = RStBl. 1928, 180, 187 = DStZ. 1928, 536 = StA. 1928, 182.

28. Die Obligationensteuer (Schuldverschreibungsteuer) nach der III. StNVO. ist im Jahre der Entstehung der Steuerschuld bei der Körperschaftsteuerveranlagung der Erwerbsgesellschaften voll abzugsfähig. RFH. 31. Jan. 28 I A 311/27 RStBl. 1928, 174, 187 = StuW. 1928 Nr. 393.

29. Absetzungen wegen Abnutzung, wenn kraft eines zeitlich beschränkten Erbbaurechts ein Lagerhaus durch den Erbbauberechtigten errichtet ist. RFH. 16. Nov. 27 VI A 635/27 RStBl. 1928, 45 = StA. 1928, 183.

30. Zur Frage der Unsicherheit von Außenständen. RFH. 13. Juni 28 VI A 631/28 DStZ. 1928, 727 = StuW. 1928 Nr. 524.

31. Behandlung dubioser Wechselforderungen. RFH. 18. Nov. 27 VI A 727/27 DStZ. 1928, 56 = StA. 1928, 182.

32. Es ist möglich, daß Grundstücke, die zivilrechtlich im grundbuchartigen Eigentum einer offenen Handelsgesellschaft stehen, für die Einkommensteuer als den Gesellschaftern persönlich nach Bruchteilen gehörig zu behandeln sind. RFH. 19. Sept. 28 VI A 1139/28 DStZ. 1928, 1018 = StA. 1928, 344 = DStBl. 1928, 606.

33. Nimmt ein Kaufmann Wertpapiere in seine Bilanz auf, so gelten sie, falls er nicht kenntlich macht, daß es sich um Privatvermögen handelt, als zum Betriebsvermögen gehörig, und es unterliegt ein bei ihrer Veräußerung erzielter Gewinn der Einkommensteuer. RFH. 14. Dez. 27 VI A 786/27 IndMitt. 1928, 83 = DStBl. 1928, 94 = RStBl. 1928, 60 = StuW. 1928 Nr. 44.

34. Zur Frage der Zurechnung eines Wohnhauses zu einem Betriebsvermögen. RFH. 18. Jan. 28 VI A 533/27 StuW. 1928 Nr. 46 = DStZ. 1928, 338 = RStBl. 1928, 134 = StA. 1928, 250 = ZStFr. 1928, 231 = JW. 1928, 2578 *(m. Bespr. v. Homburger)*.

35. Ob ein Devisentermingeschäft eines Einzelkaufmanns zu seinem Gewerbebetriebe gehört oder ein Privatgeschäft ist, muß nach den zur Zeit des Abschlusses erkennbaren Umständen entschieden werden, und zwar auch dann, wenn ein Rechtsstreit über das Geschäft geführt und

durch Vergleich beendigt ist. RFH. 10. Okt. 28 VI A 473/28 IndMitt. 1928, 461 = StuW. 1928 Nr. 800.

36. Zur steuerlichen Behandlung eines Darlehns, das ein Kaufmann im Interesse seines eigenen Geschäftes einer G. m. b. H. gewährt, an der er erheblich beteiligt ist. RFH. 30. Juni 27 VI A 268/27 RStBl. 1928, 5.

37. Behandlung des Falles, daß ein zum Privatvermögen gehörendes Hausgrundstück dem Betriebsvermögen gewidmet wird und die darauf befindlichen Gebäude abgerissen und durch einen Neubau ersetzt werden. RFH. 23. Mai 28 VI A 554/28 StuW. 1928 Nr. 451 = DStZ. 1928, 728.

38. Zur Frage, wann ein Geschäft als zum Gewerbebetrieb eines buchführenden Kaufmanns gehörig zu rechnen ist. RFH. 23. Nov. 27 VI A 748/27 RStBl. 1928, 47 = DStZ. 1928, 245 = StuW. 1928 Nr. 42 = ZStFr. 1928, 230.

39. Hat ein Kaufmann einem Geschäftsfreund Darlehen gegen Wechselakzepte gewährt, die zur Begleichung von Geschäftsschulden verwendet werden, so gehört die Forderung regelmäßig zum Betriebsvermögen. RFH. 30. Nov. 27 VI A 753/27 IndMitt. 1928, 82 = RStBl. 1928, 92 = StuW. 1928 Nr. 43 = DStZ. 1928, 435 = StA. 1928, 248.

40. Zur Bedeutung des § 344 HGB. und zur Frage, wann ein aus Mitteln des Betriebs einer Firma gegebenes Darlehn nicht als Forderung des Betriebes, sondern als Entnahme zu behandeln ist. RFH. 3. Nov. 27 VI A 623/27 IndMitt. 1928, 33 = ZStFr. 1928, 70 = DStZ. 1928, 57 = RStBl. 1928, 107.

41. Die Hingabe von Darlehen seitens eines Kaufmanns an Verwandte als geschäftliche oder rein persönliche Maßnahme? RFH. 30. Nov. 27 VI A 187/27 IndMitt. 1928, 82 = DStZ. 1928, 245 = StA. 1928, 88 = RStBl. 1928, 108 = JW. 1928, 2172 = StuW. 1928 Nr. 47 = ZStFr. 1928, 230.

42. Behandlung der Aufwendungen, die ein Gewerbetreibender, der alle Anteile einer G. m. b. H. in Händen hat, zur Abwendung des Konkurses der G. m. b. H. gemacht hat. RFH. 14. März 28 VI A 178/28 IndMitt. 1928, 193 = RStBl. 1928, 183 = StA. 1928, 182.

43. Rentenverpflichtungen, die an die Lebensdauer des Berechtigten gebunden sind, müssen erstmalig in die Bilanz mit ihrem gemeinen Werte aufgenommen werden, d. i. mit dem Kapitalbetrage, für den ein Dritter die Rentenverpflichtung übernehmen würde. In den folgenden Bilanzen wären die in ihrem Werte und Bestand allmählich abnehmenden Rentenverpflichtungen jedesmal mit dem gemeinen Werte einzeln neu zu bewerten; es steht dem Steuerpflichtigen jedoch frei, statt dessen den erstmalig ermittelten Gesamtwert in gleichmäßigen, auf die voraussichtliche Dauer der Gesamtverpflichtung verteilten Beträgen, etwa in Hundertsätzen, abzuschreiben; dies bedeutet eine sinngemäße Anwendung des Verfahrens, wie es im § 16 EinkStG. für schwindende Aktivposten zugelassen ist, auf schwindende Passivposten. RFH. 20. Nov. 28 I A 188/28 RStBl. 1928, 382.

44. Tritt eine Erwerbsgesellschaft Beweis dafür an, daß sie nach den Grundsätzen ordnungsmäßiger Buchführung ihre Bilanz, so wie geschehen, nicht aufstellen durfte, so kann ihr der Beweis nicht mit dem

Hinweis abgeschnitten werden, sie habe ihre Bilanz selbst so aufgestellt und damit für richtig gehalten. RFH. 24. April 28 I A 388/27 DStZ. 1928, 727 = IndMitt. 1928, 311 = DStBl. 1928, 384 = StuW. 1928, Nr. 460.

45. Ein zulässigerweise aufgenommener Aktivposten für ein entgeltlich erworbenes Firmenrecht darf nicht in den folgenden Bilanzen so schnell wie möglich abgeschrieben werden. Der Steuerpflichtige darf es, da das Firmenrecht einer Abnutzung nicht unterliegt, nur dann herabsetzen, wenn und insoweit der gemeine Wert des Firmenrechts gesunken ist. RFH. 22. Dez. 27 I A 267/27 IndMitt. 1928, 84.

46. Vergütungen, die an Geschäftsführer und sonstige Angestellte gezahlt werden, mögen diese gleichzeitig Gesellschafter sein oder nicht, können als versteckte Gewinnverteilungen behandelt werden, sofern sie unter Berücksichtigung des Umfanges und der Ertragsaussichten des Unternehmens in so großem Mißverhältnisse zum Wert der Dienstleistungen stehen, daß angenommen werden muß, es solle nicht nur die Tätigkeit entlohnt, sondern zugleich Gewinn verteilt werden. RFH. 27. Sept. 27 I A 123/27 RStBl. 1928, 25.

47. Wenn eine Überlandzentrale ihren Kleinabnehmern, soweit sie ihre Aktionäre sind, auf Grund ihrer allgemeinen Stromlieferungsbedingungen einen Preisnachlaß gewährt, so kann hierin eine verdeckte Gewinnausschüttung liegen. RFH. 28. März 28 I A 101 und 102/28 RStBl. 1928, 267.

48. a) Als vorweg genommene Gewinnausschüttungen gelten und dem ausgewiesenen Bilanzgewinne der Erwerbsgesellschaften hinzuzurechnen sind Ausschüttungen, die im Laufe des Geschäftsjahrs erfolgt sind, auf die damals ein Rechtsanspruch der Gesellschafter noch nicht bestand und die den Gewinn dieses Geschäftsjahrs gemindert haben.

b) Gewinnausschüttung in einem Steuerabschnitte durch vorweggenommene Abtretung der künftigen Erträge bestimmter Einkommensquellen kann unter Umständen wirtschaftlich gerechtfertigt sein. Nur müssen dann die steuerlichen Folgerungen im Jahre des Abschlusses solcher Verträge gezogen werden. RFH. 19. Okt. 27 I A 3/27 RStBl. 1928, 6.

§ 14.

1. Behandlung des Falles, daß eine für eine Tätigkeit geleistete Vergütung nachträglich in eine Vergütung anderer Art verwandelt wird. RFH. 14. März 28 VI A 154/28 StuW. 1928 Nr. 238.

§ 15.

Becker, Ausgaben für Sonderleistungen als Werbungskosten? ZStFr. 1928, 82. — Kennerknecht, Besteuerung der von Amerika freigegebenen Vermögen. ZStFr. 1928, 100. — Lademann, Abzug von Werbungskosten und Schuldenzinsen bei beschränkter Einkommensteuerpflicht. ZStFr. 1928, 259. — Röttger, Zur Mitarbeit von Angehörigen in nichtbuchführenden landwirtschaftlichen Betrieben. StZdL. 1928, 175.

Abs. 1 Nr. 3.

1. Unterstützungen zu angemessenem Unterhalt an Verwandte, die zwar in notariellem Vertrage versprochen, aber nach Höhe und Fälligkeitsterminen ganz unbestimmt gelassen sind und die auch jederzeit widerrufen werden können, als freiwillige Zuwendungen im Sinne des § 40 Nr. 3 EinkStG. RFH. 28. Okt. 27 VI A 406/27 StA. 1928, 314.
2. Zur Frage der Bemessung des Betrags, den ein Steuerpflichtiger wegen der im Steuerabschnitt gewährten Altenteilsleistungen in Abzug zu bringen berechtigt ist. RFH. 11. Jan. 28 VI A 840/27 RStBl. 1928, 96.
3. Zur Unterscheidung zwischen vererblichen Renten und Kaufpreisraten. RFH. 18. Jan. 28 VI A 192/27 RStBl. 1928, 97 = StuW. 1928 Nr. 65 = DStBl. 1928, 255 = DStZ. 1928, 341 = StA. 1928, 249.
4. Eine auf besonderen privatrechtlichen Verpflichtungsgründen beruhende Unterhaltslast ist mit ihrem vollen Jahreswerte von den Gesamteinkünften abzugsfähig, auch wenn der Unterhaltsberechtigte zur Mitarbeit in dem Betriebe des Steuerpflichtigen verpflichtet ist. Nur eine doppelte Berücksichtigung der Last — als Werbungskosten bei den Einkünften aus dem gewerblichen oder landwirtschaftlichen Betrieb und als dauernde Last bei den Gesamteinkünften — ist nicht zulässig. RFH. 22. Febr. 28 VI A 107/28 RStBl. 1928, 136 = StuW. 1928 Nr. 182 = DStBl. 1928, 313 = StZbL. 1928, 165 = DStZ. 1928, 630.
5. Unterhalt, der gewährt wird, weil die Empfänger auf Aufwertung von Hypotheken verzichtet haben, kann als dauernde Last im Sinne des § 15 Abs. 1 Nr. 3 behandelt werden und ist deshalb dem Verbrauch nicht zuzurechnen. RFH. 16. Mai 28 VI A 196/28 StuW. 1928 Nr. 531.
6. Zum Begriff der Rente: Die Zahlungen müssen für eine gewisse Dauer gewährleistet werden. RFH. 13. Juni 28 VI A 403/28 StuW. 1928 Nr. 526.
7. Unentgeltliche Zuwendungen sind regelmäßig nur dann nach § 15 Abs. 1 Nr. 3 abziehbar, wenn sie in öffentlicher Urkunde zugesichert worden sind. RFH. 13. Juni 28 VI A 593/28 DStZ. 1928, 727 = DStBl. 1928, 498 = StuW. 1928 Nr. 530 = RStBl. 1928, 328.
8. Auf Grund einer Rente oder dauernden Last erwachsene einzelne Verbindlichkeiten können unter Umständen auch dann abgezogen werden, wenn der Verpflichtungsgrund bürgerlich-rechtlich unwirksam ist, z. B. wegen Formmangels. Der Abzug ist aber jedenfalls dann ausgeschlossen, wenn in Kenntnis des Fehlens eines wirksamen rechtlichen Verpflichtungsgrundes ausschließlich in Anerkennung einer moralischen Verpflichtung geleistet wird. RFH. 4. Juli 28 VI A 160/28 RStBl. 1928, 311 = StuW. 1928 Nr. 527 = DStZ. 1928, 1015.
9. Die in Erfüllung einer privatrechtlich eingegangenen Rentenverpflichtung erfolgten Leistungen eines Unterhaltsberechtigten gegenüber dem Unterhaltsverpflichteten stellen regelmäßig in voller Höhe Aufwendungen zur Erfüllung einer gesetzlichen Unterhaltspflicht dar. RFH. 4. Juli 28 VI A 707/28 RStBl. 1928, 292 = StuW. 1928 Nr. 529 = DStZ. 1928, 1015 = DStBl. 1928, 606.

10. Nimmt jemand zum Erwerbe von Aktien ein Bankdarlehen auf, so sind die Schuldzinsen nicht abzugsfähig. RFH. 11. Juli 28 VI A 669/27 RStBl. 1928, 312 = DStZ. 1928, 915 = StuW. 1928 Nr. 528 = DStBl. 1928, 606.

11. Zum Erfordernis der gerichtlichen oder notariellen Beurkundung von Verträgen, durch die ein Sohn seinen Eltern eine Rente als Entgelt für seine Ausbildung zusichert. RFH. 11. Juli 28 VI A 443/28 StuW. 1928 Nr. 532.

Abs. 2.

12. Ausgaben, die mit Einnahmen in wirtschaftlichem Zusammenhange stehen, die überhaupt nicht Einkommen im Sinne des Einkommensteuergesetzes sind, können das steuerpflichtige Einkommen nicht mindern; sie scheiden mit jenen Einnahmen bei der Ermittlung des steuerpflichtigen Einkommens aus. RFH. 5. Juni 28 I A 262/28 RStBl. 1928, 288 = StuW. 1928 Nr. 673.

13. Aufwendungen, die sich als Werbungskosten darstellen, sind als solche bei der Einkommensart, mit der sie in wirtschaftlichem Zusammenhange stehen, abzuziehen, auch wenn sie — abgesehen von ihrer Eigenschaft als Werbungskosten — zu den Sonderleistungen gerechnet werden könnten. RFH. 19. April 27 VI A 481/27 DStZ. 1928, 58 = StA. 1928, 55 = RStBl. 1928, 44.

14. Der Grundsatz des § 15 Abs. 1 Nr. 3, wonach Schuldzinsen und gewisse Renten und Lasten als Ausgaben nur soweit zu berücksichtigen sind, als sie nicht mit Einkünften in wirtschaftlichem Zusammenhange stehen, die für die Einkommensteuer außer Betracht bleiben, gilt auch für die Werbungskosten. RFH. 5. Juni 28 I A 262/28 RStBl. 1928, 228 = DStZ. 1928, 920 = DStBl. 1928, 505 = StuW. 1928 Nr. 673.

§ 16.

Ackerman, Zum Begriff der Werbungskosten. DStZ. 1928, 151. — Ball, Die Abzugsfähigkeit der Instandsetzungskosten beim Hausbesitz. DStZ. 1928, 128. — Becker, Die Werbungskosten nach dem Einkommensteuergesetz von 1925. StuW. 1928, 21, 177. — Eisner, Die steuerliche Behandlung von Ausgaben für Umbauten fremder Gebäudeteile. DStZ. 1928, 997. — Friedländer, Die steuerrechtlich bestimmenden Faktoren für die Zugehörigkeit eines Gegenstandes zum kaufmännischen Betriebsvermögen sowie des Erfolges einer Handlung, insbesondere eines Rechtsgeschäfts, zum kaufmännischen Betriebsgewinn. DStBl. 1928, 643. — Herrmann, Die steuerliche Behandlung der Neuversicherung. IndMitt. 1928, 442. —Hoeres, Wann gehört der Kraftwagen eines Landwirts zum Betriebsvermögen und welche Folgen hat diese Zugehörigkeit für die Einkommensteuer? StZdL. 1928, 157. — Derselbe, Die Behandlung von Ausgaben von Liebhabereien bei der Einkommensteuer. DStZ. 1928, 609. — Ißmer, Umfang und Begrenzung des Dienstaufwandes im Sinne des Einkommensteuergesetzes. IndMitt. 1928, 325. — Kennerknecht, Der Reichsfinanzhof über Fragen der Absetzungen für Abnutzung und Abschreibungen. DStZ. 1928, 688. — Krause, Die Werbungskosten des Landwirts nach dem Einkommensteuergesetz vom 10. Aug. 1925. StZdL. 1928, 238. —

Lippmann, Die Bemessung der Abschreibungen nach der Restnutzungsdauer. ZStFr. 1928, 251. — Machens, Unterliegt der durch Erlaß von Steuerrückständen entstehende Buchgewinn der Einkommen- oder Körperschaftsteuer? DStZ. 1928, 321. — Marcus, Steuerfreie Teilhaberversicherung. DStZ. 1928, 901. — Metz, Sind Strafen als Werbungskosten abziehbar? DStZ. 1928, 590. — Nirow, Dürfen bei der Veranlagung zur Gewerbesteuer die Bezüge des Gesellschafters einer Gesellschaft m. b. H., welche er als Geschäftsführer erhält, vom Gewerbeertrage der Gesellschaft in Abzug gebracht werden? IndMitt. 1928, 191. — Ott, Die Abzugsfähigkeit der preußischen Hauszinssteuer vom Einkommen. DStZ. 1928, 399. — Rosendorff, Schmiergelder als steuerfreie Betriebsausgaben. DStZ. 1928, 222. — Ruprecht, Rücklagen in der steuerlichen Gesetzgebung und Rechtsprechung. DStZ. 1928, 1108. — Schlüter, Die praktische Auswirkung der Absetzungen für Abnutzungen nach steuerrechtlichen Gesichtspunkten (§§ 16, 19 EinkStG.). DStZ. 1928, 898. — Stahl, Zusammenstellung der Werbungskosten und steuerfreien Einnahmen sowie der nicht abzugsfähigen Ausgaben bei der Einkommensteuer. DStZ. 1928, 130. — Stamm, Steuerschulden — Steuerrücklagen. DStZ. 1928, 326. — Weinberg, Die Durchschnittssätze für die Werbungskosten bei Angehörigen der freien Berufe. DStBl. 1928, 474. — Zitzlaff, Zur Besteuerung der Nutzung des Eigenwohnhauses. ZStFr. 1928, 268. — Derselbe, Darf der Erwerber eines Hausgrundstücks die Instandsetzungskosten als Werbungskosten bei der Einkommensteuer abziehen? DStZ. 1928, 783.

1. Zum Begriff der Werbungskosten: Nicht nur die notwendigen, sondern die tatsächlich gemachten Aufwendungen sind Betriebsausgaben. RFH. 13. Juni 28 VI A 614/28 StuW. 1928 Nr. 522.
2. Abzug von Werbungskosten, die erst in späteren Steuerabschnitten zu Einnahmen führen können. RFH. 21. Dez. 27 VI A 505/27 StuW. 1928 Nr. 50.
3. Inwieweit sind Repräsentationsausgaben als Werbungskosten anzuerkennen. RFH. 7. März 28 VI A 207/28 DStZ. 1928, 438 = RStBl. 1928, 167.
4. Zur Frage, wann Jagdpachtkosten als Repräsentationsaufwand und damit als Werbungskosten anzusehen sind. RFH. 1. Febr. 28 VI A 831/27 IndMitt. 1928, 126 = DStZ. 1928, 339 = StuW. 1928 Nr. 234 = RStBl. 1928, 342 = StA. 1928, 378.
5. Kosten von Jagdveranstaltungen als Werbungskosten eines Angestellten. RFH. 14. Juni 28 VI A 606/28 StuW. 1928 Nr. 805.
6. Wie die Zahlung und der Empfang von sogenannten Schmiergeldern moralisch zu bewerten sind, ist für die Frage, ob sie Einnahmen oder Ausgaben im Sinne des EStG. sind, ohne Bedeutung. RFH. 26. Okt. 27 VI A 384/27 DStZ. 1928, 58 = StA. 1928, 311.
7. Der I. Senat verbleibt bei seiner Rechtsprechung, daß Schmiergelder als Werbungskosten angesehen werden können. RFH. 7. Aug. 28 I A 9/28 RStBl. 1928, 305 = StuW. 1928 Nr. 848.
8. a) Auch der Eigenwohner darf Werbungskosten im Sinne von § 16 abziehen. Anwendbarkeit der Grundsätze von RFH. Bd. 21 S. 201.

Aufwendungen für einen Hausmann darf der Eigenwohner regelmäßig nicht abziehen.

b) Bei Anwesen, die nach ihrer Eigenart in Teilen oder im ganzen auch aus dem Rahmen dessen herausfallen, was für die fraglichen Besitzungen (Villenvororte, Besitzungen an See- und Luftufern, in Kurorten u. dgl.) üblich ist oder doch noch vorkommt, ist, soweit das Anwesen in seinem wirklichen Zustand noch über das hinausgeht, was dem Wohnungsbedürfnisse der in Betracht kommenden Kreise entspricht, zwar kein Mietwert anzusetzen, dafür aber auch ein entsprechender Teil des Gesamtverzehrs (Verschleiß einschließlich etwaiger außergewöhnlicher Abnutzung, Erhaltungsaufwand) als der Liebhaberei dienend, von den Werbungskosten abzusetzen. RFH. 8. Febr. 28 VI A 439/27 S. 23, 35 = StuW. 1928 Nr. 160 = DStZ. 1928, 631.

9. Benutzt ein Anwalt Räume in seinem Privatwohnhause zu beruflichen Zwecken, so kann er weder hierfür Miete als berufliche Werbungskosten absetzen, noch in seiner Eigenschaft als Privatmann Miete hierfür beziehen; jedoch sind die auf das Haus entfallenden Werbungskosten in dem Betrage vom beruflichen Einkommen abzuziehen, der dem Verhältnis des Mietwerts der Büroräume zu dem Mietwert des ganzen Hauses entspricht. RFH. 30. Nov. 27 VI A 648/27 S. 22, 322 = DJZ. 1928, 386 = DStZ. 1928, 247 = StuW. 1928 Nr. 39 = StA. 1928, 181.

10. Auch bei einem entpflichteten Hochschullehrer, der weiterhin eine umfangreiche wissenschaftliche Tätigkeit ausübt, stellen die auf Grund dieser Tätigkeit entstandenen Aufwendungen Werbungskosten dar. RFH. 21. Dez. 27 VI A 505/27 S. 22, 5 = DJZ. 1927, 387 = StuW. 1928 Nr. 50 = DStZ. 1928, 338 = StA. 1928, 249.

11. Zur Behandlung der Unterhaltungskosten eines Gartens, der zu einer unentgeltlich überlassenen Wohnung gehört. RFH. 11. Jan. 28 VI A 793/27 StA. 1928, 88 = RStBl. 1928, 96 = StuW. 1928 Nr. 53 = DStZ. 1928, 439.

12. Aufwendungen zur Deckung des Verlustes einer Gesellschaft m. b. H., der nichtbuchführungspflichtiger Gewerbetreibender ist, kann dieser nicht als Werbungskosten abziehen. RFH. 23. Nov. 27 VI A 670/27 DStBl. 1928, 54 = RStBl. 1928, 27 = StuW. 1928 Nr. 51 = StA. 1928, 182.

13. Verluste, die jemand wegen einer Beteiligung an einer Gesellschaft m. b. H. erleidet, z. B. durch Verbürgungen für Verbindlichkeiten der G. m. b. H., berühren nicht das Einkommen, sondern das Vermögen; die Auffassung, es sei gleichgültig, ob jemand kaufmännische Geschäfte im eigenen Namen, oder als Hintermann vorgeschobener Gesellschaften m. b. H. gemacht habe, ist in dieser Allgemeinheit unzutreffend. RFH. 26. Sept. 28 VI A 790/28 StuW. 1928 Nr. 769.

14. Dem Bilanzgewinn ist von den Reiseausgaben eines Geschäftsinhabers zuzurechnen, was infolge seiner Abwesenheit in seinem Haushalt erspart ist, nicht aber ein entsprechender Anteil an den Haushaltungskosten. RFH. 11. Jan. 28 VI A 8/28 DStZ. 1928, 245 = StuW. 1928 Nr. 45.

15. Schätzung der Werbungskosten eines Provisionsreisenden. RFH. 1. Febr. 28 VI A 78/28 RStBl. 1928 S. 111.

16. Zur Behandlung des Falles, daß ein Gewerbetreibender seiner in seinem Betriebe beschäftigten Tochter ungewöhnlich hohe Tantiemen

zahlt. RFH. 22. Febr. 28 VI A 158/28 IndMitt. 1928, 158 = StuW. 1928 Nr. 153 = RStBl. 1928, 136 = DStZ. 1928, 438.

17. a) Bei einem Anwalt, der auch Notar ist, sind die 33 1/3% von den Gesamteinnahmen aus beiden Tätigkeiten abzusetzen.
b) Behandlung der auf die Benutzung von Räumen im eigenen Hause fallenden Werbungskosten. RFH. 29. Febr. 28 VI A 598/27 RStBl. 1928, 113 = StuW. 1928 Nr. 154 = JW. 1928, 1325 = StA. 1928, 379.

18. Gewährt ein Vater seinem im Geschäft angestellten Sohne Mittel zur beruflichen Fortbildung, so sind Werbungskosten in der Regel nicht anzunehmen. RFH. 7. März 28 VI A 43/28 RStBl. 1928, 138 = StuW. 1928 Nr. 183 = IndMitt. 1928, 227 = DStZ. 1928, 536.

19. Nachschüsse an eine G. m. b. H. sind keine Werbungskosten des Gesellschafters. RFH. 14. März 28 VI A 214/28 RStBl. 1928, 183 = DStZ. 1928, 536 = StuW. 1928 Nr. 239.

20. Die auf das Zinseinkommen aus amerikanischen Wertpapieren entfallende, an der Quelle erhobene amerikanische Einkommensteuer ist bei der Veranlagung zur deutschen Einkommensteuer nicht abzugsfähig. RFH. 28. März 28 VI A 265/28 RStBl. 1928, 199 = DStBl. 1928, 377 = DJZ. 1928, 1614.

21. Freigebige Zuwendungen eines Gewerbetreibenden aus dem Betriebsvermögen können Betriebsausgaben sein und daher als Werbungskosten abgezogen werden, wenn sie im Einzelfalle (z. B. bei Geschäftsjubiläen) nach der Verkehrsanschauung herkömmlich und angemessen sind. RFH. 16. Nov. 27 A 367/27 DStZ. 1928, 245 = StA. 1928, 88 = RStBl. 1928, 90 = StuW. 1928 Nr. 49.

22. Zur Frage, wann Verluste aus Darlehen und Bürgschaftsübernahme Werbungskosten aus selbständiger Berufstätigkeit darstellen. RFH. 16. Nov. 27 VI A 229/27 RStBl. 1928, 27 = StA. 1928, 89 = StuW. 1928 Nr. 52.

23. Behandlung des Falles, daß zwei Teilhaber einer offenen Handelsgesellschaft bei dem Versuche, Geld für den Betrieb durch Verpfändung eines nicht zum Gesellschaftsvermögen gehörenden Hauses flüssig zu machen, Aufwendungen gemacht haben. RFH. 9. Febr. 28 VI A 656/27. StuW. 1928, Nr. 151 = DStZ. 1928, 435 = StA. 1928, 378.

Abs. 2.

24. Die Grundsätze vom RFH. Bd. 21 S. 201 (Abzugsfähigkeit auch des Aufwands für größere Ausbesserungen von Miethäusern im Ausgabejahre) gelten entsprechend auch für Eigenwohnhäuser. RFH. 28. Sept. 27 VI A 256/27 RStBl. 1928.

25. Die preußische Hauszinssteuer gehört zu den Werbungskosten. Auch der selbstwohnende Eigentümer darf sie abziehen. Er muß aber auch als Mietwert der eigenen Wohnung die volle, die Hauszinssteuer mitumfassende Bruttomiete als Einnahme einstellen. RFH. 8. Febr. 28 VI A 188/27 S. 23, 21 = DStZ. 1928, 338 = DJZ. 1928, 805 = StA. 1928, 123 = DStBl. 1928, 205 = StuW. 1928 Nr. 152.

26. Eine Erwerbsgesellschaft, deren Geschäftsjahr das Kalenderjahr ist, kann den Abzug der preußischen Gewerbesteuern für den ganzen Gewerbesteuerabschnitt fordern, dessen Anfang in das der Besteuerung unterworfene Geschäftsjahr gefallen ist. Sie kann also auch die Ge-

werbesteuern abziehen, welche zu entrichten sind für das 4. Gewerbesteuerquartal, das mit dem 1. Vierteljahr des nächsten Geschäftsjahrs der Gesellschaft zusammenfällt. Konnte sie am Bilanzstichtag als vorsichtiger Kaufmann mit der nahen Möglichkeit rechnen, daß Gewerbesteuern mit Wirkung für ihr abgelaufenes Geschäftsjahr nachträglich erhöht werden, z. B. durch Einführung eines 5. und 6. Steuerquartals, so ist sie auch berechtigt, den geschätzten Betrag dieser erwarteten Steuererhöhung als Passivposten in ihre Jahresabschlußbilanz einzusetzen. Dagegen ist sie nicht berechtigt, Gewerbesteuerschulden abzusetzen, mit deren Erhebung für den in ihrem nächsten Geschäftsjahr beginnenden Gewerbesteuerabschnitt sie am Bilanzstichtag bestimmt rechnen konnte. RFH. 11. Nov. 27 I A 171/27 S. 22, 268.

27. Die Grundsätze von RFH. Bd. 21 S. 201 sind auch anwendbar, wenn die Baupolizei die vom Erwerber vorgenommenen Ausbesserungen angeordnet hat, weil der Zustand des Miethauses für die Mieter gefahrbringend erschien. RFH. 15. Febr. 28 VI A 770/27 StuW. 1928 Nr. 246 = RStBl. 1928, 174.

28. Zur Frage, inwieweit der Personenkraftwagen eines Landwirts zum Betriebsvermögen gehört und daher Absetzung für Abnutzung des Wagens Betriebsausgaben sind. RFH. 22. Febr. 28 VI A 864/27 StuW. 1928 Nr. 184 = RStBl. 1928, 198 = JW. 1928, 2392 = StZdL. 1928, 248.

29. Unterhaltungskosten eines Kraftwagens, der zum Teil für die eigene Landwirtschaft, zum Teil für die Landwirtschaft der Mutter des Besitzers und zum Teil für private Zwecke benutzt wird. RFH. 6. Juni 28 VI A 456, 457/28 StuW. 1928 Nr. 533.

30. Aufwendungen, die außerhalb eines Betriebsvermögens zum Erwerb eines Rentenstammrechts gemacht werden, fallen nicht unter § 16. RFH. 28. März 28 VI A 209/28 StuW. 1928 Nr. 247 = RStBl. 1928, 212.

31. Eine für Befreiung eines Grundstücks von den Fesseln der Wohnungszwangswirtschaft bezahlte Vergütung ist nicht aktivierungspflichtig. RFH. 28. März 28 I A 364/27 RStBl. 1928 Nr. 376; 209 = StuW. 1928, 418, 523 = DStBl. 1928, 429 = DStZ. 1928, 818.

32. Die Grunderwerbsteuer gehört zu den Anschaffungskosten und ist daher auf dem Grundstückskonto zu aktivieren. Wird jedoch für den Schluß des Steuerabschnitts zulässigerweise der gemeine Wert eingesetzt, so ist eine unrichtige Buchung der Grunderwerbsteuer über Unkosten im Ergebnis unschädlich. RFH. 13. Juni 28 VI A 643/28 RStBl. 1928, 382 = StuW. 1928 Nr. 809.

33. a) Der Erlaß des RMdF. III e 1900 vom 3. April 1926 ist eine bloße Verwaltungsanweisung. Die darin zugelassene Berechnung der Absetzungen für Abnutzung unter Zugrundelegung des in der Steuereröffnungsbilanz eingesetzten Anschaffungswerts und der Restnutzungsdauer des Gegenstandes vom Stichtag der Steuereröffnungsbilanz steht mit dem Gesetze nicht im Einklang und kann nicht zur Anwendung kommen, wenn der Steuerpflichtige widerspricht.

b) Die Absetzungen bei der ersten Veranlagung sind ebenso zu berechnen wie diejenigen bei späteren Veranlagungen, nämlich in gleichmäßigen Raten von dem mit 1/3 gekürzten Anschaffungs- oder Herstellungspreise der Goldmarkeröffnungsbilanz. RFH. 31. Jan. 28 I A 143/27 StuW. 1928 Nr. 327 = DStZ. 1928, 633.

Abs. 3.

34. Die Kosten eines Arbeitswohnhauses, das ein Verpächter auf Grund eines Pachtvertrages errichtet hat, sind Werbungskosten; sie sind nach § 16 Abs. 3 EinkStG. zu verteilen. RFH. 26. Okt. 27 VI A 275/27 StA. 1928, 313.

Abs. 5.

35. Zur Frage der Abzugsfähigkeit von Aufwendungen für Kleidung aus dem Grunde, daß der Pflichtige nach seiner Berufsstellung zur Anschaffung und zum rascheren Verbrauche wertvollerer Kleidung genötigt sei. RFH. 18. Nov. 27 VI A 320/27 IndMitt. 1928, 125.

36. Aufwand eines Kaffeehausbesitzers für Kleidung und Wäsche als Geschäftsunkosten. RFH. 29. Febr. 28 VI A 172/28 StuW. 1928 Nr. 240.

§ 17.

Garrels, Ist die Einsetzung eines Passivpostens in die Bilanz zur Berücksichtigung von evtl. Haftpflichtverbindlichkeiten steuerlich zulässig? IndMitt. 1928, 140. — Derselbe, Steuerersparnisse durch Abschluß von Versicherungsverträgen. DStZ. 1928, 622. — Karger, Der Besuch von landwirtschaftlichen Ausstellungen. StZdL. 1928, 118. — Pißel, Die Abzugsfähigkeit von Prämien für die sogenannte Teilhaberversicherung. StA. 1928, 268. — Senft, Die Lebensversicherung im Reichssteuerrecht. ZStFr. 1928, 89. — Weinberg, Die Sonderleistungen des § 17 Einkommensteuergesetz als Werbungskosten im Sinne des § 16 Einkommensteuergesetz. DStZ. 1928, 417. — Zeine, Steuerliche Behandlung der Pensionsversorgung von Arbeitnehmern durch Arbeitgeber. DStZ. 1928, 1085.

1. Kirchensteuern stellen grundsätzlich keine Werbungskosten dar und sind daher regelmäßig nur als Sonderleistungen abzugsfähig, es sei denn, daß sie ausnahmsweise ohne Rücksicht auf Wohnsitz und Zugehörigkeit zu einer Religionsgemeinschaft von bestimmten Vermögensteilen erhoben werden. RFH. 14. Juni 28 VI A 575/27 RStBl. 1928, 343 Nr. 618.
2. Zuwendungen des Direktors einer Aktiengesellschaft oder eines Großaktionärs an Unterstützungskassen der Gesellschaft sind nicht abzugsfähig. RFH. 3. Okt. 28 VI A 1195/28 IndMitt. 1928, 421 = RStBl. 1928, 379 = DStBl. 1928, 667 = StuW. 1928 Nr. 808.

§ 18.

Hoeres, Die Behandlung von Dienstleistungen der Kinder im elterlichen Hauswesen und Geschäft bei der Einkommensteuer. StA. 1928, 15.

1. Aufwendungen für die tägliche Kleidung innerhalb und außerhalb des Berufs gehören grundsätzlich zu den nicht abzugsfähigen Haushaltungsausgaben. RFH. 7. Sept. 28 VI A 1013/28 RStBl. 1928, 335.
2. Aufwendungen für einen Umzug eines Pflichtigen, der bisher Angestellter war, nach einem anderen Ort, um dort einen Betrieb zu eröffnen, sind in erster Linie persönliche Ausgaben, die nicht zum Ab-

zug kommen können. RFH. 8. Aug. 28 VI A 873/28 StuW. 1928 Nr. 806.

3. Bewertung eines gewerblichen Grundstücks, das durch Umbau der Laden- und Lagerräume eine Erweiterung erfahren hat, am Schluß des Steuerabschnitts. RFH. 7. Sept. 28 VI A 724/28 RStBl. 1928, 334 = DStZ. 1928, 1015 = StuW. 1928 Nr. 810.
4. Zur Frage, ob Aufwendungen für Aussteuern als Ausgaben für die Einkommensteuer abgesetzt werden dürfen. RFH. 24. Okt. 28 VI A 1293/28 RStBl. 1928, 380.
5. Mehraufwand für eine mietweise Benutzung einer Wohnung infolge persönlicher Bedürfnisse sind nicht abziehbare Aufwendungen im Sinne des § 18 Abs. 1 Nr. 2 EStG. RFH. 7. Sept. 28 VI A 995/28 RStBl. 1928, 331 = StuW. 1928 Nr. 807.
6. Zur Frage, wann Aufwendungen auf Eigenwohnhäuser Werbungskosten oder Kosten der Lebenshaltung sind. RFH. 18. Jan. 28 VI A 16/28 StuW. 1928 Nr. 69 = DStZ. 1928, 631.
7. Bei Anwesen, die nach ihrer Eigenart in Teilen oder im ganzen auch aus dem Rahmen dessen herausfallen, was für die fraglichen Besitzungen (Villenvororte, Besitzungen an See- und Luftufern, in Kurorten u. dgl.) üblich ist oder doch noch vorkommt, ist, soweit das Anwesen in seinem wirklichen Zustand noch über das hinausgeht, was dem Wohnungsbedürfnisse der in Betracht kommenden Kreise entspricht, zwar kein Mietwert anzusetzen, dafür aber auch ein entsprechender Teil des Gesamtverzehrs (Verschleiß einschließlich etwaiger außergewöhnlicher Abnutzung, Erhaltungsaufwand) als der Liebhaberei dienend von den Werbungskosten abzusetzen. RFH. 8. Febr. 28 VI A 439/27 S. 23, 35 = StuW. 1928 Nr. 160 = DStZ. 1928, 631.
8. Die Schuldverschreibungs-(Obligationen-)Steuer nach der III. StNVO. ist keine Personalsteuer. RFH. 31. Jan. 28 I A 311/27 RStBl. 1928, 174, 187 = StuW. 1928 Nr. 393.

§ 19.

Aufermann, Der Teilwert in der Ertragssteuerbilanz. ZStFr. 1928, 239. — Bauder, Ein weiterer Weg zur Prüfung der Warenbewertung. StA. 1928, 304. — Bulius, Anschaffungspreis und gemeiner Wert. StA. 1928, 65. — Falkenstein, Die Besteuerung der Fusionsgewinne bei der aufnehmenden Gesellschaft. DStZ. 1928, 1104. — Lion, Die Bewertung der Waren und Vorräte in der Bilanz. ZStFr. 1928, 25. — Mirre, Zur Bewertung von Waren und Schulden in der Einkommensteuerbilanz. DStZ. 1928, 113. — Derselbe, Bewertung von Bezugsrechten und jungen Aktien in der Bilanz. StuW. 1928, 137/38. — Runge, Zur Frage der Lagerbewertung. IndMitt. 1923, 15. — Rütgers, Zur Frage der Bewertung der Vorräte für die Einkommensteuer. IndMitt. 1928, 103. — Stamm, Bewertung der Waren, Vorräte, Außenstände usw. (Zur Aufstellung der Jahresschlußbilanzen.) DStZ. 1928, 39.

1. Für die Frage, ob für das Geschäftsjahr 1922 eine Gesamtabschreibung in der Bilanz auf den 31. Dezember 1922 zuzulassen war, ist von der Papiermarkbilanz auf diesen Tag auszugehen. Auch bei Berücksichtigung des § 4 AO. muß der Gesichtspunkt, daß der Pflichtige einen

Verlust für 1922 hätte ausweisen müssen, wenn das Einkommen für 1922 nicht auf der Grundlage der Papiermarkbilanzen, sondern unter Zugrundelegung des inneren Wertes der Mark errechnet werden würde, für die Frage ausscheiden, ob in der Bilanz für Ende 1922 eine Gesamtabschreibung zuzulassen ist. Ob Substanzverluste in 1922 und die weitere ungünstige Gestaltung der Verhältnisse in der späteren Zeit etwa bei der Bemessung der sich weiterhin auf dem Ergebnis dieser Papiermarkbilanzen aufbauenden späteren steuerlichen Leistungen (Abschlußzahlungen 1923, Rhein-Ruhrabgabe) zu berücksichtigen sind, entscheidet sich nach der II. StNVO. Art. I § 2 Abs. 4, der nach Art. I § 1 Abs. 3 des Rhein-RuhrabgabeG. vom 11. August 1923 auch auf die Höhe der Rhein-Ruhrabgabe einwirkt. RFH. 11. Nov. 27 I A 171/27 S. 22, 268 = IndMitt. 1928, 81.

2. Hat ein Betrieb einen Gegenstand, der nicht zum Verkauf bestimmt ist, erworben, so besteht die Vermutung, daß die Aufwendungen den gemeinen Wert im Sinne des § 19 Abs. 1 Satz 2 EinkStG. darstellen.
   Wenn für ein Grundstück, das in den Bilanzen mit dem gemeinen Werte angesetzt ist, nachträglich Grunderwerbsteuer entrichtet werden muß, so kann eine Aktivierung der gezahlten Steuer der Gesellschaft nicht aufgenötigt werden. RFH. 8. Mai 28 I A 453/27 S. 23, 238 = IndMitt. 1928, 261 = DStBl. 1928, 478 = StuW. 1928 Nr. 539.
3. Zur Ermittlung des gemeinen Wertes eines Gegenstandes des Anlagekapitals. RFH. 14. März 28 VI A 54/28 DStZ. 1928, 439 = StuW. 1928 Nr. 241 = RStBl. 1928, 182.
4. Zulässigkeit **kollektiver Bewertung** der Bestände eines Warenlagers. RFH. 8. Febr. 28 VI A 118/28 DStZ. 1928, 340 = StuW. 1928 Nr. 150 = IndMitt. 1928, 225 = StA. 1928, 378.
5. Der gemeine Wert der zu einem Geschäftsbetriebe gehörigen Waren ist grundsätzlich danach zu bestimmen, was ein Erwerber des Betriebs am Stichtag für die betreffenden Waren geben würde. Hierfür können die am Stichtag für den Betrieb geltenden Einkaufspreise einen Anhalt bieten. RFH. 14. Dez. 27 VI A 802/27 S. 22, 309 = IndMitt. 1928, 83 = StA. 1928, 88 = StuW. 1928 Nr. 54.
6. Bewertung von Waren. RFH. 26. Sept. 28 VI A 947/28 DStZ. 1928, 1016.
7. Bewertung von Waren. RFH. 7. Sept. 28 VI A 1063/28 DStZ. 1928, 1016 = StuW. 1928 Nr. 811.
8. Bewertung von Pferden eines Landwirts. RFH. 29. Febr. 28 VI A 101/28 StuW. 1928 Nr. 242.
9. Bewertung nicht ganz sicherer Forderungen. RFH. 16. Mai 28 VI A 135/28 StuW. 1928 Nr. 537.
10. Bewertung von Außenständen für Lieferungen abzüglich der Umsatzsteuer. RFH. 30. Nov. 27 VI A 551/27 DStBl. 1928, 93 = RStBl. 1928, 48, 52 = StA. 1928, 88 = IndMitt. 1928, 34.
11. Bewertung einer Pfandbriefschuld beim Bestandsvergleich eines Landwirts. RFH. 30. Nov. 27 VI A 759/27 S. 22, 211 = StZbL. 1928, 16 = DStBl. 1928, 164 = RStBl. 1928, 92 = StuW. 1928 Nr. 41 = StA. 1928, 122 = ZStFr. 1928, 94.
12. Zur Ermittelung des **Teilwertes**. RFH. 16. Mai 28 VI A 488 StuW. 1928 Nr. 536.

13. Der I. Senat tritt dem Urteil des VI. Senats vom 14. Dez. 1927 VI A 802/27 — Bd. 22 S. 309 —, wonach der gemeine Wert der zu einem Geschäftsbetriebe gehörigen Waren grundsätzlich den sog. Wiederbeschaffungswert am Stichtag nicht übersteigt, im Ergebnis bei. RFH. 9. Mai 28 I A 190/28 S. 23, 244 = IndMitt. 1928, 227 = StuW. 1928 Nr. 675.
14. Wird zur Ausführung einer Einkaufskommission ein Wertpapier einem nicht zur Veräußerung bestimmten Bestand entnommen und der Bestand alsbald durch Ankauf eines gleichen Wertpapiers ergänzt, so ist das letztere mit dem Buchwert des veräußerten Wertpapiers zu bewerten. — Wenn ein angekaufter Kux zu einem Betriebsvermögen, nicht zum Privatvermögen, gehört, so ist als gemeiner Wert im Sinne der §§ 19, 20 EinkStG. der amtliche Kurs oder bei dessen Fehlen der Nachfragewert nicht ohne weiteres maßgebend; es ist mit der Möglichkeit eines höheren Teilwertes zu rechnen und es ist zu ermitteln, ob Umstände vorlagen, die bei einer Veräußerung des Geschäfts dazu geführt hätten, für den Kux mehr als den Nachfragewert anzusetzen. RFH. 13. Juni 28 VI A 292/28 DStZ. 1928, 916, 1013 = RStBl. 1928, 378.
15. Die Kosten der Geldbeschaffung sind dem Anschaffungspreise nicht zuzurechnen. RFH. 26. Sept. 28 VI A 1031/28 DStZ. 1928, 1016 = RStBl. 1928, 363 = StuW. 1928 Nr. 804.
16. Zur Frage, ob zu berücksichtigen ist, daß ein Neubau am gegebenen Ort wesentlich mehr gekostet hat als anderswo. RFH. 30. Nov. 27 VI A 482/27 StuW. 1928 Nr. 155.
17. Bewertung von Warenbeständen in der Endbilanz nach § 19 EinkStG. RFH. 14. Dez. 27 VI A 586/27 StuW. 1928 Nr. 55.
18. Zur Frage, ob in die Endbilanz der später beim Inventurausverkauf erzielte Erlös abzüglich höchstens der besonderen Verkaufsspesen eingestellt werden muß. RFH. 14. Dez. 27 VI A 761/27 StuW. 1928 Nr. 78.
19. Es ist möglich, daß Grundstücke, die zivilrechtlich im grundbuchartigen Eigentum einer offenen Handelsgesellschaft stehen, für die Einkommensteuer als den Gesellschaftern persönlich nach Bruchteilen gehörig zu behandeln sind. RFH. 26. Sept. 28 VI A 1139/28 RStBl. 1928, 363.

§ 20.

Burkhardt, Grundstücksgesellschaften und Körperschaftsteuer. Kann die bloße „Umschreibung" eines Grundstücks Einkommensteuer oder Körperschaftsteuer zur Folge haben? DStZ. 1928, 1003. — Mirre, Beerbung eines Kaufmanns und Einkommensteuer. ZStFr. 1928, 281. — Wipper, Die Kontinuität der Bilanz und ihre Bedeutung für das Einkommensteuerrecht. ZStFr. 1928, 246.

§ 21.

1. Der Mietwert der Nutzung der Wohnung im eigenen Hause ist bei Wohnungen in der Zwangswirtschaft nicht unterliegenden Gebäuden nach dem Mietzins zu bemessen, der für solche Wohnungen zu erzielen ist und nicht nach dem Mietzins von Altwohnungen. RFH. 21. Sept. 27 VI A 501/27 RStBl. 1928, 25.

2. Zur Anrechnung des Wertes von Eßmarken, die ein Arbeitgeber seinen Angestellten gewährt, auf die Lohnsteuer. RFH. 12. Okt. 27 VI A 518/27 RStBl. 1928, 89.
3. Zur Frage, wie bei Gastwirten die Entnahme von Lebens- und Genußmitteln aus dem Betriebe für den Privathaushalt zu bewerten ist. RFH. 19. Sept. 28 VI A 1119/28 RStBl. 1928, 344 Nr. 623 = StA. 1928, 344 = StuW. 1928 Nr. 745 *Dazu StuW. 1928 Sp. 1253.*

§ 22.

Karger, Das Steuerrecht der Ehefrau und der minderjährigen Kinder. DStZ. 1928, 322.

1. Ein Einkommensteuerbescheid ist nicht deshalb ungültig, weil er an den Ehemann und die Ehefrau, die zusammen zu veranlagen sind, gerichtet ist. RFH. 7. Sept. 28 VI A 681/28 RStBl. 1928, 334 = StA. 1928, 344 = DStBl. 1928, 606 = StuW. 1928 Nr. 812.
2. Es widerspricht nicht dem Gesetze, daß, wenn Ehegatten zusammen veranlagt werden, der Steuerbescheid an beide Ehegatten gerichtet wird. RFH. 18. Nov. 27 VI A 408/27 RStBl. 1928, 27 = StA. 1928, 54 = StuW. 1928 Nr. 25.
3. Zur Inanspruchnahme der Ehefrau. RFH. 28. Nov. 27 VI A 674/27 StuW. 1928 Nr. 56.

§ 23.

Zimmermann, Die Besteuerung des Einkommens aus der Mitarbeit von Hauskindern. ZStFr. 1928, 276.

§ 26.

1. Der Übergeber, der sich im Gutsüberlassungsvertrag die Verwaltung und Nutznießung vorbehalten hat, kann nach den Gesamtumständen des Falles für die Einkommensteuer so behandelt werden, wie wenn er Eigentümer des Gutes geblieben wäre. RFH. 16. Mai 28 VI A 516/27 RStBl. 1928, 266 = DStBl. 1928, 429 = StuW. 1928 Nr. 453.
2. Zur Berücksichtigung von Hochwasserschäden bei dem Einkommen aus Landwirtschaft, insbesondere bei einheitlicher Feststellung. RFH. 11. Jan. 28 VI A 867/27 StZbL. 1928, 58 = RStBl. 1928, 97 = StuW. 1928 Nr. 72 = StA. 1928, 448.
3. Zur Frage der Berücksichtigung von Hochwasserschäden bei nichtbuchführenden Landwirten. RFH. 28. März 28 VI A 36/28 RStBl. 1928, 199.
4. Zur Frage der abzugsfähigen Werbungskosten bei vorübergehender Sandentnahme aus einem Grundstück, das zu einem land- oder forstwirtschaftlichen Betriebe gehört. RFH. 28. März 28 VI A 310/27 RStBl. 1928, 279 = DStZ. 1928, 822 = StuW. 1928 Nr. 414.
5. Bewertung von Altenteilsverpflichtungen. RFH. 28. März 28 VI A 310/27 StuW. 1928 Nr. 541.
6. Behandlung einer Unterhaltslast, die aus Eigenverbrauch geleistet wird. RFH. 7. Sept. 28 VI A 712/28 StuW. 1928 Nr. 813.
7. Erlös aus Holzschlag. RFH. 16. Mai 28 VI A 545/28 StuW. 1928 Nr. 540.

8. Zur Behandlung der Mitarbeit volljähriger Kinder und der Ehefrau des Betriebsinhabers in landwirtschaftlichen Betrieben. RFH. 23. Nov. 27 VI A 528/27 StZbL. 1928, 80.
9. Mitwirkung volljähriger Kinder im Landwirtschaftsbetrieb. RFH. 16. Nov. 27 VI A 691/27 StZbL. 1928, 55 = StA. 1928, 183.
10. Wenn ein Landwirt, in dessen Betriebe Sohn und Schwiegertochter mitarbeiten, neben seinem Gute von der Schwiegertochter zugebrachte Grundstücke bewirtschaftet, so kann nicht ohne weiteres unterstellt werden, daß der Betrieb ausschließlich auf Rechnung des Vaters geht, sondern die Möglichkeit, daß auch Sohn und Schwiegertochter als Mitunternehmer anzusehen sind, bedarf der Prüfung. RFH. 8. Aug. 28 VI A 816/28 StuW. 1928 Nr. 746.

§ 28.

1. Bei einem mit dem Gewinne zur Einkommensteuer heranzuziehenden buchführenden Landwirt kann weder die Aufnahme noch die Rückzahlung von Betriebsschulden als solche regelmäßig den Gewinn beeinflussen. Wenn sich die Abwicklung auf mehrere Wirtschaftsjahre des Landwirts verteilt, ist die Vereinnahmung unter den Wirtschaftseinnahmen zu verbuchen, während die Schuld am Schlusse des Wirtschaftsjahres in dann noch bestehender Höhe aufzuführen und der zurückgezahlte Betrag als Wirtschaftsausgabe zu buchen ist. RFH. 28. März 28 VI A 491/27 StuW. 1928 Nr. 542 = StZbL. 1928, 224.

§ 29.

Brönner, Die „stille Gesellschaft" als steuerlich günstige Beteiligungsform bei Gewerbebetrieben. DStZ. 1928, 607. — Kracht Gehören aufgewertete Hypothekenschulden zum Gewerbekapital bzw. deren Zinsen zum Gewerbeertrag? IndMitt. 1928, 221. — Lademann, Zur Berechnung von Gewinn- und Verlustanteilen der Gesellschafter von offenen Handelsgesellschaften usw. im Falle der Gewährung von Sondervergütungen an einzelne der Beteiligten. IndMitt. 1923, 18. — Lion, Die Körperschaftsteuer bei der Interessengemeinschaft. ZStFr. 1928, 73.

1. Verheiratete Näherinnen, die ein Lehrmädchen halten, haben Einkommen aus Gewerbe. RFH. 7. März 28 VI A 208/28 StuW. 1928 Nr. 243.
2. Wenn volljährige Söhne im Handwerksbetriebe des Vaters mitarbeiten und in seinem Haushalt leben, so folgt daraus nicht ohne weiteres, daß sie nicht Mitunternehmer, sondern nur Angestellte sind. RFH. 8. Aug. 28 VI A 782/28 StuW. 1928 Nr. 747.
3. Zu den Einkünften aus Gewerbebetrieb können auch die Bezüge gehören, die der Prokurist einer Kommanditgesellschaft, der zugleich Kommanditist ist, auf Grund eines Angestelltenverhältnisses bezieht. RFH. 8. Febr. 28 VI A 817/27 RStBl. 1928, 136 = StuW. 1928 Nr. 185 = DStZ. 1928, 439 = StA. 1928, 378.

§ 30.

Burkhardt, Grundstücksgesellschaften und Körperschaftsteuer. Kann die bloße „Umschreibung" eines Grundstücks Einkommen-

oder Körperschaftsteuer zur Folge haben? DStZ. 1928, 1003. — Erler, Praktische Fusionssteuerfragen. DStZ. 1928, 122. — Feuchtwanger, Gründung einer Vermögensverwaltungsgesellschaft und Veräußerungssteuer (§ 30 Abs. 2 EStG.). IndMitt. 1928, 174. — Kennerknecht, Die Ermittlung des steuerpflichtigen Gewinns aus der Veräußerung von Anteilen an einer Erwerbsgesellschaft im Falle einer wesentlichen Beteiligung. DStZ. 1928, 203. — Lion, Zur Steuerberechnung bei Veräußerung wesentlicher Beteiligungen. StuW. 1928, 145. — Mirre, Liquidation einer Körperschaft und Einkommensteuer. ZStFr. 1928, 263. — Machens, Fragen zu §§ 30, 32 des Einkommensteuergesetzes. DStBl. 1928, 283. — Spieß, Die Veräußerung von Anteilen an Grundstücksgesellschaften und die Einkommensteuer. DStZ. 1928, 315.

1. Scheidet ein Gesellschafter aus einer offenen Handelsgesellschaft mit dem Ende des Geschäftsjahrs aus, so ist auch der bei Veräußerung seines Anteils erzielte Gewinn als mit dem Ende des Geschäftsjahrs zugeflossen anzusehen. RFH. 14. März 28 VI A 737/27 RStBl. 1928, 181 = DStZ. 1928, 537.
2. § 30 findet im Falle des Ausscheidens eines Gesellschafters durch Tod Anwendung, wenn für diesen Fall im Gesellschaftsvertrage schon bestimmt ist, was den Erben des Verstorbenen für die wegfallende Beteiligung am Gesellschaftsvermögen zukommen soll. RFH. 13. Juni 28 VI A 629/28 DStZ. 1928, 728 = IndMitt. 1928, 311 = DStBl. 1928, 505 = StuW. 1928 Nr. 544.
3. Bei Feststellung des Veräußerungsgewinns nach § 30, den ein nicht nach § 13 EinkStG. zu veranlagender Gewerbetreibender erzielt hat, ist der Mehrerlös aus dem veräußerten Grund und Boden nicht zu berücksichtigen, auch wenn das darauf befindliche Gebäude dem Gewerbebetriebe diente. RFH. 26. Sept. 28 VI A 1191/28 RStBl. 1928, 355 = DStZ. 1928, 1017 = StA. 1928, 345 = DStBl. 1928, 606 = StuW. 1928 Nr. 748.
4. Zum Begriffe der Veräußerung eines Teiles des Gewerbebetriebs. Die Veräußerung einer Anzahl von Pferdedroschken, die ein Recht auf umtauschweise Zulassung einer gleichen Anzahl Kraftdroschken geben, im Betrieb eines größeren Fuhrgeschäfts fällt nicht unter §§ 30, 58 Abs. 3 Ziff. 1 EinkStG. RFH. 8. Aug. 28 VI A 879/28 StuW. 1928 Nr. 331, 750 = RStBl. 1928, 331.
5. a) Als Teilveräußerung im Sinne des § 30 Abs. 1 Nr. 1 gilt ebenso wie die Veräußerung eines Bruchteils auch die Veräußerung eines in sich geschlossenen organischen Teiles eines Gewerbebetriebs.

   b) Gibt ein buchführender Gewerbetreibender (Vollkaufmann) im Laufe seines mit dem Kalenderjahr übereinstimmenden Wirtschaftsjahrs einen bestimmten gewerblichen Betrieb auf und fängt er unmittelbar anschließend einen Betrieb anderer Art an, so ist damit nicht notwendig die Zerlegung des Kalenderjahrs in zwei Steuerabschnitte verbunden. Auch die Aufstellung von Zwischenbilanzen steht der Ermittlung des steuerlich maßgebenden Gewinns für das ganze Kalenderjahr als einheitlichen Steuerabschnitt nicht entgegen, sofern bei deren Aufstellung der Grundsatz der Bilanzkontinuität gewahrt ist. RFH. 20. Juni 28 VI A 273/27 DStZ. 1928, 916 = StA. 1928, 313 = StuW. 1928 Nr. 543 = RStBl. 1928, 344.

6. Ist in dem ersten nach dem EinkStG. 1925 zu veranlagenden Steuerabschnitt ein Gewerbebetrieb im ganzen veräußert, so ist von dem Veräußerungspreise das nach §§ 106—108 zu bewertende Betriebsvermögen abzuziehen; der zweite Halbsatz des § 30 Abs. 2 Satz 1 ist nur anwendbar, wenn der Betrieb seit Inkrafttreten des EinkStG. 1925 erworben war. RFH. 1. Febr. 28 VI A 66/28 StuW. 1928 Nr. 157 = RStBl. 1928, 135 = DStBl. 1928, 211 = DStZ. 1928, 440 = StA. 1928, 250.
7. Bei Berechnung des Gewinns nach § 30 Abs. 3 ist auch der im Steuerabschnitte nicht fällig gewordene Teil des Veräußerungspreises zu berücksichtigen. RFH. 27. Juni 28 VI A 646/28 RStBl. 1928, 309 = DStZ. 1928, 916 = StuW. 1928 Nr. 545.
8. Eine Entschädigung, die für Aufgabe eines Gewerbebetriebes gezahlt wird, fällt unter § 30 Abs. 4. RFH. 6. Juni 28 VI A 414/28 StuW. 1928 Nr. 749.

§ 33.

Moos, Die Besteuerung der Interessengemeinschaften und Kartelle. ZStFr. 1927, 277.

§ 35.

Dellbrück, Sind die Tantiemen der Aufsichtsratsmitglieder lohnsummensteuerpflichtig? DStZ. 1928, 313. — Mirow, Sind bei der Veranlagung zur Gewerbesteuer die Vergütungen der Aufsichtsratsmitglieder der Lohnsumme gemäß § 8 der Gewerbesteuerordnung hinzuzurechnen? IndMitt. 1928, 222.

§ 36.

Freundlich, Die steuerrechtliche Behandlung der Dienstaufwandsentschädigungen. DStZ. 1928, 615. — Hefner, Übernahme der Lohnsteuer usw. durch den Arbeitgeber. DStBl. 1928, 656. — Ißmer, Umfang und Begrenzung des Dienstaufwandes im Sinne des Einkommensteuergesetzes. IndMitt. 1928, 325. — Metz, Die Dienstaufwandsentschädigungen „der im öffentlichen Dienste angestellten Personen" (§ 36 Abs. 2 Nr. 1 EinkStG.). DStBl. 1928, 463. — Pißel, Die Aufwandsentschädigungen im Einkommensteuergesetz. DStZ. 1928, 969.

1. Zur Frage, wann eine selbständige, gewerbliche Tätigkeit vorliegt. RFH. 18. Nov. 27 VI A 722/27 RStBl. 1928, 47.
2. Zur Unterscheidung zwischen Angestellten und selbständigen Agenten. RFH. 25. April 28 VI A 96/28 DStZ. 1928, 729.
3. Tritt eine öffentlich-rechtliche Körperschaft einer Kasse bei, die die Zahlung der Ruhegehälter an die Angestellten ihrer Mitglieder übernimmt, so sind die Beitragszahlungen an die Kasse nicht als Arbeitslohn an die Angestellten anzusehen. RFH. 8. Aug. 28 VI A 546/28 DStZ. 1928, 1018 = StuW. 1928 Nr. 803.
4. Zur Frage der Beurteilung der Entnahmen der Geschäftsführer einer G. m. b. H., die sämtliche Anteile der Gesellschaft besitzen, als Arbeitslohn oder Entnahmen auf den Gewinn. RFH. 1. Febr. 28 VI A 193/27 RStBl. 1928, 110 = StuW. 1928 Nr. 158 = IndMitt. 1928, 224 = StA. 1928, 378.

5. Die Dirigenten von Gesangvereinen sind regelmäßig nicht als Angestellte anzusehen. RFH. 14. Dez. 27 VI A 778/27 StA. 1928, 56 = StuW. 1928 Nr. 64 = RStBl. 1928, 124.
6. Erhalten ehrenamtliche Vorsitzende von Ortskrankenkassen für ihre Tätigkeit neben Ersatz ihrer baren Auslagen eine Entschädigung für Zeitverlust, so unterliegt diese Entschädigung dem Steuerabzuge vom Arbeitslohne. RFH. 21. Dez. 27 VI A 639/26 StA. 1928, 88 = RStBl. 1928, 174 = StuW. 1928 Nr. 60 = RPrVBl. Bd. 49, 1720 = DStZ. 1928, 341.
7. Die Bezüge der Zahlstellenverwalter von Ersatzkassen unterliegen dem Steuerabzug vom Arbeitslohn. RFH. 21. Dez. 27 VI A 700/27 RStBl. 1928, 211.
8. Radfahrer, die sich zu einem Sechstagerennen verpflichten, unterliegen nicht der Lohnsteuerpflicht. RFH. 7. März 28 VI A 129/28 StuW. Nr. 28, 245.
9. Die Bahnhofswirte, die die Besorgung der auf den Bahnhöfen aufgestellten Automaten übernommen haben, werden dadurch nicht zu Angestellten der Automatengesellschaft; sie bleiben auch insoweit selbständige Gewerbetreibende. RFH. 15. Febr. 28 VI A 520/27 RStBl. 1928, 136 = StuW. 1928 Nr. 177 = DStBl. 1928, 313.
10. Zur Frage der Lohnsteuerpflicht der Versicherungs-Generalagenten. RFH. 14. Juni 28 VI A 174/28 RStBl. 1928 S. 307 = StuW. 1928 Nr. 814.
11. Zur Lohnsteuerpflicht der Bezüge eines preußischen Schiedsmanns. RFH. 4. Juli 28 VI A 656/28 RStBl. 1928, 300 = StuW. 1928 Nr. 547 = DStZ. 1928, 1017.
12. Beim einmaligen Auftreten eines Solisten in einem Konzerte liegt ein Angestelltenverhältnis nicht vor. RFH. 21. Dez. 27 VI A 423/27 DStZ. 1928, 247 = RStBl. 1928, 95 = StuW. 1928 Nr. 63 = StA. 1928, 248.
13. Zur steuerrechtlichen Beurteilung der Bezüge eines vorübergehend in den Vorstand einer Aktiengesellschaft abgeordneten Aufsichtsratsmitglieds. RFH. 21. Dez. 27 VI A 313/27 JndMitt. 1928, 125 = StuW. 1928 Nr. 35.
14. Zur Frage der Lohnsteuerpflicht bei Rundfunkvorträgen. RFH. 20. Juni 28 VI A 687/28 RStBl. 1928, 308.
15. Bei der Prüfung, ob die in einem bestimmten Industriezweig einer bestimmten Gegend beschäftigten Personen Heimarbeiter oder Hausgewerbetreibende sind, ist die Entwicklung in dem betreffenden Wirtschaftsgebiete zu beachten. Die rechtliche Stellung der Berufsgruppe ist gleichmäßig zu beurteilen, und es ist deshalb nicht zulässig, lediglich die Verhältnisse des einzelnen Falles zugrunde zu legen. Wenn jemand in der thüringischen Spielwarenindustrie die ihm übertragenen Arbeiten in seiner Wohnung erledigt, zur persönlichen Ausführung nicht verpflichtet ist, keiner festen Arbeitszeit und keiner Aufsicht des Fabrikanten unterliegt, sein Verhältnis zum Fabrikanten, ebenso wie dieser, auch jederzeit lösen kann, so ist er selbständiger Heimarbeiter und nicht unselbständiger Hausgewerbetreibender. Ob er nur für einen Unternehmer arbeitet oder für mehrere, ist ohne Bedeutung. RFH. 4. Juli 28 VI A 774/27 RStBl. 1928, 310 = DStZ. 1928, 1017 = DStBl. 1928, 607.

16. Prämien, die der Arbeitgeber vereinbarungsgemäß auf eine zugunsten des Arbeitnehmers eingegangene Lebensversicherung zahlt, als einkommensteuerpflichtiger Arbeitslohn. RFH. 6. Juni 28 VI A 561/28 RStBl. 1928, 302 = StuW. 1928 Nr. 549 = DStZ. 1928, 917 = IndMitt. 1928, 390 = DStBl. 1928, 607.
17. Zur Frage der Einkommensteuerpflicht bei Pensionsverträgen, die zugunsten leitender Angestellten geschlossen und mit Lebensversicherungen verbunden sind. RFH. 6. Juni 28 VI A 825/27 RStBl. 1928, 301 = StuW. 1928 Nr. 548 = DStZ. 1928, 917.
18. Das Finanzamt hat grundsätzlich nicht das Recht, nachzuprüfen, ob die Dienstaufwandsentschädigungen der im öffentlichen Dienste angestellten Personen das erforderliche Maß überschreiten. RFH. 21. Dez. 27 VI A 702/27 DStZ. 1928, 245 = StuW. 1928 Nr. 61 = RPrVBl. Band 49, 718 = StA. 1928, 248.
19. Die Reisekosten der preußischen Gerichtsvollzieher sind als solche anzuerkennen, obwohl sie für jeden Auftrag besonders zu berechnen sind. RFH. 23. Mai 28 VI A 157/28 DStBl. 1928, 429 = StuW. 1928 Nr. 551 = DStZ. 1928, 728 = DJZ. 1928, 1685.
20. Ein als Aktiengesellschaft gestaltetes Landeskraftwerk kann auch dann nicht als öffentliche Kasse anerkannt werden, wenn alle Aktien im Besitze des Landeskommunalverbandes sind und bleiben müssen. RFH. 23. Mai 28 VI A 363/28 DStZ. 1928, 728 = StuW. 1928 Nr. 552.
21. Auf den Erlaß des Reichsministers der Finanzen vom 31. Dez. 1925 kann kein Rechtsanspruch auf Anerkennung einer Dienstaufwandsentschädigung in Höhe von 7,5 v. H. der Bezüge gegründet werden. RFH. 27. Juni 28 VI A 642/28 StuW. 1928 Nr. 751.
22. a) Zur Frage nach der Anwendbarkeit von § 36 Abs. 2 Nr. 1, wenn die öffentliche Körperschaft auch privatwirtschaftliche Zwecke verfolgt und die Aufwandsentschädigung an auf solchem Gebiet ausschließlich oder überwiegend tätige Angestellte gewährt wird.
b) Auch bei Bezügen nach § 36 Abs. 2 Nr. 1 ist eine Nachprüfung durch die Steuerbehörde jedenfalls dann und insoweit nicht ausgeschlossen, als Dienstaufwand überhaupt nicht in Frage kommt. RFH. 11. Juli 28 VI A 799/27 S. 24, 54 = StuW. 1928 Nr. 550.
23. Zwischen Dienstaufwandsentschädigungen und Werbungskosten besteht kein begrifflicher Unterschied. RFH. 21. Dez. 27 VI A 313/27 IndMitt. 1928, 125 = StuW. 1928 Nr. 35.
24. Werden einem Angestellten die Mittel zur Erlangung von Kenntnissen gewährt, die im Betriebe des Geschäftsherrn zu verwenden sind, so kann eine Aufwandsentschädigung vorliegen. RFH. 8. Febr. 28 VI A 113/28 IndMitt. 1928, 126 = StA. 1928, 250 = StuW. 1928 Nr. 62 = DStZ. 1928, 341 = RStBl. 1928, 135 = DStBl. 1928, 211.
25. Entschädigungen, die Fleckenvorstehern für Zeitversäumnis gewährt werden, können nicht als Dienstaufwandsentschädigung behandelt werden. RFH. 22. Febr. 28 VI A 156/28 StuW. 1928 Nr. 186 = StZdL. 1928, 145.
26. Zur Auslegung des § 36 Abs. 2 Nr. 2. RFH. 7. März 28 VI A 76/28 S. 23, 101 = IndMitt. 1928, 158 = StuW. 1928 Nr. 188 = DStZ. 1928, 440.
27. Zur Feststellung eines Repräsentationsaufwandes. RFH. 7. März 28 VI A 207/28 StuW. 1928 Nr. 187.

28. Zur Frage der Steuerfreiheit von Dienstaufwandsentschädigungen für Repräsentationszwecke. RFH. 23. Mai 28 VI A 363/28 RStBl. 1928, 267 = StuW. 1928 Nr. 552.

§ 37.

Hefner, Wie wirkt sich die Veräußerung von Aktien und ähnlichen Wertpapieren auf die Einkommensteuerpflicht der laufenden Dividende und auf die Anrechnung des Abzugs vom laufenden Kapitalertrag aus? DStBl. 1928, 530. — Mirre, Liquidation einer Körperschaft und Einkommensteuer. ZStFR. 1928, 263. — Derselbe, Bewertung von Bezugsrechten und jungen Aktien in der Bilanz. StuW. 1928, 137/138. — Weinberg, Wie wirkt sich die Veräußerung von Aktien und ähnlichen Wertpapieren auf die Einkommensteuerpflicht der laufenden Dividende aus? DStZ. 1928, 806. — Derselbe, Zur Einkommensteuerpflicht der bei der Veräußerung von festverzinslichen Wertpapieren berechneten Stückzinsen. DStBl. 1928, 281.

1. Bei Gesellschaften m. b. H. und Aktiengesellschaften bedeutet nicht jede Umwandlung von Reserven in Grundkapital Einkommen der Gesellschafter. RFH. 7. März 28 VI A 63—65/28 StuW. 1928 Nr. 189 = IndMitt. 1928, 195 = DStZ. 1928, 630 = JW. 1928, 2393 *(m. Bespr. v. Fleck).*
2. Steuerpflichtigkeit des Mehrbetrags der Rückzahlung gegenüber dem Ausgabekurse bei Teilschuldverschreibungen. RFH. 20. Juni 28 VI D 1/28 IndMitt. 1928, 356 = StuW. 1928 Nr. 555 = JW. 1928, 2331 *(m. Bespr. v. Bükler).*
3. Zur Feststellung der Einkünfte aus Kapitalvermögen, insbesondere in einem Erbfall. RFH. 27. Juni 28 VI A 532/27 StuW. 1928 Nr. 554

§ 38.

Friesecke, Der Mietwert eines Landhauses als steuerpflichtiges Einkommen. IndMitt. 1928, 326. — Hoppenrath, Die Alleinwohnung im eigenen Haus und die Einkommensteuer. StZdL. 1928, 197. — Merkel, Das Privatwohnhaus als Gegenstand des Betriebsvermögens. DStZ. 1928, 902. — Mirre, Werbungskosten bei einem Eigenwohnhaus. DStZ. 1928, 26. — Derselbe, Zur Steuerpflicht beim Bewohnen eines eigenen Hauses. DStZ. 1928, 580. — Ott, Zur Besteuerung der Nutzung einer Wohnung im eigenen Hause. DStBl. 1928, 190.

1. Zur Frage der Berücksichtigung eines Überschusses der Werbungskosten über den Mietwert der eigenen Wohnung unter dem Gesichtspunkt einer die Erstattung einbehaltener Lohnsteuer rechtfertigenden außerordentlichen Belastung. RFH. 30. Nov. 27 VI A 683/27 StA. 1928, 89 = StuW. 1928 Nr. 36.
2. Hat jemand eine Mietwohnung in der Stadt und bringt er regelmäßig einen Teil des Sommers im eigenen das ganze Jahr über benutzbaren Hause auf dem Lande zu, so ist ihm regelmäßig die Nutzung der Eigenwohnung mit ihrem Jahresmietwert anzusetzen. RFH. 8. Febr. 28 VI A 80/27 S. 23, 46 = StuW. 1928 Nr. 159 = DStZ. 1928, 631.

3. Zur Ermittlung des Nutzungswerts herrschaftlicher Eigenwohnhäuser und der dazugehörigen Gärten und Parkanlagen. Auch bei herrschaftlichen Einfamilienhäusern, die vor dem 1. Juli 1918 errichtet sind, kann als Mietwert der volle Wert der Eigennutzung angesetzt werden und nicht nur ein der gesetzlichen Miete des Steuerabschnitts entsprechender Teil. RFH. 8. Febr. 28 VI A 439/27 S. 23, 35 = StuW. 1928 Nr. 160 = DStZ. 1928, 631.
4. Zum Mietwert der eigenen Wohnung, Durchschnittsermittelung der Absetzungen wegen Abnutzung bei zahlreichen vermieteten und verpachteten Gebäuden. RFH. 23. Mai 28 VI A 464/27 StuW. 1928 Nr. 556.
5. Wenn die Mutter ihr Haus an den Sohn verkauft, sich ein dinglich zu sicherndes Wohnungsrecht vorbehält und der Wert des Wohnungsrechts auf den Kaufpreis verrechnet wird, braucht bei Prüfung der Steuerpflicht aus § 38 Abs. 3 nicht davon ausgegangen zu werden, daß ein Mietvertrag vorliegt, nach dem die Mutter den ganzen Mietzins bis an ihr Lebensende im voraus bezahlt habe. Dem Vertrag kann nach den Gesamtumständen des Falles auch die wirtschaftliche Bedeutung zukommen, daß die Mutter nur das Haus, vermindert um das Wirtschaftsgut des Wohnens, überträgt und nicht gegen Entgelt wohnt. RFH. 11. Juli 28 VI A 221/28 StuW. 1928 Nr. 815 = DStZ. 1928, 917 = RStBl. 1928, 330.
6. Verpachten Betriebe oder Verwaltungen von Körperschaften öffentlichen Rechtes einen eingerichteten Gastwirtschaftsbetrieb (z. B. den Ratskeller), dann ist nur der Teil der Pachteinnahmen körperschaftsteuerpflichtig, der auf das mitverpachtete bewegliche Betriebsvermögen entfällt. RFH. 23. Okt. 28 I A 286/28 RStBl. 1928, 368 = DStZ. 1928, 1114 = DStBl. 1928, 675.

§ 40.

Glaser, Die einkommensteuerrechtliche Behandlung von Veräußerungsrenten. StuW. 1928, 1189.

1. § 40 Abs. 3 Satz 2 findet auch bei freiwilligen Zuschüssen unbeschränkt steuerpflichtiger Körperschaften (§ 2 KörpStG.) Anwendung. RFH. 19. Okt. 27 VI A 319/27 DStBl. 1928, 166.
2. Leibrentenbezüge unterliegen in voller Höhe der Einkommensteuer. RFH. 3. Dez. 27 VI A 597/27 RStBl. 1928, 93 = StA. 1928, 56 = DStZ. 1928, 246 = StuW. 1928 Nr. 66 = JW. 1928, 2394 *(m. Bespr. v. Fleck).*
3. Wird zugunsten einer Person eine Rechtslage begründet, wonach sie in jedem Jahr ihres Lebens bestimmte Bezüge zu erhalten hat, so ist eine Leibrente im Sinne des Einkommensteuerrechts gegeben. RFH. 14. März 28 VI A 877/27 RStBl. 1928, 212 = StuW. 1928 Nr. 558 = JW. 1928, 2387 *(m. Bespr. v. Fleck).*
4. § 40 Abs. 3 wird durch den Staatsvertrag mit Österreich vom 23. Mai 1922 nicht berührt. RFH. 23. Mai 28 VI A 572/28 RStBl. 1928, 267 = DStBl. 1928, 429 = StuW. 1928 Nr. 559.
5. Unterstützungen zu angemessenem Unterhalt an Verwandte, die zwar in notariellem Vertrage versprochen, aber nach Höhe und Fälligkeitsterminen ganz unbestimmt gelassen sind und die auch jederzeit widerrufen werden können, als freiwillige Zuwendungen im Sinne des § 40 Nr. 3. RFH. 28. Sept. 27 VI A 406/27 RStBl. 1928, 25.

§ 42.

Hoeres, Die Behandlung von Gewinnen aus Grundstücksveräußerungen bei der Einkommensteuer. IndMitt. 1928, 287. — Karger, Steuerpflichtige Wertpapierspekulationen. DStZ. 1928, 978.

1. Ein Rechtsanwalt kann Verluste bei Veräußerung von Wertpapieren regelmäßig nur im Rahmen des § 42 Abs. 3 abziehen, auch wenn er die Wertpapiere mit Mitteln angeschafft hat, die ihm aus seiner beruflichen Tätigkeit zugeflossen sind. RFH. 3. Nov. 27 VI A 257/27 DStZ. 1925, 56 = DStBl. 1928, 53 = RStBl. 1928, 45 = StA. 1928, 248 = DJZ. 1928, 457.
2. Bei der Untersuchung, ob ein Spekulationsgeschäft vorliegt, ist für die Berechnung des Zeitraums zwischen Anschaffung und Veräußerung jeweils der Zeitpunkt maßgebend, in welchem der auf den Erwerb oder die Veräußerung des betreffenden Gegenstandes gerichtete obligatorische Vertrag abgeschlossen wurde. RFH. 14. März 28 VI A 376/27 StuW. 1928 Nr. 248 = RStBl. 1928, 180 = IndMitt. 1928, 226 = DStZ. 1928, 538 = StA. 1928, 182.
3. Anforderungen an den Nachweis, daß der veräußerte Gegenstand nicht zum Zwecke gewinnbringender Wiederveräußerung erworben worden ist. RFH. 25. April 28 VI A 216/28 StuW. 1928 Nr. 560 = RStBl. 1928, 362.
4. Nimmt jemand zum Zwecke der Spekulation in Wertpapieren Bankkredit in Anspruch, so sind die Zinsen hierfür, einerlei, ob man in ihnen Werbungskosten oder Schuldzinsen im Sinne des § 15 Abs. 1 Ziff. 3 EinkStG. sieht, bei der Berechnung des Spekulationsgewinns (-verlustes) gemäß § 43 als Ausgaben anzusetzen. Bei Spekulationsverlust kann das sonstige Einkommen nicht um diese Zinsen gekürzt werden. RFH. 27. Okt. 28 VI A 1110/28 IndMitt. 1928, 462 = StuW. 1928 Nr. 797.
5. Berechnung des Spekulationsgewinns bei Veräußerungsgeschäften über Wertpapiere, wenn in den vorausgegangenen 3 Monaten mehrere Erwerbungsgeschäfte abgeschlossen sind. RFH. 13. Juni 28 VI A 593/28 DStZ. 1928, 728 = DStBl. 1928, 498 = RStBl. 1928, 328.
6. Wenn jemand Wertpapiere auf Termin gekauft hat und zur Prolongation Kostgeschäfte abschließt, so ist die Dreimonatsfrist nur gewahrt, wenn der endgültige Verkauf innerhalb dreier Monate erfolgt. RFH. 3. Okt. 28 VI A 1153/28 DStBl. 1928, 667 = StuW. 1928 Nr. 816.

§ 43.

1. Bei Berechnung des Gewinns aus der Veräußerung eines Grundstücks gemäß § 43 sind Papiermarkhypotheken, die der Veräußerer beim Ankauf des Grundstücks übernommen hat und die er beim Verkauf auf den Käufer des Grundstücks übertragen hat, auch dann unberücksichtigt zu lassen, wenn inzwischen eine Aufwertung der Hypotheken stattgefunden hat. RFH. 14. März 28 VI A 122/28 RStBl. 1928, 182 = DStZ. 1928, 631.

§ 44.

1. Behandlung des Falles, daß einem ausscheidenden Direktor einer Gesellschaft eine in Monatsraten zu zahlende Entschädigung unter der

Auflage gewährt wird, ein Geschäft zu gründen, das seinen Bedarf in bestimmter Weise bei der Gesellschaft zu decken hat. RFH. 1. Febr. 28 VI A 50/28 IndMitt. 1928, 125 = DStZ. 1928, 337 = StuW. 1928 Nr. 161 = StA. 1928, 378.

2. Hat jemand Wohnungen errichtet, diese auf mehrere Jahre vermietet und von den Mietern Baukostenzuschüsse erhalten, so ist zunächst zu prüfen, ob die Errichtung der Häuser zum Berufe oder Gewerbe des Steuerpflichtigen gehört. In diesem Falle sind die langjährigen Mietverträge als eine Last zu behandeln, die Last ist entsprechend den Zuschüssen zu bewerten und jedes Jahr um 10 v. H. zu erniedrigen. Andererseits sind Werbungskosten insoweit anzuerkennen, als die Zuschüsse zu Aufwendungen verwandt sind, die nur Sonderwünschen der Mieter gerecht werden und nicht zu einem Mehrwert an dem Hause führen. Im übrigen handelt es sich bei den Zuschüssen um Mietvorauszahlungen, die in dem Steuerabschnitt fällig werden, in dem sie dem Berechtigten tatsächlich zufließen und an sich nicht unter § 58 EinkStG. fallen; haben die Zuschüsse aber die Folge, daß die Mieter für einen verhältnismäßig geringen Mietzins lange Zeit die Wohnungen innehaben, und der Vermieter gehindert ist, für lange Zeit die Wohnungen durch Vermietung zu angemessenem Mietzins zu nutzen, so ist in den Baukostenzuschüssen ein Ersatz für entgangene Einnahmen zu sehen und danach auf sie § 44 Nr. 1 und § 58 Abs. 3 Nr. 2 EinkStG. anzuwenden. Die erwähnten Werbungskosten sind in voller Höhe von ihnen abzuziehen und nicht auf die Dauer der Mietzeit zu verteilen. RFH. 14. Juni 28 VI A 650/28 RStBl. 1928, 307 = IndMitt. 1928, 385 = DStBl. 1928, 607 = DStZ. 1928, 917 = StuW. 1928 Nr. 557.

3. Eine Entschädigung, die als Ersatz für entgehende Einnahmen gewährt wird, liegt auch dann vor, wenn ein Steuerpflichtiger einen Anspruch auf bestimmte Einnahmen zu haben glaubt und ein Dritter ihm einen Betrag zahlt, weil die Verfolgung des Anspruchs durch ein Verschulden des Dritten unmöglich geworden ist. RFH. 3. Okt. 28 VI A 1148/23 RStBl. 1928, 363.

§ 46.

Körner, Die Einkommensteuerveranlagung nicht buchführender Gewerbetreibender und die Gemeinden. DStBl. 1928, 473. — Weinberg, Die Durchschnittssätze für die Werbungskosten bei Angehörigen der freien Berufe. DStBl. 1928, 474.

1. Keine Schätzung des Einkommens eines nichtbuchführenden Landwirts lediglich auf Grund des Vergleichs mit dem buchmäßig festgestellten Einkommen anderer Landwirte. RFH. 7. Dez. 27 VI A 655/27 StuW. 1928 Nr. 59.

2. Durchschnittssätze im Sinne des § 46 sind nur die vom Reichsminister der Finanzen oder mit dessen Ermächtigung aufgestellten Sätze. RFH. 14. Dez. 27 VI A 808/27 StA. 1928, 56 = StuW. 1928 Nr. 67 = RStBl. 1928, 334.

3. Zuungunsten des Pflichtigen kann das Finanzamt von Anwendung der Durchschnittssätze nur abweichen, wenn ungewöhnliche Verhältnisse vorliegen, die in bestimmten objektiven Merkmalen des Betriebs bestehen. RFH. 8. Febr. 28 VI A 58/28 StuW. 1928 Nr. 250 = StZdL. 1928, 104 = DStZ. 1928, 631 = StA. 1928, 249.

4. Zur Frage der Anrechnung des Wertes der eigenen Arbeitskraft und der Arbeitskraft Angehöriger, wenn die Durchschnittssätze auf der Grundlage der Verwendung fremder Arbeitskräfte festgestellt sind. RFH. 23. Nov. 27 VI A 701/27 StZdL. 1928, 19 = StuW. 1928 Nr. 58.
5. Die Steuerbehörde darf nur dann von den für die Landwirtschaft festgesetzten Durchschnittssätzen zuungunsten des Steuerpflichtigen abweichen, wenn der Betrieb des Steuerpflichtigen kein Normalbetrieb ist, d. h. wenn er sich seiner Art nach so wesentlich von den sonstigen Betrieben, für die die Durchschnittssätze gelten, unterscheidet, daß eine Gleichstellung mit diesen Betrieben nicht möglich ist. RFH. 8. Febr. 28 VI A 841/27 StuW. 1928 Nr. 249 = RStBl. 1928, 211 = StZdL. 1928, 205 = StA. 1928, 377.
6. Zur Frage, ob und in welcher Höhe ein Zuschlag zu den Durchschnittssätzen beim Verkauf eines wertvollen Zuchttiers durch einen nichtbuchführenden Landwirt gerechtfertigt ist. RFH. 8. Febr. 28 VI A 120/27 RStBl. 1928, 132 = StuW. 1928 Nr. 190 = StZdL. 1928, 222.
7. Berücksichtigung von Brachland. RFH. 8. Febr. 28 VI A 118/28 StuW. 1928 Nr. 156.
8. Veranlagung nichtbuchführender Landwirte nach Durchschnittssätzen beim Vorliegen von Brachland. RFH. 9. Febr. 28 VI A 57/28 RStBl. 1928, 111.
9. Zur Behandlung von Brandschäden bei nichtbuchführenden, nach Durchschnittssätzen veranlagten Landwirten. RFH. 14. März 28 VI A 810/27 StuW. 1928 Nr. 561 = RStBl. 1928, 343.
10. In der besonders starken Viehhaltung eines Heuerlingbetriebs kann ein in dem besonderen Wesen des Betriebs liegender objektiver Umstand erblickt werden, der eine Abweichung von dem Durchschnittssatze zuungunsten des Steuerpflichtigen rechtfertigen kann. Ein Zuschlag kann aber nicht schon mit der besonders intensiven Betriebsführung, die auf der Tüchtigkeit des Steuerpflichtigen oder der Mitarbeit seiner Familienangehörigen in größerem als dem normalerweise erforderlichen Umfang beruht, begründet werden. RFH. 28. März 28 VI A 382/28 StuW. 1928 Nr. 251 = RStBl. 1928, 199 = StZdL. 1928, 203.
11. Wird ein nichtbuchführender Landwirt nach Durchschnittssätzen veranlagt, die sich ausschließlich auf eine noch nicht rechtskräftig veranlagte Einheitswertfeststellung aufbauen, so ist grundsätzlich die Veranlagung zunächst vorläufig vorzunehmen. RFH. 18. April 28 VI A 183/28 StuW. 1928 Nr. 415 = DStZ. 1928, 728 = StZdL. 1928, 246.
12. Zur Frage der Berücksichtigung ungünstiger Umstände bei Anwendung der landwirtschaftlichen Durchschnittssätze. RFH. 16. Mai 28 VI A 537/28 RStBl. 1928, 267 = StuW. 1928 Nr. 563.
13. Zur Tragweite der Durchschnittssätze bei Landwirten. Nichtberücksichtigung der geringeren Ertragsfähigkeit verhältnismäßig geringer Flächen. RFH. 27. Juni 28 VI A 459/28 StuW. 1928 Nr. 562.
14. Der Erlaß des Reichsministers der Finanzen vom 12. Aug. 1926 III e/u. 8700 D III, wonach bei bäuerlichen Betrieben für die volljährigen, im Betriebe mitarbeitenden Familienangehörigen, für die ein Dienstvertrag nicht vorliegt, die Hälfte des Betrags, der für eine fremde Arbeitskraft aufzuwenden wäre, abgezogen (System A 1) bzw. nur die

Hälfte der ersparten Aufwendungen für eine fremde Arbeitskraft zugeschlagen (System A 2) werden darf, enthält lediglich eine die Finanzgerichte nicht bindende Verwaltungsanordnung. RFH. 14. Dez. 27 VI A 678/27 RStBl. 1928, 60 = StA. 1928, 89 = StuW. 1928 Nr. 40 = StZdL. 1928, 38.

§ 48.

1. Eine gesonderte „Berechnung" des Einkommens ausländischer Körperschaften aus inländischer Erwerbs- oder Berufstätigkeit kann auch dann noch als möglich anerkannt werden, wenn einzelne Posten der Rechnung geschätzt werden müssen. RFH. 21. Dez. 27 I A 177/27 S. 22, 331 = IndMitt. 1928, 127 = StA. 1928, 90 = StuW. 1928 Nr. 166 = DStZ. 1928, 631.
2. Wird ein ausländisches Unternehmen, das in Deutschland eine Betriebstätte oder einen ständigen Vertreter besitzt, in der Weise zur Körperschaftsteuer herangezogen, daß als inländisches Einkommen ein Prozentanteil des Gesamteinkommens angesehen wird, so kann von der Gesellschaft nicht grundsätzlich ein Voraus von 10% für die ausländische Hauptniederlassung verlangt werden. RFH. 7. Febr. 28 I A 506/27 S. 23, 6 = IndMitt. 1928, 128 = DStBl. 1928, 259 = StuW. 1928 Nr. 317 = DStZ. 1928, 635.

§ 49.

Glatzer, Ein Jahr Rechtsprechung zur Verbrauchsbesteuerung. DStBl. 1928, 126. — Hefner, Verbrauchsbesteuerung und Konkurs. DStBl. 1928, 233. — Niekrens, Die Rechtsprechung des Reichsfinanzhofs zur Frage der Verbrauchsbesteuerung. StA. 1928, 167. — Ott, Zweifelsfragen bei der Verbrauchssteuer nach § 49 Eink.-StG. StA. 1928, 261.

1. Begriff des Verbrauchs. RFH. 18. Jan. 28 VI A 16/28 S. 22, 337 = IndMitt. 1928, 85 = StuW. 1928 Nr. 69 = DStZ. 1928, 631 = StA. 1928, 249.
2. Zur Frage der Leistungsfähigkeit infolge Verlustes bei der Besteuerung nach dem Verbrauch. RFH. 7. Dez. 27 VI A 341/27 RStBl. 1928, 60.
3. Die Frage, ob eine außergewöhnliche Belastung vorliegt, wenn ein Landwirt vier Kinder auswärts in dem maßgebenden Steuerabschnitt untergebracht hatte, ist in den Fällen des § 49 nach anderen Gesichtspunkten zu entscheiden als in den Fällen des § 56; im Vordergrunde steht auch bei Ausgaben, die ihrer Natur nach vorübergehend sind, nicht die Minderung der Leistungsfähigkeit, sondern ob der ganze Verbrauch als Selbsteinschätzung zu gelten hat. RFH. 15. März 28 VI A 102/28 StuW. 1928 Nr. 252 = StZdL. 1928, 124 = RStBl. 1928, 212 = DStZ. 1928, 538.
4. Zum Verbrauch ist auch der Mietwert der eigenen Wohnung zu rechnen: Wenn in dem Bescheid die als Geschäftsspesen von den Gesellschaftern angegebenen Beträge als Ausgaben behandelt sind, kann nicht ein Teil von ihnen zum Verbrauch gerechnet werden. RFH. 16. Nov. 27 VI A 704/27 DStZ. 1928, 58.

5. Laufende Zuschüsse an nahe Verwandte (Geschwister) des Pflichtigen, um die Mittel zur Bestreitung des Lebensunterhalts und der Haushaltungskosten zu gewähren, sind zum Verbrauch im Sinne des § 49 zu rechnen. RFH. 7. März 28 VI A 206/28 StuW. 1928 Nr. 253 = RStBl. 1928, 180.
6. Zahlungen für Lebensversicherungsprämien gehören nicht zum Verbrauch. RFH. 26. Okt. 27 VI A 478/27 DStBl. 1928, 167 = StA. 1928, 181.
7. Hingabe eines Darlehns ist auch dann nicht zum Verbrauche zu rechnen, wenn die Forderung uneinbringlich geworden ist. RFH. 23. Nov. 27 VI A 675/27 DStBl. 1928, 96 = RStBl. 1928, 92 = StuW. 1928 Nr. 68 = StA. 1928, 122 = DStZ. 1928, 58.
8. Die Vorauszahlungen für 1924 gelten, auch wenn sie nach dem Verbrauch bemessen sind, als Besteuerung des 1924 tatsächlich erzielten Einkommens, das den Verbrauch übersteigen kann. RFH. 16. Nov. 27 VI A 708/27 DStZ. 1928, 58 = StA. 1928, 183.
9. Das Vermögen, das bei seinem Entstehen in den letzten drei Jahren der Besteuerung nach dem Einkommensteuergesetz unterlegen hat, ist in der Weise zu berechnen, daß das steuerpflichtige Einkommen der drei Jahre zusammengerechnet und von der Summe der Verbrauch einschließlich Personalsteuern abgezogen wird.

   Das für 1922 festgestellte Einkommen ist in Goldmark umzurechnen. Das Einkommen des Jahres 1923 ist entsprechend der festgesetzten Abschlußzahlung für 1923 in angemessener Höhe anzunehmen, ohne Rücksicht darauf, ob in Goldmark 1923 eine Vermögensvermehrung eingetreten ist. RFH. 30. Nov. 27 VI A 687/27 S. 22, 215 = DStZ. 1928, 58 = JndMitt. 1928, 35 = DStBl. 1928, 94 = RStBl. 1928, 92 = StA. 1928, 123.
10. Es kommt nicht darauf an, ob jemand gerade Vermögensstücke, die er in den drei letzten Jahren erworben hat, dazu benützt hat, um den Verbrauch im Steuerabschnitte zu bestreiten. RFH. 7. Dez. 27 VI A 546/27 RStBl. 1928, 48.
11. Zur Frage, wann der Verbrauch als aus Vermögen bestritten angesehen werden kann, das in den letzten drei Jahren der Besteuerung nach dem EinkStG. unterlegen hat. RFH. 9. Mai 28 VI A 286/28 StuW. 1928 Nr. 565.
12. Auch die Personalsteuern vermindern die Ersparnis der drei letzten Jahre. RFH. 20. Juni 28 VI A 821/27 DStZ. 1928, 728 = StuW. 1928 Nr. 564.
13. Ist der Verbrauch eines Steuerpflichtigen nach Abzug des Teiles, der aus Vermögen bestritten wurde, das bei seinem Entstehen in den letzten drei Jahren der Besteuerung nach dem Einkommensteuergesetz unterlegen hat, nicht mindestens um die Hälfte höher als das Einkommen oder beträgt er dann nicht mehr mindestens 15 000 *RM*, so ist eine Heranziehung des Pflichtigen zur Verbrauchsbesteuerung nicht zulässig. RFH. 24. Okt. 28 VI A 152/28 (n. v.).

§ 52.

Hefner, Zusammenrechnung des Einkommens und Familienermäßigung. DStBl. 1928, 534.

1. Bei Wegfall eines zum Haushalt gehörenden minderjährigen Kindes des Pflichtigen während des Steuerabschnitts mindert sich gemäß § 52 Abs. 2 die Familienermäßigung bei dem für das letzte Kind in Abs. 1 bestimmten Betrag. RFH. 19. Sept. 28 VI A 1156/28 RStBl. 1928, 327, 328 = StZdL. 1928, 221 = StA. 1928, 344 = DStBl. 1928, 607 = StuW. 1928 Nr. 817.

§ 53.

1. § 53 Abs. 1 gilt nicht für die nach § 75 für den Steuerabzug bewilligten Erhöhungen. RFH. 23. Mai 28 VI A 322/28 DStBl. 1928, 430 = StuW. 1928 Nr. 566 = DStZ. 1928, 729.

§ 54.

Brensing, Wie wirkt sich in der Praxis die Auslegung des Begriffs des „nach § 54 abgerundeten Einkommens" im Urteil des Reichsfinanzhofs vom 16. Mai 1928 aus. DStBl. 1928, 659.

§ 56.

Hoeres, Verschuldung als Ermäßigungsgrund bei der Einkommensteuer. IndMitt. 1928, 174. — Derselbe, Ermäßigung der Einkommensteuer wegen Unterhalt, Erziehung und Berufsausbildung der Kinder. DStZ. 1928, 227. — Derselbe, Ermäßigung der Einkommensteuer wegen Aussteuerung einer Tochter. StZdL. 1928, 192. — Metz, Können Krankheit und Kurkosten Werbungskosten sein? DStBl. 1928, 583. — Sambale, Verschuldung als Steuerermäßigungsgrund. DStZ. 1928, 329.

1. Aufwendungen bei Verheiratung von Kindern können die Anwendung des § 56 rechtfertigen. Es sind dabei aber auch die Vermögensverhältnisse des Pflichtigen zu berücksichtigen. Es muß dem Steuerpflichtigen zugemutet werden, derartige einmalige Ausgaben durch Eingriff in etwa vorhandenes Vermögen zu decken. RFH. 26. Okt. 27 VI A 524/27 DStZ. 1928, 58.
2. Zur Frage, inwieweit eine Verpflichtung zur Aussteuerung einer Tochter nach § 56 berücksichtigt werden darf. RFH. 25. Jan. 28 VI A 40/28 StZdL. 1928, 81 = StuW. 1928 Nr. 255 = StA. 1928, 249 = RStBl. 1928, 342.
3. Ausgaben bei der Verheiratung können im allgemeinen eine Ermäßigung der Steuer nach § 56 nicht rechtfertigen. RFH. 28. März 28 VI A 211/28 RStBl. 1928, 199.
4. Grundsätzliches zur Frage der Berücksichtigung von Studienkosten für Kinder. RFH. 30. Nov. 27 VI A 752/27 RStBl. 1928, 28 = StA. 1928, 55 = StuW. 1928 Nr. 71.
5. Zum Begriffe des mittellosen Angehörigen, bei dessen Unterhaltsgewährung durch den Steuerpflichtigen diesem Ermäßigung der Einkommensteuer gewährt werden kann. RFH. 18. Jan. 28 VI A 850/27 RStBl. 1928, 97 = DStBl. 1928, 211 = StZdL. 1928, 104 = StA. 1928, 314 = StuW. 1928 Nr. 254.
6. Daß den Arbeitslohn in Höhe von 32 000 RM übersteigende Schuldzinsen gezahlt sind, schließt nicht aus, daß die allgemeine steuerliche

Leistungsfähigkeit des Pflichtigen der Art war, daß es gerechtfertigt ist, den Anspruch auf Erstattung des einbehaltenen Arbeitslohnes abzulehnen. RFH. 18. Nov. 27 VI A 726/27 StA. 1928, 314.

7. Die Eingehung von Schulden kann als ein die Leistungsfähigkeit mindernder Umstand in Betracht kommen. RFH. 21. Dez. 27 VI A 787/27 DStZ. 1928, 247.
8. Wenn das Finanzgericht bei einem Einkommen von 4400 *RM* zu der Ansicht gelangt, die Aufnahme einer kurzfristigen Bankschuld für Krankheitskosten von 500 *RM* gäbe bei einem Ruhegehaltsempfänger keinen Grund zur Erstattung von Lohnsteuer, so kann darin eine unbillige, der Absicht des Gesetzgebers widersprechende Auslegung des § 56 nicht gefunden werden. RFH. 11. Jan. 28 VI A 886/27 (n. v.).
9. Eine im Laufe des Steuerabschnitts eingetretene Verschuldung kann regelmäßig dann nicht mehr besonders berücksichtigt werden, wenn sie in ihrer Ursache bereits als außergewöhnliche Belastung anerkannt worden ist, wie z. B. in außerordentlichen Aufwendungen für die erkrankte Frau, die bewirkt haben, daß im entsprechenden Betrage die Barmittel zur Lebenshaltung fehlten. RFH. 28. März 28 VI A 220/28 StuW. 1928 Nr. 256 = RStBl. 1928, 186.
10. Schulden, die zu werbenden Zwecken aufgenommen sind, bedeuten regelmäßig keine wesentliche Beeinträchtigung der Leistungsfähigkeit. RFH. 16. Mai 28 VI A 143/28 RStBl. 1928, 213 = StuW. 1928 Nr. 578.
11. Für einen Gewerbetreibenden, der im Wirtschaftsjahr nur eine Verringerung seiner Überschuldung erreichte, bedeutet die Überschuldung eine Verschuldung im Sinne des § 56. RFH. 13. Juni 28 VI A 524/28 RStBl. 1928, 282 = DStBl. 1928, 505 = StuW. 1928 Nr. 568.
12. Ermäßigung wegen Verluste im Vorjahr. RFH. 1. Febr. 28 VI A 831 DStZ. 1928, 632.
13. Ein gewerblicher Verlust kann auch unter dem Gesichtspunkt von § 56 nur ausnahmsweise zur Erstattung einbehaltener Lohnsteuer führen. RFH. 28. März 28 VI A 185/28 RStBl. 1928, 168 = StuW. 1928 Nr. 257.
14. Zur Anwendung des § 56 bei besonderen Aufwendungen eines Mitglieds einer Siedlungs- und Baugenossenschaft auf die ihm von der Genossenschaft überlassene Wohnung. RFH. 6. Juni 28 VI A 411/28 StuW. 1928 Nr. 567 = RStBl. 1928, 362.

§ 58.

Pißel, Die steuerliche Begünstigung außerordentlicher Einkünfte im Einkommensteuergesetz. DStZ. 1928, 584.

1. Zum Begriff Entlohnung für mehrjährige Arbeit. RFH. 26. Okt. 27 VI A 248/27 DStZ. 1928, 58.
2. Gleichzeitige Bewilligung von Tantiemen für mehrere zurückliegende Jahre rechtfertigt nicht die Anwendung des § 58. RFH. 26. Okt. 27 VI A 435/27 DStBl. 1928, 97 = RStBl. 1928, 45 = StA. 1928, 89 = StuW. 1928 Nr. 73.
3. Entlohnung für eine sich über mehrere Jahre erstreckende Tätigkeit im Sinne des § 58 liegt auch dann vor, wenn diese Tätigkeit der sonstigen Berufstätigkeit des Steuerpflichtigen gleichartig ist. RFH. 8. Jan. 28 VI A 89/27 StuW. 1928 Nr. 258.

4. Behandlung nachträglicher Erhöhung einer für längere Zeit gewährten Vergütung. RFH. 11. Jan. 28 VI A 848/27 DStZ. 1928, 247 = StuW. 1928 Nr. 74.
5. Entlohnung für eine sich über mehrere Jahre erstreckende Tätigkeit im Sinne des § 58 liegt auch dann vor, wenn diese Tätigkeit der sonstigen Berufstätigkeit des Steuerpflichtigen gleichartig ist. RFH. 8. Febr. 28 VI A 89/28 DStZ. 1928, 632 = StA. 1928, 378.
6. Einkünfte, die eine Entlohnung für eine sich über mehrere Jahre erstreckende Tätigkeit darstellen. RFH. 9. Mai 28 VI A 516/28 StuW. 1928 Nr. 431.
7. a) Die Vergünstigung des § 58 wird nicht dadurch ausgeschlossen, daß die sich über mehrere Jahre erstreckende Tätigkeit der beruflichen Haupttätigkeit des Steuerpflichtigen im wesentlichen gleichartig ist.
b) Voraussetzung ist, daß die besondere, über mehrere Jahre sich erstreckende Tätigkeit, obwohl sie der beruflichen Haupttätigkeit des Steuerpflichtigen im wesentlichen gleichartig ist, in ihrer Art von der regelmäßigen Betätigung völlig abweicht. RFH. 23. Mai 28 VI A 866/27 RStBl. 1928, 292 = DStBl. 1928, 430 = DStZ. 1928, 729 = StuW. 1928 Nr. 569.
8. Eine Sondervergütung, die einem Generaldirektor bewilligt ist, weil er längere Zeit die Geschäfte des ausgeschiedenen technischen Direktors besorgt habe, fällt nicht unter § 58. RFH. 13. Juni 28 VI A 596/28 DStZ. 1928, 729 = DStBl. 1928, 505 = StuW. 1928 Nr. 570.
9. Die Anwendung des § 58 Abs. 2 auf bestimmte Einkommensteile wird durch die vorherige Absetzung von Verlusten oder Unterschüssen aus einer anderen Einkommensart von diesen Einkommensteilen nicht ausgeschlossen. RFH. 20. Juni 28 VI A 273/28 RStBl. 1928, 344.
10. a) Für die Anwendung des § 58 kommt es nicht darauf an, daß die sich über mehrere Jahre erstreckende Tätigkeit ihrer Art nach von der sonstigen Berufstätigkeit des Steuerpflichtigen unterscheidet; Voraussetzung ist nur, daß jene Tätigkeit und die für sie gezahlte Entschädigung sich von der laufenden Tätigkeit und den laufenden Einnahmen klar abgrenzen lassen.
b) § 58 setzt voraus, daß die Entlohnung für die sich über mehrere Jahre erstreckende Tätigkeit in einem Steuerabschnitte gezahlt wird. RFH. 27. Juni 28 VI A 380/28 RStBl. 1928, 308 = StuW. 1928 Nr. 546.

§ 59.

1. Zur Anwendbarkeit der Vergünstigung von § 59 Abs. 1 wird nicht unter allen Umständen vorausgesetzt, daß in die Substanz eingegriffen wird, die bei dauernder ordnungsmäßiger Nutzung vorhanden wäre.
Steuerumgehungen kann regelmäßig ohne weiteres dadurch begegnet werden, daß in Fällen, in denen aus Gründen der Steuerersparnis forstwirtschaftlich unzweckmäßige Einsparungen gemacht und in einem späteren Steuerabschnitt als außerordentliche Nutzung abgeholzt werden, das Vorliegen wirtschaftlicher Gründe für die außerordentliche Nutzung verneint wird. RFH. 11. Juli 28 VI A 41/28 StuW. 1928 Nr. 571.
2. Die Vorschrift über die getrennte Berechnung der Steuer für Einkünfte aus außerordentlicher Waldnutzung nach § 59 Abs. 1 u. 2 steht einer

vorherigen Absetzung von Verlusten oder Unterschüssen aus einer anderen Einkommensart von diesen Einkünften nicht entgegen. RFH. 21. Dez. 27 VI A 244/27 RStBl. 1928, 108 = StuW. 1928 Nr. 259 = StZbL. 1928, 144 = StA. 1928, 378 = JW. 1928, 2388 *(m. Bespr. v. Erler).*

§ 61.

Giese, Steuererklärung und Steuerbescheid (Berlin, Carl Heymann 1928). — Koppe, Die Einkommensteuererklärung 1928 (Berlin: Spaeth & Linde 1928). — Pißel, Die Einkommensteuererklärung. DStZ. 1928, 104. — Pißel u. Koppe, Die Einkommensteuer v. 22. Dezember 1927 und der Lohnabzug 1928. 2. Aufl. (Berlin. Spaeth & Linde 1928).

§ 65.

Zimmermann, Die Gewinnfeststellung bei offenen Handelsgesellschaften und Kommanditgesellschaften im Falle, daß während des Wirtschaftsjahrs Gesellschafter ein- und austreten. DStBl. 1928, 636.

1. Zur Abgrenzung des stillen Gesellschafters vom Teilhaber einer offenen Handelsgesellschaft. RFH. 16. Nov. 27 VI A 593/27 RStBl. 1928, 90.
2. Die Personengemeinschaften des § 65 haben auf Anfordern des Finanzamts eine Einkommenserklärung, d. h. eine Erklärung über den von ihnen erzielten Gewinn, abzugeben. Sie gelten insoweit als Steuerpflichtige im Sinne der Reichsabgabenordnung. RFH. 15. Febr. 28 VI A 12/28 StuW. 1928 Nr. 192 = DStBl. 1928, 212.
3. Die einem an einer Anwaltsgemeinschaft beteiligten Rechtsanwalt anläßlich der gemeinsamen Berufsausübung erwachsenen Werbungskosten sind, auch soweit sie nicht durch die gemeinschaftlichen Bücher gelaufen sind (sogenannte persönliche Werbungskosten), bereits bei der einheitlichen Gewinnfestsetzung zu berücksichtigen. RFH. 22. Febr. 28 VI A 285/27 StuW. 1928 Nr. 260 = RStBl. 1928, 176.
4. Anfechtung einer einheitlichen Gewinnfeststellung, weil ein Zweiggeschäft als nicht zum Betriebsvermögen, sondern als alleiniges Eigentum eines der Teilhaber anzusehen sei. RFH. 13. Juni 28 VI A 318/28 StuW. 1928 Nr. 819.
5. Auch wenn sich ein Verlust ergibt, ist seine Höhe festzustellen. RFH. 8. Aug. 28 VI A 809/28 StuW. 1928 Nr. 818 = DStZ. 1928, 918 = RStBl. 1928, 331.

§ 67.

Becker, Die Mitteilung des Veranlagungsergebnisses bei der Freiveranlagung der Erwerbsgesellschaften. StA. 1928, 12. — Zimmermann, Die Gewinnfeststellung bei offenen Handelsgesellschaften und Kommanditgesellschaften im Falle, daß während des Wirtschaftsjahrs Gesellschafter ein- und austreten. DStBl. 1928, 636.

1. Zum Verhältnis des Feststellungsbescheids zum Veranlagungsbescheide. RFH. 21. Dez. 27 VI A 573/27 StuW. 1928 Nr. 75 = RStBl. 1928, 134.
2. Liegen die Voraussetzungen für die einheitliche Feststellung des Gewinns oder des Überschusses der Einnahmen über die Ausgaben nach

§ 65 Abs. 1—4 vor, so bildet, falls nicht nach § 65 Abs. 2 oder nach §§ 14—19 AusfBest. ausnahmsweise von der einheitlichen Feststellung Abstand genommen werden kann, die Erteilung eines Feststellungsbescheids eine Verfahrensvoraussetzung für die Veranlagung der einzelnen an der Gemeinschaft beteiligten Steuerpflichtigen. RFH. 22. Febr. 28 VI A 479/27 StuW. 1928 Nr. 193 = RStBl. 1928, 177.

3. Zur Tragweite der einheitlichen Feststellung des Gewinnes: Ausgaben einzelner Gesellschafter, die Werbungskosten der Gesellschaft sind, können nur bei der einheitlichen Feststellung berücksichtigt werden. RFH. 16. Mai 28 VI A 481/28 StuW. 1928 Nr. 572.

§ 69.

Koch, Die Lohnsteuer ab 1. Januar 1928 (München: Beck 1928. — Pißel, Neues über den Steuerabzug vom Arbeitslohn. StA. 1928, 227. — Derselbe, Die Einreichung der Steuerabzugsbelege für 1928. DStZ. 1928, 396. — Zimmermann, Die Lohnsteuer; Nachtr. 1928 (Köln: Schmidt 1928).

1. Von schuldig gebliebenem Lohn kein Lohnsteuerabzug. RGSt. 3. Febr. 27 II 1022/26 E. 61, 186.
2. Ein Lohnempfänger kann nicht Erstattung der Teile der Lohnsteuer fordern, die auf Lohnteile fallen, die er ausgegeben hat, um von ihm eingestellte Hilfspersonen zu entschädigen. Wenn es sich bei diesen Entschädigungen nicht um lohnsteuerfreie Dienstaufwandsentschädigungen handelt, ist es Sache des Lohnempfängers, nach § 75 eine Erhöhung des Pauschsatzes zu erwirken. RFH. 15. März 28 VI A 257/28 StuW. 1928 Nr. 261 = RStBl. 1928, 184 = StA. 1928, 183 = DStZ. 1928, 632.
3. Jemand wird nicht schon dadurch zum Arbeitgeber im Sinne der Lohnsteuervorschriften, daß er die gegen einen anderen gerichtete Lohnforderung eines Arbeitnehmers auf Grund einer diesem gegenüber eingegangenen Garantie erfüllt. RFH. 23. Mai 28 VI 853/27 RStBl. 1928, 266 = StuW. 1928 Nr. 573.
4. Reichen die Mittel des Arbeitgebers zur Zahlung des vereinbarten Arbeitslohns nicht aus, so hat der Arbeitgeber die Steuer stets von dem tatsächlich zur Verfügung stehenden niedrigeren Betrag zu berechnen und abzuziehen. RFH. 19. Sept. 28 VI A 1000/28 RStBl. 1928, 344 Nr. 622.
5. Die Vorschriften über den Steuerabzug vom Arbeitslohn finden keine Anwendung auf körperschaftsteuerpflichtige Gesellschaften, wenn diese Angestellte eines anderen Unternehmens sind und in dieser Eigenschaft Arbeitslohn empfangen. RFH. 11. Okt. 28 I A 473/27 JndMitt. 1928, 422 = RStBl. 1928, 360 = DStZ. 1928, 1114 = DStBl. 1928, 675.

§ 70.

Becker, Eine weitere Härte beim Steuerabzug vom Arbeitslohn. DStZ. 1928, 236. — Wegener, Wann hat die Veranlagung der Lohnsteuerpflichtigen zu unterbleiben? DStZ. 1928, 813.

1. Auslegung des Vermerkes über Erhöhung des steuerfreien Betrags in der Steuerkarte. RFH. 29. Febr. 28 VI A 177/28 StuW. 1928 Nr. 262.

2. Für im Auslande wohnende und daher nur beschränkt steuerpflichtige Arbeitnehmer, für die in der Verordnung vom 29. Nov. 1926 (RMinBl. S. 1005) die Lohnsteuer auf 4 v. H. des Arbeitslohns festgesetzt ist, ist eine weitere steuerliche Begünstigung wegen Verdienstausfalls ausgeschlossen. RFH. 8. Aug. 28 VI A 789/28 StuW. 1928 Nr. 820.
3. Ausnahmen von der im § 34 Abs. 3 StAbzDurchfBest. enthaltenen Vorschrift, bei Nichtvorlegung der Steuerkarte den Steuerabzug in Höhe von 10% des vollen zur Auszahlung gelangenden Arbeitslohns vorzunehmen. RFH. 30. Nov. 27 VI A 716/27 S. 22, 235 = DStBl. 1928, 98 = StA. 1928, 89 = RStBl. 1928, 92 = StuW. 1928 Nr. 77.

§ 75.

1. Die Ermäßigung der Lohnsteuer durch Erhöhung der steuerfreien Teile bedeutet noch keine Ermäßigung der Veranlagung. RFH. 16. Mai 28 VI A 444/28 StuW. 1928 Nr. 574.
2. Erhöhungen des steuerfreien Lohnbetrags (Art. I § 19 der II. StNVO.; § 75 EinkStG.) haben keine rückwirkende Kraft (auch nicht für die Zeit seit Antragstellung). RFH. 17. Okt. 28 VI A 351/28 RStBl. 1928, 379.

§ 76.

1. Der Arbeitnehmer hat dafür Sorge zu tragen, daß die Steuerkarte rechtzeitig in seinen Besitz gelangt und dem Arbeitgeber vorgelegt wird. RFH. 16. Nov. 27 VI A 710/27 RStBl. 1928, 14.
2. Zur Bedeutung der Nichtvorlegung der Steuerkarte auf Erstattungsanträge der zuviel gezahlten Lohnsteuer. RFH. 15. Febr. 28 VI A 130/28 StuW. 1928 Nr. 263.
3. Solange nicht der Reichsminister der Finanzen von der Vorlage der Steuerkarte befreit hat, treten die Folgen der Nichtvorlage auch dann ein, wenn die einkommensteuerfreien Beträge den Arbeitslohn übersteigen. RFH. 6. Juni 28 VI A 626/28 StuW. 1928 Nr. 576 = DStBl. 1928, 555.

§ 77.

1. Zur Frage, ob der Leiter einer Musikkapelle verpflichtet ist, von den Bezügen der Musiker den Steuerabzug vorzunehmen. RFH. 21. Dez. 27 VI A 361/27 RStBl. 1928, 49.

§ 78.

1. Zur Frage, ob in den Fällen des § 78 Abs. 2 der Arbeitgeber oder der Arbeitnehmer in erster Linie in Anspruch zu nehmen ist. RFH. 23. Mai 28 VI A 538/28 RStBl. 1928, 281 = StuW. 1928 Nr. 575 = DStBl. 1928, 430.

§ 83.

Bank, Kaufpreisrückvergütungen bei Genossenschaften. DStZ. 1928, 318. — Mirre, Die Verteilung eigener Aktien an Aktionäre. ZStFR. 1928, 185. — Weinberg, Wie wirkt sich die Veräußerung von Aktien und ähnlichen Wertpapieren auf die Einkommensteuerpflicht der laufenden Dividende aus? DStZ. 1928, 806.

1. Wenn der Schuldner des Kapitalertrags, ausdrücklich oder stillschweigend, auch die sich in dem Steuerabzuge vom Kapitalertrage darstel-

lende Steuer übernimmt, so ist, abgesehen von dem hier nicht vorliegenden Ausnahmefall des § 87 EinkStG. 1925 (§ 24 KörpStG. 1925) ein Steuerabzug in Höhe von 11,11% zu machen. RFH. 13. Jan. 28 I A 122/27 S. 23, 59 = JndMitt. 1928, 156 = StuW. 1928 Nr. 326 = DStBl. 1928, 314.

2. Die sogenannten Minusstückzinsen unterliegen grundsätzlich nicht dem Steuerabzuge vom Kapitalertrage. RFH. 15. März 28 VI A 745/27 StuW. 1928 Nr. 264 = RStBl. 1928, 184 = RStBl. 1928, 187 = StA. 1928, 182 = DStZ. 1928, 632.
3. Daß ein Landwirt, der ein Goldpfandbriefdarlehn aufgenommen hat, keine Zinsen von den Pfandbriefen erhalten hat, weil die Bank die Zinsen zur Abdeckung der Darlehnzinsen einbehalten hat, steht dem Steuerabzug vom Kapitalertrag nicht entgegen und begründet keinen Erstattungsanspruch. RFH. 8. Aug. 28 VI A 737/28 StuW. 1928 Nr. 822.
4. Zweckverbände (Gemeindeverbände), die wirtschaftliche Zwecke verfolgen (z. B. Giroverbände), fallen nicht unter die Vorschrift des § 1a der V. vom 13. Februar 1926 über Vergünstigungen vom Steuerabzuge vom Kapitalertrage (RGBl. I S. 101). RFH. 1. Sept. 28 I A 456/27 RStBl. 1928, 345 Nr. 265 = StA. 1928, 345.
5. Gewinnanteile, die nach §§ 37 ff. AufwG. auf die Genußrechte der Altbesitzer von Teilschuldverschreibungen entfallen, unterliegen dem Steuerabzuge vom Kapitalertrage nach § 83 Abs. 1 Nr. 1 EinkStG. RFH. 7. Sept. 28 VI A 1069/28 JndMitt. 1928, 387 = RStBl. 1928, 335 = DStZ. 1928, 1019 = StA. 1928, 344 = DStBl. 1928, 607.

§ 84.

1. Mutter- und Tochtergesellschaft sind im Sinne des Steuerrechts nicht „die gleiche Person", sondern zwei selbständige Persönlichkeiten, die auch voneinander Kapitalerträge beziehen können. Dividendenbezüge der Tochtergesellschaft aus Aktien der Muttergesellschaft, die zum Vermögen der Tochtergesellschaft gehören, unterliegen dem Steuerabzug vom Kapitalertrag in jedem Falle, also auch, wenn die Muttergesellschaft alle Aktien oder sonstigen Anteile der Tochtergesellschaft besitzt. RFH. 25. Sept. 28 I A 25/28 S. 24, 125 = JndMitt. 1928, 421.

§ 85.

1. Reine Kaufpreisrückvergütung der Konsumgenossenschaften unterliegen nicht dem Steuerabzuge vom Kapitalertrage. RFH. 8. Nov. 27 I A 50/27 StZdL. 1928, 164.
2. Erlaß im Sinne des § 397 BGB. bewirkt ebenso wie die Aufrechnung (§§ 387 ff. BGB.) das Erlöschen vorhandener Schuldverhältnisse. Beide Arten der Tilgung von Dividendenschulden berühren an sich die Verpflichtung zur Vornahme des Steuerabzugs vom Kapitalertrage nicht. Diese Verpflichtung ist nur an die Entstehung und Fälligkeit des Anspruchs auf den Kapitalertrag gebunden, nicht daran, daß der Anspruch durch Barzahlung getilgt wird. RFH. 25. Sept. 28 I A 25/28 S. 24, 125 = StA. 1928, 345 = DStBl. 1928, 608.

§ 86.

1. a) Der den Steuerabzug vornehmende und ihn an das Finanzamt abführende Schuldner hat das Berufungsverfahren gegen die in der Ent-

gegennahme der Zahlung liegende Heranziehung zur Entrichtung dieser Steuer, dagegen steht ihm ein Erstattungsanspruch nicht zu, wenn er die Steuer zu Unrecht entrichtet hat. Umgekehrt hat der Gläubiger, zu dessen Lasten der Steuerabzug vorgenommen worden ist, den Erstattungsanspruch aus § 129 Abs. 1 Satz 2 AO., falls der Steuerabzug materiell zu Unrecht vorgenommen worden ist, dagegen stehen ihm gegen die Vornahme des Steuerabzugs keine Rechtsmittel zu.

b) § 20 KapErtrStAbzAusfBest. ist für Finanzgerichte und Reichsfinanzhof nicht bindend. RFH. 6. Dez. 27 I A 54/27 S. 22, 231 = IndMitt. 1928, 83 = DJZ. 1928, 598 = StuW. 1928 Nr. 76 = DStBl. 1928, 27 = StA. 1928, 122.

§ 89.

Hübner, Die Auslegung der §§ 89, 90 und 92 des Einkommensteuergesetzes. StA. 1928, 332. — Peters, Die Berechnung des Einkommens von 8000 RM im § 89 EinkStG. DStBl. 1928, 415. — Pißel, Die Veranlagungsgrenze von 8000 Reichsmark bei der Lohnsteuer. StA. 1928, 294. — Spindler, Die Härten beim Steuerabzuge vom Kapitalertrage. DStBl. 1928, 29.

1. a) Unter dem nach § 54 abgerundeten Einkommen im Sinne der §§ 89, 90, 92 ist das um den steuerfreien Einkommensteil und die Familienermäßigungen verminderte Einkommen zu verstehen.

b) Die nach § 52 Abs. 1 Nr. 2, § 53 Abs. 2 zu gewährenden Familienermäßigungen dürfen auch bei Anwendung der festen Sätze den Betrag von insgesamt 8000 RM nicht übersteigen.

c) Die Gewährung der Familienermäßigungen nach § 53 Abs. 2 in Verbindung mit § 70 Abs. 2 hängt davon ab, daß das Einkommen, nicht die Einnahmen, aus nichtselbständiger Arbeit das Einkommen aus anderen Einkommensarten übersteigt. RFH. 16. Mai 28 VI A 529/27 S. 23, 289 = StA. 1928, 284 = IndMitt. 1928, 463 = StuW. 1928 Nr. 577 = DStBl. 1928, 505.

2. Der VI. Senat bleibt bei der im Urteil VI A 529/27 vom 16. Mai 1928 (Bd. 23 S. 289) vertretenen Auslegung, daß zur Ermittlung des „nach § 54 abgerundeten Einkommens" auch die Familienermäßigungen abgezogen werden müssen. RFH. 8. Aug. 28 VI A 864/28 StuW. 1928 Nr. 823.

§ 90.

Hübner, Die Berechnung der Einkommensteuer bei der Veranlagung von Arbeitnehmern. StA. 1928, 205. — Machens, Die Veranlagung des sonstigen Einkommens über 500 M. gemäß § 90 des Einkommensteuergesetzes. DStBl. 1928, 535. — Peters, Die von dem sonstigen Einkommen nach § 90 EinkStG. abzusetzenden Familienermäßigungen. DStBl. 1928, 412.

1. Ist nach § 90 nur das sonstige Einkommen zu veranlagen, so dürfen die Familienermäßigungen nur noch insoweit abgesetzt werden, als die Familienermäßigungen, die bei einer Gesamtveranlagung berücksichtigt werden müßten, höher sind, als die beim Steuerabzuge berücksichtigten Ermäßigungen. Eine hiernach erforderliche Berechnung der bei

einer Gesamtveranlagung zu berücksichtigenden Familienermäßigungen hat nach § 53 Abs. 2 in Verbindung mit § 70 Abs. 2 zu erfolgen, wenn das Arbeitseinkommen das sonstige Einkommen übersteigt. Bei der Gegenüberstellung der beim Steuerabzuge berücksichtigten Ermäßigungen und der Ermäßigungen, die bei einer Gesamtveranlagung zu berücksichtigen wären, sind grundsätzlich die beim Steuerabzuge tatsächlich gewährten Ermäßigungen und nicht die nach § 70 zulässigen Ermäßigungen anzusetzen. RFH. 16. Mai 28 VI A 529/27 S. 23, 289 = DStBl. 1928, 505 = StuW. 1928 Nr. 577 = StA. 1928, 284 = IndMitt. 1928, 463.

§ 93.

Höfer, Vorschläge zur Änderung des Lohnsteuererstattungsverfahrens. StA. 1928, 321. — Kohlenberger, Nichterstattung von Steuerabzügen vom Arbeitslohn. DStBl. 1928, 368. — Lizius, Verminderung der Lohnsteuererstattungen. DStBl. 1928, 38. — Metz, Wie wirkt sich die Nichtvorlage der Steuerkarte im Steuerabzugsverfahren (§ 34 Abs. 3 StAbzDB.) im Erstattungsverfahren wegen Verdienstausfalls (§ 93 Abs. 1 Ziff. 1 EinkStG.) aus? StA. 1928, 329.

1. Der Pflichtige hat im Falle des § 93 Abs. 4 für den Verdienstausfall keine Beweislast nach Art des Verfahrens im bürgerlichen Rechtsstreit; die Steuerbehörde hat auch ihrerseits alles zu tun, um den Sachverhalt zu erforschen und darf die Anforderungen über die vom Pflichtigen zu erbringenden Belege nicht überspannen. RFH. 1. Febr. 28 VI A 883/27 StuW. 1928 Nr. 265 = DStZ. 1928, 633 = StA. 1928, 314.
2. Ein gewerblicher Verlust kann auch unter dem Gesichtspunkt von § 56 nur ausnahmsweise zur Erstattung einbehaltener Lohnsteuer führen. RFH. 28. März 28 VI A 185/28 StuW. 1928 Nr. 257 = DStZ. 1928, 633 = StA. 1928, 182.
3. a) Erleiden nicht zu veranlagende Lohnsteuerpflichtige, die neben Lohneinkommen noch andere Einnahmen beziehen und für deren Veranlagung deshalb ein vom Kalenderjahr abweichender Steuerabschnitt gilt, bei den anderen Einnahmen bedeutende Verluste, die eine Erstattung gemäß § 56 rechtfertigen würden, so läuft die dreimonatige Antragsfrist des § 93 Abs. 3 frühestens von dem Ablauf des Steuerabschnitts.
   b) In solchen Fällen kann die Steuererklärung den Erstattungsantrag dann ersetzen, wenn in der Steuererklärung die bei den anderen Einnahmequellen erlittenen Verluste erkennbar zum Ausdruck gebracht werden. RFH. 9. Mai 28 VI A 316/28 RStBl. 1928, 265 = DStZ. 1928, 729 = StuW. 1928 Nr. 432.
4. Behandlung einer von einer Jubiläumsgabe zu Unrecht einbehaltenen Lohnsteuer. RFH. 23. Mai 28 VI A 454/28 StuW. 1928 Nr. 579.
5. Zur Anwendbarkeit des § 93 bei veranlagten Pflichtigen. RFH. 7. Sept. 28 VI A 930/28 StuW. 1928 Nr. 824.
6. § 93 Abs. 5 schließt die Erstattung von Lohnsteuer wegen Verdienstausfalls nur aus, wenn die auf die Zeit des Verdienstausfalls entfallenden, in der V. des Reichsministers der Finanzen vom 1. Dez. 1927 pauschal festgesetzten Beträge 4 *RM* nicht übersteigen. RFH. 19. Sept. 28 VI A 1151/28 StA. 1928, 344 = StuW. 1928 Nr. 825.

§ 94.

1. Die vom Kapitalbetrag einbehaltenen Steuerbeträge sind beim Vorliegen der Voraussetzungen von § 94 EinkStG. ungekürzt zu erstatten, wenn sie im Jahre 5 RM übersteigen. RFH. 3. Nov. 27 VI A 354/27 StA. 1928, 56.

§ 95.

1. Die entsprechend der Vorauszahlungspflicht geleisteten Zahlungen verlieren den Charakter als Vorauszahlungen nicht, auch wenn die endgültig geschuldete Einkommensteuer zunächst in Höhe der Vorauszahlungen festgesetzt, nachträglich aber herabgesetzt worden ist. Eine Verzinsung des nach der Änderung des Steuerbescheids zu erstattenden Betrags hat daher erst von der unabänderlich gewordenen anderweiten Festsetzung der Steuerschuld ab zu erfolgen. RFH. 23. Mai 28 VI A 664/27 RStBl. 1928, 263 = StuW. 1928 Nr. 580 = DStZ. 1928, 729.
2. Die Festsetzung der Vorauszahlungen im Einkommensteuerbescheid hat keine rückwirkende Kraft. RFH. 17. Okt. 28 VI A 461/28 RStBl. 1928, 379.

§ 102.

1. a) Einbehaltene Steuerabzüge vom Arbeitslohn oder Kapitalertrage sind auch dann auf die festgesetzte Steuerschuld anzurechnen, wenn an Stelle des Einkommens der Verbrauch zugrunde gelegt ist.

b) Zur Verwirklichung der Anrechnung hat der Pflichtige einen im Berufungsverfahren verfolgbaren Erstattungsanspruch.

c) überall da, wo ein Erstattungsanspruch begründet wäre, wenn eine geforderte Steuer bereits bezahlt ist, besteht ein im Berufungsverfahren verfolgbarer Anspruch auf die Feststellung, daß nicht bezahlt werden braucht. RFH. 15. März 28 VI A 627/27 S. 23, 191 = Ind.-Mitt. 1928, 227 = DJZ. 1928, 1409 = DStBl. 1928, 314 = StuW. 1928 Nr. 376 = DStZ. 1928, 633.

§ 104.

Lippmann, Die Bemessung der Abschreibungen nach der Restnutzungsdauer. ZStFR. 1928, 251.

1. Für die erste Veranlagung zur KörpStG. 1925 war bei einer Erwerbsgesellschaft an sich jedes einzelne Gebäude für sich zu bewerten. Sein in die Körperschaftsteuer-Eröffnungsbilanz einzusetzender Wert war gemäß §§ 104 ff. zu ermitteln und davon in der Schlußbilanz des Geschäftsjahrs die für jeden einzelnen Gegenstand zulässige Absetzung für Abnutzung vorzunehmen oder nach Wahl der Steuerpflichtigen der niedrigere gemeine Wert anzusetzen. Eine gruppenweise Zusammenfassung war nur insoweit zulässig, als das Finanzamt und die Steuerpflichtige über die Grundsätze der Zusammenfassung, über die Methode der Ermittlung der anzusetzenden Ausgangswerte und über die Grundsätze der Absetzung einverstanden waren und angenommen werden konnte, daß eine solche Zusammenfassung im wesentlichen zum gleichen Ergebnis führen würde wie eine Einzelbewertung. Auch wenn sich ein Einverständnis über die den einzelnen Gruppen zuzuweisenden Gebäude erzielen läßt, die nach den gleichen Grundsätzen bewertet werden

sollen, so ist in jedem Falle festzuhalten am Vermögensteuerwerte für 1925 als der Höchstgrenze der Bewertung für den Beginn des Körperschaftsteuerabschnitts in Gemäßheit des § 108 Abs. 2 EinkStG. RFH. 31. Jan. 28 I A 311/27 RStBl. 1928, 174 = RStBl. 1928, 187.

2. Durch die Vorschriften der §§ 104 ff. ist die Bilanzkontinuität in der Weise unterbrochen worden, daß auch für die der ersten Veranlagung nach dem EinkStG. 1925 folgenden Veranlagungen der Wert, mit dem ein Gegenstand des Betriebsvermögens in die nach § 105 maßgebende Anfangsbilanz eingesetzt worden ist und den die Steuerbehörde der Veranlagung zur Einkommensteuer 1925 zugrunde gelegt hat, als Anschaffungs- oder Herstellungspreis des Gegenstandes im Sinne der §§ 19, 20 EinkStG. gilt; ein Zurückgreifen auf einen vor dem 1. Jan. 1924 liegenden Anschaffungs- oder Herstellungspreis ist nicht mehr zulässig. Die Absetzungen wegen Abnutzung sind daher von jenem als Anschaffungs- oder Herstellungspreis geltenden Werte vorzunehmen und nach der Nutzungsdauer zu bemessen, die der Gegenstand vom Tage der nach § 105 maßgebenden Bilanz ab noch haben wird. RFH. 14. März 28 VI A 134/28 StuW. 1928 Nr. 267 = RStBl. 1928, 134 = DStZ. 1928, 538.

3. Da die Vermögensteuerwerte (§ 108 Abs. 2) den tatsächlichen Zustand der steuerpflichtigen Gegenstände am 1. Jan. 1925 berücksichtigen, kommen (anders wie bei Neuanschaffungen und Neuherstellungspreisen) Absetzungen für Abnutzung für die Zeit von der tatsächlichen Anschaffung des Gegenstandes bis zum Bilanzstichtage nicht mehr in Betracht. Es sind solche nur für die Restnutzungsdauer zu berechnen. RFH. 30. April 28 I A 397/27 RStBl. 1928, 262 — StuW. 1928 Nr. 582 = DStZ. 1928, 918 = StuW. 1928 Nr. 678 = DStBl. 1928, 555.

4. Bei Gebäuden, die nicht zu einem Betriebsvermögen gehören, ist zur Bemessung der Abnutzungsabsetzungen der gemeine Wert vom 1. Jan. 1925 auf die noch verbleibende Restnutzungsdauer zu verteilen. RFH. 23. Mai 28 VI A 244/28 RStBl. 1928, 292 = StuW. 1928 Nr. 583 = DStBl. 1928, 430 = DStZ. 1928, 730.

5. Zur Anwendung der Vorschriften der §§ 104—109 bei buchführenden Landwirten. RFH. 18. Nov. 27 VI A 186/27 StZbL. 1928, 60 = RStBl. 1928, 124.

6. Die Vorschrift des § 108 Abs. 2, wonach Gegenstände des Betriebsvermögens mit keinem höheren Werte angesetzt werden dürfen, als bei der Vermögensteuer 1925, gilt auch für buchführende Landwirte. Mangels anderer Unterlagen muß der Anteil am Einheitswerte des landwirtschaftlichen Betriebs, der auf einen Gegenstand des Betriebs entfällt, geschätzt werden. RFH. 22. Febr. 28 VI A 864/27 StuW. 1928 Nr. 184 = RStBl. 1928, 198 = StZbL. 1928, 248 = JW. 1928, 2392.

§ 105.

Lippmann, Die Unklarheiten der §§ 105 bis 109 des Einkommensteuergesetzes 1925 in bezug auf die Bemessung der Abnutzungsabsetzungen. ZStFR. 1928, 256.

§ 106.

1. In die Anfangsbilanz kann bei nach dem 31. Dezember 1923 angeschafften Gegenständen der Anschaffungspreis auch dann eingesetzt werden, wenn der gemeine Wert niedriger ist. RFH. 14. Dez. 27 VI A 761/27 DStZ. 1928, 247 = IndMitt. 1928, 126 = RStBl. 1928, 95 = StuW. 1928 Nr. 78 = StA. 1928, 249.

§ 107.

Fischer, Können Wertpapiere und Gesellschaftsanteile als Anlagekapital im Sinne von § 107 Abs. 2 Satz 2 EinkStG. behandelt werden? IndMitt. 1928, 432. — Kennerknecht, Zur Frage der Bemessung der Absetzungen für Abnutzung nach der Restnutzungsdauer. ZStFR. 1928, 191. — Ott, Die Anfangswerte der Steuereröffnungsbilanz und die Restnutzungsdauer als Bemessungsgrundlagen der Abnutzungsabsetzungen bei bebauten Grundstücken und Maschinen, die vor dem 1. Januar 1924 angeschafft oder hergestellt sind. StuW. 1928, 787.

1. Wertpapiere, die bei Beginn des Steuerabschnitts 1925 zu einem Betriebsvermögen gehörten, sind in jedem Falle nach § 107 Abs. 3 zu bewerten. RFH. 8. Febr. 28 VI A 374/27 IndMitt. 1928, 127 = DStZ. 1928, 342 = StA. 1928, 123 = StuW. 1928 Nr. 162 = DStBl. 1928, 212.

2. a) § 107 Abs. 2 Satz 1 versteht sich unbeschadet des § 108. Kann hiernach als Höchstwert nur der Vermögensteuerwert 1925 angesetzt werden, dann wird dadurch die Tatsache, daß grundsätzlich ein gemeiner Wert angesetzt ist, nicht berührt. Ist daher der so angesetzte Wert eines bebauten Grundstücks auf Grund und Boden und auf das Gebäude zu verteilen, so ist nicht auf die den Elementen des Vermögensteuerwerts zugrunde liegenden Verhältnisse in früheren Jahren zurückzugreifen, sondern der wirkliche gemeine Wert des bebauten Grundstücks zum Bewertungsstichtage sowie der damalige Wert der beiden Bestandteile festzustellen und im gleichen Verhältnis der Vermögensteuerwert auf Grund und Boden und Gebäude zu verteilen.

b) Von dem nach § 107 Abs. 2 Satz 1 sich berechnenden Werte für Gebäude, die zum Anlagekapitale gehören, dürfen bei der ersten Veranlagung zur Körperschaftsteuer nach dem KörpStG. 1925 keine Absetzungen für Abnutzungen für die zurückliegende Zeit vorgenommen werden. Jener Wert gilt als fiktiver Anschaffungs- und Herstellungspreis im Sinne der §§ 16 Abs. 2—4, 19 Abs. 2, 3, § 104. Von ihm sind die Absetzungen für Abnutzung für das nach dem Beginne des ersten Steuerabschnitts liegende Geschäftsjahr zu berechnen. RFH. 30. Mai 28 I A 152/28 S. 23, 269 = IndMitt. 1928, 262 = StuW. 1928 Nr. 581, 677.

3. In der Einkommensteuereröffnungsbilanz 1925 ist der Ansatz eines Geschäftswerts nicht zulässig. RFH. 17. Okt. 28 VI A 924/28 IndMitt. 1928, 420 = DStBl. 1928, 667 = StuW. 1928 Nr. 826.

§ 108.

Blümich, Zur Bewertung von Schulden in der Einkommensteuereröffungsbilanz. DStZ. 1928, 404. — Mirre, Zur Frage der Bilanzberichtigung (§ 108 Abs. 3 EinkStG.). DStZ. 1928, 772.

— *Olbertz, Aufwertungsforderungen und -schulden in der Einkommen- und Körperschaftsteuereröffnungsbilanz. ZStFR. 1928, 209.* — *Stamm, Bilanzberichtigung im Steuerinteresse. DStZ. 1928, 214.*

1. Bei der Ermittlung des Vermögensteuerwertes im Sinne des § 108 Abs. 2 bleibt ein gemäß § 14 RBewG.DB. 1925 bewährter Stilllegungsabschlag außer Betracht. Bei der Einkommen- und Körperschaftssteuerveranlagung ist nicht zu prüfen, welche Werte bei der Vermögensteuerveranlagung nach dem Gesetz hätten eingesetzt werden müssen, sondern maßgebend ist der tatsächlich bei der Vermögensteuerveranlagung eingesetzte Wert. RFH. 4. Nov. 27 I A 162/27 StA. 1928, 181.
2. Schulden dürfen in der Einkommensteuer-Eröffnungsbilanz mit keinem niedrigeren Wert angesetzt werden als bei der Veranlagung zur Vermögensteuer für 1925. RFH. 22. Nov. 27 I A 149/27 S. 22, 247 = JndMitt. 1928, 36 = StuW. 1928 Nr. 117.
3. Eine bei der Veranlagung für die Vermögensteuer 1925 als wertlos behandelte Forderung muß auch bei der Einkommensteuer mit Null im Betriebsvermögen angesetzt werden. RFH. 25. Jan. 28 VI A 860/27 RStBl. 1928, 98.
4. Die im § 109 vorgeschriebene sinngem. Anwendung der §§ 106 bis 108 bei andern als den in § 105 bezeichneten Steuerpflichtigen, die Einkünfte im Sinne des § 106 Abs. 1 Nr. 1—4 beziehen, erfordert die Anwendung des § 108 Abs. 2 auch bei Landwirten. RFH. 2. Febr. 28 VI A 864/27 DStBl. 1928, 386.
5. Behandlung von Forderungen, bezüglich deren am Bilanzstichtag ein Rechtsstreit schwebt. RFH. 14. März 28 VI A 662/27 = JndMitt. 1928, 226 = StuW. 1928 Nr. 412 = RStBl. 1928, 278 = JW. 1928, 2392 *(m. Bespr. v. Fleck).*
6. Zur Behandlung am Stichtag eingeklagter Forderungen in der Eröffnungsbilanz; Bedeutung der Berücksichtigung solcher Forderungen bei der Vermögensteuer. RFH. 14. März 28 VI A 568/27 JndMitt. 1928, 159 = StuW. 1928 Nr. 268 = DStZ. 1928, 633 = RStBl. 1928, 278.
7. Die nach § 42 der Durchführungsbestimmungen zum Reichsbewertungsgesetz festgesetzten Steuerkurse für Reichsanleihen usw. sind für die Einkommensteuereröffnungsbilanz nicht maßgebend. RFH. 25. April 28 VI A 227/28 StuW. 1928 Nr. 416, 584 = DStZ. 1928, 730 = JndMitt. 1928, 355 = DStBl. 1928, 556.
8. Tragweite der Nichtberücksichtigung eines zu einem Betriebsvermögen gehörenden Gutes bei der Veranlagung der Vermögensteuer 1925. Berichtigung einer Bilanz. RFH. 23. Mai 28 VI A 436/28 StuW. 1928 Nr. 585.
9. Eine Berichtigung der Werte der Anfangsbilanz 1925 ist noch im Rechtsmittelverfahren zulässig. RFH. 6. Juni 28 VI A 261/28 DStZ. 1928, 730 = StuW. 1928 Nr. 455.
10. Bei Anteilen an Erwerbsgesellschaften, die bei der Vermögensteuer nur mit der Hälfte des festgesetzten Steuerkurswerts oder ermittelten Verkaufswerts anzusetzen sind, ist § 108 Abs. 2 unanwendbar. Die Bewertung ist nicht etwa durch die vollen Steuerkurswerte oder Verkaufswerte begrenzt. RFH. 14. Juni 28 VI A 463/28 DStZ. 1928,

729 = IndMitt. 1928, 346 = StuW. 1928 Nr. 586 = DStBl. 1928, 555.

11. Ein Antrag auf Berichtigung der Anfangsbilanz nach dem neuen Einkommensteuergesetze kann auch noch bei einer Veranlagung in einem späteren Steuerabschnitte mit der Wirkung gestellt werden, daß die in der Anfangsbilanz zuzusetzenden Beträge der vorjährigen Endbilanz zuzusetzen sind, sofern diese Endbilanz bezüglich der in Betracht kommenden Gegenstände keine Veränderung gegenüber der Anfangsbilanz 1925 enthält. RFH. 11. Juli 28 VI A 693/28 StuW. 1928 Nr. 456 = IndMitt. 1928, 355.

12. a) Zweck des § 108 Abs. 1 ist, daß die Aufwertung als solche das Einkommen nicht berühren soll. Deshalb sind die Grundsätze des Abs. 1 auch auf Aufwertung von Forderungen und Schulden in späteren Steuerabschnitten anzuwenden.
b) Auch in späteren Steuerabschnitten sind Forderungen und Schulden, die im Laufe des Steuerabschnitts aufgewertet werden, in der Anfangsbilanz des Steuerabschnitts mit dem aufgewerteten Betrage (§ 108 Abs. 1 EinkStG.) anzusetzen. RFH. 10. Juli 28 I A 192/28 StuW. 1928 Nr. 852.

§ 110.

1. Für die Absetzungen wegen Abnützung von Gebäuden, aus denen Einkünfte nach § 38 erzielt werden, ist der gemeine Wert der Gebäulichkeiten nach den Verhältnissen zu Beginn des ersten Steuerabschnitts maßgebend, auch wenn die Absetzung für einen weiteren Steuerabschnitt zu bemessen ist. RFH. 25. April 28 VI A 418/28 RStBl. 1928, 200 = DStZ. 1928, 538 = DStBl. 1928, 378 = StuW. 1928 Nr. 433.

2. Zur Frage, ob und wie die preußische Hauszinssteuer bei der Ermittlung des gemeinen Wertes zu berücksichtigen ist. RFH. 27. Juni 28 VI A 686/28 RStBl. 1928, 309 = DStZ. 1928, 918 = StuW. 1928 Nr. 587.

§ 112.

1. § 112 findet keine Anwendung, wenn der Steuerpflichtige ein Einkommen von mehr als 15 000 *RM* erzielt hat, gleichviel, ob sein Vermögen 50 000 *RM* übersteigt oder nicht. RFH. 16. Nov. 27 VI A 296/27 S. 22, 164 = StA. 1928, 181.

2. Die Steuerbegünstigung des § 112 findet keine Anwendung auf die Fälle des § 17 Abs. 1 und 2. RFH. 29. Febr. 28 VI A 880/27 RStBl. 1928, 211.

3. Beiträge zur bayerischen ärztlichen Versorgungskasse fallen nicht unter § 112. RFH. 29. Febr. 28 VI A 880/27 StuW. 1928 Nr. 434.

§ 117.

1. Die in der V. vom 17. Febr. 1926 getroffenen Bestimmungen über die bei der Veranlagung für das Kalenderjahr 1925 vorzunehmenden Familienermäßigungen sind rechtsgültig. RFH. 30. Nov. 27 VI A 607/27 DStBl. 1928, 100 = StA. 1928, 89 = StuW. 1928 Nr. 79.

§ 128.

Burkhardt, Die Verzinsung zurückerstatteter Einkommen- und Körperschaftsteuer. DStZ. 1928, 529.

10.

Erbschaftssteuergesetz

vom 22. August 1925 (RGBl. I S. 320).

Groener, Erbschaftsteuergesetz. (Düsseldorf: Neue Brücke 1928). — Berolzheimer, Inwieweit unterliegt das freigegebene amerikanische Vermögen der deutschen Erbschaftsteuer? DStBl. 287. — Schmauser, Zur neueren Rechtsprechung in Erbschaftssteuersachen. StA. 1928, 143.

§ 2.

Mirre, Zusammentreffen von Nießbrauch mit elterlicher Nutznießung (Erbschaftsteuer). DVR. 1928, 161. — Schiefler, Das bäuerliche Anerbengut im Erbschaftsteuergesetz. StZdL. 1928, 115. — Warzel, Sind sogen. Erbschaftsteuerversicherungen durch das ErbStG. noch irgendwie begünstigt? DVR. 1918, 66.

1. Besteht unter den Beteiligten eine Ungewißheit über die Gültigkeit der Erbeinsetzung und wird diese Ungewißheit durch einen Vertrag im Wege gegenseitigen Nachgebens beseitigt, so ist ein solcher Vergleich über die Teilung des Nachlasses für die Finanzbehörde bindend, sofern nicht eine verschleierte Schenkung vorliegt. RFH. 28. Febr. 28 V e A 681/27 StuW. 1928 Nr. 588.
2. Versichert jemand seinen Angestellten auf den Todesfall zugunsten eines Dritten, so ist die ausgezahlte Versicherungssumme beim Tode des Angestellten in der Hand des Dritten der Erbschaftsteuer als Zuwendung des Erblassers zu unterwerfen. RFH. 12. Juni 28 V e A 788/27 S. 24, 18 = DStZ. 1928, 823 = DVR. 1928, 140 = DStBl. 1928, 556.

§ 3.

Kunze, Die verdeckte Schenkung im Steuerrecht. DStZ. 1928, 428. — Wietfeld, Aussteuer und Ausstattung. Die zivil- und steuerrechtliche Bedeutung. DStBl. 1928, 81. — Wolfbauer, Zur Frage der Schenkungsteuerpflicht. IndMitt. 1928, 252.

Abs. 1 Nr. 1.

1. Für die Schenkungssteuer ist die Frage der Bereicherung nicht nach Steuerrecht, sondern nach bürgerlichem Recht zu prüfen. RFH. 21. Okt. 27 V e 499/27 StZdL. 1928, 81.
2. Keine Schenkung, wenn der juristischen Übereignung eines Grundstücks die Übertragung des steuerlichen Eigentums (§ 80 Abs. 1 AO.) vorangegangen ist. RFH. 27. April 28 V e A 86/28 DVR. 1928, 124 = StuW. 1928 Nr. 590.
3. Vermutung der Annahme eines Schenkungsversprechens. RFH. 27. März 28 V e A 750/27 DVR. 1928, 126.

Abs. 1 Nr. 2.

4. Macht ein Gesellschafter einer Gesellschaft m. b. H. dieser freiwillig eine Zuwendung, um eine Unterbilanz abzuwenden, so ist nicht die Schenkungsteuer, sondern die Kapitalverkehrsteuer zu erheben. RFH. 20. Dez. 27 V e A 548/27 S. 22, 302 = IndMitt. 1928, 87 = StA. 1928, 90 = DVR. 1928, 46 = RStBl. 1928, 100 u. 101 = StuW. 1928 Nr. 81, 304.

5. Ist das Fortbestehen einer offenen Handelsgesellschaft oder — bei zweigliedriger Gesellschaft — ihres Unternehmens für den Fall des Todes eines jeden der Gesellschafter im Gesellschaftsvertrage vereinbart mit der Bestimmung, daß zum Nachlaß des Verstorbenen nur sein buchmäßiges Kapitalkonto gehört, so enthält der Zuwachs des Gesellschaftsanteils des Verstorbenen an die überlebenden (stille Reserven) keine freigebige Zuwendung, es sei denn, daß eine solche nach den besonderen Umständen des einzelnen Falles der Vereinbarung zu entnehmen ist. RFH. 8. Okt. 28 V e A 339/27 S. 24, 142 = Ind. Mitt. 1928, 423 = DStBl. 1928, 667.
6. Die Bereicherung, die auf Grund eines vom Schenkgeber mit einer Lebensversicherungsgesellschaft auf das Ableben eines Dritten abgeschlossenen Vertrags von dem Bedachten erlangt wird, besteht in der vereinnahmten Versicherungssumme, nicht in dem Werte der Leistungen des Schenkgebers gegenüber der Versicherungsgesellschaft (Prämienzahlungen). RFH. 18. Mai 28 V e A 832/27 S. 23, 242 = StuW. 1928 Nr. 457 = DVR. 1928, 157.
7. Gutsüberlassungsvertrag, Zeitpunkt der Übergabe, Feststellungen bei zweifelhafter Aufwertung einer Forderung (Schätzung). RFH. 21. Febr. 28 V e A 641/27 DVStR. 1928, 78.
8. Rechtswirksame Aufwertung über den *GM*-Betrag hinaus? RFH. 25. Nov. 27 V e A 578/27 DVR. 1928, 61.

Abs. 1 Nr. 3.

9. a) Wird bei einem Vertrage zugunsten eines Dritten der Versprechende unter einer Auflage beschenkt und erwirbt der Dritte unmittelbar durch den Vertragsschluß einen Anspruch gegen den Versprechenden auf Erfüllung der Auflage, so entsteht die Steuerschuld wegen der Schenkung des Versprechensempfänger an den Dritten nicht schon beim Erwerbe der Forderung durch diesen, sondern erst bei der Vollziehung der Auflage.
b) Wird bei einer Gutsübernahme vom Übernehmer eine Leistung an einen Dritten zur Abfindung versprochen, so entsteht nur insoweit eine Steuerpflicht des Dritten, als er durch Vollziehung der Auflage tatsächlich etwas erlangt. RFH. 17. Juli 28 V e A 263/28 S. 24, 25 = DStZ. 1928, 823 = DVR. 1928, 143 = StuW. 1928 Nr. 592 = DStBl. 1928, 556.

Abs. 5.

10. Schenkung eines Mietswohnhauses: Unterhaltszuwendung oder Ausstattung? RFH. 27. März 28 V e A 763/27 DVStZ. 78.
11. Vgl. auch zu § 8 GEStG. unter Nr. 1.

§ 5.

Heider, Erbschaftsteuerliche Behandlung der fortgesetzten Gütergemeinschaft, insbesondere beim Vorhandensein eines Anerbenguts. DStBl. 1928, 544.

1. Als Fortsetzung der ehelichen Gütergemeinschaft im Sinne des § 5 Abs. 1 ist auch eine landesrechtlich geordnete Konsolidation des Gesamtguts in der Hand des überlebenden Ehegatten

anzusehen. RFH. 10. Jan. 28 V e A 577/27 DVStR. 1928, 77 = StuW. 1928 Nr. 594.

2. Eine Aussetzung der Versteuerung kann bei Anwendung des § 5 auch im Falle des Beisitzrechts der Witwe und Kopfteilsrechts der Abkömmlinge nach bremischem Rechte nicht in Frage kommen. RFH. 28. Febr. 28 V e A 433/27 S. 23, 52 = DVR. 1928, 63 = StuW. 1928 Nr. 596.

3. § 5 Abs. 1 findet auch auf die Rechtsverhältnisse der statutarischen Nutznießung des württembergischen Landrechts Anwendung. RFH. 20. März 28 V e A 528/27 StuW. 1928 Nr. 593.

§ 7.

1. Ist der Nacherbe mit dem Vorerben in demselben Grade verwandt wie mit dem Erblasser und wird er zugleich mit dem Erwerbe der Nacherbschaft unmittelbar Erbe des Vorerben, so kann durch den Antrag nach § 7 Abs. 2 Satz 2, der Versteuerung das Verhältnis des Nacherben zum Erblasser zugrunde zu legen, nicht erreicht werden, daß die Erbschaftsteuer für die beiden Vermögensmassen, Nacherbschaft und eigenes Vermögen des Vorerben, getrennt berechnet wird; die Steuer ist vielmehr für das ganze Vermögen, das dem Nacherben durch den Tod des Vorerben zufällt, einheitlich zu berechnen. RFH. 21. Sept. 28 V e A 437/28 S. 24, 113 = DStBl. 1928, 608 = StuW. 1928 Nr. 827.

2. Stellt der Nacherbe nach § 7 Abs. 2 Satz 2 den Antrag, der Versteuerung das Verhältnis des Nacherben zum Erblasser zugrunde zu legen, so ist der Antrag für die Bestimmung der persönlichen Steuerpflicht nach § 8 a. a. O. nicht von Bedeutung. RFH. 30. Nov. 28 V e A 599/28 S. 24, 246.

3. Vgl. zu § 8 GrESt.

§ 11.

1. Keine Berichtigung eines rechtskräftigen StBescheids bei nachträglicher Geltendmachung des § 11 (Erfüllung einer wegen Formmangel nichtigen letzten Verfügung). RFH. 5. Juni 28 V e A 746/27 DVR. 1928, 192.

§ 12.

Wurzel, Sind sogen. Erbschaftsteuerversicherungen durch das ErbStG. noch irgendwie begünstigt? DVR. 1928, 66.

§ 14.

1. Entstehung der Steuerpflicht bei Nießbrauchbestellung. RFH. 27. März 28 V e A 750/57 DVR. 1928, 126.

2. Nachträgliche Änderung eines Schenkungsvertrages ist nicht zu berücksichtigen, wenn materiell nur die Verhältnisse der Beschenkten geändert werden. RFH. 4. Mai 28 V e A 223/28 StuW. 1928 Nr. 601 = DVR. 1928, 190.

3. Die steuerpflichtige Ausführung der Schenkung eines Grundstücks durch Auflassung wird durch eine spätere Rückauflassung nicht berührt. RFH. 11. Mai 28 V e A 836/27 LZ. 1928, 914 = RStBl. 1928, 270 = DStBl. 1928, 378 = DStZ. 1928, 919 = DVR. 1928, 142 = StuW. 1928 Nr. 602 = JW. 1928, 1838.

4. Wenn ein Miteigentümer seinen Anteil am Versteigerungserlös eines Grundstücks verschenkt, bezüglich dessen zur Zeit der Schenkung das Zwangsversteigerungsverfahren zum Zwecke der Auseinandersetzung schwebt, so ist die Bereicherung nach dem schließlichen Versteigerungserlös zu bewerten. RFH. 16. Juni 28 V e A 216/28 (n. v.).
5. Für die Frage der Bereicherung durch Schenkung oder Erbgang steht der Erwerb des Eigenbesitzes dem Erwerbe des bürgerlich-rechtlichen Eigentums gleich. RFH. 31. Jan. 28 V e A 780/27 S. 22, 348 = DJZ. 1928, 666 = DVR. 1928, 62 = StuW. 1928 Nr. 139 u. 163.
6. Wenn Eltern einem Kinde bei der Verheiratung eine jährliche Zulage versprechen, so ist es allerdings rechtlich nicht ausgeschlossen, daß damit nach Absicht der Vertragschließenden ein Rentenstammrecht begründet werden soll; nur in Ausnahmefällen wird aber ein solches Versprechen als Leibrentenversprechen aufgefaßt werden können. Im Zweifel ist anzunehmen, daß die Zulage unter dem stillschweigenden Vorbehalte gleichbleibender Verhältnisse versprochen wird. Bei solchem Vorbehalt liegt kein Leibrentenversprechen vor. Das Schenkungsversprechen wird dann durch die einzelnen regelmäßig erfolgenden Zuwendungen erfolgen. Mit jeder einzelnen Zuwendung tritt erst die Steuerpflicht ein. RFH. 17. April 28 V e A 757/27 StuW. 1928 Nr. 600 = DStBl. 1928, 379.

§ 15.

1. Im Falle des § 5 Abs. 1 (fortgesetzte Gütergemeinschaft) ist der überlebende Ehegatte zur Abgabe einer Steuererklärung verpflichtet, er haftet auch für die Erbschaftsteuer der Abkömmlinge, obwohl er selbst nicht steuerpflichtig ist. RFH. 14. März 28 V A 571/27 RStBl. 1928, 126 Nr. 231 = DVR. 1928, 95.
2. Der Erbe haftet nicht für die Steuerschuld dessen, der auf Grund eines vom Erblasser geschlossenen Vertrags unter Lebenden mit dem Tode des Erblassers unmittelbar von einem Dritten einen Vermögensvorteil erworben hat. RFH. 5. Okt. 28 V e A 623/28 S. 24, 135 = RStBl. 1928, 336 = DStBl. 1928, 608.

§ 18.

Albrecht, Sind Jubiläumsgeschenke einkommen- oder schenkungsteuerpflichtig? ZStFR. 1928, 31. — Zeine, Steuerliche Behandlung der Pensionsversorgung von Arbeitnehmern durch Arbeitgeber. DStZ. 1928, 1085.

Abs. 1 Nr. 11.

1. Der Mangel einer letztwilligen Verfügung des Erblassers schließt die Gewährung der Steuerbefreiung des § 18 Abs. 1 Ziff. 11 nicht aus. RFH. 21. Dez. 27 V e A 782/27 S. 22, 303 = DVR. 1928, 29 = StZbL. 1928, 36 = StuW. 1928 Nr. 269 = StA. 1928, 184 = DJZ. 1928, 598 = JW. 1928, 1698 *(m. Bespr. v. Wassertrüdinger).*

Abs. 1 Nr. 14.

2. Elterlicher Zuschuß, Zuwendungen zum Unterhalt an die verheiratete Tochter. RFH. 17. April 28 V e A 757/27 LZ. 1928, 986 = DVR. 1928, 125 = StuW. 1928 Nr. 600.

Abs. 1 Nr. 15.

3. Unter Ruhegehalten und ähnlichen Leistungen werden Leistungen verstanden, die, sei es auch ohne rechtliche Verpflichtung, an Angestellte oder Bedienstete als Vergütung, Entlohnung für früher geleistete Dienste gewährt werden. Voraussetzung für die Steuerfreiheit im Sinne der Vorschrift ist nicht nur, daß objektiv eine solche Entlohnung vorliegt, sondern daß sie auch subjektiv vom Zuwendenden gewollt ist. RFH. 27. April 28 V e A 710/27 StuW. 1928 Nr. 603 = DVR. 1928, 158.
4. Vermächtnis eines Kaufrechts an Angestellte (auch zu § 18 Abs. 1 Nr. 15). RFH. 10 Juli 28 V e A 314/28 DVR. 1928, 191.
5. Der Anerkennung eines einem gewerblichen Unternehmen angeschlossenen Unterstützungskassenvereins für Angestellte, der in der Hauptsache die Altersversorgung seiner Mitglieder bezweckt, als Unterstützungskasse im Sinne des § 18 Abs. 1 Ziff. 15 steht nicht entgegen, daß die Mitglieder selbst regelmäßige Beiträge zur Kasse zu leisten haben und den Berechtigten die Altersversorgung in Form einer einmaligen Kapitalabfindung gewährt wird. RFH. 21. Sept. 28 V e A 486/28 S. 24, 108 = IndMitt. 1928, 390 = RStBl. 1928, 336 = DStBl. 1928, 609 = StuW. 1928 Nr. 828.

Abs. 1 Nr. 16.

6. Zuwendung anläßlich einer erst bevorstehenden Gelegenheit. RFH. 21. Okt. 27 V e A 521/27 DVR. 1928, 30.
7. Jubiläumsgeschenke. RFH. 11. Mai 28 V e A 181/28 DStZ. 1928, 538.

Abs. 1 Nr. 19 b.

8. Verbreitung „universeller Nächstenliebe" nicht befreit. RFH. 21. Okt. 27 V e A 452/27 DVR. 1928, 31.

Abs. 2.

9. Die Feststellung, daß im einzelnen Falle eine freigebige Zuwendung unter Lebenden zum Zwecke des Unterhalts den Vermögensverhältnissen und der Lebensstellung des Bedachten entspricht, liegt auf tatsächlichem Gebiet und ist deshalb grundsätzlich — vgl. aber § 6 AO. — der Nachprüfung durch den RFH. entzogen. RFH. 28. Okt. 27 V e A 415/27 StZbL. 1928, 56 = StA. 1928, 184 = JW. 1928, 2398 *(m. Bespr. v. Philipsborn).*

§ 21.

Marcus, Welche Abzüge sind von dem Erwerbe von Todes wegen bei der Erbschaftsteuer zulässig? DStZ. 1928, 308.

1. Ist der für die Berechnung des Wertes einer Schenkung maßgebende Stichtag nicht genau feststellbar, so ist er im Wege der Schätzung zu ermitteln. RFH. 22. Juli 27 V e A 404/27 (n. v.).

§ 22.

Berolzheimer, Besteuerung des freigewordenen amerikanischen Vermögens. ZStFr. 1928, 58. — Kennerknecht, Zur Frage der Erbschaftsteuerpflicht der von Amerika freigegebenen deutschen Vermögen. DStBl. 1928, 355.

1. Der Nachweis der Aufwertung einer Papiermarkhypothek ist auch dann gemäß § 54 RBewVermStDurchfBest. 1925 als erbracht anzusehen, wenn die Aufwertung nach dem Tode des Erblassers erweislich zwischen Gläubiger und Erben für den Stichtag erfolgt ist. RFH. 3. Juli 28 V e A 174/28 S. 24, 16 = DStZ. 1928, 823 = DVR. 1928, 159 = DStBl. 1928, 609.
2. Auf die Bewertung einer Schenkung durch Einräumung eines Nießbrauchs an vom Schenker begründeten Forderungen sind die Bestimmungen in § 57 Abs. 2 der DurchfBestzRBewG. und VermStG. für 1925 entsprechend anzuwenden. RFH. 27. März 28 V e A 142/27 StuW. 1928 Nr. 599.
3. Der § 22 Abs. 2 Satz 2 bezieht sich nicht auf den Fall, daß der Erbe eine andere Bewertung des Nachlaßgrundstücks verlangt, weil sich der Wert durch den Tod des Erblassers verändert habe. Die Frage, ob bei der Bewertung auf den Stichtag die persönlichen Beziehungen des Erblassers oder des Erben zu dem Nachlaßgrundstück maßgebend sind, kann nicht lediglich nach den Vorschriften des Reichsbewertungsgesetzes entschieden werden. Es handelt sich vielmehr um einen Grundsatz des Erbschaftsteuergesetzes. Derartige Fragen zu entscheiden ist der Grundwertausschuß nicht berufen. RFH. 20. März 28 V e A 488/27 StuW. 1928 Nr. 606.

§ 23.

1. Bei der Bewertung der Erbteile minderjähriger Kinder ist der Wert des Rechts auf den Nießbrauch, das bis zur Volljährigkeit dem überlebenden Elternteil vermacht worden ist, ohne Rücksicht auf dessen gesetzliches Nutznießungsrecht abzusetzen. RFH. 27. März 28 V e A 459/27 S. 23, 166 = DVR. 1928, 95 = DJZ. 1928, 1409 = StuW. 1928 Nr. 597.
2. Familienrechtliche Nutzung bleibt unbeachtet. RFH. 27. März 28 V e A 750/27 DVR. 1928, 126.
3. Behandlung eines Anerben nach hannoverischem Höferecht. RFH. 20. Mai 28 V e A 163/27 StuW. 1928 Nr. 605.
4. Schenkt ein Ehemann sein Grundstück seiner Ehefrau und wird dabei über Übernahme der persönlichen Hypothekenschulden nichts ausdrücklich vereinbart, so spricht die tatsächliche Vermutung dafür, daß der Ehemann von den persönlichen Schulden befreit sein soll. Wird diese Vermutung nicht widerlegt, so ist anzunehmen, daß das Grundstück unter der Auflage, daß die Ehefrau die Schulden übernimmt, geschenkt ist. RFH. 17. Juli 28 II A 292/28 RStBl. 1928, 315.
5. Berücksichtigung nichtbeurkundeter Abrede (Schuldübernahme) bei Gutsüberlassungsvertrag. RFH. 3. Juli 28 V e A 143/28 DVR. 1928, 189.
6. Nachlaßverbindlichkeiten: Vom Erblasser zu Lebzeiten versprochene Nachlaßschuld. RFH. 19. Juni 28 V e A 84/28 DVR. 1928, 174.
7. Bei einem Gutsüberlassungsvertrage ist der Erwerber, der Kosten, Stempel, Grunderwerbsteuer und sonstige mit dem Vertrage zusammenhängende Steuern übernimmt, in Höhe ihrer Beträge weniger bereichert. RFH. 3. April 28 V e A 352/27 DVR. 1928, 173.

8. Dem Unterhaltsverpflichteten bezahlte Kosten der Krankheit des Erblassers sind keine Nachlaßverbindlichkeiten. RFH. 25. Nov. 27 V e A 578/27 DVR. 1928, 61.

§ 24.

1. Bei der fortgesetzten westfälischen Gütergemeinschaft ist dem anteilsberechtigten Abkömmling ein anteilsmäßiger Abzug nach § 24 zuzubilligen. RFH. 14. Febr. 28 V e A 726/27 DStBl. 1928, 212 = StuW. 1928 Nr. 607 = StZblL. 1928, 124 = DVR. 1928, 77.
2. Abzug für Dienstleistungen (nur ersparter Barlohn). RFH. 17. April 28 V e A 750/27 DVR. 1928, 126.
3. Keine Nachprüfung der Angemessenheit durch den Reichsfinanzhof. RFH. 19. Juni 28 V e A 211/28 StuW. 1928 Nr. 608.
4. Wenn in einem Erbschafts- oder Schenkungsteuer-Veranlagungsverfahren persönliche Verhandlungen mit dem Steuerpflichtigen geführt werden, so ist das Finanzamt verpflichtet, auf die Zulässigkeit des Antrags auf Abzug eines Betrags für Dienstleistungen hinzuweisen, sofern der Sachverhalt hinreichenden Anlaß dazu bietet. RFH. 7. Dez. 28 V e A 654/28 (n. v.).

§ 34.

1. Gegen die Ablehnung des Antrags des Pflichtigen auf Aussetzung der Versteuerung bis zum Erlöschen des Nutzungsrechts ist das ordentliche Rechtsmittelverfahren gegeben. RFH. 28. Sept. 28 V e A 404/28 (n. v.).

§ 36.

1. Waren einem Erbschaftsteuerpflichtigen Verbindlichkeiten vor Erlaß des Steuerbescheids bekannt, hat er aber in Unkenntnis über die Abzugsfähigkeit deren rechtzeitige Anmeldung unterlassen, so hat er keinen Anspruch auf Berichtigung des Steuerbescheids i. S. des § 36. RFH. 19. Juni 28 V e A 191/28 S. 23, 185 = DVR. 1928, 143 = StuW. 1928 Nr. 608 = JW. 1928, 2298 (m. Bespr. v. Bühler) = DVR. 1928, 160 = DStBl. 1928, 609. *(m. Bespr. v. Bühler).*

§ 43.

Mirre, Zur Auslegung des § 43 ErbStG. DVR. 1928, 1.

1. Das neue Gesetz will angewendet werden auf Erwerbe, bei denen die Steuerschuld nach dem 31. Dez. 1924 entstanden ist. Dieser Fall kann unter Umständen auch dann eintreten, wenn der Erblasser bereits früher gestorben ist, besonders also bei der Nacherbfolge. Dann kommt es nach § 14 Abs. 1 Nr. 1 h darauf an, wann der Vorerbe stirbt. Tritt dessen Tod nach dem 31. Dez. 1924 ein, so ist auch die Beerbung des bereits unter der Herrschaft früherer Gesetze gestorbenen Erblassers nach dem neuen Rechte zu beurteilen. RFH. 20. März 28 V e A 803/27 = DVR. 1928, 95 = StuW. 1928 Nr. 609.
2. Die Steuerpflicht des Nacherben bestimmt sich nach dem ErbschStG. vom 3. Juni 1906, wenn der Erblasser während der zeitlichen Geltungsdauer dieses Gesetzes, der Vorerbe aber vor dem 1. Januar 1925 gestorben ist. RFH. 31. Jan. 28 V e A 411/27 S. 22, 346 = DStBl. 1928, 258 = StA. 1928, 184.

3. Nach dem Bremischen Gesetz betr. den Güterstand der vor dem Inkrafttreten des Bürgerlichen Gesetzbuchs geschlossenen Ehen vom 18. Juli 1899 erlangen die Abkömmlinge mit dem Tode des vorverstorbenen Ehegatten einen unmittelbaren, wenn auch durch das Beisitzrecht der Witwe beschränkten Erbanspruch. RFH. 20. Jan. 28 V e A 398/27 StuW. 1928 Nr. 595.
4. Vgl. zu § 1 AO. Nr. 2.

11.
Gesetz über den Finanzausgleich zwischen Reich, Ländern und Gemeinden
vom 27. April 1926 (RGBl. I S. 203) und abgeändert durch Gesetz vom 9. April 1927 (RGBl. I S. 91).

Haekel, Das Problem des endgültigen Finanzausgleichs. RuPrVBl. 1928, 857. — Miller, Wie nimmt der Generalagent für deutsche Reparationszahlungen zu den Tatsachen des Finanzausgleichs Stellung? (München: Duncker & Humblot 1928.) — Schmalz, Der Finanzausgleich des Reiches für 1928. IndMitt. 1928, 377. — Stenger, Der Finanzausgleich. (München: Bayer. Kommunalschr.-Verlag 1928).

§ 1.

Rusch, Kann die eigene Gemeinde zu den Gemeindesteuern herangezogen werden? PrVBl. 1928, 454.

§ 8.

Hog-Arens, Die preußische Gewerbesteuer. (Berlin: Heymann 1928). — Abraham, Der treuhänderische Besitz von Anteilen an Gesellschaften mit beschränkter Haftung im Verhältnis zu § 5 Abs. 2 der preußischen Gewerbesteuerverordnung. IndMitt. 1928, 446. — Derselbe, Die Behandlung der Aufwertungspassiv-Hypotheken und ihrer Zinsen bei der preußischen Gewerbesteuer. Ind.-Mitt. 1928, 217. — Derselbe, Zum Begriff der Betriebsstätte im preußischen Gewerbsteuerrecht IndMitt. 1928, 403. — Burkhardt, Das Problem der Zurechnung von Schulden und Schuldzinsen bei der Gewerbesteuer. IndMitt. 1928, 56. — Freundlich, Die Hinzurechnung der Zinsen bei der Gewerbesteuer. DStZ. 1928, 903. — Kracht, Gehören aufgewertete Hypothekenschulden zum Gewerbekapital bzw. deren Zinsen zum Gewerbeertrag? IndMitt. 1928, 221. — Mirow, Der Begriff der sogen. „freien Berufe" im Sinne des preußischen Gewerbesteuerrechts. IndMitt. 1928, 449. — Derselbe, Sind bei der Veranlagung zur Gewerbesteuer die Vergütungen der Aufsichtsratsmitglieder der Lohnsumme gemäß § 8 der Gewerbesteuerordnung hinzuzurechnen? IndMitt. 1928, 222. — Derselbe, Aus der neuesten Rechtsprechung des preußischen Oberverwaltungsgerichts auf dem Gebiete des Gewerbesteuerrechts. IndMitt. 1928, 410. — Derselbe, Dürfen bei

Veranlagung zur Gewerbesteuer die Bezüge des Gesellschafters einer Gesellschaft m. b. H., welche er als Geschäftsführer erhält, vom Gewerbeertrage der Gesellschaft in Abzug gebracht werden? Ind.-Mitt. 1928, 181. — Derselbe, Ist die Körperschaftsteuer bei der Veranlagung zur Gewerbesteuer vom Gewerbeertrag abzugsfähig? IndMitt. 1928, 26. — Robert, Eine Firma, die ihren gewerblichen Betrieb verpachtet, unterliegt in der Regel mit dem daraus erzielten Pachtvertrage nicht der preußischen Gewerbesteuer. IndMitt. 1928, 190. — Rohde Die Zerlegung der Betriebe in einen steuerfreien und einen steuerpflichtigen Teil bei der preußischen Gewerbesteuer. DStBl. 1928, 600. — Weinhold, Aus der Praxis des Gewerbesteuerrechts. RuPrVBl. 1928, 649. — Derselbe, Veredelung der Hausiersteuer. RuPrVBl. 1928, 274.

Michael, Die Abzugsfähigkeit des Mietertragsanschlags der Räume gemäß Art. 10 Abs. 5 bayer. GewStG. DStBl. 1928, 546. — Sienz, Abzug der Friedensmiete in der bayerischen Gewerbsteuer. DStZ. 1928, 910. — Wassermann, Die bayerische Gewerbesteuer. IndMitt. 1928, 379.

Burkhardt, Praktische und rechtliche Fragen aus dem Gebiete der preußischen Hauszinssteuer. ZStFR. 1928, 227. — Ölrichs, Neuregelung der Hauszinssteuer. Gedanken zum Entwurf eines Gebäudeentschuldungssteuergesetzes. IndMitt. 1928, 150. — Richter, Die für gewerbliche Grundstücke geltenden besonderen gesetzlichen Bestimmungen über Ermäßigung, Stundung und Niederschlagung der Hauszinssteuer. DStZ. 1928, 421.

§ 11.

1. Verteilung von Einkommensteuer: Sommerwohnung als zweiter Wohnsitz. RFH. 24. Sept. 27 VfB 12/27 RuPrVBl. 49, 478.

§ 12.

1. Wesen der Bremischen Firmensteuer als Gewerbesteuer. Geltendmachung dieser Eigenschaft im Wege der Doppelsteuerbeschwerde nach § 12. RFH. 20. Juni 27 IfB 2/27 RuPrVBl. 49, 481.

§ 13.

Endres, Die Entscheidungen des Bayerischen Verwaltungsgerichtshofes zur Bahnzollfrage. IndMitt. 1928, 381. — Stritzke, Wege- und Brückenzoll in Bayern unter besonderer Berücksichtigung des bayerischen Bahnzolls. IndMitt. 1928, 383.

§ 14.

Markull, Die Vergnügungssteuer und der Reichsrat. PrVBl. 1928, 424. — Seidel, Filmindustrie und Lustbarkeitssteuer. DJZ. 1928, 238.

§ 15.

Bälz, Gemeindebiersteuer nach § 15 des Finanzausgleichsgesetzes. Was ist unter Steuersenkung nach § 15 Abs. 2 FinAusglG. zu verstehen? IndMitt. 1928, 889.

§ 18.

Braun, Bodenreform — Bodenrente — Wertzuwachssteuer. Zur preußischen Wertzuwachssteuermusterordnung. DStBl. 1928, 157. — Daßler, Die sächsische Wertzuwachssteuer. (Freiberg, Sa., Mankirch 1928). — Markull, Das Reichs- und Landesrecht der Zuwachssteuer. Eine Selbstanzeige. StuW. 1928, 1217/18. — Rohde, Neues auf dem Gebiete der Wertzuwachssteuer. Neue Steuerordnung für Berlin. Neues Muster der preußischen Minister. DStZ. 1928, 523. — Derselbe, Die Landwirtschaft in den städtischen Wertzuwachssteuerordnungen. DStZ. 1928, 995.

1. a) § 18 versteht den Begriff „Eigentum" in bürgerlich-rechtlichem Sinne.
b) Den Ländern und Gemeinden (Gemeindeverbänden) steht es nicht frei, den Begriff anders zu bestimmen.
c) Das anhaltische Wertzuwachssteuergesetz vom 7. Mai 1926 (GS. S. 25) versteht den Begriff „Eigentum" ebenfalls in bürgerlich-rechtlichem Sinne. RFH. 24. Aug. 28 II A 405/28 S. 24, 85 = StA. 1928, 345 = StuW. 1928, 752.

§ 20.

Boldt, Inwieweit ist die Heranziehung juristischer Personen zur Kirchensteuer und zu kirchlichen Abgaben in Preußen zulässig? DStZ. 1928, 708. — Deiter, Eine wichtige Entscheidung auf dem Gebiete des Kirchensteuerrechts. StZdL. 1928, 198. — Mirow, Beiträge zur bevorstehenden Veranlagung der Kirchensteuer. DStZ. 1928, 304. — Derselbe, Die akzessorische Eigenschaft der Kirchensteuer und ihre Folgen nach der Neuregelung der Einkommensteuer durch das Reichseinkommensteuergesetz. StA. 1928, 202.

§ 28.

1. Verteilung von Körperschaftsteuersoll: Bloßes Anschlußgleis keine selbständige Betriebsstätte, sondern nur Erstreckung der Hauptbetriebsstätte auf die Nachbargemeinde. Keine Beteiligung der Wohngemeinde des leitenden Direktors trotz Telephonanlage. RFH. 22. Sept. 27 V f B 1/27 RuPrVBl. 49, 479.
2. Verteilung von Körperschaftsteuer: Straßenbahnnetz als einheitliche Betriebsstätte; keine Betriebsstätte eines Elektrizitätswerkes in Gemeinden, wo nur Strom ohne dessen Abgabe durchgeleitet wird; Leitungsnetz im übrigen einheitliche Betriebsstätte. Einheit des einen Straßenbahnbetrieb und ein Elektrizitätswerk umfassenden Unternehmens einer Aktiengesellschaft. RFH. 22. Sept. 27 V f B 3/27 RuPrVBl. 49, 480.
3. Verteilung der Körperschaftsteuer unter mehrere Gemeinden: Grube und Fabrik, durch Werkbahn verbunden, als einheitliche Betriebsstätte im Sinne von § 28 Abs. 3 FinAusglG. RFH. 22. Sept. 27 V f B 5/27 RuPrVBl. 49, 478.

§ 36.

1. Das Sächs. Gesetz vom 27. Mai 1926, Steuer- und Gebührenfreiheit von Wohnungsbauten betreffend (Sächs. GBl. S. 122), findet auf die Grunderwerbsteuer keine Anwendung, wohl aber auf die Zuschläge zur Grunderwerbsteuer. RFH. 1. Juni 28 II A 256/28 StuW. 1928 Nr. 610.

§ 38.

1. Gemeindezuschläge zur Grunderwerbsteuer und § 38 FinAusglG. RFH. 21. Okt. 27 II A 402/27 StA. 1928, 184.

§ 57.

Bleyer, Das Steuerrecht der bayr. Gemeinden, Bezirke und Kreise auf der Grundlage des Finanzausgleichsges. und des bayr. Vollzugsgesetzes (Ansbach: C. Brügel & Sohn A.G.). — Koch, Landesfinanzausgleich in Preußen, Bayern u. Sachsen (München: Beck 1928).

§ 61.

Koch, Die neue Verordnung über Finanzstatistik. StA. 1928, 257.

12.

Verordnung über die Gesellschaftsteuer bei der Aufstellung von Goldbilanzen

vom 1. Dezember 1924 (RGBl. I S. 700).

§ 1.

1. Die Deckung des Verlustes an dem in Goldmark umgerechneten Eigenkapital einer Aktiengesellschaft mittels des Erlöses aus Aktien, die vor der Goldumstellung geschaffen, aber erst nach der Goldumstellung verwertet sind, unterliegt dem ermäßigten Steuersatze des § 13 zu b KVG. nur dann, wenn die Absicht der Verlustdeckung aus der Goldmarkeröffnungsbilanz selbst hervorgeht, nämlich wenn die noch unbegebenen Aktien auf der Aktivseite der Goldmarkeröffnungsbilanz als Aktivposten eingestellt sind. RFH. 10. Jan. 28 II A 429/27 RStBl. 1928 S. 64 Nr. 135).
2. Zur Anwendung des § 1 reicht es nicht aus, daß durch die Verwertung von Vorratsaktien objektiv ein Verlust am Eigenkapital gedeckt ist; vielmehr muß die Mitumstellung und Beibehaltung der Vorratsaktien erfolgt sein, um durch ihre Verwertung den Verlust ganz oder teilweise zu decken. RFH. 11. Nov. 27, 10. Jan. 28 II A 429/27 StuW. 1928 Nr. 310.
3. § 1 Abs. 1 der V. v. 1. Dez. 1924 kann nur Anwendung finden bei der Deckung von Kapitalverlusten, die bei der Umstellung der Bilanzen auf Gold hervorgetreten sind, nicht aber bei später eingetretenen Verlusten, mag auch die Kapitalerhöhung noch in Grenzen des bei der Umstellung hervorgetretenen Kapitalverlustes bleiben. RFH. 9. Okt. 28 II A 82/28 RStBl. 1928, 351 — DVR. 1928, 185.

13.

Verordnung über Goldbilanzen

vom 28. Dezember 1923 (RGBl. I S. 253).

Feilchenfeld, Die gegenwärtig noch beachtlichen Bestimmungen der Goldbilanzverordnung (Kapitalentwertungskonto-Splitteraktion). DStZ. 1928, 586.

1. Unterschied von Handelsbilanz und Steuerbilanz. RGSt. 4. April 27 II 104/27 E. 61, 275.

14.

Grunderwerbsteuergesetz

vom 11. März 1927 (RGBl. I S. 72).

Hagelberg-Krämer, Das Grunderwerbsteuergesetz, 2. Aufl. Berlin: Haber 1928. — Wietfeld, Die Rechtsprechung des Reichsfinanzhofs zum Grunderwerbsteuergesetz. ZSFFr. 1928, 115.

§ 1.

Boethke, Abgabe des Meistgebots in der Zwangsversteigerung und Grunderwerbsteuer. DStBl. 1928, 361. — Meilicke, Der Begriff des Eigentumsüberganges am Grundstücke im Grunderwerbsteuerrecht. ZStFr. 1928, 264.

1. Erwirbt jemand nacheinander von den Erben alle Nachlaßanteile, so wird er mit dem Erwerbe des letzten Anteils ohne Auflassung Alleineigentümer der zum Nachlasse gehörigen Grundstücke. RFH. 12. Okt. 27 II A 456/27 DStBl. 1928, 168 = DBR. 1928, 58.
2. Schwarzverkauf ohne behördliche Genehmigung. RFH. 8. Juni 28 II A 213/28 DBR. 1928, 136.
3. a) In Württemberg waren die Familien-Fideikommißbesitzer, wie in Preußen (RFH. Bd. 20 S. 267) Volleigentümer, nur beschränkt durch die Rechte der Familie.
   b) In Bayern wurden die Fideikommißbesitzer Volleigentümer jedenfalls infolge der Auflösung der Fideikommisse mit dem 1. Okt. 1919.
   c) Deshalb tritt in Württemberg und Bayern Steuerpflicht ein, wenn ein Anwärter, dem zum Ausgleiche für seine bisherigen Rechte Grundbesitz zugeteilt ist, als Eigentümer im Grundbuch eingetragen wird. RFH. 19. Okt. 28 II A 344/28 DStBl. 1928, 667.

§ 2.

1. Berechtigungen im Sinne des § 2 sind alle Vermögensobjekte. RFH. 28. Juni 28 II A 304/28 DBR. 1928, 119 = StuW. 1928 Nr. 614.

§ 3.

B o e t h k e, Steuerliche Ersatztatbestände. DStBl. 1928, 238. — B u r k h a r d t, Praktische Steuerfragen bei Grundstücksgesellschaften. DStZ. 1928, 720. — W i e t f e l d, Zur Frage der gesamtschuldnerischen Haftung für die Grunderwerbsteuer nach §§ 3 u. 5 GrunderwStG. DVerkStR. 1928, 145. — D e r s e l b e, Die Rechtsprechung des Reichsfinanzhofs zum Grunderwerbsteuergesetz (Schwarzkäufer, Vereinigung nach § 3). ZStFr. 1928, 61.

1. Hat jemand alle Anteile einer Grundstücksgesellschaft m. b. H. in seiner Hand vereinigt zu einer Zeit, als ein früher auf den Namen der Gesellschaft im Grundbuch eingetragenes Grundstück infolge Verkaufs und Auflassung auf den Erwerber schon umgeschrieben war, stellt sich aber nachträglich die Nichtigkeit des Kaufvertrags und der Auflassung heraus und muß das Grundbuch entsprechend berichtigt werden, so ist die Rechtslage so zu beurteilen, daß das Grundstück zur Zeit der Anteilsvereinigung in einer Hand zum Vermögen der Gesellschaft gehört hat und eine Steuererhebung aus § 3 GrunderwStG. ist gerechtfertigt. RFH. 13. April 28 II A 593/27 StuW. 1928 Nr. 378 = DVR. 1928, 120.
2. Nach dem Zwecke und der wirtschaftlichen Bedeutung des § 3 tritt Steuerpflicht auch dann ein, wenn sämtliche Anteile einer Personenvereinigung mit Grundbesitz in der Hand einer Person vereinigt werden, die vorher nicht Teilhaber der Personenvereinigung gewesen ist. RFH. 16. März 28 II A 69/28 DStZ. 1928, 539 = StuW. 1928 Nr. 377 = JW. 1928, 2602.
3. Vereinigung von Gesellschaftsanteilen in einer Hand. § 3 (66), Voraussetzungen für die Steuerpflicht. Rückerwerb des letzten Anteils. RFH. 16. Juni 28 II A 258/28 DVR. 1928, 120 = DStZ. 1928, 919 = StuW. 1928 Nr. 615 = DStBl. 1928, 556.
4. Geht bei Auflösung einer offenen Handelsgesellschaft deren Vermögen in das Alleineigentum eines Gesellschafters über, so findet auf die der offenen Handelsgesellschaft gehörig gewesenen Grundstücke § 3 nicht Anwendung. RFH. 30. Dez. 27 II A 515/27 S. 22, 312 = IndMitt. 1928, 163 = StuW. 1928 Nr. 281.
5. Der Senat dehnt den vorstehenden, im Bd. 22 S. 312 aufgestellten Rechtsgrundsatz der Nichtanwendbarkeit des § 3 auf den Fall aus, daß die Gesellschaft bei Ausscheiden eines Teilhabers nicht aufgelöst wird, sondern in der Person eines Gesellschafters und seines Ehegatten oder seiner Kinder weiterbesteht. § 3 schlägt also nicht ein, wenn aus einer aus vier Personen bestehenden offenen Handelsgesellschaft eine von diesen ausscheidet und die drei übrigbleibenden Gesellschafter Verwandte der im § 3 Satz 2 bezeichneten Art sind. RFH. 7. Aug. 28 II A 374/28 S. 24, 66 = DVR. 1928, 137 = DStBl. 1928, 557 = StuW. 1928 Nr. 755.

§ 5.

B o e t h k e, Grunderwerbsteuerpflicht, wenn das Veräußerungsgeschäft von einer Genehmigung abhängt. DStBl. 1928, 36. — G o l e t z, Einfluß von nachträglichen Preisänderungen auf die Grunderwerbsteuer. ZStFr. 1928, 36. — L o h m e y e r, Beginn des Fristlaufes und Wertermittlung nach §§ 5¹ und 11 GrStG. bei genehmi-

gungspflichtigen Grundstücks-, insbesondere Schwarzverkäufen. DStZ. 1928, 756. — Szkolny, Schwarzverkäufe u. Grunderwerbsteuer. DJZ. 1928, 239. — Wietfeld, Der neue Stand der Rechtsprechung zur Frage der zivil- und steuerrechtlichen Bedeutung der Schwarzverkäufe. StZdL. 1928, 240.

Abs. 1.

1. Eine Erklärung, in der sich jemand zur Übertragung des Eigentums bindend verpflichtet, löst Steuerpflicht auch dann aus, wenn die Verpflichtung nicht erst durch die Erklärung erzeugt worden ist, sondern sich aus einem bereits bestehenden Rechtsverhältnis, insbesondere einem Treuhandverhältnis, ergibt und im Vollzug früher übernommener allgemeiner Verpflichtungen liegt. RFH. 21. Febr. 28 II A 16/28 StuW. 1928 Nr. 273.
2. Wird Treuhandeigentum begründet, so erzeugt die dadurch begründete Verpflichtung des Treuhänders, das Eigentum auf Verlangen des Treugebers diesem zu übertragen, Steuerpflicht aus § 5 Abs. 1 erst dann, wenn der Treugeber die Übertragung verlangt hat und wenn seitdem ein Jahr verflossen ist. RFH. 24. Aug. 28 II A 402/28 DStZ. 1928, 1019 = DVR. 1928, 170 = StuW. 1928 Nr. 756.
3. Die Abtretung des Rechtes zur Aneignung eines aufgegebenen Grundstücks (§ 928 BGB.) seitens des Fiskus ist nicht grunderwerbsteuerpflichtig. RFH. 27. Nov. 28 II A 521/28 S. 24.
4. Ein in Österreich zwischen österreichischen Staatsangehörigen privatschriftlich über ein im deutschen Inland belegenes Grundstück abgeschlossener Kaufvertrag wird nach Ablauf der im § 5 Abs. 1 bestimmten Jahresfrist steuerpflichtig. RFH. 17. April 28 II A 147/28 RStBl. 1928, 201 = DJZ. 1928, 1197 = StuW. 1928 Nr. 380 = DVR. 1928, 91.
5. Steuerpflicht trotz Fehlens der gesetzlich vorgeschriebenen behördlichen Genehmigung zu einem Grundstücksveräußerungsgeschäft. RFH. 28. Okt. 27 II A 338/27 DStBl. 1928, 169; 28. Okt. 27 II A 398/28 StuW. 1928 Nr. 86.
6. Ist nicht für das schuldrechtliche Veräußerungsgeschäft, sondern nur für die Eigentumsübertragung behördliche Genehmigung vorgeschrieben, so läuft die einjährige Frist des § 5 Abs. 1 nicht etwa vom Abschluß des schuldrechtlichen Vertrags an, sondern, wie in den Fällen, wo schon der Vertrag der Genehmigung bedarf, erst von dem Zeitpunkt an, in dem die Genehmigung wirksam wird. Denn vorher kann nicht auf eine ohne weiteres wirksame Auflassungserklärung geklagt werden. RFH. 17. Juli 28 II A 253/28 StuW. 1928 Nr. 617 = DVR. 1928, 170 = DStBl. 1928, 609.

Abs. 3.

7. § 45 KonkO. schließt die Grunderwerbsteuerpflicht nach § 5 Abs. 3 GrErwStG. nicht aus, wenn die Ehefrau des Gemeinschuldners, die mit dessen Mitteln während der Ehe ein Grundstück erworben hatte, das Grundstück an ihren Ehemann aufläßt, der Konkursverwalter es weiterveräußert und der Erwerber vor Ablauf des Jahres als Eigentümer eingetragen wird. RFH. 9. Okt. 28 II A 411/28 DStBl. 1928, 668.

Abs. 4 Nr. 2.

8. Die Rechte aus Vertragsanträgen können nur mit Zustimmung des Antragenden abgetreten werden. RFH. 25. Nov. 27 II A 453/27 DVR. 1928, 12 = StuW. 1928, Nr. 89.

9. Ist in einem notariellen Grundstücksangebot als Empfänger ein anderer „oder der von ihm zu bezeichnende Dritte" angegeben, nimmt sodann der von dem anderen bezeichnete Dritte das Angebot in notarieller Urkunde an und ist aus den Urkunden nicht erkennbar, daß der andere als unmittelbarer Stellvertreter des Dritten gehandelt hat, so liegt eine steuerpflichtige Abtretung der Rechte des anderen an den Dritten vor. Die Steuerpflicht entfällt aber, wenn nachweisbar der Antragsempfänger von vornherein für den Dritten gehandelt hat und dies nur irrtümlich in der Urkunde nicht zum Ausdruck gekommen ist. RFH. 13. Jan. 28 II A 545/27 StuW. 1928 Nr. 274.

10. Wenn eine Gesellschaft, die sämtliche Anteile einer Grundstücksgesellschaft m. b. H. besitzt, anläßlich ihrer Liquidation die Anteile an letztere auf ihre Gesellschafter verteilt und sodann auf Anweisung der Gesellschafter die Anteile unmittelbar an dritte Personen abtritt, so kann in dieser Abtretung ein nach § 1 GrErwStG. in Verbindung mit § 5 AO. steuerpflichtiges Rechtsgeschäft liegen; nicht aber können ohne weiteres außerdem die Gesellschafter wegen eines Zwischengeschäfts nach den vom Reichsfinanzhof für den Anteilsverkehr an Grundstücken aufgestellten Grundsätzen zur Grunderwerbsteuer herangezogen werden. RFH. 16. März 28 II A 109/28 StuW. 1928 Nr. 199 = DStBl. 1928, 323 = StuW. 1928 Nr. 618, Nr. 464.

Abs. 4 Nr. 4.

11. An der Entscheidung Bd. 8 S. 247, daß neben der Abtretung der Rechte aus dem Meistgebot auch die Abgabe des Meistgebots im Zwangsversteigerungsverfahren als Veräußerungsgeschäft im Sinne des § 5 Abs. 4 Nr. 4 GrErwStG. anzusehen ist, wird festgehalten. RFH. 1. Mai 28 II A 212/28 StuW. 1928 Nr. 619 = JW. 1928, 2405.

12. Formlos abgeschlossene Zwischengeschäfte. RFH. 14. Okt. 27 II A 337/27 DVR. 1928, 12.

Abs. 4 Nr. 5.

13. Veräußerungsvollmacht i. S. des § 5 Abs. 4 Nr. 5 GrStG. RFH. 7. Okt. 27 II A 455/27 DVR. 1928, 92.

14. Eine Ermächtigung, das Grundstück auf eigene Rechnung des Ermächtigten zu veräußern, liegt nicht vor, wenn der Ermächtigte dem Machtgeber Rechnung legen muß. RFH. 20. Dez. 27 II A 501/27 StuW. 1928 Nr. 276.

15. Die Ermächtigung, ein fremdes Grundstück auf eigene Rechnung zu verkaufen, setzt eine im Innenverhältnisse zwischen dem Eigentümer und dem Ermächtigten geschaffene Verpflichtung des ersteren voraus, das Grundstück an den vom letzteren ermittelten Kaufliebhaber für Rechnung des Ermächtigten zu veräußern oder den von dem Ermächtigten selbst auf Grund der Vollmacht geschlossenen Kaufvertrag auch als für dessen Rechnung abgeschlossen anzuerkennen. RFH. 30. Dez. 28 II A 457/27 RStBl. 1928, 53 = StuW. 1928 Nr. 278 = DVR. 1928, 92.

16. Ob eine Ermächtigung zur Veräußerung auf eigene Rechnung vorliegt, entscheidet sich nach dem Inhalt des Vertrages in seiner Gesamtheit, insbesondere danach, ob der Ermächtigte im Innenverhältnisse so gestellt werden sollte, als habe er das Grundstück wie ein Eigentümer erworben. Bloße Vollmacht genügt nicht, der Ermächtigende muß verpflichtet sein, die vom Ermächtigten abgeschlossenen Kaufverträge zu genehmigen. Widerruflichkeit oder Befristung der Ermächtigung schließt die Steuerpflicht nicht aus. RFH. 13. Jan. 28 II A 439/27 StuW. 1928 Nr. 277.

17. Die Ermächtigung, ein Grundstück zum Zwecke der Befriedigung des Ermächtigten wegen Forderungen gegen den Eigentümer zu veräußern, kann Steuerpflicht aus § 5 Abs. 4 Nr. 5 nicht begründen, wenn nicht zugleich festgestellt ist, daß der Ermächtigte den über seine Forderung herauskommenden Erlös im eigenen Interesse verwenden darf. Ebensowenig läßt sich hieraus eine Steuerpflicht aus § 6 begründen, weil der Ermächtigte fiduziarischer Eigentümer sein könne. RFH. 21. Febr. 28 II A 8/28 StuW. 1928 Nr. 381 u. 611 = DStBl. 1928, 318.

§ 6.

1. Der Tatbestand des § 6 wird nicht allein dadurch erfüllt, daß der Eigentümer einem anderen rechtswirksam ausschließlich Verwaltungs- und Nutzungsbefugnisse an seinem Grundstück einräumt und letzterer davon Gebrauch gemacht. Eine daneben noch zugestandene Veräußerungsbefugnis bedarf gleich wie die Ermächtigung nach § 5 Abs. 4 Nr. 5 GrErwStG. der im § 313 BGB. vorgeschriebenen Form. RFH. 30. Dez. 27 II A 457/27 RStBl. 1928, 53 = StuW. 1928 Nr. 278 = DVR. 1928, 92.

2. Die Anwendung des § 6 ist nicht aus dem im Urteil vom 14. Juli 1923 (RFH. Bd. 12 S. 301) dargelegten Grunde ausgeschlossen, wenn nach Übertragung einer eigentumsähnlichen Verfügungsmacht über ein Grundstück der gleichzeitig vereinbarten Übertragung des juristischen Eigentums die erforderliche behördliche Genehmigung versagt ist, trotzdem aber die Übertragung der Verfügungsmacht aufrechterhalten bleibt. RFH. 13. Jan. 28 II A 576/27 StuW. 1928 Nr. 279 = DVR. 1928, 120.

3. Zum Begriff „der wirtschaftlichen Eigentumsübertragung" im Sinne des § 6 GrErwStG. RFH. 27. April 28 VII A 105/27 StuW. 1928 Nr. 620.

4. Zur Erfüllung des Tatbestandes des § 6 genügt es nicht, wenn jemand neben der Übertragung der Nutzung des Grundstücks die Befugnis, dieses auf eigene Rechnung zu veräußern, mit der Einschränkung eingeräumt ist, die Ausübung dieser Befugnis nur mit Zustimmung der Eigentümer ausüben zu dürfen. RFH. 24. Juli 28 II A 239/28 DStZ. 1928, 823 = StuW. 1928 Nr. 621 = DVR. 1928, 156.

5. Steuerpflicht nach § 6, wenn auf Grund eines für 10 Jahre unwiderruflichen Kaufangebots Besitz, Nutzungen und Lasten auf den Erwerber übergehen. RFH. 27. Juli 28 II A 281/28 DVR. 1928, 156.

6. a) Der Mangel der Befugnis, ein Grundstück hypothekarisch zu belasten, schließt den Tatbestand des § 6 nicht aus, wenn das Grundstück bereits über seinen Wert belastet ist.

b) Ist die wirtschaftliche Macht nur zur Sicherstellung einer Hypothek und des Zinseneinganges eingeräumt, so schließt das die Steuerpflicht nicht aus. RFH. 7. Aug. 28 II A 331/28 StuW. 1928 Nr. 829.

7. Eine Besteuerung aus § 6 wird, selbst wenn sie noch nicht rechtskräftig geworden ist, nicht dadurch hinfällig, daß der Veranlagte später nach Erwerb des bürgerlich-rechtlichen Eigentums sich der Besteuerung aus §§ 1, 4 GrErwStG. unterwirft. RFH. 30. Aug. 28 II A 406/28 S. 24, 88 = DVR. 1928, 156 = DStBl. 1928, 609 = StuW. 1928 Nr. 757.

§ 8.

Wietfeld, Unter welchen Voraussetzungen ist der Austausch von landwirtschaftlichen Grundstücken im Gemengegelage grunderwerbsteuerfrei? StZdL. 1928, 161.

1. Der II. Senat bleibt bei seiner Rechtsprechung, wonach bei Kettengeschäften die Übertragung des Eigentums vom Veräußerer auf den letzten Erwerber nur dann nach § 8 steuerfrei ist, wenn die Voraussetzungen der Steuerfreiheit für das schuldrechtliche Geschäft zutreffen, das dem Eigentumsübergang unmittelbar vorausgegangen ist. RFH. 17. Juli 28 II A 271/28 DStZ. 1928, 823 = StuW. 1928 Nr. 622 = DVR. 1928, 187.

Abs. 1 Nr. 1.

2. Der Widerruf einer Schenkung befreit den Eigentumsübergang eines Grundstücks auf den Schenker zwar nicht nach § 8 Nr. 1 von der Steuer, wohl aber kann unter Umständen Erstattung und Erlaß der Steuer nach § 23 Abs. 1a Nr. 2 in Frage kommen. RFH. 16. Juni 28 II A 294/28 StuW. 1928 Nr. 624.

3. Wird einem Miterben das Recht eingeräumt, ein Grundstück für einen bestimmten Preis aus dem Nachlaß zu erwerben, so liegt im Zweifel eine bloße Teilungsanordnung oder ein Vermächtnis unter einer Auflage vor; Grunderwerbsteuer ist für den Erwerb alsdann nicht zu erheben. RFH. 1. Juni 28 II A 209/28 DVR. 1928, 137 = StuW. 1928 Nr. 625.

4. Ein Vertrag, durch den eine Stadtgemeinde ein ihr gehöriges Kasernengrundstück an den Reichswehrfiskus zur Unterbringung einer Reichswehrgarnison ohne weiteres Entgelt veräußert, enthält keine nach § 8 Nr. 1 steuerfreie Schenkung. RFH. 17. April 28 II A 34/28 RStBl. 1928, 201 = StuW. 1928 Nr. 382 = RuPrVBl. 1928, 1051.

5. Heißt es in einem Schenkungsvertrag über ein Grundstück, daß die Lasten und Nutzungen von einem bestimmten Tage an auf den Beschenkten übergehen, so bedeutet das in der Regel keine Übernahme der persönlichen Hypothekenschuld. Schenkung unter einer Auflage kann nur dann angenommen werden, wenn sich die Beteiligten bewußt waren, daß der Schenker zur Tilgung der persönlichen Schuld seinerzeit außerstande sein werde. RFH. 14. Febr. 28 II A 54/28 StuW. 1928 Nr. 280 = DVR. 1928, 74 u. 79 = JW. 1928, 2489 *(m. Bespr. v. Riederer v. Paar).*

6. Schenkt ein Ehemann sein Grundstück seiner Ehefrau und wird dabei über Übernahme der persönlichen Hypothekenschulden nichts ausdrücklich vereinbart, so spricht die tatsächliche Vermutung dafür, daß der

Ehemann von den persönlichen Schulden befreit sein soll. Wird diese Vermutung nicht widerlegt, so ist anzunehmen, daß das Grundstück unter der Auflage, daß die Ehefrau die Schulden übernimmt, geschenkt ist. RFH. 17. Juli 28 II A 298/28 DStZ. 1928, 823 = StuW. 1928 Nr. 623 = DStBl. 1928, 557 = RStBl. 1928, 320.

Abs. 1 Nr. 3.

7. Stand ein Grundstück im Gesamthandeigentume der zwei Gesellschafter einer offenen Handelsgesellschaft und geht es nach dem Tode eines von ihnen unter Auflösung der offenen Handelsgesellschaft auf den anderen über, so ist der Eigentumsübergang nach § 8 Nr. 3 steuerfrei, wenn der andere Gesellschafter zu den Miterben des Verstorbenen gehörte und die Überlassung des der Erbengemeinschaft zustehenden Anteils an ihn zum Zwecke der Erbauseinandersetzung erfolgt ist. RFH. 30. Dez. 27 II A 515/27 S. 22, 312 = IndMitt. 1928, 163 = StuW. 1928 Nr. 271.

8. Werden nach Auflösung einer offenen Handelsgesellschaft auf Antrag der Liquidatoren Gesellschaftsgrundstücke versteigert, so ist § 8 Nr. 3 nicht schon dann anwendbar, wenn der Ersteher Miterbe eines verstorbenen Gesellschafters ist. RFH. 16. Juni 28 II A 299/28 DVR. 1928, 138 = StuW. 1928 Nr. 626 = DStBl. 1928, 557.

9. Besteht westfälische fortgesetzte Gütergemeinschaft, so tritt Steuerfreiheit ein, wenn der überlebende Ehegatte das gemeinschaftliche Grundstück einem der Kinder überträgt und den anderen Kindern, ohne sie zuzuziehen, Abfindungen überweist. RFH. 17. Jan. 28 II A 592/27 StuW. 1928 Nr. 282.

10. a) Nacherben stehen vor Eintritt des Nacherbfalls nicht in Erbengemeinschaft.
b) Übereignet der Vorerbe den Nacherben ein Nachlaßgrundstück unentgeltlich zu Bruchteilen, so ist das steuerrechtlich eine Schenkung. Übereignen dann einzelne Nacherben ihre Bruchteile den anderen, so liegt darin keine steuerfreie Erbauseinandersetzung. RFH. 7. Febr. 28 II A 12/28 RStBl. 1928, 114 = DStBl. 1928, 212 = StuW. 1928 Nr. 283 = DStZ. 1928, 539, StA. 1928, 184.

Abs. 1 Nr. 5.

11. Im Sinne der Entscheidung RFH. Bd. 19 S. 253 tritt bei Überlassung eines Grundstücks aus einer aus einem Elternteil und mehreren Kindern bestehenden Vereinigung Steuerfreiheit nicht ein, wenn die Überlassung nicht an den Elternteil geschieht. RFH. 17. Juli 28 II A 224/28 S. 24, 29 = DStZ. 1928, 823 = DVR. 1928, 138 = StuW. 1928 Nr. 627 = DStBl. 1928, 558.

Abs. 1 Nr. 6.

12. Die Voraussetzungen aus § 8 Nr. 6 für die Steuerbefreiung bei Familiengründungen sind nicht schon dann vorhanden, wenn Nichterben bei der Gründung nur zu dem Zwecke zugezogen sind, die nach § 185 HGB. erforderliche Mindestzahl von fünf Gründern zu erreichen; vielmehr müssen die zugezogenen Nichterben, nachdem dieser Zweck erreicht ist, nicht mehr länger Aktionäre bleiben und ihre Gesellschaftsrechte an die Erben abtreten. RFH. 24. Juli 28 II A 240/28 DStZ. 1928, 823 = DVR. 1928, 188 = StuW. 1928 Nr. 628 = DStBl. 1928, 609.

Abs. 1 Nr. 7.

13. Austausch — Flurbereinigung — Gemengelage. RFH. 11. Nov. 27 II A 451/27 S. 22, 152 = DVR. 1928, 44.

14. a) Die Anerkennung der Zweckdienlichkeit durch die zuständige Behörde ist für die Steuerveranlagung bindend. Diese Bindung besteht jedoch nur hinsichtlich der Frage, ob der Grundstücksaustausch den in der Befreiungsvorschrift bezeichneten Zwecken zu dienen geeignet ist.
b) Im Sinne der Befreiungsvorschrift befinden sich Grundstücke in „Gemengelage", wenn Teilflächen eines landwirtschaftlichen Betriebs in räumlicher Trennung von den übrigen zugehörigen Grundflächen zwischen fremdem Grundbesitze liegen. RFH. 28. März 28 II A 93/28 S. 23, 117 = RStBl. 1928, 189 = DVR. 1928, 75 = StZdL. 1928, 204 = StuW. 1928 Nr. 629.

Abs. 1 Nr. 9.

15. Die Befreiungsvorschrift des § 8 Nr. 9 greift auch dann Platz, wenn ein gemeinnütziges Siedlungsunternehmen ein zur Errichtung gesunder Kleinwohnungen für Minderbemittelte erworbenes Grundstück lediglich zur Durchführung des Siedlungszwecks an ein anderes gemeinnütziges Siedlungsunternehmen überträgt. RFH. 13. Dez. 27 II A 496/27 StuW. 1928 Nr. 93 = DVR. 1928, 59 = StA. 1928, 123 = RuPrVBl. 1928, 1053.

16. Aus dem tatsächlichen Geschäftsgebaren einer Gesellschaft kann ein Rückschluß auf den Sinn einer nicht klaren Satzungsbestimmung gezogen werden. RFH. 20. April 28 II A 174/28 StuW. 1928 Nr. 632.

17. Besteht der Genossenschaftszweck nicht in der Schaffung der Wohnungen, sondern in der Förderung des Verdienstes der Mitglieder, so greift § 8 Nr. 9 nicht Platz. Doch muß festgestellt werden, daß die Genossenschaftsgründung nur einen Zusammenschluß beteiligter Handwerkerkreise zur Ausübung ihres Gewerbes verdecken soll. RFH. 16. Juni 28 II A 286/28 DVR. 1928, 139 = StuW. 1928 Nr. 831.

18. a) Der Umstand, daß die Satzung abgeändert werden kann, hindert die Steuerfreiheit nicht. Das gilt erst recht, wenn zur Satzungsänderung die Genehmigung einer Behörde nötig ist.
b) Eckwohnungen im Sinne des Erlasses des Reichsministers der Finanzen vom 26. Nov. 1921 (RStBl. S. 152) sind alle Zweifrontenwohnungen, nicht nur die an einer Straßenecke belegenen. RFH. 10. Juli 28 II A 339/28 StuW. 1928 Nr. 832.

19. Ob eine Grundstücksübertragung dem begünstigten Zwecke zu dienen bestimmt ist, entscheidet sich objektiv nach den Absichten der Vertragsparteien ohne Rücksicht darauf, ob sie der Gegenpartei bekannt waren. RFH. 8. Febr. 28 II A 28/28 StuW. 1928 Nr. 284 = JW. 1928, 2488 *(m. Bespr. v. Riederer v. Paar).*

20. Auch sog. Wohnlauben können u. U. zu den Kleinwohnungen im Sinne dieser Befreiungsvorschrift gerechnet werden. RFH. 28. März 28 II A 108/28 StuW. 1928 Nr. 383.

21. Größe der Wohnungen — Minderbemittelte. Der Begriff der Kleinwohnung. RFH. 14. Okt. 27 II A 410/27 DVR. 1928, 13.

22. Ist das Kleinwohnungshaus seiner bestimmungsmäßigen Benutzung, wenn auch nur durch Vermietung, zugeführt, so kann für die demnächst stattfindende Veräußerung Steuerfreiheit aus § 8 Nr. 9 nicht bean-

spruch werden. Das gilt aber nicht bei sogenannten Zwischennutzungen oder satzungsmäßigen Veräußerungen. RFH. 20. April 28 II A 176/28 DVR. 1928, 93 = StuW. 1928 Nr. 631.

23. Ein Grundstückserwerb zwecks Schaffung gesunder Kleinwohnungen für Minderbemittelte allein aus Dienstrücksichten hat keinen Anspruch auf Steuerfreiheit; besteht aber bei der erwerbenden Körperschaft neben den Dienstrücksichten die Absicht, auf den Wohnungsmarkt bessernd einzuwirken, und ist diese Absicht der überwiegende Beweggrund für den Erwerb, so ist die Anwendung der Befreiungsvorschrift des § 8 Nr. 9 nicht ausgeschlossen. RFH. 17. April 28 II A 148/28 StuW. 1928 Nr. 630.

24. Die Befreiungsvorschrift greift nicht Platz, wenn die Personenvereinigungen nur gegründet und die Grundstücksübertragungen nur vorgenommen sind, um Erwerbszwecken der dahinterstehenden Personen zu dienen, so z. B. einer Baufirma Gelegenheit zur Ausführung von Bauarbeiten zu schaffen. Die Sachlage ist hier nicht anders zu bewerten wie bei der Grundstücksübertragung aus rein dienstlichen Rücksichten. RFH. 17. April 28 II A 107/28 RStBl. 1928, 189 = StuW. 1928 Nr. 384 = DVR. 1928, 93.

25. a) Eine Grundstücksübertragung ist dann nicht bestimmt, der Schaffung gesunder Kleinwohnungen für Minderbemittelte zu dienen, wenn ausschließlich dienstliche Zwecke oder die Absicht der Gesellschafter, ihre Erwerbstätigkeit auszuüben, die Errichtung der Wohngebäude veranlaßt haben.

b) Die Höhe der geforderten Mietzahlungen steht der Befreiung nicht schon dann entgegen, wenn sie, gemessen an den Vorkriegsverhältnissen, für Minderbemittelte drückend erscheinen, sondern nur dann, wenn ihre Prüfung im Verhältnis zu den Baukosten oder die Höhe der letzteren selbst den Schluß rechtfertigen, die Bauten seien aus Erwerbsrücksichten ausgeführt. RFH. 27. Juli 28 II A 347, 350/28 S. 24, 35 DVR. 1928, 140 = StuW. 1928 Nr. 633.

26. Nach § 8 Nr. 9 sind nicht sämtliche Maßnahmen, welche im Interesse der Schicksale einer Siedlung nötig werden können, von der Steuer befreit, sondern nur diejenigen Grundstücksübertragungen, welche der Schaffung gesunder Kleinwohnungen für Minderbemittelte dienen. Es kann deshalb keine Steuerfreiheit eintreten, wenn eine Siedlungsgesellschaft ein Kleinwohnungsgrundstück zurückerwirbt, um den Verlust darauf ruhender Hypotheken zu verhindern. RFH. 3. Aug. 28 II A 373/28 StuW. 1928 Nr. 833.

27. Der Erwerb eines Grundstücks, auf dem ein als Kleinsiedlung gedachtes Haus errichtet werden soll, das teils Wohnräume, teils gewerbliche Räume enthält, hat keinen Anspruch auf Steuerfreiheit, wenn die Wohnungs- und gewerblichen Zwecken dienenden Räume zusammen einen Flächeninhalt haben, der den Rahmen einer Kleinwohnung überschreitet. RFH. 20. Dez. 27 II A 464/27 StuW. 1928 Nr. 95.

28. Eine bedingte Steuerschuld im Sinne des § 81 Abs. 2 AO. kann in den Fällen des § 8 Nr. 9 nicht entstehen. RFH. 17. Aug. 28 II A 319/28 DVR. 1928, 170 = DStBl. 1928, 609 = StuW. 1928 Nr. 834.

29. a) Eine Steuerschuld, bei der die Anwendung des § 8 Nr. 9 verneint ist, ist nicht auflösend bedingt; sie bleibt bestehen, auch wenn später Kleinwohnungen für Minderbemittelte errichtet werden.

b) Daß eine Personenvereinigung sich ausschließlich mit dem steuerbegünstigten Zwecke befasse, ist nicht erforderlich.

c) § 8 Nr. 9 setzt voraus, daß die Verwendung der Grundstücke zu dem steuerbegünstigten Zwecke in absehbarer Zeit möglich ist, wenn auch eine Sicherheit für eine solche Verwendung nicht verlangt werden kann. RFH. 8. Juni 28 II A 39/28 DVR. 1928, 139 = StuW. 1928 Nr. 830.

30. Die Erwerbung eines **Turnplatzes** durch einen Turnverein für seine eigenen Zwecke wird dadurch nicht steuerfrei, daß er uneingezäunt ist und der Schule unentgeltlich zur Benutzung durch die Jugend zur Verfügung gestellt wird. RFH. 12. Okt. 28 II A 445/28 DVR. 1928, 188 = StuW. 1928 Nr. 836.

Abs. 1 Nr. 10.

31. Ein **Waldfriedhof** gehört nicht zu den öffentlichen Erholungs-, Wald- und sonstigen Grünanlagen. RFH. 28. Okt. 27 II A 431/27 DVR. 1928, 13 = DStBl. 1928, 169.

32. **Flugplätze** (Landungsplätze für Flugzeuge) gehören nicht zu den öffentlichen Plätzen im Sinne der Vorschrift. RFH. 14. Febr. 28 II A 51/28 RStBl. 1928, 103 = DVR. 1928, 60 = DStBl. 1928, 259 = StuW. 1928 Nr. 285 = DStZ. 1928, 539 = JW. 1928, 2483 *(m. Bespr. v. Riederer v. Paar).*

33. Ein Grundstückserwerb durch eine Gemeinde zwecks Schaffung einer **Badeanstalt**, für deren Benutzung ein Entgelt erhoben wird, ist nicht steuerfrei. RFH. 10. Juli 28 II A 268/28 StuW. 1928 Nr. 634.

34. a) Auch im Falle der Nr. 10 des § 8 wird die Befreiung nicht dadurch ausgeschlossen, daß das Grundstück dem steuerbegünstigten Zwecke nicht sofort zugeführt werden kann und eine zwischenzeitliche Nutzung stattfindet, und zwar auch dann nicht, wenn die zwischenzeitliche Nutzung noch nach Ablauf des ersten Jahres nach Abschluß des Veräußerungsgeschäfts fortdauert.

b) Eine Erholungs-, Wald- oder sonstige Grünanlage hört nicht ohne weiteres dadurch auf, **öffentlich** zu sein, daß sie nicht in allen Teilen betretbar ist. Soweit sie betretbar ist, muß sie für alle unentgeltlich betretbar sein. RFH. 28. Sept. 28 II A 357/28 S. 24, 132 = DVR. 1928, 171 = StuW. 1928 Nr. 835.

§ 9.

1. Die im § 9 Satz 2 den Ehegatten von Abkömmlingen gewährte Steuerfreiheit ist nicht schon dann ausgeschlossen, wenn sie beim Abschluß des schuldrechtlichen Veräußerungsgeschäfts als Miterwerber aufgetreten sind. RFH. 8. Febr. 28 II A 14/28 S. 23, 16 = DStBl. 1928, 213 = StuW. 1928 Nr. 286 = DStZ. 1928, 539 = JW. 1928, 1696 *(m. Bespr. v. Bergschmidt).*

§ 10.

Boethke, Verzicht auf Familienfideikommiß zur Umgehung der Steuerpflicht aus § 10 des Grunderwerbsteuergesetzes. DStBl. 1928, 487. — Hoffmann, Rückstellungen für die Grunderwerbsteuer aus § 10 Grunderwerbsteuergesetz. IndMitt. 1928, 334. — Kluckhohn, Die Grundbesitzabgabe des § 10 GrunderwStG. (sog.

Besteuerung der „Toten Hand"). IndMitt. 1928, 335. — Lauenstein, Die Grunderwerbsteuer von der toten Hand. StZdL. 1928, 209. — Loewer, Zur Grunderwerbsteuerpflicht nach § 10 GrunderwerbStG. DStBl. 1928, 363. — Marcus, Kommt die Grunderwerbsteuer der toten Hand am 1. Januar 1928? Anzeigepflicht am 31. Oktober 1928? DStZ. 1928, 780. — Meumann, Erfaßt die Grunderwerbsteuer der toten Hand den Gesamtbestand der Bahneinheit oder nur die Bahngrundstücke? IndMitt. 1928, 301. — Neubauer, Kirchengemeinden, Forstgenossenschaften und die sogenannte laufende Grunderwerbsteuer. StZdL. 1928, 241. — Ott, Die Auflösung der Familienfideikommisse und die Grunderwerbsteuer. ZStFr. 1928, 604. — Stracke, Die Grunderwerbsteuer vom langjährigen Besitz. Fällig am 1. Januar 1929. DStZ. 1928, 723. — Wietfeld, Grundstücksbestandteile, Grundstückszubehör und Grunderwerbsteuer. StZdL. 1928, 210.

§ 11.

Wietfeld, Die Rechtsprechung des Reichsfinanzhofs zur Frage des gemeinen Wertes nach § 11 GrStG. ZStFr. 1928, 22.

1. Das Reichsbewertungsgesetz findet auf die Grunderwerbsteuer keine Anwendung. RFH. 28. März 28 II A 80/28 StuW. 1928 Nr. 385.
2. Gemeiner Grundstückswert als Besteuerungsgrundlage. RFH. 13. April 28 II A 75 DVR. 1928, 93.
3. Der gemeine Wert eines Grundstücks wird durch dessen Verwendbarkeit wesentlich beeinflußt. RFH. 22. Mai 28 VI A 73/27 StuW. 1928 Nr. 636.
4. a) Bei Feststellung des inneren Grundstückswerts für die Zeit des starken Währungsverfalls müssen auch die nach Goldmark oder nach ausländischer Währung vereinbarten Preise ausscheiden.
   b) Die Steigerung der Grundstücksverkaufspreise unmittelbar nach Beendigung des Währungsverfalls deutet für sich allein noch nicht auf eine Steigerung des inneren Wertes. RFH. 6. März 28 II A 103/28 StuW. 1928 Nr. 437.
5. Sogenannte Zweckkäufe von Grundstücken, d. h. solche, bei denen der Käufer das Grundstück für eigene Gebrauchszwecke erwirbt, brauchen nicht ausgeschlossen zu werden, wenn der Wert von Grundstücken durch Vergleich mit anderen Grundstücken ermittelt wird. RFH. 6. März 28 II A 86/28 StuW. 1928 Nr. 207, 436.
6. Bei einer Auseinandersetzung unter Gesellschaftern, die kraft Gesetzes den Übergang von Grundstückseigentum der Gesellschaft auf Gesellschafter zur Folge hat, berechnet sich die Grunderwerbsteuer nach dem Werte und der Beschaffenheit des Grundstücks zur Zeit des Auseinandersetzungsvertrags, und es ist kein Raum für den bei freiwilliger Veräußerung geltenden Rechtssatz, daß das Grundstück in dem Zustand zu bewerten ist, in dem es die Beteiligten zum Gegenstand eines schuldrechtlichen Vertrags gemacht haben. RFH. 22. Dez. 27 II A 559/27 StuW. 1928 Nr. 96 = DStZ. 1928, 539.
7. Der Reichsfinanzhof bleibt bei seiner Ansicht, daß, wenn bei einem Grundstückskauf ein erheblich höherer Barpreis vereinbart ist, als bei Grundstücken der fraglichen Art üblich ist, der gemeine Wert des Grundstücks in der Weise festgestellt werden kann, daß zum Preise ein

den günstigen Zahlungsbedingungen entsprechender Zuschlag gemacht wird. RFH. 1. Mai 28 II A 189/28 StuW. 1928 Nr. 403, 438 = DVR. 1928, 93.

8. Ebensowenig wie das in der Zwangsversteigerung erzielte Meistgebot kann auch der beim Erwerbe eines Grundstücks aus einer Konkursmasse vereinbarte Preis als im gewöhnlichen Geschäftsverkehr zustande gekommen angesehen werden. RFH. 7. Aug. 28 II A 323/28 StuW. 1928 Nr. 639.

9. Verkauft jemand ein Grundstück, auf dem Holz aufsteht, unter der Abmachung, daß er nicht verpflichtet ist, das Holz vor der Eigentumsübertragung zu entfernen, sondern ihm bis zur Entfernung ein darüber weit hinausgehender Zeitpunkt zur Verfügung steht, so ist bei der Wertbemessung des Grundstücks das Holz zu berücksichtigen, weil es rechtlich nicht möglich war, daß die Vertragschließenden zum Gegenstande des Vertrags etwas anderes als Eigentumsübertragung am Grundstück nebst aufstehendem Holze gemacht und dem Verkäufer nur ein später wirksames Wegnahmerecht vorbehalten haben. RFH. 10. Juli 28 II A 337/28 DStZ. 1928, 824 = DVR. 1928, 140 = StuW. 1928 Nr. 635.

10. Verkauft ein Bauunternehmer ein Grundstück mit Rohbau und vereinbart er mit dem Käufer, daß er den Bau zu Ende führen solle, so ist in der Regel anzunehmen, daß Gegenstand des Kaufabschlusses das Grundstück mit fertigem Gebäude ist. RFH. 11. Mai 28 II A 231/28 StuW. 1928 Nr. 613.

11. Erwirbt jemand ein Grundstück, auf dem vorher mit seinen Mitteln ein Haus erbaut war, so ist der Wert des Hauses grundsätzlich mit zu versteuern. RFH. 10. Juli 28 II A 219/28 StuW. 1928 Nr. 754.

12. Bebaut der Treugeber das im fiduziarischen Eigentum seines Treuhänders befindliche Grundstück und erwirbt er sodann das juristische Eigentum am Grundstück, so ist für die Versteuerung nur der Wert des unbebauten Grundstücks maßgebend. RFH. 27. April 28 II A 90/28 DVR. 1928, 93 = StuW. 1928 Nr. 435.

§ 12.

Boethke, Über den Begriff des Veräußerungspreises im Sinne des GrunderwStG. DStBl. 1928, 298.

1. Der ziffernmäßig vereinbarte Kaufpreis ist bei der Versteuerung auch dann in voller Höhe zu berücksichtigen, wenn er zinslos gestundet ist. RFH. 30. Dez. 27 II A 562/27 S. 22, 305 = DVR. 1928, 28 = StuW. 1928 Nr. 98 = StA. 1928, 250.

2. Übernimmt der Käufer eines Grundstücks gegenüber dem Verkäufer die Verpflichtung, ihn von einer Schuld aus § 951 Abs. 1 BGB. zu befreien, so bildet diese Verpflichtung einen Teil des für den Steueransatz maßgebenden Veräußerungspreises. RFH. 3. Aug. 28 II A 324/28 DVR. 1928, 188 = StuW. 1928 Nr. 837.

3. Hat der Grundstückskäufer der Aufwertung unterliegende Hypotheken schlechthin übernommen, so ist der Aufwertungssatz von 25 v. H. bei Berechnung des steuerpflichtigen Kaufpreises auch dann in Ansatz zu bringen, wenn das Eigentum schon vor Erlaß des Aufwertungsgesetzes auf den Käufer im Grundbuch umgeschrieben worden ist. RFH. 30. Nov. 27 II A 488/27 StuW. 1928, Nr. 97.

4. Werden im Kaufvertrage neben dem Kaufpreis Hypotheken übernommen, die der Aufwertung unterliegen, so sind sie für die Steuerberechnung mit demjenigen Betrag einzusetzen, mit dem die Beteiligten als voraussichtlichem Aufwertungsbetrag rechnen müßten. RFH. 18. Okt. 27 II A 390/27 = StuW. 1928 Nr. 292.
5. Art. II § 15 des Reichsgesetzes vom 23. Juni 1923 über das Zusatzabkommen mit der Schweiz — RGBl. II S. 284 —, nach dem im Falle der Veräußerung eines mit einer schweizerischen Frankenhypothek belasteten Grundstücks und Berechnung der Grunderwerbsteuer nach Maßgabe des Kaufpreises der Wert der Gläubigerfrankenschuld zum Kurse von 100 Franken gleich 81 Papiermark umzurechnen ist, gilt in Ermangelung ausdrücklicher Aufhebung auch heute noch, und zwar selbst dann, wenn inzwischen das Eigentum am Grundstück mehrmals übertragen worden ist. RFH. 13. März 28 II A 557/27 DVR. 1928, 75 = StuW. 1928 Nr. 386.
6. Das im Kaufvertrage dem Verkäufer zugestandene Entgelt für Beschaffung einer Ersatzwohnung ist Teil des Kaufpreises. RFH. 11. Mai 28 II A 164/28 StuW. 1928 Nr. 440.
7. Wird ein Grundstück mit einem auf ihm vom Käufer errichteten, im Rohbau fertigen Bauwerk veräußert, so sind die Aufwendungen, deren Erstattung der Käufer vom Eigentümer beanspruchen konnte, Teil des Kaufpreises. RFH. 8. Mai 28 II A 42/28 StuW. 28 Nr. 439.
8. Veräußert jemand ein Grundstück hypothekenfrei, stößt er aber bei Ablösung der Hypotheken auf geldliche Schwierigkeiten und zahlt deshalb der Käufer im Einverständnis mit dem Veräußerer den Ablösungsbetrag, so ist es nicht rechtsirrig, wenn das Finanzgericht annimmt, der Kaufpreis sei entsprechend erhöht worden. RFH. 13. Jan. 28 II A 602/27 DStZ. 1928, 248 = StuW. 1928 Nr. 291 = DVR. 1928, 75.
9. Die Rechtsprechung des II. Senats über die Berechnung des Kaufpreises, wenn beim Verkauf einer preußischen Apotheke neueren Rechtes (vor 1894) für den Verzicht auf Betriebserlaubnis und Überweisung von stillen Werten im Vertrage besondere Beträge angesetzt sind (vgl. besonders Bd. 8 S. 9), ist auch auf hessische Apotheken auszudehnen. RFH. 27. Juli 28 II A 356/28 DVR. 1928, 140 = StuW. 1928 Nr. 638.
10. Werden einem Mühlenunternehmer auf Grund der §§ 46 ff. des Preußischen Wassergesetzes vom 7. April 1913 (GesS. S. 53) Rechte verliehen, so ist, wenn das Grundstück mit Unternehmen veräußert wird, bei Feststellung des für die Steuer maßgebenden Preisbetrags, ähnlich wie bei Gastwirtschaften und Apotheken neueren Rechtes, der auf die Wasserrechte entfallende Teil des Preises mit einzurechnen. RFH. 17. April 28 II A 96/28 StuW. 1928 Nr. 387 = DVR. 1928, 94 = JW. 1928, 2490 *(m. Bespr. v. Hermann)*
11. Subjektiv dingliche Wasserbenutzungsrechte sind Bestandteile des Grundstücks. Ob ein subjektiv-dingliches Recht vorliegt, entscheidet sich bis zum Beweise des Gegenteils nach § 190 Abs. 1 des preuß. Wassergesetzes vom 17. April 1913 (GesS. S. 53) nach der Eintragung im Wasserbuch und dem diesen zugrunde liegenden Unterlagen. PrOG. 30. Dez. 27 VII D 13/25 StuW. 1928 Nr. 287.

12. Die von den Vertragsparteien vorgenommene Verteilung eines Gesamtpreises auf Unbewegliches und Bewegliches ist für die Steuerbehörden nicht maßgebend. Bei Feststellung des Inventarwertes ist das am Stichtag tatsächlich vorhanden gewesene Inventar soweit wie möglich zu ermitteln. Vermutungen über die Menge des Inventars genügen nicht. RFH. 21. Okt. 27 II A 469/27 StuW. 1928 Nr. 293.
13. Wenn in einem Kaufvertrag ein Gesamtpreis angegeben ist, der in einem Barpreis und in einem Betrage für eine der Aufwertung unterliegende Hypothek besteht, so ist es nicht rechtsirrtümlich, den wirklichen Kaufpreis in dem Barpreis und dem Werte der Hypothek zu finden und den angegebenen Gesamtpreis nur als eine unbeachtliche vorläufige Zusammenrechnung anzusehen. RFH. 8. Juli 27 II A 261/27 StuW. 1928 Nr. 99.

§ 13.

1. Hatte der Ersteher, für den eine Hypothek auf dem Grundstück eingetragen war, die Zwangsversteigerung betrieben, aber nicht aus der Hypothek, und ist demnach die Hypothek in den Versteigerungsbedingungen unter die bestehen bleibenden Rechte mitaufgenommen und dementsprechend der Zuschlag erteilt, so ist der Betrag der Hypothek bei der Steuerberechnung dem Barzuschlag hinzuzurechnen. RFH. 13. März 28 II A 33/28 DVR. 1928, 76 = StuW. 1928 Nr. 388.
2. Außerhalb des Zwangsversteigerungsverfahrens vom Ersteher übernommene Leistungen bleiben bei Feststellung des der Grunderwerbsteuer nach § 13 an Stelle des Veräußerungspreises zugrunde zu legenden Betrages außer Betracht. RFH. 30. Dez. 27 II A 524/27 S. 22, 317 = StuW. 1928 Nr. 294 = DVR. 1928, 75 = JW. 1928, 2490 *(m. Bespr. v. Hagelberg)*

§ 14.

1. Entscheidungen der Verwaltungsbehörden auf Grund des § 14 können auch nicht unter dem Gesichtspunkt einer zu Unrecht geforderten Steuer im ordentlichen Rechtsmittelverfahren angefochten werden. RFH. 20. Dez. 27 II A 512/27 StuW. 1928 Nr. 100 = StA. 1928, 122.
2. a) Die der auf Grund des § 14 ergangenen Entscheidung des Präsidenten des Landesfinanzamts zugrunde liegende Grundstücksbewertung ist für die Steuerstelle und die Rechtsmittelbehörden nicht bindend.
b) Ergibt die Wertfeststellung im Rechtsmittelverfahren, daß nach § 14 Steuer nicht zu erheben ist, so hat die Rechtsmittelbehörde die Freistellung von der Steuer auszusprechen. RFH. 1. Juni 28 II A 190/28 S. 23, 258 = DStBl. 1928, 379 = StuW. 1928 Nr. 640.

§ 15.

1. Umwandlung von Gesamthandeigentum in Bruchteileigentum. RFH. 4. Nov. 27 II A 403/27 DVR. 1928, 13.
2. Das Verhältnis dessen, was den Gesamthändern bei Auflösung der Gemeinschaft zufallen würde, ist der Berechnung nach Abs. 1 Satz 1 nur dann zugrunde zu legen, wenn die Veräußerung des Grundstücks bei Gelegenheit der Auseinandersetzung im Falle der Auflösung der

Gemeinschaft oder des Ausscheidens eines Gesellschafters (BGB. § 738) stattfindet; ferner in den Fällen, in denen, wie bei der ehelichen Gütergemeinschaft, ein berechenbarer Anteil am Gemeinvermögen während des Bestehens der Gemeinschaft nicht gegeben ist. RFH. 30. Aug. 28 II A 377/28 DVR. 1928, 157 = StuW. 1928, Nr. 838.

§ 20.

Gesamtschuldverhältnis, Beamtenhaftung und Grunderwerbsteuer. DVR. 1928, 17. — Wietfeld, Gesamtschuldverhältnis, Beamtenhaftung und Grunderwerbsteuer. DVerkStR. 1928, 17.

1. Liegt ein Kettengeschäft in der Weise vor, daß ein Grundstück vom eingetragenen Eigentümer A an B, von B in eigenem Namen an C weiterverkauft, hierauf von A an C aufgelassen und C im Grundbuch als Eigentümer eingetragen wird, so ist für die Besteuerung des dinglichen Übereignungsgeschäfts (A—C) nicht A, sondern B als Veräußerer im Sinne des § 20 Abs. 1 Satz 1 anzusehen. RFH. 28. April 28 Gr. S. 3/28 S. 23, 168 = DStZ. 1928, 539 = StuW. 1928 Nr. 641 = DVR. 1928, 92 = RuPrVBl. 1928, 1053 = DStBl. 1928, 379.
2. Auch die Veräußerer aller Anteile einer Grundstücksgesellschaft m. b. H. sind als „Veräußerer" im Sinne des § 20 anzusehen und haften demgemäß für die Steuer. RFH. 8. Febr. 28 II A 28/28 StuW. 1928 Nr. 295.
3. Werden die Anteile einer Gesellschaft m. b. H. von den beiden Inhabern an einen Dritten abgetreten, aber nicht zu gleicher Zeit, so ist der Erstabtretende für die aus § 3 entstandene Steuerschuld des Dritten nur haftbar, wenn zwischen den beiden Abtretungen ein rechtlicher oder wirtschaftlicher Zusammenhang besteht. RFH. 24. Juli 28 II A 342/28 DVR. 1928, 187 = StuW. 1928 Nr. 839.

§ 21.

Neubauer, Kirchengemeinden, Forstgenossenschaften und die sogenannte laufende Grunderwerbsteuer. StZdL. 1928, 241.

Abs. 1.

1. a) Die Steuervergünstigung muß grundsätzlich schon im Steuerfestsetzungs- oder in dem daran anschließenden Rechtsmittelverfahren geltend gemacht werden. Nur wenn die Kapitalabfindung so spät bewilligt wird, daß sie vor Rechtskraft der Steuerfestsetzung nicht mehr geltend gemacht werden kann, ist ein Steuererstattungsverfahren zuzulassen.
b) Ist die Kapitalabfindung nicht zum Erwerb eines Grundstücks, sondern zur Stärkung eigenen Grundbesitzes bewilligt, so greift die Steuervergünstigung des § 21 Abs. 1 nicht Platz. Den Finanzbehörden steht eine Entscheidung darüber, ob eine zur Stärkung eigenen Grundbesitzes gewährte Kapitalabfindung auch zum Erwerbe des Grundstücks hätte bewilligt werden können, nicht zu. RFH. 23. Sept. 27 II A 399/27 RPrVBl. 1928, 1055.

Abs. 2.

2. Übernahme einer Körperschaft des öffentlichen Rechts durch eine andere; die StFreiheit aus § 21 Abs. 2 nicht von der Zweckbestimmung des

übergehenden Grundstücks abhängig. RFH. 28. Okt. 27 II A 471/27 DVR. 1928, 60 = RPrVBl. 1928, 1055.

3. Die Übertragung eines Schulgrundstücks auf den Schulverband nach § 13 des Mecklenb. Schulunterhaltungsgesetzes v. 10. Dez. 1920 ist steuerfrei. RFH. 1. Juli 27 II A 322/27 StuW. 1928 Nr. 101.

§ 22.

Rensh, Milde Stiftungen u. Grunderwerbsteuer. DVR. 1928, 97.

1. Gegen die Entscheidung des LFA., durch die ein auf Grund des § 22 beantragter Steuererlaß abgelehnt wird, ist das Berufungsverfahren nicht eröffnet. RFH. 18. Okt. 27 II A 378/27 DStBl. 1928, 169 = StuW. 1928 Nr. 215, 269 = DVR. 1928, 13.

§ 23.

Boethke, Waldveräußerung und Grunderwerbsteuer. DStBl. 1928, 200.

1. Hat der Eigentümer zum Verkauf seines Grundstücks einen anderen ermächtigt (§ 5 Abs. 4 Nr. 5) und der andere das Grundstück an einen Dritten verkauft und wird später dieser Kaufvertrag wieder aufgehoben, so hat dies für die Steuerpflicht der Ermächtigung an sich keine Bedeutung; wohl aber muß tatsächlich geprüft werden, ob nicht nach dem Einverständnis der Beteiligten auch die Ermächtigung rückgängig gemacht und dadurch ein Steuererstattungsanspruch begründet ist. Solche Rückgängigmachung bedarf keiner Form. RFH. 8. Nov. 27 II A 495/27 StuW. 1928 Nr. 298.

2. a) Der dingliche Rückerwerb des Eigentums begründet nur dann die Steuererstattung gemäß Abs. 1 a 3, wenn auch die inmitten liegenden obligatorischen Veräußerungsgeschäfte in steuerlich anerkannter Weise beseitigt sind.

b) Die Anerkennung einer Aufhebung des Rechtsgeschäfts durch Vereinbarung im Sinne des Abs. 1 b 2 steht die Aufrechterhaltung einzelner Bestimmungen dann nicht entgegen, wenn diese nicht den Schluß rechtfertigen, es liege weniger eine Beseitigung des alten, als vielmehr der Abschluß eines selbständigen neuen Vertrags vor. RFH. 7. Febr. 28 II A 21/28 S. 23, 7 = RStBl. 1928, 103 = DStBl. 1928, 213 = StuW. 1928 Nr. 297 — DVR. 1928, 121.

3. Die Vorschrift schlägt nicht ein, wenn das Eigentum an einem Grundstück auf Grund eines unter gewissen Bedingungen eingeräumten Wiederkaufsrecht zurückerworben wird. RFH. 20. April 28 II A 133/28 DStBl. 1928, 382 = StuW. 1928 Nr. 645 = DVR. 1928, 121.

4. Erfolgt der Rückerwerb des Eigentums infolge Nichtigkeit des Veräußerungsgeschäfts, so ist § 23 Abs. 1 a 2 entsprechend anwendbar. RFH. 27. April 28 II A 169/28 DVR. 1928, 120 = StuW. 1928 Nr. 646.

5. Der Veräußerer eines Grundstücks kann einen gesetzlichen Anspruch auf Rückgewähr auch dann haben, wenn sein berechtigtes Verlangen auf Aufwertung des Preises nicht erfüllt wird. RFH. 8. Juni 28 II A 236/28 StuW. 1928 Nr. 840.

6. Die Frist, im Falle des § 23 Abs. 1 a Nr. 1 Steuererstattung zu beantragen, braucht nicht mit dem Tage zu beginnen, an welchem dem An-

tragsteller eine Klage auf Anerkennung der Nichtigkeit der Auflassung zugestellt worden ist. Hatte der Antragsteller das Klagebegehren zunächst als unbegründet angesehen oder konnte er bei der Unklarheit der Rechtslage mit der Möglichkeit eines Vergleichs rechnen, so beginnt die Frist jedenfalls nicht vor dem Tage des Urteils oder Vergleichs zu laufen. RFH. 1. Mai 28 II A 206/28 StuW. 1928 Nr. 473, 647.

7. Rückerwerb im Sinne des § 23 Abs. 1a Nr. 3 liegt auch dann vor, wenn das von einem Ehegatten erworbene Grundstück in das Gesamtgut der ehelichen Gütergemeinschaft gefallen ist. RFH. 8. Mai 28 II A 151/28 StuW. 1928 Nr. 458 = DVR. 1928, 121.
8. Die Steuerpflicht aus §§ 1, 4 entfällt nicht, wenn der auf Grund einer nichtigen Auflassung eingetragene Erwerber durch eine Weiterveräußerung des Grundstücks dessen Rückgabe und die Wiedereintragung des Veräußerers unmöglich gemacht hat. RFH. 16. Juni 28 II A 248/28 DVR. 1928, 122 = StuW. 1928 Nr. 644 = DStBl. 1928, 558.
9. Wird gleichzeitig mit der Rückübertragung des Eigentums ein steuerpflichtiger Ersatztatbestand, z. B. ein die Voraussetzungen des § 6 erfüllender, zwischen den Beteiligten vereinbart, so findet eine Erstattung der für den Eigentumsübergang gezahlten Steuer nicht statt. RFH. 23. Nov. 28 II A 476/28 S. 24, 227.
10. Der Anspruch auf Steuerfreiheit aus § 23 kann auch im Steuervorauszahlungsverfahren nach § 24 geltend gemacht werden. RFH. 7. Aug. 28 II A 389/28 = StuW. 1928 Nr. 642.
11. Bei Pfändung des Erstattungsanspruchs aus § 23 und Überweisung zur Einziehung kann auch der Pfandgläubiger den Erstattungsantrag stellen und gegen einen ablehnenden Bescheid die Rechtsmittel einlegen. RFH. 8. Mai 28 II A 151/28 AO. § 136 = StuW. 1928 Nr. 474, 643 = DJZ. 1928, 1615.

§ 24.

1. Im Falle der Steuerpflicht aus § 6 ist für die Anwendung des § 24 kein Raum. RFH. 11. Mai 28 II A 150/28 StuW. 1928 Nr. 648.
2. Die Steuerstelle soll die Erteilung des Unbedenklichkeitsscheins nach § 24, wenn sie die Steuer nicht „stundet", oder wenn sie nicht feststellt, daß keine Steuer zu erheben ist, von einer baren Vorauszahlung abhängig machen, nicht von einer Sicherheitsleistung. Setzt sie einen Betrag als „Sicherheit" fest, so ist die geleistete Barzahlung nicht als Steuervorauszahlung, sondern als Sicherheit zu behandeln. Der Betrag ist deshalb unter den Voraussetzungen des § 119 Abs. 2 AO. zu verzinsen. RFH. 27. Okt. 28 II A 442/28 RStBl. 1928, 384 = DVR. 1928, 188.
3. Ist eine nach § 24 geleistete Vorauszahlung vor Entstehung einer Steuerschuld oder auf Grund des § 23 nach der Entstehung zu erstatten, so kann nicht ohne weiteres die Verzinsung des zu erstattenden Betrags verlangt werden. RFH. 6. März 28 II A 11/28 StuW. 1928 Nr. 206, 441 = DVR. 1928, 76 = JW. 1928, 2663 *(m. Bespr. v. Kiefe).*

§ 25.

Jadesohn, Die steuerstrafrechtliche Verantwortlichkeit der Notare. DStZ. 1928, 1069.

§ 29.

1. Die in der Entscheidung Bd. 19 S. 211 abgelehnte Vertretung des Landrats durch ein Nichtmitglied des Kreisausschusses bei Erlaß von Grunderwerbsteuerbescheiden in Preußen kann auch nicht dadurch erreicht werden, daß die Handlungen dieses tatsächlich selbständigen Beamten als im Auftrage des Landrats ergangen fingiert werden. RFH. 29. Juli 27 II A 344/27 StuW. 1928 Nr. 102.
2. In Preußen ist der Kreissyndikus zum selbständigen Erlasse von Grunderwerbsteuerbescheiden und Einspruchsbescheiden nicht befugt. RFH. 2. Aug. 27 II A 288/27 StuW. 1928 Nr. 103.

15.

Gesetz über die Industriebelastung (Industriebelastungsgesetz)

vom 30. August 1924 (RGBl. I S. 257).

Reschke, Die wichtigsten Fragen der Industriebelastung (Berlin-Lankwitz, Scholz 1928).

§ 1.

Burkhardt, Sind stillgelegte Betriebe industriebelastungs- u. aufbringungspflichtig? IndMitt. 1928, 328. — Schmalz, Die Reparationshypothek der deutschen Industrie. (Zur bevorstehenden zweiten Umlegung der Industriebelastung). DStBl. 1928, 188. — Sertürner, Die Hypothek des öffentlichen Rechtes im Rahmen des Industriebelastungsgesetzes v. 30. August 1924. StuFr. 1927, 725.

§ 5.

Hauser, Zurücknahme und Änderung eines Industriebelastungsbescheides. DStBl. 1928, 292.

§ 6.

Dürschke, Zur zweiten Umlegung der Industriebelastung (April 1928). DStZ. 1928, 410. — Meyer, Die zweite Umlegung der Industriebelastung. IndMitt. 1928, 101. — Schmalz, Die Industriebelastung für 1928. DStBl. 1928, 22.

§ 42.

Ball, Lastenfreiheit und Industriebelastung. DStZ. 1928, 795.

16.

Gesetz gegen die Kapitalflucht

vom 24. Dezember 1922 (RGBl. S. 960).

§ 1.

1. Geschäftsmäßiges Betreiben von Bank- oder Bankiergeschäften. RG. 25. Nov. 26 II 24/26 E. 61, 47.

17.

Kapitalverkehrsteuergesetz

vom 8. April 1922 (RGBl. S. 354).

Heppe u. Sommermann, Die Kapitalverkehrsteuern (Kassel: Waisenhausbuchdruckerei 1927). — Weinbach, Das Kapitalverkehrsteuergesetz. 3. Aufl. (Berlin, Spaeth & Linde, 1928.

§ 2.

Kluckhohn, Die Gesellschaftsteuerpflicht inländischer Niederlassungen ausländischer Gesellschaften. DVR. 1928, 113.

§ 4.

Abs. 1 Buchst. b.

1. Vorbereitende Maßnahmen zur Einrichtung eines öffentlichen Luftfahrverkehrs, wie die Einrichtung einer Flugstation, einer Fliegerschule, Passagierflüge am Ort, Reklameflüge u. dgl., können nur mittelbar auf Herbeiführung eines öffentlichen Verkehrs abzielen, dienen aber noch nicht selbst dem öffentlichen Verkehr. RFH. 9. Okt. 28 II A 401/28 DVR. 1928, 184 = StuW. 1928 Nr. 841.
2. Eine Gesellschaft, deren satzungsmäßiger Zweck die Saatwirtschaft ist, dient nicht der inneren Kolonisation, und zwar auch dann nicht, wenn sie in der Verfolgung des satzungsmäßigen Zweckes Ödländereien kultiviert und Familien ansiedelt. RFH. 21. Okt. 27 II A 441/27 DVR. 1928, 6.

Buchst. c.

3. Eine Handwerkergenossenschaft, deren gesamte Tätigkeit der Hebung der wirtschaftlichen Lage des Handwerks in einem Lande dient und sich auf die Beschaffung von Handwerksbetriebsmitteln und Rohstoffen, sowie die Gewährung von Barkrediten erstreckt, genießt Steuerfreiheit, wenn festgestellt wird, daß sie wesentlich Hilfe nur solchen Personen gewährt, die ihrer bedürfen. RFH. 20. Dez. 27 II A 556/27 RStBl. 1928, 33 = DStBl. 1928, 101 = DVR. 1928, 21 = StuW. 1928 Nr. 104.

4. Die Zwecke der Berufsverbände (Gewerkschaftsbünde), gerichtet auf ein ständiges Zusammenwirken der gewerklichen Zentralverbände zur Vertretung der gemeinsamen Interessen der gewerkschaftlich organisierten Arbeiter und Arbeiterinnen Deutschlands, sind nicht ausschließlich gemeinnützig. VOG. 8. Mai 28 VI D 33/27 StuW. 1928 Nr. 758.
5. a) Zoologische Gärten verfolgen der Regel nach zwar gemeinnützige Zwecke; sie dienen aber nicht wesentlich der Förderung minderbemittelter Volkskreise.
   b) § 14 AusfuDurchfBest. kann nicht auf die in der Zeit vor dem 1. Juli 1927 liegenden Steuerfälle bezogen werden. RFH. 11. Mai 28 II A 222/28 RStBl. 1928, 204 = StuW. 1928 Nr. 650 = DVR. 1928, 133.
6. Die Errichtung eines Hotels in einer größeren Gemeinde, in der ein solches fehlt, kann nicht um deswillen als gemeinnützig bezeichnet werden, weil davon eine Förderung des gesamten Wirtschaftslebens in dieser Gemeinde erwartet wird. Denn nur der unmittelbare Zweck des Unternehmens, hier also der Hotelbetrieb, ist maßgebend; die zu erwartenden mittelbaren Folgen haben für die zu entscheidende Frage keine Bedeutung. RFH. 7. Aug. 28 II A 300/28 RStBl. 1928, 316 = DVR. 1928, 153 = StA. 1928, 345 = StuW. 1928 Nr. 842.
7. Zum Begriff ausschließlicher Gemeinnützigkeit. RFH. 25. Sept. 28 II A 283/28 S. 24, 118 = StA. 1928, 345 = DStBl. 1928, 668 = StuW. 1928, Nr. 843.

§ 5.

Kluckhohn, Die Kapitalverkehrsteuer bei der GmbH. & Co. DStBl. 1928, 301, 369. — Ott, Die Haftung des Veräußerers bei Kettengeschäften. ZStuFFr. 1928, 194.

1. Umsatzbeteiligung, nicht Gewinnbeteiligung im Sinne des § 5 Abs. 1 c. RFH. 25. Nov. 27 II A 407/27 DVR. 1928, 52.
2. Tritt in eine Kommanditgesellschaft eine Kapitalgesellschaft neben einer natürlichen Person als zweiter persönlich haftender Gesellschafter ein, so werden die Kommanditanteile im vollen Betrag als Anteile an der Kapitalgesellschaft angesehen. RFH. 31. Jan. 28 II A 568/27 S. 23, 5 = IndMitt. 1928, 131 = RStBl. 1928, 101 = DVR. 1928, 52 = DStBl. 1928, 213 = StuW. 1928 Nr. 299.
3. Auch wenn einer Kapitalgesellschaft Geld oder andere Gegenstände ohne Rückforderungsrecht lediglich gegen Gewährung eines Anteils am Gewinn hingegeben werden, ist damit ein Gesellschaftsrecht im Sinne obiger Vorschriften entstanden. RFH. 17. Aug. 28 II A 305/28 RStBl. 1928, 319 = DStZ. 1928, 919 = DVR. 1928, 165 = DStBl. 1928, 610 = StuW. 1928 Nr. 759.
4. Die Überlassung von Gesellschaftsrechten an einer Kommanditgesellschaft seitens eines Kommanditisten an Dritte unterliegt der Steuerpflicht aus § 17, d und nicht der Börsenumsatzsteuer auch dann, wenn zu den persönlich haftenden Gesellschaftern der Kommanditgesellschaft eine Kapitalgesellschaft gehört. RFH. 5. Okt. 28 II A 391/28 RStBl. 1928, 349 = DStZ. 1928, 1112 = DStBl. 1928, 672 = StuW. 1928 Nr. 391.

§ 6.

Boethke, Steuerliche Ersatztatbestände. DStBl. 1928, 294. — Kluckhohn, Wann unterliegt die sog. „Umwandlung" von Gesellschaften der Gesellschaftsteuer? DStZ. 1928, 705. — Derselbe, Unterliegen die Gründungskosten und ähnliche Kosten bei einer Kapitalgesellschaft der Gesellschaftsteuer? IndMitt. 1928, 64. — Derselbe, Die Gesellschaftsteuer bei der Übernahme des Verlustes einer Kapitalgesellschaft durch einen Gesellschafter. DStZ. 1928, 517. — Derselbe, Noch einmal Freiaktien und Kapitalverkehrsteuer. ZStFr. 1928, 196. — Mirre, Die Verteilung eigener Aktien an Aktionäre. ZStFr. 1928, 185. — Moos, Die Besteuerung der Interessengemeinschaften und Kartelle. StuFr. 1927, 277. — Simon, Steuergesetzes-Konkurrenz bei Gesellschafter-Darlehen. StuW. 1928, 169. — Wietfeld, Die zivil- und steuerrechtliche Bedeutung der Wandelanleihe (Convertible Bonds). DStZ. 1928, 1072.

1. Die Organgesellschaft ist hinsichtlich der Gesellschaftsteuer als selbständiges Rechtssubjekt zu behandeln. RFH. 31. Jan. 28 II A 440/27 StuW. 1928 Nr. 302.

Buchst. a.

2. Überlassung von Geschäftsräumen und Zusage von Kredit als Einbringen; nicht aber Erteilung der Schankerlaubnis. RGSt. 2. Mai 27 II 21/27 E. 61, 259.
3. Zahlungen und Leistungen an die Gesellschaft. Übernahme einer Bürgschaft als Leistung zum von GesRechten? RFH. 30. Dez. 27 II A 553/27 DVR. 1928, 36.
4. Verteilt eine Aktiengesellschaft Vorratsaktien unentgeltlich an die Aktionäre nach Verhältnis des Aktienbesitzes, so tritt Gesellschaftsteuerpflicht weder aus § 6, a noch aus § 6, d ein, weil der Gesellschaft kein neues Kapital zufließt und weil überhaupt sachlich keine neuen Gesellschaftsrechte in der Person der Erwerber entstehen. RFH. 14. Febr. 28 II A 2/28 S. 23, 53 = DVR. 1928, 69 = StuW. 1928 Nr. 303 = DStBl. 1928, 319 = DStZ. 1928, 634 = LZ. 1928, 1096 = IndMitt. 1928, 161.
5. a) Nicht die Übernahme einer Verpflichtung zu Zahlungen und Leistungen, sondern erst die Zahlungen und Leistungen selbst lösen die Steuerpflicht aus.
   b) Unter einer Sacheinlage sind nur solche Vermögenswerte zu verstehen, durch die auch die 25 %ige Mindesteinzahlung auf das Barkapital gedeckt werden kann. Der Unterschied zwischen Sacheinlage und der Übernahme von Vermögensgegenständen im Sinne des § 186 HGB. hat aber für das KapVStG. keine Bedeutung, da beide unter den Begriff der Leistungen im Sinne des § 6 fallen und der gleichen steuerlichen Behandlung unterliegen. RFH. 28. Febr. 28 II A 477/27 StuW. 1928 Nr. 301 = RStBl. 1928, 202 = DStBl. 1928, 318 = DStZ. 1928, 634.
6. Eine Aktiengesellschaft, die zur Kapitalbeschaffung aktienähnliche Genußscheine ausgegeben und nach dem Kapitalverkehrsteuergesetz versteuert hatte, hat Gesellschaftsteuer nicht zu entrichten, wenn sie das Grundkapital um den Nennbetrag der Genußscheine erhöht, die Genuß-

scheine kündigt und mit den neuen Aktien die Genußscheine einlöst. RFH. 13. März 28 II D 1/28 S S. 23, 141 = RStBl. 1928, 139 = Ind-Mitt. 1928, 197 = DStBl. 1928, 318 = DStZ. 1928, 635 = StuW. 1928 Nr. 442.

7. Verfolgt der Erwerber aller Geschäftsanteile einer Gesellschaft m. b. H. den tatsächlichen, wenn auch nicht satzungsmäßigen, Zweck der Gesellschaft weiter, so kommt § 5 AO. regelmäßig selbst dann nicht in Betracht, wenn er sich unter Änderung der Satzung vorbehält, den Gegenstand des Unternehmens später zu ändern. RFH. 3. Aug. 28 II A 284/28 JW. 1928, 2661

8. Erster Erwerber. Sind die Gründer einer A.-G. vorgeschobene Personen, so sind nicht diese, sondern die Hintermänner als Ersterwerber der Aktien anzusehen. RFH. 8. Nov. 27 II A 413/27 StuW. 1928 Nr. 300.

9. — übernimmt bei der Kapitalerhöhung einer Aktiengesellschaft ein Bankhaus als Führerin eines Bankenkonsortiums junge Aktien mit der Verpflichtung, die Aktien als Treuhänderin für die Gesellschaft zwecks spätiger anderweitiger Verwertung zur Verfügung zu halten, so unterliegt derjenige Teil des aus der Verwertung erzielten Erlöses, der bei der Aufteilung des Erlöses zwischen Gesellschaft und Konsortium an die Gesellschaft abgeführt wird, der Gesellschaftsteuer nach § 6 zu a KVG., mag nun das Bankhaus oder das Bankenkonsortium oder diejenigen Personen, an die das Konsortium die Aktien veräußert hat, als erste Erwerber anzusehen sein und mag die Aktienverwertung vor oder nach der Umstellung der Aktien auf Reichsmark erfolgt sein. RFH. 6. Dez. 27 II A 384/27 RStBl. 1928, 15 = DVR. 1928, 22 = StuW. 1928 Nr. 105.

10. — Wenn der Zeichner (Gründer) der Gesellschaft das Recht einräumt, über die Aktien durch Veräußerung für eigene Rechnung zu verfügen, und die Gesellschaft hiervon Gebrauch macht, so ist der Käufer der Aktien deren erster Erwerber. RFH. 16. Juni 28 II A 225/28 DVR. 1928, 117.

Buchst. b.

11. Erfolgt bei Umwandlung einer Papiermarkschuld in eine Goldmarkschuld die Bemessung des Goldmarkbetrags nicht als Ausgleich für die Geldentwertung, sondern als billiger Ausgleich dafür, daß infolge der Undurchsichtigkeit der Wertverhältnisse in der Inflationszeit die Beteiligten für den Schuldner zuungunsten des Gläubigers zu ungünstige Vertragsbedingungen vereinbart hatten, so ist beim Vorliegen der sonstigen Voraussetzungen § 6, b KVStG. anwendbar. RFH. 21. Okt. 27 II A 353/27 DVR. 1928, 7.

12. Verzichten Gesellschafter, um die Gesellschaft zu retten, auf ihre Forderungen, so wird die Steuerpflicht nicht dadurch ausgeschlossen, daß andere gleichartige Gläubiger, die nicht Gesellschafter sind, ebenfalls verzichten. RFH. 7. Febr. 28 II A 599/27 DVR. 1928, 52 = StuW. 1928 Nr. 305 = JW. 1928, 1698.

13. Ist den Vorzugsaktionären durch den Gesellschaftsvertrag eine Dividende von bestimmter Höhe derart versprochen, daß etwaige Fehlbeträge in einem Jahre aus dem Reingewinne späterer Jahre nachgezahlt werden müssen, so ist mit dem Ablauf eines gewinnlosen Ge-

schäftsjahrs ein Anspruch der Vorzugsaktionäre unter der aufschiebenden Bedingung entstanden, daß in einem der folgenden Jahre ein genügender Gewinn zur Verteilung verfügbar sein wird. Dieser einmal entstandene Anspruch kann den Vorzugsaktionären durch Generalversammlungsbeschluß nicht entzogen werden. Verzichten die Vorzugsaktionäre auf ihre Nachzahlungsansprüche, so tritt Steuerpflicht nach § 6, b ein, und die Steuer berechnet sich gemäß § 11, b nach dem Werte des Verzichts auf die aufschiebend bedingte Forderung zur Zeit des Verzichts. Dieser Wert wird bestimmt durch die größere oder geringere Aussicht auf den Eintritt der Bedingung und kann gleich Null sein. RFH. 14. Febr. 28 II A 601/27 StuW. 1928 Nr. 306 = RStBl. 1928, 201 = DVR. 1928, 117 = DStBl. 1928, 319.

14. Hat eine Gesellschaft mit einer anderen Gesellschaft, deren Gesellschafterin sie ist, einen Interessengemeinschaftsvertrag dahin geschlossen, daß beide am Gewinn und Verlust ihrer beiderseitigen Geschäftsbetriebe verhältnismäßig beteiligt sind, so kann die anteilige Übernahme des Verlustsaldos eines Jahres durch sie nicht einseitig als eine freiwillige Leistung im Sinne des § 6, b angesehen werden. RFH. 13. März 28 II A 88/28 S. 23, 75 = IndMitt. 1928, 162 = StuW. 1928 Nr. 389 = DStZ. 1928, 634.

15. Hat eine Tochtergesellschaft ein Grundstück zu getreuen Händen für die Muttergesellschaft erworben und diese sich von vornherein zur Tragung der Kosten der Verwaltung des Grundstücks verpflichtet, so stellt die Bestreitung der Kosten durch die Muttergesellschaft keine Leistung dar, die geeignet ist, den Wert der Gesellschaftsrechte zu erhöhen. RFH. 27. Juli 28 II A 292/28 S. 24, 47 = DStZ. 1928, 824 = StuW. 1928 Nr. 651 = DStBl. 1928, 558 = DVR. 1928, 153.

16. a) Der Tatbestand des § 6, b liegt vor, wenn ein Aktionär durch Hingabe von Aktien an einen Nichtaktionär diesen veranlaßt, auf seine Forderung gegen die Gesellschaft zu verzichten.
b) Besteht die freiwillige Leistung im Sinne des § 6, b in der Befreiung der Gesellschaft von einer Schuld, so kommt es für deren Bewertung nicht darauf an, ob die Forderung infolge schwieriger Verhältnisse der schuldnerischen Gesellschaft für den Gläubiger minderwertig war, sondern allein darauf, welchen Wert die Befreiung von der Schuld für die Gesellschaft hatte. RFH. 17. Aug. 28 II A 275/28 RStBl. 1928, 317 = DStBl. 1928, 558 = DVR. 1928, 165 = StuW. 1928 Nr. 845.

Buchst. c.

17. Sachliche Beteiligung. RFH. 22. Dez. 27 II A 516/27 DVR. 1928, 71.

18. a) Unter „Fortführung der Gesellschaft" im Sinne von § 6, c ist nicht nur die Fortführung des Betriebs der Gesellschaft, sondern das „Fortbestehen der Gesellschaft" überhaupt zu verstehen, so daß auch Darlehen steuerpflichtig sein können, die nur gewährt worden sind, um die in der Gesellschaft steckenden Vermögenswerte vor dem Untergange zu retten.
b) Keine sachliche Beteiligung an einer Gesellschaft, deren Betrieb stillgelegt ist und in absehbarer Zeit keine Einnahmen erwarten läßt. RFH. 8. Febr. 28 II A 485/27 RStBl. 1928, 101 = DStZ. 1928, 248 = DStBl. 1928, 213 = StuW. 1928 Nr. 307 = DVR. 1928, 70.

19. Bei Darlehen an Unternehmungen im Liquidationszustand besteht die Vermutung ihrer Kurzfristigkeit und für den Mangel einer sachlichen Beteiligung. RFH. 23. März 28 II A 57/28 RStBl. 1928, 142 = DStBl. 1928, 319 = DStZ. 1928, 635 = DBR. 1928, 87 = StuW. 1928 Nr. 443.
20. a) Damit sich Darlehen des Gesellschafter-Gläubigers sachlich als Beteiligung an der Gesellschaft darstellen, genügt es, wenn die Förderung des Geschäftsbetriebs der Gesellschaft einem eigenen Geschäftsinteresse des Gesellschafters entspricht, auch wenn dies Interesse in etwas anderem als der Beteiligung am Gewinne der Gesellschaft besteht.
b) Berechnung der Höhe eines im Kontokorrentverkehre gewährten Darlehens bei dauernd steigenden Salden und Änderung des Steuersatzes während der Dauer der Darlehnsgewährung. RFH. 28. Juni 28 II A 175/28 RStBl. 1928, 271 = DStZ. 1928, 919 = DBR. 1928, 133 = StuW. 1928 Nr. 653 = DStBl. 1928, 610 = DBR. 1928, 184.
21. Gesellschafterdarlehen, die nur als Zwischenkredite gegeben sind, fallen nicht unter die Vorschrift des § 6, c. RFH. 17. Juli 28 II A 216/28 StuW. 1928 Nr. 652.
22. Darlehen an eine Tochtergesellschaft! RFH. 20. April 28 II A 138/28 DBR. 1928, 88.
23. Daß eine Muttergesellschaft ihre Tochtergesellschaft zur treuhänderischen Erledigung von Geschäften der Muttergesellschaft benutzt, braucht nicht notwendig als Erweiterung des Geschäftsbetriebs der Tochtergesellschaft und das für die Erledigung hergegebene Geld daher nicht notwendig als wesentliche Voraussetzung der Fortführung der Tochtergesellschaft angesehen zu werden. RFH. 3. Aug. 28 II A 267/28 RStBl. 1928, 315 = DStBl. 1928, 610.
24. Der in der Entscheidung RFH. Bd. 19 S. 229 ausgesprochene Rechtsgrundsatz ist auch dann anzuwenden, wenn die Kapitalerhöhung von Gesellschaftern übernommen worden ist, die die Darlehen, die durch die Kapitalerhöhung abgedeckt werden, nicht selbst gewährt haben, aber Gesellschafter der Gesellschaft sind, die das Darlehn gewährt hat. RFH. 6. Dez. 27 II A 481/27 RStBl. 1928, 16 = StuW. 1928 Nr. 106.

Buchst. d.

25. Auch die Errichtung einer Berggewerkschaft kann ganz oder teilweise Sachgründung wie die Errichtung einer Aktiengesellschaft sein. RFH. 17. Aug. 28 II A 277/28 RStBl. 1928, 318 = DStBl. 1928, 558.

§ 7.

1. Wenn § 7 auch den über seinen Wortlaut hinausgehenden allgemeinen Grundsatz zum Ausdruck bringt, daß die Steuerpflicht nach § 6, c auch dann eintritt, wenn das Darlehn zwar nicht von dem Gesellschafter selbst gegeben wird, ihm aber nach den Umständen des Falles zuzurechnen ist (RFH. Bd. 17 S. 193, Bd. 18 S. 323), so kann eine Steuerpflicht, mögen auch die sonstigen Voraussetzungen des § 6, c vorliegen, nicht allein damit begründet werden, daß Darlehen von einer Unternehmung gewährt sind, die an einer anderen zu den Gesellschaftern oder Mitgliedern der die Darlehen empfangenden Kapitalgesellschaft gehörenden Unternehmung beteiligt ist. Es bedarf vielmehr der ge-

nauen Feststellung der Beziehungen der beiden Unternehmungen zueinander im allgemeinen und bei der Darlehnsgewährung und der Beurteilung der gesamten Vorgänge und Umstände. RFH. 28. März 28 II A 94/28 RStBl. 1928, 188 = DStZ. 1928, 635 = DVR. 1928, 86 = StuW. 1928 Nr. 459.

§ 10.

Jadesohn, Die steuerstrafrechtliche Verantwortlichkeit der Notare. DStZ. 1928, 1069.

1. Haftung des Vermittlers für die Steuer aus § 10 Abs. 2 nur, wenn er erster Erwerber der Gesellschaftsrechte i. S. des § 6 zu a ist. RFH. 8. Nov. 27 II A 413/27 DVR. 1928, 7.
2. Für die Steuer haftet neben der Gesellschaft als Gesamtschuldner nach § 10 Abs. 2 auch der erste Erwerber junger Aktien. RFH. 28. Sept. 28 II A 382/28 DVR. 1928, 185.

§ 11.

1. Die Gesellschaftsteuer ist von dem bei der Veräußerung der der Gesellschaft überlassenen eigenen Gesellschaftsrechte erzielten Preise auch dann zu entrichten, wenn der Preis nur infolge von Umständen erzielt worden ist, die erst nach Überlassung der Gesellschaftsrechte an die Gesellschaft eingetreten sind. RFH. 28. Juni 28 II A 193/28 RStBl. 1928, 282 = DVR. 1928, 133 = StuW. 1928 Nr. 654.
2. Erwirbt eine Aktiengesellschaft eigene Aktien in der Weise, daß die Voraussetzungen des § 6 zu b gegeben sind, so ist der Veräußerungspreis maßgebend, auch wenn sich der Wert der Aktien durch besondere Umstände inzwischen erhöht hat. RFH. 21. Aug. 27 II A 349/27 StuW. 1928 Nr. 308.

§ 13.

Kluckhohn, Die Gesellschafter bei Überschuldung und Unterbilanz. ZStFr. 1928, 85. — Derselbe, Freiaktien und Kapitalverkehrsteuer. ZStFr. 1928, 105.

1. Durch eine einfache Kapitalerhöhung kann die Steuervergünstigung des § 13, b nicht ausgelöst werden. Es muß vielmehr noch eine mit ihr in Zusammenhang stehende Kapitalherabsetzung hinzukommen. Dies gilt auch, wenn es sich um Beseitigung einer Überschuldung handelt, obwohl diese durch bloße Kapitalerhöhung beseitigt werden kann. RFH. 13. Dez. 27 II A 432/27 S. 22, 255 = DStBl. 1928, 101 = DVR. 1928, 22 = IndMitt. 1928, 129 = StuW. 1928 Nr. 309 = StA. 1928, 184.
2. a) Grundkapital einer Aktiengesellschaft ist nicht deren Gesellschaftsvermögen, sondern der in Aktien zerlegte, im Gesellschaftsvertrage festgesetzte Wertbetrag des Gesellschaftsvermögens. Nach der Umstellung auf Goldmark tritt an Stelle des bisherigen Grundkapitals das im Goldmark-Umstellungsbeschluß festgesetzte Eigenkapital.
   b) Bei Berechnung eines Verlustes am Grundkapital im Sinne des § 13, b ist die festgesetzte Grund- bzw. Eigenkapitalziffer maßgebend,

auch wenn bei der Festsetzung das Gesellschaftsvermögen zu niedrig bewertet wurde. RFH. 5. Okt. 28 II A 282/28 RStBl. 1928, 350 = DStZ. 1928, 1112 = DStBl. 1928, 672.

§ 14.

1. Rückgewähr von Zahlungen und Leistungen liegt nicht nur bei barer Rückzahlung vor, sondern kann auch durch Aufrechnung mit Forderungen an die Empfangsberechtigten bewirkt werden. RFH. 18. Okt. 27 II A 271/27 DVR. 1928, 7.

§ 17.

1. Wird eine Kommanditgesellschaft auf Aktien in eine einfache Kommanditgesellschaft „umgewandelt", d. h. wird sie aufgelöst und ihr Vermögen in eine neuerrichtete, aus denselben Personen bestehende, Kommanditgesellschaft eingebracht, so ist Steuerpflicht nicht ausgeschlossen. Die Kommanditgesellschaft ist nicht dasselbe Rechtssubjekt wie die frühere Kommanditgesellschaft auf Aktien. RFH. 1. Mai 28 II A 160/28 S. 23, 186 = LZ. 1928, 915 = IndMitt. 1928, 232 = DStZ. 1928, 635 = RStBl. 1928, 382 = StuW. 1928 Nr. 656.
2. Durch die Anmeldung des Ausscheidens eines Gesellschafters einer offenen Handelsgesellschaft zum Handelsregister entsteht keine Steuerpflicht. Eine mit dem Ausscheiden verbundene Überlassung von Gesellschaftsrechten an andere Gesellschafter wird nur durch besondere Beurkundung steuerpflichtig. RFH. 13. März 28 II A 114/28 S. 23, 113 = IndMitt. 1928, 197 = DStBl. 1928, 319 = StuW. 1928 Nr. 390 = DStZ. 1928, 635 = DVR. 1928, 88.
3. Wird bei Gründung einer Aktiengesellschaft von einem Gründer ein Kommanditanteil eingebracht, so ist diese Einbringung selbst dann nicht nach § 17 zu d steuerpflichtig, wenn die Aktiengesellschaft unter § 4 Abs. 1 zu a KVG. fällt und deshalb von dem eingebrachten Kommanditanteil auch keine Gesellschaftssteuer aus § 6 a zu erheben ist. RFH. 8. Mai 28 II A 120/28 RStBl. 1928, 203 = DStBl. 1928, 382 = DVR. 1928, 118 = StuW. 1928 Nr. 657 = JW. 1928, 2109.

§ 19.

1. a) Nichtigkeit eines beurkundeten Rechtsgeschäfts ist für die Kapitalverkehrsteuer nur von Bedeutung, wenn sie sich aus der Urkunde selbst ergibt.
   b) Entstehung der Kapital- und der Grunderwerbsteuer bei privatschriftlichen, den notariellen Vertrag ergänzenden Schwarzverträgen. RG. 27. Sept. 27 I D 134/27 StA. 1928, 25.

§ 21.

1. Ob das Einbringen eines Gesellschafters in eine Kommanditgesellschaft Darlehn oder gesellschaftliche Einlage sei, ist nach den Gesamtumständen des einzelnen Falles zu entscheiden. Der Gebrauch des Wortes „Darlehn" oder „Einlage" durch die Beteiligten ist nicht entscheidend. RFH. 22. Dez. 27 II A 541/27 S. 22, 288 = DVR. 1928, 37 = StuW. 1928 Nr. 108.

§ 25.

1. Die vom Reichsgericht (RGZ. Bd. 54 S. 27) für das Reichsstempelgesetz aufgestellte Dreiteilung der Genußscheine kennt das Kapitalverkehrsteuergesetz nicht. Genußscheine, die gemäß § 5 gesellschaftsteuerpflichtig sind und der Wertpapiersteuer nicht unterliegen, sind keine Schuldverschreibungen im Sinne des § 25. Urkunden, die nur vom Gewinne einer Gesellschaft abhängige Ansprüche verbriefen, fallen nicht unter § 25; ob sie auf einen bestimmten Betrag lauten, ist nicht entscheidend. RFH. 28. Okt. 27 II A 397/27 StuW. 1928 Nr. 311.
2. a) § 25 versteht unter Schuldverschreibungen grundsätzlich nur Versprechungen eines bestimmten Geldbetrags. Während der Inflationszeit ausgegebene, auf Ersatzwährungen lautende Schuldverschreibungen (z. B. Roggenpfandbriefe) können ihnen ausnahmsweise gleichgestellt werden.
   b) Das Versprechen der Zahlung an eine namentlich benannte Person oder Überbringer braucht nicht dem Papiere die Natur eines Inhaberpapiers zu geben. In Zweifelsfällen ist es nicht unzulässig, auf die Entstehungsgeschichte der Urkunde und den aus ihr sich ergebenden Willen der Beteiligten zurückzugehen. RFH. 10. Jan. 28 II A 566/27 RStBl. 1928, 62 = StA. 1928, 124 = StuW. 1928 Nr. 312 = DVR. 1928, 71.

§ 26.

1. Es liegt nicht außer dem Bereiche vernünftiger Erwägung, Steuerpflicht anzunehmen, wenn bei Verschmelzung zweier Kapitalgesellschaften die eine Gesellschaft ausländische Wertpapiere in die andere einbringt. RFH. 28. Juni 28 II A 185/28 DVR. 1928, 166 = StuW. 1928 Nr. 760.

§ 35.

Mallachow, Die Börsenumsatzsteuer (Berlin: Carl Heymann 1928). — Tricke, Abtretungen an Anteilen (Einlagen) der persönlich haftenden Gesellschafter einer Kommanditgesellschaft a. A. und Börsenumsatzsteuer. DVR. 1928, 68. — Linz, Auskehrung der Liquidationsmasse und Börsenumsatzsteuer. DStZ. 1928, 909. — Moos, Die Besteuerung der Interessengemeinschaften und Kartelle. ZStFr. 1927, 277.

1. Anschaffungsgeschäft. Anschaffungsgeschäfte zwischen Muttergesellschaft und Organgesellschaft über börsenumsatzsteuerpflichtige Gegenstände sind steuerpflichtig. Ob Vereinbarungen zwischen ihnen sich als Anschaffungspreis darstellen, ist nach den besonderen Umständen des Falles zu beurteilen; insbes. bestimmt sich nach dem Willen der Muttergesellschaft, ob das Geschäft ein entgeltliches ist. RFH. 8. Mai 28 II A 126/28 DStZ. 1928, 635 = StuW. 1928 Nr. 658.
2. Zur Börsenumsatzsteuerpflicht der Abwicklungsgeschäfte bei Vorliegen eines laufenden Kommissionsverhältnisses. RFH. 8. Juni 28 II A 567/27 RStBl. 1928, 270 = DVR. 1928, 154.
3. Übernimmt ein Konsortium einer Aktiengesellschaft junge Inhaber-Aktien fest mit der Verpflichtung, das Agio und einen Teilbetrag des Nennwerts sofort, den Rest des Nennwerts aber in kalendermäßig festgesetzten kurzen Fristen zu entrichten, und veräußert es die Aktien vor

der Vollzahlung der Restzahlungen weiter, so ist von dem Geschäft über die Weiterveräußerung die Börsenumsatzsteuer aus einem Betrage zu entrichten, der die Restzahlung einschließt, und zwar auch dann, wenn der Erwerber sich verpflichtet, die ausstehenden Restzahlungen statt an das Konsortium, an die Gesellschaft zu leisten. Das gleiche gilt bei Weiterveräußerungen von dem Zweiterwerber an einen dritten Erwerber. RFH. 25. Sept. 28 II D 2/28 S. 24, 166 = IndMitt. 1928, 424.

4. Wird bei Überlassung des Kommanditanteils seitens eines Kommanditisten an einen Dritten vereinbart, daß als Gegenleistung Gegenstände der im § 35 genannten Art gewährt werden, so ist die Vereinbarung als Anschaffungsgeschäft steuerpflichtig. RFH. 28. Sept. 28 II A 368/28 S. 24, 138 = IndMitt. 1928, 425 = DStBl. 1928, 673.

5. Kuxe der vor dem Inkrafttreten des Preuß. Allg. Berggesetzes vom 24. Juni 1865 entstandenen Gewerkschaften (Altkuxe) unterliegen der Börsenumsatzsteuer. RFH. 28. Sept. 28 II A 397/28 S. 24, 116 = RStBl. 1928, 336 = IndMitt. 1928, 425 = DStBl. 1928, 610.

6. a) Der bürgerlich-rechtliche Grundsatz des Untergangs eines Forderungsrechts durch Vereinigung von Gläubiger und Schuldner in einer Person gilt für die Börsenumsatzsteuer beim Rückerwerbe von Inhaberschuldverschreibungen durch den Aussteller nur, wenn mit dem Rückerwerbe bestimmungsgemäß der Verpflichtungswille aus der Schuldverschreibung erlischt (Tilgung).

   b) Bei den einer Kündigung unterliegenden Inhaberschuldverschreibungen erhält die Rücknahme der Wertpapiere durch den Aussteller gegen Zahlung den Charakter der Einziehung und Tilgung regelmäßig nur, wenn eine ordnungsmäßige Kündigung vorausgegangen ist. RFH. 5. Okt. 28 II A 403/28 S. 24, 140 = DStZ. 1928, 1113 = DStBl. 1928, 674.

7. Eine Vereinbarung zwischen einem Grundbesitzer und einer Hypothekenbank, nach der letztere dem ersteren ein hypothekarisches Darlehen in ihren Pfandbriefen gewährt, ersterer dagegen der letzteren die Pfandbriefe sofort zur Verfügung stellt zum Zwecke des Weiterverkaufs und Abführung des Erlöses, enthält nicht nur eine nach § 36 steuerfreie Zuteilung der Pfandbriefe an den ersten Erwerber (Grundbesitzer), sondern bei Ausführung des Verkaufsauftrags auch ein nach § 35 steuerpflichtiges Anschaffungsgeschäft zwischen der Bank und dem Dritten; der Dritte kann nicht als Ersterwerber angesehen werden. RFH. 19. Okt. 28 II A 332/28 RStBl. 1928, 370 = DStZ. 1928, 1113.

8. Kein Anschaffungsgeschäft. Der Vertrag, durch den sich der eine Teil verpflichtet, dem anderen Teile künftig Wertpapiere darlehnsweise zu überlassen (Darlehnsvorvertrag), unterliegt nicht der Börsenumsatzsteuer. RFH. 29. Nov. 27 II A 491/27 S. 22, 202 = DStBl. 1928, 55 = StuW. 1928 Nr. 110 = DVR. 1928, 9 = LZ. 1928, 562.

9. Die Ermächtigung einer Bank, vom Kunden hinterlegte Wertpapiere, wenn dieser seine Verpflichtungen gegen die Bank nicht erfüllt, zu verkaufen, enthält kein, auch nur bedingtes Anschaffungsgeschäft von Wertpapieren. RFH. 8. Febr. 28 II A 600/27 DVR. 1928, 40 = RStBl. 1928, 102 = DStZ. 1928, 248 = DStBl. 1928, 214 = StuW. 1928, 313.

10. Besteht das Entgelt für die Übernahme neuer Geschäftsanteile einer Gesellschaft m. b. H. in der Abtretung von Geschäftsanteilen einer anderen Gesellschaft m. b. H., so ist für die Abtretung Börsenumsatzsteuer nicht zu erheben. RFH. 22. Mai 28 II A 70/28 StuW. 1928 Nr. 661.

11. Ein Anschaffungsgeschäft liegt nicht vor, wenn ein Miterbe einer testamentarischen Teilungsanordnung des Erblassers aus dem Nachlaß Wertpapiere der im § 35 bezeichneten Art in Anrechnung auf seinen Erbteil übernimmt. RFH. 10. Juli 28 II A 98/28 RStBl. 1928, 294 = DStZ. 1928, 824 = StuW. 1928 Nr. 659 = DStBl. 1928, 559.

12. Die Überweisung von Gegenständen der in § 35 bezeichneten Art im Wege der Erbauseinandersetzung begründet keine Börsenumsatzsteuerpflicht. RFH. 10. Juli 28 II A 171/28 S. 24, 44 = DStZ. 1928, 824 = StuW. 1928 Nr. 660 = JW. 1928, 2405 = DVR. 1928, 166.

13. Die bloße Einräumung einer Verfügungsmacht über einen G. m. b. H.-Anteil, die nicht Eigentumsmacht ist, enthält kein börsenumsatzsteuerpflichtiges Anschaffungsgeschäft. RFH. 25. Sept. 28 II A 353/28 RStBl. 1928, 336 = StA. 1928, 345 = DStBl. 1928, 610 = DVR. 1928, 185.

§ 41.

1. Das Abwicklungsgeschäft ist mit der Mitteilung der Ausführungsanzeige vom Kommissionär an den Kommittenten vollzogen. Erfolgt die Mitteilung zwischen einem Orte des Inlandes und einem Orte des Auslandes, so ist das Abwicklungsgeschäft ein Auslandsgeschäft im Sinne des § 41 Abs. 3. RFH. 30. Aug. 28 II A 329/28 S. 24, 82 = DStZ. 1928, 920 = DStBl. 1928, 610 = DVR. 1928, 186.

§ 43.

1. Daraus, daß das von dem Makler bei zwei sich ausgleichenden Kauf- und Verkaufsaufträgen desselben Auftraggebers beurkundete Geschäft „Auftraggeber an Auftraggeber" rechtlich unmöglich ist, folgt noch nicht, daß der Makler zweimal als Selbstkontrahent eingetreten ist und zwei Anschaffungsgeschäfte vorliegen. RFH. 6. Dez. 27 II A 449/27 S. 22, 222 = DVR. 1928, 23 = StuW. 1928 Nr. 111.

2. Es ist rechtsirrig, § 43 Abs. 1 Satz 2 auf Bedingungen und Befristungen zu beschränken, welche das Entstehen des Anschaffungsgeschäfts selbst betreffen. Auch Bedingungen, von denen die Erhöhung eines Kaufpreises abhängig gemacht ist, bleiben bei der Steuerberechnung unbeachtet. RFH. 3. Aug. 28 II A 369/28 RStBl. 1928, 302 = DVR. 1928, 153 = JW. 1928, 2662 = StuW. 1928 Nr. 761.

§ 50.

1. Ist der Kaufpreis nach § 50 ganz oder teilweise unverzinslich gestundet, so ist ein Abzug von Zwischenzinsen für die Steuerberechnung nicht gestattet. RFH. 13. Dez. 27 II A 519/27 S. 22, 234 = DVR. 1928, 24 = StuW. 1928 Nr. 112.

§ 58.

1. Daß ein Geschäft, an dessen Gewinn und Verlust noch andere Personen beteiligt sind, als für gemeinschaftliche Rechnung mit diesen Personen abgeschlossen anzusehen ist, wird nicht dadurch ausgeschlossen, daß dem Händler von dem Beteiligten freie Hand gelassen worden ist, ob er das Geschäft vornehmen und in welcher Weise es es durchführen will. RFH. 6. Juli 28 II A 203/28 S. 24, 6 = DStZ. 1928, 824 = DVR. 1928, 133 = StuW. 1928 Nr. 662 = DStBl. 1928, 559.

§ 60.

1. Die Steuervergünstigung für den Arbitrageverkehr findet auch auf Geschäfte in amtlich nicht notierten Werten Anwendung. RFH. 6. Juli 1928 II A 135/28 S. 24, 20 = DStZ. 1928, 824 = DVR. 1928, 135 = StuW. 1928 Nr. 663 = DStBl. 1928, 559.

§ 71.

1. Unterbleibt die dingliche Durchführung eines obligatorischen Rechtsgeschäfts, so besteht kein Rechtsanspruch auf Erstattung der Börsenumsatzsteuer. RFH. 6. März 28 II A 85/28 RStBl. 1928, 126 = StuW. 1928 Nr. 391.

§ 73.

Jadesohn, Die steuerstrafrechtliche Verantwortlichkeit der Notare. DStZ. 1928, 1069.

18.

Körperschaftsteuergesetz

vom 10. August 1925 (RGBl. I S. 208).

§ 2.

Roederer, Die persönliche Steuerpflicht nach dem deutschen und dem englischen Einkommensteuerrecht. StuFr. 1927, 676.

1. a) Die Eigenschaft einer eingetragenen Genossenschaft als Angestellte, als Organ, eines anderen Unternehmens, hier der Gepäckträger-Genossenschaft als Angestellte der selber nicht körperschaftsteuerpflichtigen Reichsbahn-Gesellschaft, schließt weder ihre subjektive Körperschaftsteuerpflicht aus noch die Möglichkeit, daß sie eigenes Einkommen bezieht. Alles, was ein Angestellter als Entlohnung für seine Diensttätigkeit vom Dienstherrn empfängt, sei es auch, wie hier, durch Überlassung tarifmäßiger Gebühren, ist für ihn stets Einkommen.

b) Nach dem jetzigen Körperschaftsteuerrechte besteht für buchführende Erwerbsgesellschaften der Grundsatz, daß ihr Einkommen, aus welcher Einkommensart es auch herrühren mag, so behandelt und ermittelt wird, als ob es gewerbliches wäre; das gilt auch für das Einkommen, das eine Organgesellschaft, der Angestellte eines anderen Unternehmers, als Arbeitslohn bezieht.

c) Der von einer privatrechtlichen juristischen Person im Dienste einer öffentlich-rechtlichen Körperschaft gepflegte Betrieb ist im Sinne des § 2 Nr. 3 weder ein Betrieb „von" der Körperschaft des öffentlichen Rechtes, noch ein „öffentlicher" Betrieb mit eigener Rechtspersönlichkeit. RFH. 13. März 28 I A 395/27 S. 23, 91.

2. Voraussetzung für die Anerkennung einer Körperschaft als Körperschaft öffentlichen Rechtes ist unter anderem, daß die betreffende Körperschaft öffentliche Aufgaben, insbesondere Aufgaben des Staates oder seiner Selbstverwaltungskörper, erfüllt. Wechseln die Anschauungen über die Aufgaben des Staates, kann die Körperschaft auch ihren Charakter ändern und aus einer Körperschaft öffentlichen Rechtes eine solche des Privatrechts werden. RFH. 6. Juni 28 I A 128/28 S. 23, 301 = StuW. 1928 Nr. 664, 723 = DStBl. 1928, 559.

3. Nach dem Körperschaftsteuergesetz 1925 sind nicht die Körperschaften des öffentl. Rechtes steuerpflichtig, sondern ihre Betriebe und Verwaltungen, die für deren Steuerbefreiung gegebenen Voraussetzungen müssen daher von den Betrieben und Verwaltungen selbst erfüllt sein, ohne daß es auf die Zwecke der zugehörigen öffentlichen Körperschaften irgendwie ankäme. RFH. 6. Dez. 27 I A 172/27 RStBl. 1928, 98 = DStBl. 1928, 214 = StuW. 1928 Nr. 314.

§ 3.

Eisner, Die Besteuerung der Einkünfte aus ausländischem in Deutschland fundierten Immobiliarkredit nach deutschem Steuerrecht. Ihre Härte und ihre Milderungsmöglichkeiten. IndMitt. 1928, 173. — Friesecke, Unter welchen Voraussetzungen gilt ein Warenlager als Betriebsstätte? DStBl. 1928, 376.

1. a) Im Falle der beschränkten Körperschaftsteuerpflicht nach § 3 Abs. 1 Nr. 2 hat der Steuerabzug vom Kapitalertrage grundsätzlich bei den Betrieben und Verwaltungen, dagegen nicht bei den diesen übergeordneten Körperschaften des öffentlichen Rechts zu erfolgen. Das gilt ohne Rücksicht darauf, ob die Betriebe und Verwaltungen eigene Rechtspersönlichkeit des zivilen oder des öffentlichen Rechtes besitzen oder nicht.

b) Versorgungsbetriebe im Sinne des § 2 Nr. 3 b, § 7 unterliegen der beschränkten Körperschaftsteuerpflicht des § 3 Abs. 1 Nr. 2.

c) Verschiedene Betriebe oder Verwaltungen einer und derselben Körperschaften des öffentlichen Rechtes sind nicht als „die gleiche Person" im Sinne des § 84 EinkStG. anzusehen, ebensowenig die Körperschaft einerseits und ihre Betriebe oder Verwaltungen anderseits.

d) In den Fällen der beschränkten Körperschaftsteuerpflicht nach § 3 Abs. 1 Nr. 2 ist eine Anwendung der durch die Rechtsprechung des Reichsfinanzhofs entwickelten Organtheorie ausgeschlossen. RFH. 14. Febr. 28 I A 445/27 S. 23, 29 = StuW. 1928 Nr. 315 = DStBl. 1928, 320.

§ 4.

1. a) Eine Genossenschaft kann sich regelmäßig nicht darauf berufen, daß unzulässige Kredite ohne Wissen des Vorstandes von ihren Kassenbeamten eingeräumt worden seien. Es muß vielmehr verlangt werden, daß der Vorstand, wenn er die Geschäfte nicht selbst führt, den Ange-

stellten die strengste Befolgung der Grundsätze über die Beschränkung der Geschäfte auf den Kreis der Mitglieder zur Pflicht macht und sich dauernd durch Überwachung der Geschäftsführung darüber unterrichtet hält, daß die Anweisungen auch ausnahmslos befolgt werden. Sind die Kontrollmaßnahmen nicht derartig streng, daß sie ausschließen, daß in einer irgendwie nennenswerten Anzahl von Fällen Geschäfte mit Nichtmitgliedern ohne Wissen des Vorstandes gemacht werden, so ist ein tatsächliches Hinausgehen über den Kreis der der Genossenschaft erlaubten Geschäfte von der Genossenschaft steuerlich zu vertreten. b) Gleichgültig ist es, ob im Einzelfalle das Hinausgehen über den Kreis der Mitglieder aus geschäftlichen Gründen oder aus Motiven der Wohltätigkeit erfolgt ist.

c) Das Werben von Kunden für den Bankbetrieb einer Kreditgenossenschaft durch Anzeigen, in denen der Anschein erweckt wird, als ob Kredite an jedermann gegeben werden, und die Gewährung von Darlehen zu Werbezwecken an Personen, welche bisher nicht zu den Genossen gehören, geht regelmäßig über den Kreis der zulässigen Geschäfte hinaus. d) Unzulässig ist, daß die Genossenschaft zunächst ihr Augenmerk darauf richtet, möglichst viele Gelder zusammenzubringen, und daß sie dann, um diese Gelder im Wege des Kredits anlegen zu können, kreditbedürftige Personen als Genossen anzuwerben sucht. RFH. 21. Dez. 27 I A 260/26 RStBl. 1928 S. 31 = DStZ. 1928, 248 = StuW. 1928 Nr. 167 = StA. 1928, 153.

2. Als Mitglieder einer Genossenschaft im Sinne des § 4 Abs. 2, b gelten nur die der Genossenschaft unmittelbar angehörigen Genossen. Deshalb beschränkt eine Genossenschaft ihren Geschäftsbetrieb nicht mehr auf den Kreis der Mitglieder und wird mit ihrem Einkommen aus dem Geschäftsbetriebe körperschaftsteuerpflichtig, wenn sie ihre geschäftliche Tätigkeit auch auf die Einzelmitglieder einer ihr als Genosse angeschlossenen Körperschaft (z. B. Innung) ausdehnt, obwohl diese Einzelmitglieder ihr nicht unmittelbar als Genossen angehören. RFH. 10. Jan. 28 I A 508/27 RStBl. 1928, 61 = StuW. 1928 Nr. 322 = DStZ. 1928, 343 = DStBl. 1928, 214. Vgl. Nr. 10.

3. Zur Frage, wann bei einer Genossenschaft ein Hinausgehen des Geschäftsbetriebs über den Kreis der Mitglieder anzunehmen ist. RFH. 13. März 28 RStBl. 1928, 125.

4. Wenn eine Gesellschaft, die mehrere Betriebe besitzt, in einem Geschäftsbetriebe sich nicht auf den Kreis der Mitglieder beschränkt, so gilt sie in vollem Umfang als Erwerbsgesellschaft. RFH. 20. März 28 I A 119/28 StuW. 1928 Nr. 320 = RStBl. 1928, 188.

5. Der Verkehr zwischen einer Molkereigenossenschaft und den Mitgliedern einer Milchlieferungsgenossenschaft, welche ihrerseits Mitglied der Molkereigenossenschaft ist, braucht ein Hinausgehen über den Kreis der Mitglieder der Molkereigenossenschaft nicht zu begründen. RFH. 20. März 28 I A 150/28 StuW. 1928 Nr. 668.

6. Zu den erlaubten Gegengeschäften in weiterem Sinne kann bei Produktivgenossenschaften auch ein Hinzukauf von Erzeugnissen gehören, wenn er notwendig ist, um den eigentlichen Zweck der Genossenschaft zu erreichen. RFH. 20. März 1928 I A 477/27 S. 23, 103 = StuW. 1928 Nr. 319 = DJZ. 1928, 1087 = JW. 1928, 1696 *(m. Bespr. v. Kiefe).*

7. a) Schwierigkeiten der Kontrolle über die Beschränkung der Genossenschaft auf den Kreis der Mitglieder befreien die Genossenschaft nicht von der Kontrollpflicht.
b) Gefälligkeitsgeschäfte mit Nichtmitgliedern stehen den aus geschäftlichen Gründen abgeschlossenen Geschäften gleich.
c) Das Verhältnis der mit Nichtmitgliedern abgeschlossenen Geschäfte zum Gesamtumsatz ist bedeutungslos. RFH. 27. März 28 I A 179/28 StuW. 1928 Nr. 669.

8. Bei einer Genossenschaft ist der Abschluß von Geschäften, die nach dem Gegenstande des Unternehmens mit den Mitgliedern zur Förderung von deren Wirtschaft oder Erwerb abgeschlossen werden sollen, mit anderen Personen nur dann als steuerlich zulässig im Sinne § 4 Abs. 2 b anzusehen, wenn dieser Abschluß im Einzelfalle aus besonderer zwingender Veranlassung im Interesse der Verfolgung der eigentlichen Zwecke der Genossenschaft geboten war. RFH. 27. März 28 I A 455/27 RStBl. 1928 S. 166

9. Eine Molkereigenossenschaft, die in den Monaten durchschnittlicher Milcherzeugung Milch oder Milchprodukte hinzukauft, beschränkt ihren Geschäftsbetrieb nicht mehr auf den Kreis ihrer Mitglieder, es sei denn, daß der Zukauf durch besondere Verhältnisse (Milchknappheit infolge von Viehkrankheiten, Dürre oder dergleichen) verursacht wird. RFH. 24. April 28 I A 159/28 StuW. 1928 Nr. 667.

10. Eine Genossenschaft beschränkt ihren Geschäftsbetrieb nicht mehr auf den Kreis der Mitglieder und wird daher mit ihrem Einkommen aus dem Geschäftsbetriebe körperschaftsteuerpflichtig, wenn sie ihre geschäftliche Tätigkeit auch auf die Einzelmitglieder einer ihr als Genosse angeschlossenen Körperschaft (z. B. Innung) ausdehnt, obwohl diese Einzelmitglieder ihr nicht unmittelbar als Genossen angehören. Ein Hinausgehen des Geschäftsbetriebs über den Kreis der Mitglieder ist aber dann nicht anzunehmen, wenn die der Genossenschaft angeschlossene Körperschaft (Innung) in einer beachtlichen Weise bei den Geschäften mitwirkt, die die Genossenschaft mit den ihr nicht unmittelbar als Genossen angehörigen Innungsmitgliedern ausführt. RFH. 8. Mai 28 I A 22/28 RStBl. 1928, 268. Vgl. Nr. 2.

11. Nach der Behauptung der Beschwerdeführerin ist der Kleinhandel die Grundlage ihrer geschäftlichen Existenz. Sie hat ihren Betrieb so eingerichtet, daß sie bei normaler Milchlieferung der Genossen genug Milch zur Aufrechterhaltung des täglichen Kleinhandelsgeschäftes erhält, während sie die in den milchreichen Monaten anfallenden Mehrmengen außerhalb des Kleinhandels verwertet. Der Hinzukauf von Butter ist nur insoweit erfolgt, als aus besonderen Gründen, z. B. wegen des Ausbruchs von Viehseuchen, die Milchlieferungen gelegentlich die Höhe nicht erreichten, welche zur Belieferung der regelmäßigen Kleinkundschaft erforderlich war. Sind diese Behauptungen richtig, so waren die zur Deckung des Ausfalls bei diesen Gelegenheiten vorgenommenen Hinzukäufe steuerlich zulässig. RFH. 30. Mai 28 I A 422/27 RStBl. 1928, 270 = StuW. 1928 Nr. 670 = DStBl. 1928, 431.

12. Es ist nur zu prüfen, ob die Genossenschaft den Geschäftsbetrieb auf ihre Mitglieder beschränkt hat, nicht aber, ob etwa bestimmte Mitglieder nach der Satzung nicht Mitglieder werden durften. Bezüglich der

Kreditgenossenschaften ist grundsätzlich an RFH. 1, 251 festzuhalten, wenn auch zu den notwendigen Gegengeschäften die Hereinnahme von Geldern von Nichtgenossen gehört, und daß bezüglich der Höhe der hereingekommenen fremden Gelder eine gewisse Vorsorgepolitik getrieben werden muß. RFH. 31. Juli 28 I A 236/28 DStZ. 1928, 920.

13. Eine Genossenschaftsbank erstreckt ihren Geschäftsbetrieb über den Kreis ihrer Mitglieder hinaus, wenn sie sich in der Zeitungsanzeige als Bank für jedermann bezeichnet und zur Besorgung aller Geschäfte erbietet. RFH. 14. Aug. 28 I A 252/28 StuW. 1928 Nr. 763.

14. a) Eine eingetragene Genossenschaft, welche die Voraussetzungen des § 4 Abs. 2 b nicht erfüllt, gehört zu den Erwerbsgesellschaften.

b) Der genossenschaftliche Geschäftsbetrieb muß unmittelbar auf Förderung des Erwerbes oder der Wirtschaft der Mitglieder gerichtet sein. Dagegen genügt es nicht, wenn durch einen Geschäftsbetrieb, der an sich mit dem Erwerb und der Wirtschaft der Mitglieder nichts zu tun hat, ein Gewinn erzielt wird, der demnächst den Genossen in Form einer Dividende wieder zufließt. Haben die Genossen lediglich Geldeinlagen gemacht, mit denen die Genossenschaft ihrerseits ihren Geschäftsbetrieb ohne jede weitere Betätigung der Genossen und ohne jeden Zusammenhang mit dem Erwerb und der Wirtschaft der Genossen aufgebaut hat, nicht anders, wie es eine sonstige Kapitalgesellschaft, etwa eine Gesellschaft m. b. H. oder eine Aktiengesellschaft auch gemacht haben würde, so ist die Frage, ob die Genossenschaft einen auf den Kreis ihrer Mitglieder beschränkten Geschäftsbetrieb unterhält, zu verneinen. RFH. 6. Nov. 28 I A 151/28 S. 24, 212.

15. a) Eine Genossenschaftsbank verliert die Steuervergünstigung des § 4 Abs. 2 b nicht unter allen Umständen dadurch, daß sie zur Gewinnung oder Erhaltung eines Geldgebers ihm durch Erledigung von Geschäften Entgegenkommen zeigt.

b) Ein steuerlich unzulässiges Kreditgeschäft mit einem Nichtmitglied liegt nicht vor, wenn eine Genossenschaft diesem Nichtmitgliede Wechsel, die durch den Geschäftsverkehr mit den Mitgliedern in ihren Besitz gelangt sind, aus besonderen Gründen, z. B. zur Vermeidung eines gerichtlichen Vorgehens, verlängert. RFH. 13. Nov. 28 I A 272/28 S. 24, 251.

§ 6.

Wulff, Die Besteuerung von Gewinnen aus Konsortialgeschäften. StA. 1928, 297. — Wolffheim, Die Besteuerung von Gewinnen aus Konsortialbeteiligungen. StA. 1928, 161.

§ 7.

Evers, Der Umfang der Körperschaftssteuerfreiheit der Versorgungsbetriebe. DStBl. 1928, 18.

1. Versorgungsbetriebe im Sinne des § 2 Nr. 3 b, § 7 unterliegen der beschränkten Körperschaftsteuerpflicht des § 3 Abs. 1 Nr. 2. RFH. 14. Febr. 28 I A 445/27 S. 23, 29.

2. Wenn die für einen Versorgungsbetrieb zweckmäßige Rechtsform (wie die einer e. G. m. b. H.) durch gesetzliche Bestimmungen dazu nötigt, an dem Unternehmen natürliche Personen zu beteiligen, und solche Personen nur in gerechtfertigter Anzahl beteiligt sind, so gilt die

Voraussetzung der Steuerbefreiung, daß die Erträge des Versorgungsbetriebes ausschließlich Körperschaften des öffentlichen Rechts zufließen müssen (§ 7 in Verbindung mit § 2 Satz 2) billigerweise dann nicht als beeinträchtigt, wenn die an dem Unternehmen beteiligten natürlichen Personen ihre Beteiligung mit nicht mehr als 5 v. H. verzinst erhalten. RFH. 30. Okt. 28 I A 53/28 RStBl. 1928, 381 = DStZ. 1928, 1114.

§ 9.

Mrozek, Unterliegen Einkünfte der Klöster aus ihren Brauereien der Körperschaftsteuer? DStBl. 1928, 119. — Nicolai, Die Kaufmannseigenschaft der Sparkassen. PrVBl. 1928, 455. — Wendtland, Zur Körperschaftssteuerfreiheit des „eigentlichen Sparkassenverkehrs". ZStFr. 1928, 213.

Nr. 7.

1. Eine Körperschaft kann als ausschließlich gemeinnützig anerkannt werden, auch wenn sie sich die Mittel zur Erfüllung ihres Zweckes durch einen Gewerbebetrieb erwirbt. RFH. 25. Nov. 27 I A 439/27 S. 22, 204 = DStBl. 1928, 101 = StA. 1928, 284.
2. Die von landwirtschaftlichen Berufsgenossenschaften gegründeten Haftpflichtversicherungsanstalten (§§ 1029, 843 RVO.) sind als gemeinnützige Betriebe oder Verwaltungen steuerfrei. RFH. 29. Nov. 27 I A 421/27 RStBl. 1928, 31 = StuW. 1928 Nr. 165.
3. a) Die Gemeinnützigkeit der von einem Sparkassen- und Giroverband (Kommunalbank) unterhaltenen öffentlichen Bankanstalt (Kommunalbank) kann nicht schon um deswillen verneint werden, weil die Kommunalbank im Wettbewerb mit Privatbetrieben stehe.
b) Die Körperschaftsteuerfreiheit einer solchen Bank ist bereits dann gegeben, wenn sie überwiegend gemeinnützigen Zwecken dient. Dazu gehört aber unter allen Umständen, daß die Kommunalbank satzungsgemäß der Vermittlung billigen Personal- oder Realkredits dient oder selbst solchen Kredit gewährt. Diese Voraussetzung ist nur dann erfüllt, wenn die Kommunalbank den Kredit billiger gibt als ein steuerpflichtiges Bankgeschäft und wenn die Vermittlung oder Gewährung des billigen Kredits satzungsgemäß festgelegt ist. Die Verwendung der Überschüsse der Kommunalbank zu gemeinnützigen Zwecken oder die Sicherheit in ihren Kapitalanlagen reichen für sich allein zur Anerkennung der Gemeinnützigkeit nicht aus. RFH. 6. Dez. 27 I A 172/27 RStBl. 1928, 98 = StuW. 1928 Nr. 314, 365.
4. a) Girokassen, die nicht das eigentliche Spargeschäft pflegen, vielmehr der Verwendung vorübergehend müßiger Gelder dienen wollen, können nicht als Sparkassen anerkannt werden; sie fallen daher nicht unter die Befreiungsvorschrift des § 9 Abs. 1 Nr. 4.
b) Girokassen genießen als Betriebe von Körperschaften des öffentlichen Rechts bereits dann Steuerbefreiung, wenn sie zwar nicht ausschließlich, aber doch überwiegend gemeinnützigen Zwecken dienen.
c) Für die Anerkennung der Gemeinnützigkeit der von einer Girokasse betriebenen Kreditgeschäfte genügt nicht die Tatsache, daß die Girokasse im wesentlichen solche Kredite gibt, deren Gewährung von den Banken als unrentabel abgelehnt werden; es muß vielmehr die Feststellung hinzukommen, daß die Kredite zu einem Zinsfuße gewährt

werden, der auch volkswirtschaftlichen Gesichtspunkten Rechnung trägt. Es ist daher stets zu prüfen, in welchem Verhältnisse die in der maßgebenden Zeit tatsächlich geforderten Zinsen zu den damals üblichen Bankzinsen gestanden haben.

d) Muß eine Girokasse einen nicht unwesentlichen Teil ihrer Einlagen an den Giroverband abführen, dem sie angeschlossen ist, so ist für die Anerkennung ihrer überwiegenden Gemeinnützigkeit eine Prüfung erforderlich, ob die Zuführung der Gelder an den Giroverband als gemeinnützig gelten darf. Diese Frage kann nur dann bejaht werden, wenn der Giroverband lediglich als Mittelmann, als ein Werkzeug anzusehen ist, mit dessen Hilfe die Girokassen ihre eigenen Geschäfte führen, und wenn er bei der Verwendung der ihm überwiesenen Geschäfte eine gemeinnützige Wirksamkeit entfaltet. Denn wenn der Zweck eines Betriebes darin bestehen sollte, einem anderen die Möglichkeit zu gemeinnütziger Tätigkeit zu verschaffen, so müßte die unmittelbare Förderung der Allgemeinheit verneint werden; gemeinnützig sind aber nur solche Zwecke, die unmittelbar die Allgemeinheit fördern. RFH. 24. Jan. 28 I A 261/27 RStBl. 1928, 100 = StuW. 1928 Nr. 316.

5. Der Zweck einer Genossenschaft erschöpft sich regelmäßig in der Förderung der eigenwirtschaftlichen Interessen ihrer Mitglieder. Es können daher nur in den Ausnahmefällen, in denen die Genossenschaft nachweist, daß die wirtschaftlichen Interessen der Genossen ganz zurücktreten hinter dem Gedanken an das gemeine Beste, die Voraussetzungen des § 9 Abs. 1 Nr. 7 als erfüllt angesehen werden. RFH. 14. Febr. 28 I A 57/28 RStBl. 1928, 113.

6. Ein Schlacht- und Viehhof, der von einer Fleischerinnung betrieben wird und zu dessen Benutzung nur die Mitglieder dieser Innung berechtigt sind, hat keinen Anspruch auf die Körperschaftsteuerbefreiung. RFH. 8. Mai 28 I A 145/28 RStBl. 1928, 215 = StuW. 1928 Nr. 665.

7. a) Der § 6 DurchfV. ist rechtsgültig.

b) Ausschließliche Gemeinnützigkeit im Sinne des § 9 Abs. 1 Nr. 7 liegt bei einer Stiftung nicht vor, wenn in den Satzungen der Stiftung gleichzeitig eine starke Betonung der Interessen des Stifters enthalten ist.

c) Es gibt nur steuerfreie oder körperschaftsteuerpflichtige Stiftungen, jedoch keine Stiftungen, die zum Teil frei, zum Teil pflichtig sind. RFH. 15. Mai 28 I A 257/28 RStBl. 1928, 269 = StuW. 1928 Nr. 671.

8. Die Zwecke der Feuerbestattungsvereine sind nicht gemeinnützig. RFH. 5. Juni 28 I A 262/28 RStBl. 1928, 288 = DStBl. 1928, 506 = StuW. 1928 Nr. 673 = DStZ. 1928, 920.

9. Mildtätigkeit kann nur dort angenommen werden, wo Personen geholfen werden soll, die infolge ihrer körperlichen oder geistigen Beschaffenheit oder ihrer wirtschaftlichen Lage der Hilfe bedürfen. Spricht sich die Bedürftigkeit in anderer Richtung aus, dann kann ein Unternehmen, das Abhilfe bringen will, unter Umständen gemeinnützig sein; es ist aber nicht mildtätig im Sinne des § 10 der DurchfV. RFH. 6. Juni 28 I A 129/28 S. 23, 301 = DStBl. 1928, 506 = StuW. 1928 Nr. 664, 725.

10. Bei Personenvereinigungen braucht die Verwendung des Vermögens zu gemeinnützigen Zwecken nicht gerade durch eine Satzungsvorschrift

sichergestellt zu sein. RFH. 23. Okt. 28 I A 325/28 RStBl. 1928, 368 = DStZ. 1928, 1114 = DStBl. 1928, 676.

Nr. 8.

11. Die sogenannten ärztlichen Verrechnungsstellen, die für ihre Mitglieder das Arzthonorar einziehen und zugleich Versorgungseinrichtungen schaffen, können nicht als Berufsverbände anerkannt werden. RFH. 30. Okt. 28 I A 347/28 S. 24, 173 RStBl. 1928, 369 = DStZ. 1928, 1114.

Nr. 10.

12. Pensions-, Witwen- oder Waisenkassen können nach dieser Vorschrift befreit werden, auch wenn die Leistungen der Kasse im Einzelfalle nicht vom Nachweis einer ausgesprochenen Not abhängig gemacht werden. RFH. 30. Okt. 28 I A 347/28 S. 24, 173 = RStBl. 1928, 369 = DStZ. 1928, 1114.

§ 10.

Strauß, „Verbrauchsbesteuerung" der körpersteuerpflichtigen Gesellschaften. — Die Gewinnausschüttung als Grundlage der Körperschaftsbesteuerung. DStZ. 1928, 618.

1. Bei Erwerbsgesellschaften vermindert sich die Summe der Gewinnanteile, die für den Steuerabschnitt ausgeschüttet worden ist, um den vollen Betrag der nach § 11 Nr. 3 befreiten Schachteldividende. Es ist nicht zulässig, die Ausschüttungen in erster Linie gegen Einnahmen der Erwerbsgesellschaft zu verrechnen, welche nicht zu den nach § 11 außer Ansatz bleibenden Einnahmen gehören. RFH. 8. Nov. 27 I A 216/27 S. 22, 262 = IndMitt. 1928, 38 = DStBl. 1928, 102 = RStBl. 1928, 98 = StuW. 1928 Nr. 114.
2. Der I. Senat lehnt eine Zerlegung der Aufsichtsratstätigkeit als solcher in steuerpflichtige Überwachungshandlungen und steuerfreie sonstige Aufsichtstätigkeit ab, er verneint aber die Steuerpflicht für die Vergütung von Leistungen, die auf Grund besonderer Verträge beschafft werden und die über dasjenige Maß von Tätigkeit hinausgehen, zu dem das Aufsichtsratsmitglied als solches verpflichtet sein würde. RFH. 26. Juni 28 I A 507/27 S. 24, 11 = IndMitt. 1928, 312 = StuW. 1928 Nr. 676 = DStBl. 1928, 611.
3. Es entspricht der Billigkeit, den in RFH. Bd. 21 S. 128 entwickelten Grundsatz, daß in den drei auf die Geldentwertungszeit folgenden Geschäftsjahren regelmäßig von einer Anwendung des § 10 Abs. 2a abzusehen ist, auch auf den Fall auszudehnen, daß die an die Gesellschafter gemachte Zuwendung auf Kosten des Stammkapitals erfolgt ist. RFH. 31. Juli 28 I A 36/28 RStBl. 1928, 364 = DStBl. 1928, 675.
4. Von der Obergesellschaft an Aufsichtsratmitglieder oder leitende Angestellte der Organgesellschaft geleistete Vergütungen sind Einkommen der Organgesellschaft im Sinne des § 10 Abs. 2 KStG. 1925. RFH. 11. Okt. 28 I A 473/27 StuW. 1928 Nr. 846.

§ 11.

1. a) Für die Aussonderung der nach § 11 Nr. 2 von der Steuer befreiten Einkünfte aus dem eigentlichen Sparkassenverkehre kommt der bei dem Sparkassengeschäft erzielte Reingewinn in Betracht.

b) Sind die Spargelder festverzinslich angelegt, so besteht der Rohgewinn in den gesamten Zinseinnahmen; sind sie wie die sonstigen Geldmittel im Geschäftsbetriebe verwendet worden, so ist als Rohgewinn des Spargeschäfts der Teil des Gesamtrohgewinns anzunehmen, der im Verhältnis zu den gesamten zur Verfügung stehenden Kapitalien auf die Spareinlagen entfällt.

c) Von dem auf das Spargeschäft entfallenden Rohgewinn ist zunächst der Zinsbetrag abzuziehen, den die Sparer insgesamt für die Einlagen erhalten. Der Restbetrag ist weiterhin um den auf das Spargeschäft entfallenden Anteil an den allgemeinen Geschäftsunkosten zu kürzen. RFH. 13. Nov. 28 I A 272/28 S. 24, 251.

2. Unter den Einkünften im Sinne der Nr. 1—5 des § 11 sind grundsätzlich die Reineinkünfte zu verstehen. RFH. 5. Juni 28 I A 262/28 RStBl. 1928, 288 = DStZ. 1928, 920 = DStBl. 1928, 506 = StuW. 1928 Nr. 673.

3. Schachtelprivileg. Bei beschränkter Steuerpflicht einer Tochtergesellschaft genießt die Muttergesellschaft das Schachtelprivileg soweit, als die Tochtergesellschaft im Deutschen Reiche steuerpflichtig ist, also für den Teil der von der Tochtergesellschaft ausgeschütteten Dividende, der dem Verhältnis des in Deutschland steuerpflichtigen Einkommens zum Gesamteinkommen der Tochtergesellschaft entspricht. RFH. 8. Mai 28 I A 336/27 S. 23, 202 = LZ. 1928, 916 = StuW. 1928, 672 = Ind.-Mitt. 1928, 229 = DStBl. 1928, 382 = JW. 1928, 2038 *(m. Bespr. v. Fuchs).*

4. Steuerfreie Zinseinkünfte einer Kreditgarantiegenossenschaft aus Sparguthaben ihrer Mitglieder. RFH. 21. Dez. 27 I A 321/27 StuW. 1928 Nr. 321.

5. Wenn Beiträge der Mitglieder von Personenvereinigungen — § 11 Nr. 6 — bei der Ermittlung des Einkommens außer Ansatz bleiben, bleiben auch die Ausgaben unberücksichtigt, die in unmittelbarem oder mittelbarem wirtschaftlichen Zusammenhange mit den Beiträgen stehen; diese Ausgaben können nicht die steuerpflichtigen Einkünfte der Personenvereinigung mindern. RFH. 5. Juni 28 I A 262/28 RStBl. 1928, 288 = StuW. 1928 Nr. 673.

6. Der Begriff der Beiträge ist nicht eng auszulegen. Es wird darunter im allgemeinen alles das fallen, was die Mitglieder einer Körperschaft kraft ihrer gesellschaftlichen Verpflichtung zu leisten haben. RFH. 30. Okt. 28 I A 347/28 S. 24, 173 = RStBl. 1928, 369 = DStZ. 1928, 1114.

§ 12.

1. Der durch den Beginn eines Geschäftsjahrs eröffnete Steuerabschnitt findet sein vorzeitiges Ende noch nicht dadurch, daß die Gesellschafter beabsichtigen, das Geschäftsjahr zu verlegen, und daß in Verfolg dieser Absicht eine Bilanz für den letzten Tag des Kalenderjahres, als für den in Aussicht genommenen neuen Stichtag, vorbereitet oder entworfen wird. Das Geschäftsjahr und der Steuerabschnitt werden vielmehr beendigt erst dadurch, daß durch den Beschluß des zuständigen Gesellschaftsorgans, also der Gesellschafterversammlung, die Verlegung tatsächlich erfolgt. RFH. 7. Aug. 28 I A 5/28 RStBl. 1928, 313 = StA. 1928, 345 = DStBl. 1928, 611 = StuW. 1928 Nr. 847.

§ 13.

Falkenstein, Die Besteuerung der Fusionsgewinne bei der aufnehmenden Gesellschaft. DStZ. 1928, 1104. — Kennerknecht, Grundstücksgesellschaften und Körperschaftsteuer. DStZ. 1928, 778. — Lion, Die Körperschaftssteuer bei der Interessengemeinschaft. ZStFr. 1928, 73. — Moos, Die Besteuerung der Interessengemeinschaften und Kartelle. StuFr. 1927, 27. — Ruprecht, Rücklagen in der steuerlichen Gesetzgebung und Rechtsprechung. DStZ. 1928, 1108. — Senft, Körperschaftsteuer der Erwerbsgesellschaften und Gewinnverschleierung. ZStFr. 1928, 28. — Zeine, Steuerliche Behandlung der Pensionsversorgung von Arbeitnehmern durch Arbeitgeber. DStZ. 1928, 1085.

1. Das Einkommen jeder Art wird bei den zur kaufmännischen Buchführung verpflichteten Erwerbsgesellschaften wie gewerbliches Einkommen ermittelt und steuerlich behandelt. RFH. 19. Okt. 27 I A 3/27 RStBl. 1928, 6 = DStBl. 1928, 170.

§ 14.

Zeine, Steuerliche Behandlung der Pensionsversorgung von Arbeitnehmern durch Arbeitgeber. DStZ. 1928, 1085.

1. Der auch in den §§ 1356 und 1617 BGB. zum Ausdruck gelangte Gedanke, daß in kaufmännischen Kreisen der Brauch besteht, Angehörige des Betriebsinhabers im gewissen Umfang zu unentgeltlichen Hilfsarbeiten heranzuziehen, kann bei Körperschaften keine Anwendung finden und ist daher nicht geeignet, die Abzugsfähigkeit der von solchen an ihre Geschäftsführer gezahlten Vergütungen in vollem Umfang auszuschließen. RFH. 27. Sept. 27 I A 123/27 RStBl. 1928, 29.
2. Die Bildung einer nach § 14 Nr. 2 begünstigten Pensionskasse ist auch bei Familiengesellschaften möglich. RFH. 25. Okt. 27 I A 410/27 S. 22, 119 = DStBl. 1928, 171.
3. Zur Frage, wann eine Unterstützungskasse als eine Kasse im Sinne des § 14 Nr. 2 angesehen werden kann. RFH. 6. März 28 I A 64/28 RGBl. 1928 S. 114 = StuW. 1928 Nr. 324.

§ 15.

Eckstein, Unterbilanz und Körperschaftsteuer. StA. 1928, 73. — Kaiser, Zweifelsfragen zur Handhabung des Unterbilanzabzugs gem. § 15 Nr. 3 KörpStG. IndMitt. 1928, 440. — Kennerknecht, Zweifelsfragen zur Unterbilanz i. S. des Körperschaftssteuergesetzes. IndMitt. 1928, 282. — Lion, Der Verlustvortrag, besonders bei Vorhandensein einer Steuerreserve. ZStFr. 1928, 49. — Thun, Kapitalherabsetzung und Körperschaftsteuer. IndMitt. 1928, 322.

1. Der Jahresbetrag der steuerfreien Rücklagen für die Grunderwerbsteuer der toten Hand kann angemessen auf den Betrag der Steuer, verteilt auf die Jahre bis zum nächsten Fälligwerden der Steuer, angesetzt werden. RFH. 7. Aug. 28 I A 86/28 StuW. 1928 Nr. 850.
2. Eine durch Kapitalrückzahlung oder Ausschüttung entstandene Unterbilanz kann nicht nach § 15 Nr. 3 KörpStG. durch spätere Geschäfts-

gewinne steuerfrei beseitigt werden, da es sich dabei nicht um einen Verlust im Sinne dieser Vorschrift handelt. RFH. 31. Juli 28 I A 86/28 RStBl. 1928, 364 = DStBl. 1928, 675.

§ 16.

Kennerknecht, Besteuerung der von Amerika freigegebenen Vermögen. ZSt. 1928, 100. — Pirro, Der Kundschaftswert in der Bilanz der Aktiengesellschaften. ZStFr. 1928, 52.

§ 17.

1. Auf die Liquidationssteuer finden die allgemeinen Gewinnermittlungsvorschriften Anwendung, also z. B. auch § 17 Nr. 3, so daß die im Liquidationsabschnitt entrichtete Körperschaftsteuer und sonstige Personalsteuern bei der Ermittlung des Einkommens nicht abgezogen werden dürfen. RFH. 8. Aug. 28 I A 463/27 RStBl. 1928, 314 = StuW. 1928 Nr. 851.
2. § 17 Nr. 4 geht als steuerliche Sondervorschrift der allgemeinen Regel des § 13 EinkStG., welche auf die Grundsätze ordnungsmäßiger kaufmännischer Buchführung verweist, vor. RFH. 22. Nov. 27 I A 149/27 S. 22, 247 = IndMitt. 1928, 36.

§ 18.

Barmscheidt, Zur Frage der Körperschaftsteuerpflicht bei Fusionen, wenn die aufnehmende Gesellschaft Aktien der aufgenommenen Gesellschaft besitzt. IndMitt. 1928, 396. — Burkhardt, Grundstücksgesellschaften und Körperschaftsteuer. Kann die bloße Umschreibung eines Grundstücks Einkommen- oder Körperschaftsteuer zur Folge haben? DStZ. 1928, 1003. — Falkenstein, Die Besteuerung der Fusionsgewinne bei der aufnehmenden Gesellschaft. DStZ. 1928, 1104.

1. Auch unter der Herrschaft des neuen Körperschaftsteuergesetzes wird daran festgehalten, daß eine Liquidationsbesteuerung nicht vor Ablauf des Sperrjahres vorgenommen werden darf. RFH. 8. Aug. 28 I A 463/27 RStBl. 1928, 314 = DStZ. 1928, 921 = DStBl. 1928, 559 = StuW. 1928 Nr. 851.
2. Auch für das neue Körperschaftsteuerrecht gelten die Ausführungen des Urteils Bd. 10 S. 23 ff., wonach die Sondervorschriften über die Liquidationssteuer nur für echte Liquidationen, nicht auch für Scheinliquidationen gelten sollen. Zweck der Liquidation ist die Abwicklung der laufenden Geschäfte, die Feststellung, Verwertung und Verteilung des Gesellschaftsvermögens (§§ 298, 149 HGB.). Wird dieser Zweck nicht verfolgt, sondern beteiligt sich die Gesellschaft nach der Eintragung der Liquidation als Erwerbsgesellschaft am Wirtschaftsleben ebenso wie vorher, so ist die bloße Tatsache des Auflösungsbeschlusses und des formellen Eintritts in das Liquidationsverfahren ohne steuerrechtliche Wirkung. RFH. 28. Sept. 28 I A 143/28 RStBl. 1928, 366 = IndMitt. 456 = DStBl. 1928, 676.

§ 21.

1. Als „Summe der Einlagen" im Sinne des § 21 Nr. 2 ist bei einer Genossenschaft die Summe der Geschäftsguthaben der Genossen anzusehen, insoweit die einzelnen Guthaben nicht über den satzungsmäßig zulässigen Betrag der Beteiligungen (Geschäftsanteile) hinausgehen. RFH. 13. Nov. 28 I A 272/28 S. 24, 251.

2. a) Bei Anwendung des § 21 Nr. 3 ist das Stammkapital maßgebend, das am Ende des Steuerabschnitts vorhanden ist.
b) Der danach anzuwendende Steuersatz gilt einheitlich für den ganzen Steuerabschnitt. RFH. 10. Juli 28 I A 474/27 S. 24, 51 = JndMitt. 1928, 348 = JW. 1928, 2661 *(m. Bespr. v. Rheinstrom).* — DStBl. 1928, 611 = StuW. 1928, Nr. 762.

§ 22.

Becker, Die Mitteilung des Veranlagungsergebnisses bei der Freiveranlagung der Erwerbsgesellschaften. StA. 1928, 12. — Kennerknecht, Zur Frage der Bemessung der Absetzungen für Abnutzung nach der Restnutzungsdauer. ZStFr. 1928, 191.

1. Ist eine Schuld in der Steuereröffnungsbilanz nach § 105 EinkStG. infolge eines Rechenfehlers — nicht etwa infolge einer falschen Schätzung ihres Wertes — zu niedrig eingesetzt und wird dieser Irrtum im Laufe des Geschäftsjahrs von der buchführenden Gesellschaft dadurch ausgeglichen, daß sie sich mit dem Unterschiedsbetrage belastet, den Gläubiger für denselben Betrag erkennt, so ist das Bilanzergebnis durch Hinzurechnung dieses Betrages steuerlich zu berichtigen. RFH. 31. Jan. 28 I A 311/27 JndMitt. 1928, 195 = RStBl. 1928, 174, 187 = StuW. 1928 Nr. 393.

2. Tritt eine Gesellschaft unter der Herrschaft des neuen Körperschaftsteuergesetzes in Liquidation, bevor ihr erstes unter das neue Körperschaftsteuergesetz fallendes Wirtschaftsjahr abgelaufen ist, so findet die Übergangsvorschrift des § 29 KörpStG. Anwendung mit der Folge, daß als Anfangsvermögen das nach § 104 bis 110 EinkStG. zu berechnende Vermögen gilt. RFH. 8. Aug. 28 I A 463/27 RStBl. 1928, 314 = StuW. 1928 Nr. 851.

3. In den Aufwertungsfällen nach § 108 Abs. 1, in denen der richtige Ansatz bei der ersten Veranlagung nach dem Einkommensteuer- und Körperschaftssteuergesetz nicht vorgenommen werden konnte, weil die Vereinbarung zwischen den Parteien wegen Erhöhung des Aufwertungsbetrages erst in das folgende Geschäftsjahr fällt und der Steuerbehörde daher zunächst unbekannt blieb, stellt diese Vereinbarung in bezug auf die vorausgegangene Veranlagung eine neue Tatsache dar, die steuerlich nicht unbeachtet bleiben kann. Der Grundsatz der sogenannten Bilanzkontinuität darf nicht überspannt werden. RFH. 10. Juli 28 I A 192/28 RStBl. 1928, 289 = DStZ. 1928, 918 = StuW. 1928 Nr. 852.

4. Bei der ersten Veranlagung nach dem Körperschaftsteuergesetze vom 10. August 1925 müssen mit Rücksicht auf die Vorschriften über die Verkoppelung der Einkommensteuer mit der Vermögensteuer 1925

Schuldposten, die den vorausgegangenen Steuerabschnitt betreffen, Berücksichtigung finden, wenn sie bei der Körperschaftsteuer abgestrichen worden sind. RFH. 25. Sept. 28 I A 413/27 RStBl. 1928, 333 = DStBl. 1928, 676.

§ 30.

Erler, Praktische Fusionssteuerfragen. DStZ. 1928 122.

§ 32.

1. Muß einer Girokasse die Anerkennung ihrer überwiegenden Gemeinnützigkeit versagt werden, so kann diese Girokasse Steuerbefreiung auch nicht unter Berufung auf § 32 Abs. 1 Satz 1 in Anspruch nehmen. RFH. 24. Jan. 28 I A 261/27 RStBl. 1928, 100 = DStZ. 1928, 343 = StuW. 1928 Nr. 316.

19.

Kraftfahrzeugsteuergesetz

in der Fassung der Bek. vom 19. Mai 1926 (RGBl. I S. 239).

Goës, Kraftfahrzeugsteuergesetz 1927. (Berlin: Struppe & Winkler 1928). — Lemberg, Kraftfahrzeugsteuergesetz vom 21. Dezember 1927. (Hamburg: Hermes 1928). — Philipp, Zur Neuregelung der Besteuerung der Kraftfahrzeuge. DVerkStR. 1928, 146. — Wahl, Das neue Kraftfahrzeugsteuergesetz. DJZ. 1928, 218. — Zarden, Das neue Kraftfahrzeugsteuergesetz. DStBl. 1928, 14.

§ 1.

Wickfeld, Ist der Raketenwagen kraftfahrzeugsteuerfrei? DVR. 1928, 85.

1. Kombinationswagen (Kraftfahrzeuge, die der Beförderung von Gütern und auch von Personen dienen). RFH. 5. Okt. 28 II A 464/28 DVR. 1928, 169.

§ 2.

1. Die Befreiung nach § 2 Nr. 2 setzt voraus, daß das Kraftfahrzeug ausschließlich sowohl der Beförderung (Fortbewegung) als auch dem Antrieb der Geräte dient. Antrieb der Geräte liegt nur dann vor, wenn diese durch die motorische Kraft des Kraftfahrzeugs zu einer Tätigkeit in Gang gesetzt werden, die in etwas anderem, als der Beförderung von Gütern oder Personen besteht. RFH. 29. Nov. 27 II A 473/27 S. 22, 198 = StZbL. 1928, 16 = DVR. 1928, 25 = StuW. 1928 Nr. 118.
2. Die Befreiung nach § 2 Nr. 2 kann für Fahrzeuge in landwirtschaftlichen Betrieben nur dann gewährt werden, wenn das Kraftfahrzeug ausschließlich der Beförderung von Geräten und dem Antrieb dieser Geräte dient und eine etwaige Personen- und Güterbeförderung gleichzeitig (d. h. zusammen mit den Arbeitsgeräten) erfolgt. RFH. 20. Nov. 28 II A 502/28 RStBl. 1928, 11.

3. Zum Wegebau werden nur die Fahrzeuge verwendet, die technisch der Herstellung und Unterhaltung der Wege dienen, nicht aber die, die nur zur Beförderung des Aufsichtspersonals benutzt werden. RFH. 30. Dez. 27 II A 594/27 RStBl. 1928, 53 = StuW. 1929 Nr. 328.
4. Die Befreiungsvorschrift im § 2 Nr. 3 bezieht sich nicht nur auf Kraftfahrzeuge, die unmittelbar bei Feuerlöscharbeiten verwendet werden, sondern auch auf Kraftfahrzeuge, die von der Feuerwehr auch zur Erfüllung ihrer weitergehenden, auf andere Gefahrenbeseitigung gerichteten Aufgaben benötigt werden. RFH. 13. April 28 II A 83 u. 84/28 RStBl. 1928, 190 = DVR. 1928, 74 = StuW. 1928 Nr. 679.
5. Desinfektion gehört nicht zu den Aufgaben der Polizei im Sinne der Befreiungsvorschrift; ein Desinfektionswagen der Polizei genießt deshalb keine Steuerfreiheit (s. RFH. Bd. 15 S. 219). RFH. 27. Okt. 28 II A 483/28 VR. 1928, 601 = RStBl. 1928, 371 = DVR. 1928, 187.

§ 3.

Zu § 3 Abs. 2 KraftfahrzeugStG. (Steuerschuldner bei Eigentumswechsel). DVR. 1928, 150.

§ 4.

1. Die nur für Lastkraftwagen gegebene Vorschrift kann nicht auf Kraftomnibusse ausgedehnt werden. RFH. 13. Jan. 28 II A 1/28 VR. 1928, 190 = StuW. 1928 Nr. 329 = StA. 1928, 185.

§ 9.

Friesecke, Wann gilt eine Vorführungsfahrt als Probefahrt? DVR. 1928, 33.

§ 11.

1. Abmeldung des Probefahrkennzeichens: Die Steuerpflicht bleibt nach § 11 Abs. 2 S. 1 solange fortbestehen, als das Kennzeichen der Zulassungsbehörde nicht zurückgeliefert ist. RFH. 28. Juni 28 II A 215/28 DVR. 1928, 118.

20.

Reichsbewertungsgesetz

vom 10. August 1925 (RGBl. I S. 214).

Dziegalowski, Reichsbewertungsgesetz. (Berlin: Heymann 1928). — Erler, Die Verbindung des Reichsbewertungsgesetzes mit der Vermögensteuer. DStZ. 1928, 233. — Pick, Die Bewertung der Grundstücke nach den Durchführungsbestimmungen zum Reichsbewertungsgesetz für die zweite Feststellung der Einheitswerte. Ind.-Mitt. 1928, 202.

§ 1.

Röttger, Was sind „Einheitswerte"? StZdL. 1928, 191.

§ 2.

1. a) Auch für das Reichsbewertungsgesetz gilt der für das Notopferrecht und das Gebiet der Vermögensteuer 1924 ausgesprochene Grundsatz, daß bei Aktiengesellschaften weder der Beginn der Liquidation, noch der Ablauf des Sperrjahrs Ansprüche der Aktionäre auf den Liquidationserlös begründen, die als Schulden der Gesellschaft von deren Vermögen abgezogen werden könnten.
b) An dieser Rechtslage ändert auch ein Beschluß der Generalversammlung nichts, daß die während der Liquidation erzielten Gewinne oder Teile davon einem besonderen unter die Passiven aufgenommenen Konto zuzuschreiben seien. RFH. 18. Sept. 28 I A 535/28 S. 24, 110 = IndMitt. 1928, 387 = StA. 1928, 346 = DStBl. 1928, 612 = StuW. 1928, Nr. 853.

§ 4.

1. a) Die Ansprüche einer Aktiengesellschaft auf Leistung der restlichen Einzahlungen gehören grundsätzlich zum steuerbaren Vermögen der Gesellschaft. Eine Ausnahme bilden die Fälle, in denen am Stichtag die Einzahlungen weder eingefordert sind noch feststeht, ob jemals und wann eine Nachzahlung eingefordert werden wird, und die Verkehrsanschauung das Nachforderungsrecht als ein Aktivum nicht ansieht. Das wird regelmäßig bei Versicherungsaktiengesellschaften zutreffen.
b) Soweit danach die Einzahlungsverpflichtung bei der Feststellung des Vermögens einer Aktiengesellschaft nicht berücksichtigt wird, ist der Aktionär nicht berechtigt, bei seiner Vermögensfeststellung den schätzungsweisen Betrag der Belastung seines Vermögens durch die evtl. Einzahlungsverpflichtung als Schuld in Abzug zu bringen. Soweit dagegen das Einforderungsrecht bei der Aktiengesellschaft zu bewerten ist, ist eine entsprechende Schuld bei dem Aktionär abzugsfähig.
c) Ob der Abzug der Einzahlungsverpflichtung beim Aktionär vom Betriebsvermögen oder vom gesamten Rohvermögen zu erfolgen hat, richtet sich danach, ob die Beteiligung sich als Betriebsvorgang oder als private Kapitalanlage darstellt. Daß der abzugsfähige Schuldbetrag höher sein kann, als der für die Aktien nach § 43 anzusetzende halbe Wert, steht dem Abzug nicht entgegen. Eine ausdehnende Anwendung des § 47 Abs. 2 auf diese Fälle ist nicht zulässig. RFH. 13. April 28 I D 1/28 S. 23, 212 = RStBl. 1928, 171 = DJZ. 1928, 104 = IndMitt. 1928, 230 = StuW. 1928 Nr. 419 = DStBl. 1928, 433 = JW. 1928, 2652 *(m. Bespr. v. Fleck).*

§ 5.

1. Eine Gesellschaft, die handelsrechtlich nicht ohne Eintragung ins Handelsregister entsteht, entsteht steuerrechtlich bereits mit dem Beginn ihrer Tätigkeit nur unter der Voraussetzung, daß sie später eingetragen wird. Es genügt aber nicht, daß statt ihrer eine andere Gesellschaft eingetragen wird. RFH. 31. Juli 28 I A 466/27 StA. 1928, 346 = DStBl. 1928, 612 = StuW. 1928 Nr. 854.

§ 9.

Kratz, Die steuerliche Behandlung der Darlehen bei der Einheitsbewertung gewerblicher Betriebsvermögen nach der Recht-

sprechung des Reichsfinanzhofs. StA. 1928, 361. — Thomä, Das Unternehmen als wirtschaftliche Einheit im deutschen Vermögensteuerrecht. StuFr. 1927, 307.

1. Darlehen, die ein Ehegatte dem andern Ehegatten für dessen Gewerbebetrieb gegeben hat, sind, falls die Voraussetzungen des § 9 Satz 2 für eine Zusammenrechnung vorliegen, bei der Fristellung des Einheitswerts für das diesem Gewerbebetriebe gewidmete Betriebsvermögen nicht als Geschäftsschuld abziehbar. RFH. 10. Jan. 28 I A 496/27 IndMitt. 1928, 86 = RStBl. 1928, 58 = DStZ. 1928, 344 = StuW. 1928 Nr. 331 = StA. 1928, 215.
2. Bei der Ermittlung des Einheitswerts des Betriebsvermögens einer offenen Handelsgesellschaft dürfen auch Darlehen, die der Gesellschaft von Ehefrauen der Gesellschafter gewährt sind, nicht abgezogen werden, falls die Darlehensgewährung im wirtschaftlichen Endergebnis auf eine Erhöhung der sachlichen Beteiligung des Ehemanns hinausläuft. RFH. 21. Aug. 28 I A 493/27 DStZ. 1928, 1115 = DStBl. 1928, 564.

§ 10.

1. Auch ausländisches Betriebsvermögen ist „Betriebsvermögen" im Sinne des Reichsbewertungsgesetzes. RFH. 31. Juli 28 I A 88/27 S. 24, 91 = IndMitt. 1928, 388 = StuW. 1928 Nr. 764.

§ 11.

Metz, Die Bewertung des landwirtschaftlichen Grund und Bodens in den wichtigsten Ländern. StZdL. 1928, 187. — Rosenberg, Zur Bewertung des landwirtschaftlichen Vermögens. StZdL. 1928, 229. — Weidinger, Einheitswert, laufende Schulden der Landwirte und Erbschaftssteuer. DVR. 1928, 130.

§ 15.

Richter, Bewertung und Besteuerung bebauter Grundstücke in ländlichen Gegenden. StZdL. 1928, 235.

§ 16.

Braun, Einheitsbewertung und Grundsteuerreinerträge. StZdL. 1928, 172. — Bruno, Das Entfernungsmoment in der landwirtschaftlichen Vermögensbewertung. StA. 1928, 17, 47.

1. Zur Bewertung der Landwirtschaft: Auswahl der Sachverständigen; beschränkte Natur der Rechtsbeschwerde. RFH. 27. Juni 28 VI A 366/28 RStBl. 1928, 276.
2. Die Feststellung des Einheitswerts eines landwirtschaftlichen Vermögens kann nicht lediglich mit der Begründung angefochten werden, daß der festgestellte Wert im Mißverhältnisse zu den für gleichartige Betriebe in einem benachbarten Wirtschaftsgebiete festgestellten Werte stehe. RFH. 30. Nov. 27 VI A 634/27 RStBl. 1928, 51 = StZdL. 1928, 59 = StuW. 1928, Nr. 123.
3. Zuschlag wegen größerer Geschlossenheit des Besitzes. RFH. 2[illegible]. Mai 28 VI A 472/28 StuW. 1928 Nr. 685.

4. Zur Frage des freien Ermessens der Bewertungsausschüsse, welcher von mehreren Vergleichsbetrieben zur Einreihung eines Grundstücks verwertet wird. RFH. 13. Juni 28 VI A 619/28 RStBl. 1928, 276 = StZdL. 1928, 223 = DStZ. 1928, 1115.
5. Durchführung der Angleichung landwirtschaftlichen Besitzes an die Vergleichsgrundstücke. RFH. 4. Juli 28 VI A 669/28 StuW. 1928 Nr. 686.
6. Zur Frage, ob das Bestehen eines Heimfallrechts die Ertragsfähigkeit mindert. RFH. 4. Juli 28 VI A 732/28 RStBl. 1928, 287 = StuW. 1928 Nr. 683 = StZdL. 1928, 247.
7. Es erscheint nicht zulässig, den Einheitswert eines landwirtschaftlichen Betriebs nur nach dem Verhältnis festzustellen, in dem der nach dem preußischen Grundsteuergesetze festgestellte Grundsteuerreinertrag des Betriebs zu dem Grundsteuerreinertrage des Vergleichsbetriebs steht. RFH. 18. Jan. 28 VI A 837/27 RStBl. 1928, 58 = StuW. 1928 Nr. 168 = StZdL. 1928, 124.
8. Die preußische Grundsteuer als Maßstab bei der Einreihung landwirtschaftlicher Betriebe gemäß § 16 Abs. 5. RFH. 25. Jan. 1928 VI A 812/27 StuW. 1928 Nr. 333 = StZdL. 1928, 103.
9. Die Grundsteuerreinerträge sind nur ein Hilfsmittel zur Bewertung; daß sich die Spannung der Reinerträge in einem rechnerisch genau entsprechenden Ergebnis unter allen Umständen auswirke, kann regelmäßig auch dann nicht verlangt werden, wenn die ertragsteigernden Umstände die zu vergleichenden Betriebe gleichmäßig getroffen haben. RFH. 28. März 28 VI A 271/28 RStBl. 1928, 173 = StZdL. 1928, 105.

§ 18.

Kennerknecht, Zur Frage der Erbschaftssteuerpflicht der von Amerika freigegebenen deutschen Vermögen. DStBl. 1928, 355. — Schmulz, Die steuerliche Behandlung der amerikanischen Freigabegelder. DStBl. 1928, 354.

§ 24.

Hauser, Der Begriff der „Einrichtung" in den Reichsbewertungsvorschriften. DStBl. 1928, 539.

§ 26.

Friedländer, Die steuerlich bestimmenden Faktoren für die Zugehörigkeit eines Gegenstandes zum kaufmännischen Betriebsvermögen sowie des Erfolges einer Handlung, insbesondere eines Rechtsgeschäfts, zum kaufmännischen Betriebsgewinn. DStBl. 1928, 587, 643. — Günnemann, Verpachtung (Überlassung) von Betriebsvermögen im Sinne des Reichsbewertungs- und Aufbringungsgesetzes. IndMitt. 1928, 46. — Henrychowski, Steuerbefreiungen der Kriegsschäden-Schlußentschädigungen. DStZ. 1928, 416. — Koch, Zur Besteuerung der freien Berufe. DStZ. 1928, 195/96. — Kratz, Die steuerliche Behandlung der Darlehen bei der Einheitsbewertung gewerblicher Betriebsvermögen nach der Rechtsprechung des Reichsfinanzhofs. StA. 1928, 361. — Meilicke, Ist bei Bruchteilsgemeinschaften sowie bei den diesen gleichgestellten nicht steuerrechts-

fähigen Gesamthandgemeinschaften die Vermögensart nach dem Reichsbewertungsgesetz mit Wirkung gegenüber allen Anteilseignern festzustellen? Sind die Beziehungen zwischen diesen Gemeinschaften und den Anteilseignern steuerlich zu erfassen? IndMitt. 1928, 48. — Metz, Sind die Eigentümer von bebauten Grundstücksflächen, wenn die Gebäude ihrer Bauart und Einrichtung nach, gewerblichen Zwecken zu dienen bestimmt sind (z. B. Fabrikgebäude, Warenhäuser, Kontorhäuser und einem anderen zur Ausübung eines gewerblichen Betriebs dienen (§ 26 Abs. 3 Satz 3 RBewG.) aufbringungspflichtig? IndMitt. 1928, 329. — Passow, Die Steuerpflicht des Verlagsrechts bei der Vermögensbesteuerung ZStFr. 1928, 286. — Pißel, Die Behandlung des Gewinnes des offenen Handelsgesellschafters und Kommanditisten bei der Vermögen- und Einkommensteuer. DStZ. 1928, 879. — Risse, Zur Frage der Schuldenbewertung. IndMitt. 1928, 210. — Robert, Die Hinzurechnung der dem Betriebe dienenden fremden Gegenstände zu dem Gewerbekapital bei der preußischen Gewerbekapitalsteuer. DStBl. 1928, 46. — Thomä, Das Unternehmen als wirtschaftliche Einheit im deutschen Vermögensteuerrecht. ZStFr. 1927, 307.

Abs. 1.

1. Betreibt ein Arzt in Ausübung seines, nicht der reinen Wissenschaft gewidmeten, Berufs eine Klinik, so ist das dem Betriebe gewidmete Vermögen gewerbliches Betriebsvermögen; das Klinikgrundstück ist als Geschäftsgrundstück zu bewerten. RFH. 17. Jan. 28 I A 479/27 RStBl. 1928, 58 = DStZ. 1928, 344 = StuW. 1928 Nr. 355 = StA. 1928, 215.
2. Honorarforderungen eines Anwalts als Betriebsvermögen. RFH. 24. April 28 I A 120/28 StuW. 1928 Nr. 687.
3. Bei einem Rechtsanwalt stellen auch die im Laufe einer Instanz entstandenen, aber erst mit Abschluß der Instanz fälligen Gebührenforderungen bereits vor Abschluß der Instanz Teile des Betriebsvermögens dar. RFH. 10. Okt. 28 I A 328/28 S. 24, 162 = DStBl. 1928, 677.

Abs. 2 Nr. 2.

4. Auch für die Auslegung des § 26 Abs. 2 Nr. 2 wird daran festgehalten, daß unter wirtschaftlichem Geschäftsbetrieb eine solche geschäftliche Betätigung zu verstehen ist, die unmittelbare Erwerbszwecke verfolgt. RFH. 24. April 28 I A 212/28 RStBl. 1928, 195 = StuW. 1928 Nr. 444.
5. Als Tätigkeit einer Gesellschaft, mit der sie zu bestehen beginnt, sind auch die sogenannten Vorbereitungshandlungen anzusehen, die für den eigentlichen Betrieb vorgenommen werden (Ankauf eines Fabrikgrundstücks, Anschaffung von Rohstoffen u. dgl.). RFH. 31. Juli 28 I A 466/27 StuW. 1928 Nr. 854.

Abs. 2 Nr. 3.

6. Darlehen, die ein Kommanditist seiner Kommanditgesellschaft gewährt hat, können nur dann von dem Gesellschaftsvermögen als Geschäftsschulden abgezogen werden, wenn es sich dabei um — in der Regel kurzfristige — reine Kreditgeschäfte handelt. Stellen sich dagegen die Darlehen sachlich als eine Erhöhung der Beteiligten an der Gesellschaft

dar, so ist ein Abzug der Darlehnsschuld vom Betriebsvermögen der Kommanditgesellschaft nicht zulässig. RFH. 3. Jan 28 I A 478/27 Ind.-Mitt. 1928, 86 = RStBl. 1928, 56 = StuW. 1928 Nr. 194 = StA. 1928, 215.

7. Der durch Verluste entstandene Debetsaldo eines offenen Handelsgesellschafters gegenüber der Gesellschaft begründet im Zweifel keine Forderung der Gesellschaft gegen den Gesellschafter, erhöht also das Vermögen der offenen Handelsgesellschaft nicht. RFH. 10. Jan. 28 I A 469/27 StuW. 1928 Nr. 336.

8. Zahlt eine Gesellschaft m. b. H. im Laufe eines Geschäftsjahrs als Vorschüsse auf den zu erwartenden Jahresgewinn Beträge an ihre Gesellschafter aus, so gehören die tatsächlich gezahlten Beträge nicht mehr zum Betriebsvermögen. Statt ihrer sind bei der Einheitswertfeststellung, die auf den Anfang des folgenden Geschäftsjahrs vorzunehmen ist, die Rückforderungsansprüche zu bewerten, die der Gesellschaft dann an die Gesellschafter für den Fall zustehen, daß sich beim Jahresabschlusse kein oder nur ein geringerer Gewinn ergibt. Der Wert dieser Forderungen richtet sich danach, mit welcher Wahrscheinlichkeit am maßgebenden Feststellungszeitpunkte damit zu rechnen war, daß die Rückforderungen — ganz oder zum Teil — erfolgen würden. RFH. 8. Mai 28 I A 202/28 IndMitt. 1928, 263 = DStZ. 1928, 921 = RStBl. 1928, 259 = StuW. 1928 Nr. 690 = DStBl. 1928, 439.

9. a) Der Geschäftsgewinn des letzten vor dem Hauptfeststellungszeitpunkt abgelaufenen Geschäftsjahrs stellt bei einer offenen Handelsgesellschaft einen bei der Einheitswertfeststellung des Betriebsvermögens abzugsfähigen Posten nicht dar, wenn am Hauptfeststellungszeitpunkte der Bilanzgewinn noch nicht festgestellt ist und die Gesellschafter Auszahlung ihrer Gewinnanteile noch nicht verlangt haben (§ 122 Abs. 1 HGB.).

b) Das gleiche gilt bezüglich der Gewinne früherer Geschäftsjahre, deren Auszahlung die Gesellschafter nicht verlangt haben.

c) Darlehen, die ein offener Handelsgesellschafter der Gesellschaft gewährt hat, können nur dann vom Betriebsvermögen der offenen Handelsgesellschaft als Geschäftsschulden abgezogen werden, wenn es sich dabei um reine Kreditgeschäfte handelt, nicht dagegen, wenn sich das Darlehn sachlich als Beteiligung an der Gesellschaft darstellt. RFH. 15. Mai 28 I A 521/27 S. 23, 250 = IndMitt. 1928, 264 = DStBl. 1928, 439 = DStZ. 1928, 921 = StuW. 1928 Nr. 692, 724 = JW. 1928, 2664 (*m. Bespr. v. Stier-Somlo*).

10. Die Vorschrift in Satz 2 gilt auch für die dem Betrieb einer offenen Handelsgesellschaft dienenden Teile eines Gebäude, das im Eigentum eines oder mehrerer aller an der Gesellschaft beteiligten Gesellschafter steht. RFH. 23. Mai 28 I A 283/28 RStBl. 1928, 259 = DStZ. 1928, 921 = DStBl. 1928, 564 = StuW. 1928 Nr. 691.

11. Als selbständiger gewerblicher Betrieb des Eigentümers gelten alle Gebäude, die ihrer Bauart und Einrichtung nach gewerblichen Zwecken zu dienen bestimmt sind (z. B. Fabrikgebäude, Warenhäuser, Kontorhäuser) und einem anderen zum Betrieb eines Gewerbes dienen, auch wenn sie ohne die zur Ausübung des Gewerbebetriebs erforderlichen Einrichtungsgegenstände (Maschinen, Kontormöbel u. dgl.) überlassen

sind. RFH. 6. Juni 28 I A 192/27 S. 23, 309 = StuW. 1928 Nr. 490, 693 = DStBl. 1928, 613.

12. Eine kurzfristige, am Stichtag nicht mehr bestehende Belastung des Grundstücks eines Gesellschafters zum Zwecke einer offenen Handelsgesellschaft rechtfertigt nicht den Schluß, daß das Grundstück am Stichtag dem Betriebe der Gesellschaft gedient habe. RFH. 3. Juli 28 I A 34/28 StuW. 1928 Nr. 765.

13. a) Wie für offene Handelsgesellschaften gilt auch für Kommanditgesellschaften, daß der Gewinn des abgelaufenen Geschäftsjahrs einen bei der Einheitswertfeststellung des Betriebsvermögens abzugsfähigen Posten nicht darstellt, wenn am Hauptfeststellungszeitpunkte der Bilanzgewinn noch nicht festgestellt ist.

b) Gewinne aus früheren Geschäftsjahren stellen dagegen abzugsfähige Buchschulden der Gesellschaft dar, es sei denn, daß sie sich sachlich als eine Erhöhung der Beteiligung eines Kommanditisten an der Gesellschaft darstellen. RFH. 20. Juli 28 I A 483/27 S. 24, 105 = DStBl. 1928, 613 = DStZ. 1928, 1115 = StuW. 1928 Nr. 857.

14. Der Abzug vom Betriebsvermögen ist auch für Schulden aus solchen Vermögensgegenständen zulässig, die nach § 26 Abs. 2 Nr. 3 Satz 2 des Gesetzes als zu dem Vermögen einer offenen Handelsgesellschaft oder Kommanditgesellschaft gehörend betrachtet werden müssen. Nur müssen die Schulden in wirtschaftlichem Zusammenhange mit diesen zugerechneten Vermögensgegenständen stehen. RFH. 27. Okt. 28 I A b 691/28 S. 24, 201.

15. Der Begriff: „dem Betriebe dienen" verlangt nicht, daß der Gegenstand für den Geschäftsbetrieb notwendig ist, sondern nur, daß er unmittelbar oder mittelbar, gleichviel ob mehr oder weniger geeignet, für Betriebszwecke verwendet wird. Es kommt daher auch nicht auf die Größe der benutzten Räume und nicht darauf an, ob der Betrieb mit größerer oder geringerer Leichtigkeit in ein anderes Grundstück verlegt werden kann. RFH. 25. Sept. 28 I A 292/28 StA. 1928, 346 = DStBl. 1928, 613.

§ 27.

Erler, Schachtelprivileg und Schuldenabzug. DStBl. 1928, 73. — Derselbe, Kann der Gesellschafter einer offenen Handelsgesellschaft seinen Anteil an der Überschuldung des Betriebsvermögens von seinem sonstigen Vermögen abziehen? DStZ. 1928, 414.

1. Ein Antrag auf Neufeststellung des Einheitswerts ist auch dann berechtigt, wenn die Wertminderung darauf beruht, das das Schachtelprivileg des § 27 für die Muttergesellschaft praktisch wird. RFH. 13. Dez. 27 I A 461/27 S. 22, 251 = IndMitt. 1928, 39 = DStBl 1928, 103 = StuW. 1928 Nr. 124 = StA. 1928, 153.

2. Das Schachtelprivileg (§ 27) gilt nicht für die Bewertung nach der Summe der Steuerkurswerte (§ 33). RFH. 18. Sept. 28 I A 360/27 DStBl. 1928, 605.

§ 28.

1. Kaufpreisrückvergütungen. RFH. 14. Febr. 28 I A 26/28 RStBl. 1928, 119.

2. Schulden, die mit Vermögen im Zusammenhang standen, das der inländischen Besteuerung durch Staatsvertrag entzogen ist, sind bei dem inländischen Vermögen abzuziehen, wenn durch den Untergang des ausländischen Betriebs eine Doppelbesteuerung nicht mehr in Frage kommt. RFH. 30. Mai 28 I A 250/28 DStZ. 1928, 922 = StuW. 1928 Nr. 696.
3. Auf Zweckverbände sächsischen Rechtes findet die Vorschrift des § 28 Abs. 2 Satz 2 keine Anwendung. RFH. 31. Juli 28 I A 323/28 StuW. 1928 Nr. 859.
4. Bei einer Aktiengesellschaft begründet weder der Beginn der Liquidation noch der Ablauf des Sperrjahrs Ansprüche der Aktionäre auf den Liquidationserlös, die als Schulden der Gesellschaft von deren Vermögen abgezogen werden könnten. Daran ändert ein Beschluß der Generalversammlung nichts, daß die während der Liquidation erzielten Gewinne oder Teile davon einem besonderen unter die Passiven aufgenommenen Konto zuzuschreiben seien. RFH. 18. Sept. 28 I A 535/28 S. 24, 110.

§ 31.

Aufermann, Der Teilwert in der Ertragsteuerbilanz. ZStFr. 1928, 239. — Cascorbi, Zur Einheitsbewertung der Apothekenrechte. DStBl. 1929, 251. — Lion, Die Vermögensteuer auf den Geschäftswert. (Gootwill, Verlagswert). ZStFr. 1927, 550. — Oppenheimer, Ist der stille Geschäftswert zum Gewerbekapital zu rechnen? DStBl. 1928, 307. — Runge, Zur Frage der Lagerbewertung. IndMitt. 1928, 15 — Zimmermann, Die Wasserkraft und ihre Bewertung für Steuerzwecke. StuW. 1928, 511.

1. Auch für die Bewertung von Betriebsgebäuden im Sinne von § 31 Abs. 3 Satz 2, die auf fremdem Grund und Boden errichtet und deshalb nach § 34 Abs. 3 zu bewerten sind, ist der Gewerbeausschuß zuständig. RFH. 10. Okt. 28 I A 35/28 S. 24, 188.

§ 33.

1. Beim Vorliegen der Voraussetzungen des § 33 muß der Einheitswert für den gewerblichen Betrieb der dort bezeichneten inländischen Gesellschaften mit der Summe der für die Aktien usw. festgesetzten Steuerkurswerte und der daraus nach § 41 Abs. 2 in Verbindung mit §§ 39 ff. RBewVermStDurchfBest. 1925 abgeleiteten Steuerkurswerte angesetzt werden. § 40 Abs. 2 gibt in einem solchen Falle den Veranlagungsbehörden kein Wahlrecht, Vorzugsaktien dann, wenn ihr wirklicher Wert hinter dem für sie abgeleiteten Steuerkurswerte zurückbleibt, statt mit dem abgeleiteten Steuerkurswerte mit dem nach allgemeinen Vorschriften ermittelten Wert (Verkaufswert) anzusetzen. RFH. 13. März 28 I A 431/27 StuW. 1928 Nr. 338 = RStBl. 1928, 172 = IndMitt. 1928, 232.

§ 34.

Lyncke, Zwangswirtschaft und Grundstücksbewertung. DStBl. 1928, 540. — Schourp, Personenkraftwagen im Privatgebrauch. ArchfRevuTreuhWesen. 1928, 12.

1. Tanks der Mineralölraffinerien sind keine Gebäude im Sinne des § 34 Abs. 3. RFH. 10. Okt. 28 I A 35/28 S. 24, 188.

§ 36.

1. Zum Begriff des Baulandes. RFH. 1. Febr. 28 VI A 29/28 RStBl. 1928, 193.

§ 38.

1. Anteile am Vermögen eines nichtrechtsfähigen Vereins fallen nicht unter die Vorschrift des § 38 Abs. 1 Nr. 3, können also nicht zum sonstigen Vermögen des Anteilsbesitzers gerechnet werden. RFH. 21. Aug. 28 I A 399/28 S. 24, 79 = RStBl. 1928, 325 = DStBl. 1928, 614 = StuW. 1928 Nr. 766.

§ 39.

Berolzheimer, Besteuerung des freigewordenen amerikanischen Vermögens. ZStFr. 1928, 58. — Kennerknecht, Beginn der Vermögensteuerpflicht der von Amerika freigegebenen Vermögensbeträge. StA. 1928, 294.

§ 40.

Fritz, Das Verhältnis eigener Aktien einer Aktiengesellschaft zu deren Vermögen vom Standpunkte des Handels- und Vermögensteuerrechts. DStBl. 1928, 27. — Schmalz, Der Steuerkurszettel 1928. DStBl. 1928, 349. — Wolffheim, Das Verhältnis eigener Aktien einer Aktiengesellschaft zu deren Vermögen vom Standpunkte des Handels- und Steuerrechts. DStBl. 1928, 360. — Derselbe, Die Behandlung von noch nicht voll eingezahlten Aktien und von Verwertungsaktien bei der Vermögensteuer. DStZ. 1928, 237.

§ 43.

Burkhardt, Zur steuerlichen Behandlung von Beteiligungen. DStZ. 1928, 331. — Derselbe, Ist das noch nicht voll eingezahlte Aktien- oder Stammkapital vermögensteuerlich als Aktivum anzusehen? IndMitt. 1928, 177.

§ 46.

Beuck, Zwei Zweifelsfragen des Vermögensteuerrechts. DStZ. 1928, 513.

§ 47.

v. Zedlitz, Die Bewertung des Kirchenpatronats bei der Reichsvermögensteuer. StZdL. 1928, 68; auch ZStFr. 1928, 290; DStBl. 1928, 198.

1. Eine Hingabe von Vermögenswerten in Erfüllung der gesetzlichen Unterhaltspflicht kann, auch wenn darüber eine vertragliche Abmachung getroffen ist, eine abzugsfähige Gegenleistung im Sinne des § 47 Abs. 1 Ziff. 2, § 38 Abs. 1 Ziff. 5 RBewG., § 5 VStG. nicht begründen. RFH. 29. Nov. 27 I A 302/27 RStBl. 1928, 52 Nr. 95 = StuW. 1928 Nr. 125 = StA. 1928, 155.
2. Zum Begriff der wirtschaftlichen Beziehung von Schulden zu bestimmten Vermögensteilen. RFH. 6. Dez. 27 I A 429/27 DStZ. 1928, 345 = StuW. 1928 Nr. 169.

3. a) Der Abzug von Rentenleistungen und dergleichen vom Rohvermögen kann nicht nach Nr. 1, sondern nur nach Maßgabe von Nr. 2 des § 47 Abs. 1 beansprucht werden.
b) Gesetzliche Unterhaltsansprüche sind aber auch nach Nr. 2 des § 47 nicht abzugsfähig, und zwar auch dann nicht, wenn die gesetzliche Verpflichtung zur Rentenzahlung durch einen gerichtlichen Vergleich oder sonstigen Vertrag ziffermäßig näher geregelt worden ist.
c) In dem Abschluß eines Vergleichs über die Höhe dieser Unterhaltsrente liegt keine Hingabe von Vermögenswerten durch den Rentenempfänger. RFH. 13. Nov. 28 I A 337/28 S. 24, 248.
4. Besteht zwischen der Hypothekenbelastung eines Grundstücks, mit dem eine Person nach § 3 VStG. beschränkt steuerpflichtig ist, und dem Grundstück kein wirtschaftlicher Zusammenhang, dann kann zu einer Berücksichtigung der Belastung beim Grundstückswert auch nicht der Umstand führen, daß die Hypotheken ohne Wissen des beschränkt Steuerpflichtigen und gegen sein Interesse aufgenommen worden sind, selbst wenn überdies die Valuta unterschlagen worden ist. RFH. 4. Okt. 28 I A 420/28 DStBl. 1928, 677.

§ 48.

Dahlgrün, Umfang des Betriebsvermögens einer offenen Handelsgesellschaft. (Zugehörigkeit des der Ehefrau eines Teilhabers gehörigen Grundstücks bzw. Anteils). DStBl. 1928, 410.

§ 50.

Rothkegel, Das Verfahren der Schätzung des Wertes von Forstbesitzungen für Steuerzwecke. StZdL. 1928, 127.

1. Im Verfahren nach dem Reichsbewertungsgesetze können, solange § 45 der III. StNV. in Kraft ist, vorläufige Feststellungsbescheide vom Finanzamt ohne Mitwirkung des Grundwert- (Gewerbe-)Ausschusses erlassen werden (vgl. § 27 BewAusschV.). RFH. 11. Juli 28 VI A 588—591/28 S. 24, 59 = StuW. 1928 Nr. 682.

§ 60.

1. Ein Steuerpflichtiger, der wertmindernde Umstände geltend macht, will damit auch geltend machen, daß der Betrieb nach den bei der Einschätzung zu berücksichtigenden Umständen (Bodengüte, Bodenlage, Verkehrs- und Absatzverhältnisse) unter Berücksichtigung der vom Bewertungsbeirat ermittelten Verhältniszahlen oder im Vergleich zu den vom Bewertungsbeirat eingereihten Betrieben zu hoch eingereiht sei. RFH. 14. März 28 VI A 179/28 StZdL. 1928, 105 = StuW. 1928 Nr. 341.
2. § 60 Nr. 1 schließt nur diejenigen Einwendungen aus, die einen Angriff gegen die mit rechtsverbindlicher Kraft festgestellten Grundlagen der Einreihung der Betriebe (vom Reichsbewertungsbeirat aufgestellte Verhältniszahlen und vorgenommene Betriebseinreihungen) darstellen; alle anderen Einwendungen, mit denen ein Steuerpflichtiger die unzutreffende Einreihung seines Betriebs im Verhältnis zu den als zutreffend anerkannten Grundlagen der Einreihung rügt, sind zulässig, mögen sie unmittelbar durch den Hinweis auf die Verhältniszahlen,

Vergleichsbetriebe und vom Reichsbewertungsbeirat eingereihten Betriebe oder mittelbar durch den Hinweis auf andere Betriebe, die ihrerseits wiederum im Verhältnis zu den genannten festen Grundlagen eingereiht wurden, erhoben werden. RFH. 10. Okt. 28 VI A 146/28 S. 24, 230.

§ 63.

1. Verfahrensrechtliche Behandlung des Falles, daß innerhalb des Hauptfeststellungszeitraums das Grundstück, das den Gegenstand der Einheitswertfeststellung bildet, auf einen Sonderrechtsnachfolger des ursprünglichen Eigentümers übergeht. RFH. 5. Juni 28 I A 66/28 S. 23, 273.

§ 69.

1. a) § 48 der III. StNV. findet auch keine Anwendung in dem Rechtsmittelverfahren gegen die in dem Vermögensteuerbescheide getroffene Feststellung des Einheitswerts für das Gesamtvermögen.
b) Ein solcher Bescheid ist dann mangelhaft und daher grundsätzlich regelmäßig im Rechtsmittelwege aufzuheben, wenn er bei der Feststellung des Gesamtvermögens auch Vermögen der im § 2 Nr. 1, 2 u. 3 RBewG. genannten Art in Ansatz bringt, ohne daß in bezug auf diese Vermögensarten Einheitswert-Feststellungen der zuständigen Behörde vorlagen und dem Bescheide zugrunde gelegt worden sind. RFH. 23. Mai 28 I A 425/27 S. 23, 265 = DStBl. 1928, 388 = StuW. 1928 Nr. 697.

§ 70.

1. Gehört zum Betriebsvermögen ein Grundstücksanteil, dann muß der Gewerbeausschuß den vom Grundwertausschuß festgestellten, auf das Betriebsvermögen entfallenden Teilbetrag des Grundstücks-Einheitswerts bei der Ermittlung des Einheitswerts des Betriebsvermögens zugrunde legen. Die Frage, ob und in welcher Höhe ein Teilbetrag des Grundstücks-Einheitswerts einem Betriebsvermögen hinzuzurechnen ist, kann nur in dem Verfahren über die Feststellung des Grundstücks-Einheitswerts ausgetragen werden. RFH. 28. Febr. 28 I A 106/28 S. 23, 126 = RStBl. 1928, 169 = StuW. 1928 Nr. 394 = JW. 1928, 2400 *(m. Bespr. v. Hegelberg).*

§ 75.

Becker, Ernst, Änderung, insbesondere Ermäßigung der Aufbringungsleistungen. ZStFr. 1928, 197. — Günnemann, Stilllegung und Neufeststellung gem. § 75 des Reichsbewertungsgesetzes. DStBl. 1928, 246. — Hauser, Neu- und Nachfeststellungen gemäß § 75, § 76 des Reichsbewertungsgesetzes. StuW. 1928, 609. — Pick, Neu- und Nachfeststellungen nach dem Reichsbewertungsgesetz. IndMitt. 1928, 13. — Schulte, Neufeststellung des steuerbaren Vermögen auf Grund des Reichsbewertungsgesetzes (§ 75 für die Vermögensteuer 1925 und 1926 in Verbindung mit dem Schachtelprivileg. DStZ. 1928, 156. — Uhlich, Neufeststellung des Einheitswerts bei Pachtungen. DStBl. 1928, 248.

1. Grundsätzlich ist der an den Hauptfeststellungszeitpunkt anknüpfende Feststellungsbescheid über den Einheitswert eines Grundstücks nur dem

Eigentümer am Hauptfeststellungszeitpunkte zu erteilen, also bei Veräußerung des Grundstücks innerhalb des Hauptfeststellungszeitraums nicht dem späteren Sonderrechtsnachfolger.

Aber die Feststellung des Einheitswerts des Grundstücks gegenüber dem Eigentümer am Hauptfeststellungszeitpunkte wirkt nicht objektiv gegen den späteren Erwerber des Grundstücks. Durch den Übergang des Grundstücks werden zutreffendenfalls für die Beteiligten nur die Voraussetzungen für eine Neufeststellung oder Nachfeststellung im Sinne der §§ 75, 76 geschaffen. Gegenüber einer solchen gegen ihn sich richtenden Festsetzung hat der Sonderrechtsnachfolger des ursprünglichen Grundstückseigentümers uneingeschränkt die gesetzlichen Rechtsmittel. RFH. 5. Juni 28 I A 66/28 S. 23, 273 = StuW. 1928 Nr. 680.

§ 76.

Erler, Die Verbindung des Reichsbewertungsgesetzes mit der Vermögensteuer. DStZ. 1928, 233.

§ 77.

1. Die Frage, wer als Inhaber eines Vermögens oder einer wirtschaftlichen Einheit anzusehen ist, muß im Verfahren des RBewG. ausgetragen werden. RFH. 22. Nov. 27 I A 375/27 JndMitt. 1928, 39 = DStBl. 1928, 56 = StA. 1928, 57.

§ 85.

1. Bewertung eines zwangsbewirtschafteten Villengrundstücks, das zum überwiegenden Teil eigengewerblichen Zwecken dient. RFH. 17. Jan. 28 I A 524/27 StuW. 1928 Nr. 342.

21.

Durchführungsbestimmungen zum Reichsbewertungsgesetz für die erste Feststellung der Einheitswerte und zum Vermögensteuergesetz für die Veranlagung 1925 und 1926 (RBw. VSt DB 1925);

vom 14. November 1926 (RGBl. I S. 227).

§ 10.

1. Die im § 10 angeordnete Gleichstellung der Bücherrevisoren mit den Angehörigen der freien Berufe bezieht sich nur auf natürliche Personen. Juristische Personen, die durch ihre Angestellten eine Tätigkeit ausüben, die der Tätigkeit der Bücherrevisoren gleichsteht, fallen nicht unter diese Vorschrift. RFH. 14. Aug. 28 I A 428/28 (n. v.).

§ 12.

1. Ist seit 31. Dez. 1913 eine erhebliche Änderung in dem tatsächlichen Zustand des Grundstücks eingetreten und diese Änderung nicht bereits bei der Berichtigung oder nachträglichen Ermittlung des Wehrbeitragswerts anläßlich der Vermögensteuerveranlagung 1924 berücksichtigt worden, so muß für die erste Feststellung der Einheitswerte der Wehrbeitragswert neu ermittelt werden. RFH. 17. Jan. 27 I A 3/28 DStZ. 1928, 345.

§ 15.

1. Der Erlaß d. RMdF. III v 2607 vom 7. Okt. 1927 über die Sicherung der Aufwertungsfonds bei Genossenschaften hat keine Gesetzeskraft. RFH. 17. Juli 28 I A 333/28 StuW. 1928 Nr. 858.

§ 21.

1. Ist ein Grundstück zum Wehrbeitrag ohne seine Bestandteile bewertet worden, so kann der Wehrbeitragswert des Grundstücks mit seinen Bestandteilen nicht ohne weiteres auf dem Wege gefunden werden, daß der Wehrbeitragswert des Grundstücks und der Wehrbeitragswert der zum Wehrbeitrage selbständig veranlagten Bestandteile zusammengerechnet wird. RFH. 7. Febr. 28 I A 11/28 S. 23, 11 = DStBl. 1928, 263 = StuW. 1928 Nr. 343.
2. Berichtigter Wehrbeitragswert im Sinne des § 21 Abs. 2. RFH. 28. März 28 I A 398/27 RStBl. 1928, 195 = StuW. 1928 Nr. 396.
3. Ein bei der Vermögensteuerveranlagung 1924 berichtigter oder nachträglich ermittelter Wehrbeitragswert (Vermögensteuerwert) gilt als Wehrbeitragswert im Sinne der DBest. 1925 ohne Rücksicht darauf, wie und bei welchem Besitzer die Berichtigung oder Neuermittelung stattgefunden und zu welchem Ergebnis sie geführt hat. RFH. 28. März 28 I A 161/28 RStBl. 1928, 194.
4. Bei der Anwendung des § 21 Abs. 3 besteht keine Bindung an den für die Vermögensteuerveranlagung 1924 angewandten Abnutzungssatz. RFH. 28. März 28 I A 126/28 RStBl. 1928, 169 = StuW. 1928 Nr. 447.
5. Der bei der Veranlagung zur Vermögensteuer 1924 zugrunde gelegte, nachträglich ermittelte Wehrbeitragswert bleibt für die Einheitswertfeststellung 1925/26 auch dann maßgebend, wenn in dem Vermögensteuerbescheide 1924 auf diese nachträgliche Feststellung des Wehrbeitragswerts nicht hingewiesen worden ist. RFH. 9. Mai 28 I A 258/26 StuW. 1928 Nr. 699.

§ 22.

1. Zur Beurteilung der Frage, ob eine erhebliche Änderung in dem tatsächlichen Zustand eines Grundstücks im Sinne von § 22 eingetreten ist, ist nach den Vorschriften des Wehrbeitragsgesetzes, also auch unter Beibehaltung des nach § 17 Abs. 5 WehrbG. seinerzeit gewählten Wertes (Ertrags- oder gemeiner Wert), der Wert neu zu ermitteln, der nach den Wertverhältnissen am Wehrbeitragsstichtage, nur abgesehen von der durch die allgemeine Abnutzung seit 1914 eingetretenen Verschlechterung des baulichen Zustandes unter Berücksichtigung der am Feststellungszeitpunkte (§ 5 RBewG.) vorliegenden Änderung in dem tat-

sächlichen Zustand als Wehrbeitragswert festzustellen sein würde. Der sich so ergebende Wert muß, wenn er eine neue Ermittlung des Wehrbeitragswerts nach sich ziehen soll, um mehr als 15 v. H. von dem früher festgesetzten Werte abweichen. Ist hiernach eine neue Ermittlung zulässig, dann ist dem Grundeigentümer das Wahlrecht aus § 17 Abs. 5 WehrbG. zwischen Ertragswert oder gemeinem Wert zuzugestehen aus denselben Erwägungen, die den Senat bestimmt haben, dieses Wahlrecht auch für den Fall der Berichtigung des Wehrbeitragswerts bei der Vermögensteuerveranlagung 1924 anzuerkennen. RFH. 6. März 28 I A 124/28 S. 23, 153 = StuW. 1928 Nr. 397 = DStBl. 1928, 439.

2. Berufungseinreden aus § 22 Abs. 1 sind an Hand dieser Vorschriften zu prüfen und zu würdigen. Ob die auf Grund der §§ 26 Abs. 2, 27 Abs. 2 erlassenen Verwaltungsanordnungen der Landesfinanzamtspräsidenten einen Anhalt geben können, dem Berufungsvorbringen abzuhelfen, kommt nicht in Betracht. RFH. 27. März 28 I A 156/28 S. 23, 120 = StuW. 1928 Nr. 398.
3. Bei der nachträglichen Ermittlung des Wehrbeitragswerts in den Fällen des § 23 steht dem Grundstückseigentümer das Wahlrecht aus § 17 Abs. 5 WehrbG. zwischen Ertragswert und gemeinem Werte zu. RFH. 8. Mai 28 I A 99/28 StuW. 1928 Nr. 701.
4. Werden gewerbliche Großbetriebe nicht nur vorübergehend stillgelegt und wird dadurch die Arbeiterbevölkerung zahlenmäßig wie auch in ihrer Kaufkraft wesentlich gemindert, so kann dadurch für gewisse Grundstücke eine erhebliche Änderung in ihrer Verkehrslage eintreten. RFH. 12. Juni 28 I A 231/28 DStZ. 1928, 922 = StuW. 1928 Nr. 700 = DStBl. 1928, 614.

§ 23.

1. Eine rechtskräftig gewordene nachträgliche Feststellung des Wehrbeitragswerts bei der für 1924 durchgeführten Vermögensteuerveranlagung eines früheren Besitzers des Grundstücks ist für den am 1. Februar 1925 im Besitz des Grundstücks befindlichen Steuerpflichtigen auch dann bindend, wenn der Wehrbeitragswert bei der Vermögensteuerveranlagung 1924 unrichtig festgestellt worden ist. RFH. 31. Jan. 28 I A 12/28 StuW. 1928 Nr. 344.

§ 24.

1. Für die Anwendungen dieser Bestimmungen (§§ 24—29) kommt es allein auf die tatsächliche Nutzung an. RFH. 17. Jan. 28 I A 524/27 DStZ. 1928, 345 = StuW. 1928 Nr. 342 u. 345.
2. Entscheidend für die Eigenschaft des „Angehörigen" im Sinne der Vorschrift ist, ob zur Zeit der Wertfeststellung nach Lage der ganzen tatsächlichen Verhältnisse anzunehmen ist, daß für die Aufnahme des Mitbewohners in das Haus vorzugsweise das verwandtschaftliche Verhältnis bestimmend ist, oder ob die — mietweise — Überlassung eines Teiles des Gebäudes in jedem Falle auch an einen Fremden erfolgen würde. RFH. 29. Nov. 27 I A 460/27 RStBl. 1928, 51.
3. Grundstücke, die im Eigentum einer offenen Handelsgesellschaft stehen, gelten als Einfamilienhäuser, wenn sie ausschließlich oder weitaus überwiegend von einem Gesellschafter und dessen Angehörigen be-

wohnt werden. RFH. 22. Dez. 27 I A 503/27 DStZ. 1928, 345 = StuW. 1928 Nr. 337.

4. Ein mehreren Eigentümern gehörendes und von ihnen bewohntes Haus ist nicht als Einfamilienhaus, sondern als Mietwohngrundstück zu bewerten. RFH. 7. Febr. 28 I A 409/27 StuW. 1928 Nr. 347.
5. Bedeutung des Ausdrucks „Weitaus überwiegend" in §§ 24, 25. RFH. 28. Febr. 28 I A 89/28 StuW. 1928 Nr. 346 = RStBl. 1928, 275.
6. Zum Begriff des Einfamilienhauses im Sinne des § 24. RFH. 10. Jan. 28 I A 462/27 RStBl. 1928, 193.
7. Eine auf §§ 24 Abs. 2, 26 Abs. 2, 27 Abs. 2 beruhende Verwaltungsanordnung des Landesfinanzamts berührt die Steuergerichte nicht, weder in der Beziehung, ob die Verwaltungsanordnung im Rahmen der gesetzlichen Ermächtigung geblieben ist, noch in der Beziehung, ob die ausführende Stelle, das Finanzamt, sich bei der Anwendung oder Nichtanwendung der Verwaltungsanordnung im Rahmen des § 6 AO. gehalten hat. RFH. 5. Juni 28 I A 165/28 DStBl. 1928, 432 = DStZ. 1928, 922 = StuW. 1928 Nr. 465 u. 702.

§ 26.

1. Der Steuerpflichtige hat das Recht, daß im Rechtsmittelverfahren die Bewertung des Grundstücks gemäß § 26 Abs. 1 ohne Berücksichtigung der vom Landesfinanzamt auf Grund § 26 Abs. 2 zugelassenen Abschläge erfolgt. RFH. 26. Juni 28 I A 113/28 StuW. 1928 Nr. 767.
2. Bewertung eines zwangsbewirtschafteten Villengrundstücks, das zum überwiegenden Teil eigengewerblichen Zwecken dient. RFH. 17. Jan. 28 I A 524/27 StuW. 1928 Nr. 342.

§ 27.

1. a) § 27 Abs 3 ist auch auf Hotelbetriebe anwendbar.

   b) Bei voller Stillegung des ganzen Betriebs ist ein Abschlag von 30 v. H., bei Stillegungen, Betriebseinschränkungen oder dergleichen, die sich nicht auf das ganze Betriebsgrundstück, sondern nur auf einen Teil des Grundstücks erstrecken, ein Abschlag von 30 v. H. von dem auf diesen Teil entfallenden Werte zu machen. Bei Grundstücken oder Grundstücksteilen, die zwar nicht stillgelegen haben, jedoch infolge von Kurzarbeit eingeschränkt genutzt worden sind, darf der Abschlag nicht in voller Höhe von 30 v. H., sondern nur zu dem Teile vorgenommen werden, der sich nach dem Verhältnis zwischen der tatsächlichen Benutzung und der normalen Benutzung ergibt.

   Der Begriff „Kurzarbeit" in Satz 3 darf hierbei nicht eng ausgelegt werden. RFH. 26. Juni 28 I A 485/27 DStBl. 1928, 614 = StuW. 1928 Nr. 862.
2. § 27 Abs. 3 ist eine auf §§ 37, 85 RBewG. gegründete Bewertungsvorschrift, deren Anwendung im Berufungsverfahren nachzuprüfen ist. RFH. 9. Mai 28 I A 134/28 DStZ. 1928, 922 = StuW. 1928 Nr. 466, 695.
3. Der Stillegungsabschlag nach § 27 Abs. 2 kann nicht im Rechtsmittelverfahren, sondern nur im Verwaltungswege beansprucht werden. RFH. 28. März 28 I A 138/28 StuW. 1928 Nr. 445.

4. Ob Grundstücke (Grundstücksteile) als Geschäftsgrundstücke zu bewerten sind, hängt lediglich davon ab, wie sie am Feststellungszeitpunkte tatsächlich benutzt worden sind. Es kommt also nicht darauf an, ob der Eigentümer mit der Benutzungsweise einverstanden war und ob er trotz tatsächlicher gewerblicher Benutzung durch den Mieter nur eine geringere Miete erhalten hat, als für gewerblich benutzte Grundstücke (Grundstücksteile) üblich war. RFH. 17. Juli 28 I A 344/28 DStBl. 1928, 614 = DStZ. 1928, 1116 = StuW. 1928 Nr. 863.

§ 29.

1. Für die Zerlegung des Wehrbeitragswerts in den Fällen des Abs. 1 des § 29 haben die erzielbaren Mieterträge, sobald sie nur festgestellt werden können oder feststehen, als Maßstab zu dienen, es sei denn, daß ihre Zugrundelegung zu einem offenbar unbilligen und deshalb aus § 6 AO. angreifbaren Ergebnis führen würde. RFH. 25. Nov. 27 I A 430/27 StA. 1928, 153.
2. Muß der Wehrbeitragswert eines Grundstücks, das mit seinen Bestandteilen bewertet wird, zerlegt werden, dann ist der einheitliche Wehrbeitragswert der ganzen wirtschaftlichen Einheit nach den Grundsätzen des § 29 zu zerlegen. RFH. 7. Februar 28 I A 11/28 S. 23, 11 = StuW. 1928 Nr. 343.
3. Verteilung des Vermögensteuerwerts auf Verpächter und Pächter. RFH. 28. März 28 VI A 402/27 RStBl. 1928, 217.
4. Die tatsächlich erzielte Miete ist bis zum Gegenbeweise als erzielbare Miete anzusehen. RFH. 14. Aug. 28 I A 316/28 StuW. 1928 Nr. 865.
5. Auch wenn ein Grundstück zum weitaus überwiegenden Teil einem Zwecke dient, ist nach § 29 der Wehrbeitragswert zu zerlegen. RFH. 17. Juli 28 I A 62/28 StuW. 1928 Nr. 864.

§ 31.

1. Der § 31 ist rechtsgültig. RFH. 26. Juni 28 I A 63/28 StuW. 1928 Nr. 768.
2. Ungültigkeit der Begrenzung der Bewertung auf den Mindestgebrauchswert. RFH. 4. Nov. 27 I A 93/27 StuW. 1928 Nr. 135.

§ 36.

1. § 36 ist rechtsgültig. RFH. 27. März 28 I A 30/28 S. 23, 123 = StuW. 1928 Nr. 395.
2. § 36 gilt in den Fällen, in denen das Grundstück bei der Vermögensteuerveranlagung 1924 nicht berücksichtigt worden ist oder eine Vermögensteuerveranlagung 1924 überhaupt nicht stattgefunden hat. RFH. 19. Juni 28 I A 314/28 DStZ. 1928, 922 = JW. 1928, 2386 *(m. Bespr. v. Straub).*

§ 41.

1. §§ 38, 39 verstehen sich nur im Rahmen des § 41 RBewG. Ein Steuerkurswert für Aktien usw. ist daher nur festzusetzen, wenn diese am maßgebenden Stichtag oder in einem bestimmten Zeitraum tatsächlich umgesetzt worden sind; so nur für Stammaktien, wenn nur sie umgesetzt worden sind. Für Schutzaktien, in denen in dem Zeitraum ein

Umsatz nicht stattgefunden hat, ein selbständiger Steuerkurswert somit nicht festgesetzt werden kann, ist ein solcher aus dem für die gewöhnlichen Stammaktien (§ 40 Abs. 1 DurchfBest.) festgesetzten Steuerkurswert abzuleiten. Hierbei ist nach §§ 39, 40, 41 DurchfBest. zu verfahren. Diese Vorschriften über die Bewertung der Schutzaktien sind erschöpfend und zwingend, werden also auch nicht davon berührt, ob das rechnerische Ergebnis dem wirklichen Werte der Schutzaktien entspricht. RFH. 22. Dez. 27 I A 458/27 IndMitt. 1928, 129 = DStZ. 1928, 345 = StuW. 1928 Nr. 339 = StA. 1928, 216.

§ 51.

1. Unter dem „Werte des mutmaßlichen Aufwertungsbetrags" in § 51 ist nicht der Nennwert des mutmaßlichen Aufwertungsbetrags zu verstehen; es kommt nur auf den wirklichen (gemeinen) Wert der Forderung am Stichtag an.

   Die Vorschrift im § 51 bedeutet, daß zunächst der mutmaßliche, d. h. der am 1. Januar 1925 zu erwartende Aufwertungsbetrag ermittelt und dann dessen Wert zugrunde gelegt werden soll.

   Auf den gemeinen Wert des mutmaßlichen Aufwertungsbetrags ist aber dessen Verzinslichkeit von Einfluß. Ist also für einen Aufwertungsbetrag kraft Gesetzes, Aufwertungsvergleichs oder Urteils eine geringere Verzinsung als zu dem am Stichtag verkehrsüblichen Zinsfuß zu erwarten, so bleibt festzustellen, für welchen Betrag eine gleichartige Forderung unter Berücksichtigung der Zinsbeschränkung (des Zwischenzinses) am 1. Jan. 1925 an einen Dritten hätte abgetreten werden können. RFH. 22. Dez. 27 I A 352/27 DStBl. 1928, 56 = StuW. 1928 Nr. 126 = DStZ. 1928, 346 = StA. 1928, 154.
2. Aufwertungsforderungen, die nach § 10 AufwG. über den normalen Höchstsatz hinaus aufgewertet worden sind, unterstehen nicht dem § 49, sondern dem § 51. RFH. 31. Jan. 28 I A 411/27 S. 23, 19 = IndMitt. 1928, 128 = RStBl. 1928, 89 = DStBl. 1928, 216 = StuW. 1928 Nr. 349 = StA. 1928, 346.
3. Wert des mutmaßlichen Aufwertungsbetrags im Sinne des § 51. RFH. 21. Febr. 28 I A 424/27 RStBl. 1928, 194.

§ 54.

1. Nach Abgabe der Vermögensteuererklärung ergangene Entscheidungen der Aufwertungsstelle sind im allgemeinen als zum Nachweis eines höheren Wertes von Aufwertungshypothekenschulden genügend zu erachten. RFH. 18. Jan. 28 VI A 1/28 RStBl. 1928, 58 = StA. 1928, 345.
2. Freiwillige Vereinbarung der Aufwertung von Schulden sowie die vor dem Stichtag von der Generalversammlung einer Genossenschaft beschlossene Aufwertung von Spareinlagen der Genossen begründen abzugsfähige Schulden, die nach §§ 54, 55 zu bewerten sind. RFH. 17. Juli 28 I A 333/28 RStBl. 1928, 325 = StuW. 1928 Nr. 858.

§ 57.

1. § 57 Abs. 2 findet Anwendung sowohl auf die Bewertung der auf die Lebenszeit beschränkten Nutzungsrechte als auch auf die Bewertung der entsprechenden Verpflichtungen. RFH. 22. Febr. 28 VI A 55/28 StuW. 1928 Nr. 350.

§ 58.

1. Der im § 58 gewählte Begriff „engerer Kreis von Personen" ist gleichbedeutend mit einem nach § 60 Abs. 2 nicht als Allgemeinheit anzuerkennenden Personenkreis. RFH. 31. Jan. 28 I A 43/28 StuW. 1928 Nr. 351 = RStBl. 1928, 195 = StA. 1928, 346.
2. Hagelschaden-Versicherungs-Gesellschaften auf Gegenseitigkeit sind nicht gemeinnützig. RFH. 10. Okt. 28 I A 615/28 StuW. 1928 Nr. 872.

22.

Verordnung über die Einheitsbewertung und Vermögenssteuerveranlagung 1927

vom 14. Mai 1927 (RGBl. I S. 119).

§ 9.

1. Der gemeine Wert einer Hypothekenschuld, über deren Aufwertungshöhe ein Prozeß schwebt, ist nicht ohne weiteres auf 25 v. H. des Goldmarkbetrags festzustellen. RFH. 14. August 28 I A 470/28 StuW. 1928 Nr. 866.
2. § 9 Abs. 2 ist dahin zu verstehen, daß die Aufwertungsforderungen so berücksichtigt werden sollen, als ob die Einigung (Entscheidung) schon am 1. Jan. 1927 vorgelegen hätte. Alsdann sind die Forderungen nach § 143 AO. zu bewerten. RFH. 4. Okt. 28 I A 458/28 StuW. 1928 Nr. 867 = DStBl. 1928, 677.

23.

Gesetz zur Verminderung der Lasten des Reiches aus der Gesetzgebung über die Entschädigung und das Ausgleichsverfahren aus Anlaß des Vertrages von Versailles (Reichsentlastungsgesetz)

vom 4. Juni 1923 (RGBl. I S. 305).

Dölle, Das materielle Ausgleichsrecht des Versailler Friedens-Vertrags. (Berlin: Springer 1925).

§ 18.

Berolzheimer, Inwieweit unterliegt das freigegebene amerikanische Vermögen der deutschen Erbschaftssteuer? DStBl. 1928, 287. — Derselbe, Besteuerung des freigewordenen amerikanischen

Vermögens. ZStFr. 1928, 58. — Kennerknecht, Steuerliche Behandlung der von Amerika freigegebenen deutschen Vermögensbeträge. DStZ. 1928, 300.

1. Die Verbrauchsbesteuerung darf insoweit nicht Platz greifen, als der Verbrauch aus Beträgen gedeckt wird, die nach § 18 Abs. 3 REntlG. einkommensteuerfrei bleiben müßten. RFH. 29. Febr. 28 VI A 878/27 IndMitt. 1928, 160 = RStBl. 1928, 137 = StuW. 1928 Nr. 191.

24.

Reichsheimstättengesetz

vom 10. Mai 1920 (RGBl. I S. 962), abgeändert durch Ges. vom 7. Juni 1923 (RGBl. I S. 364).

§ 36.

1. § 36 befreit nicht von der Umsatzsteuer die Leistungen Dritter an den einzelner Siedler. RFH. 16. Nov. 28 V A 272/28 S. 24, 240.

25.

Reichssiedelungsgesetz

vom 11. August 1919 (RGBl. I S. 115), abgeändert durch Ges. vom 7. Juni 1923 (RGBl. I S. 364).

§ 29.

Sander, Die Umsatzsteuerbefreiung von Siedlungsgesellschaften im Falle des § 7 des Umsatzsteuergesetzes. IndMitt. 1928, 145.

1. a) Eine Bescheinigung des Kulturamts, daß ein Rechtsvorgang zur Durchführung eines Siedlungsverfahrens getätigt sei, unterliegt der Nachprüfung durch die Steuerbehörde nur dahin, ob sie den vorgeschriebenen Inhalt hat und von der zuständigen Stelle erteilt ist.
   b) Zuständig sind die Kulturämter in den von ihnen bearbeiteten oder vermittelten Siedlungsverfahren. Es genügt auch die Absicht des Kulturamts, sich in Zukunft an der Durchführung des Siedlungsverfahrens zu beteiligen. RFH. 13. Dez. 27 II A 522/27 DVR. 1928, 29 StuW. 1928 Nr. 94 = RuPrVBl. Bd. 49, 720.
2. Weiterverkauf des Siedlungsgutes an einen Dritten nach Durchführung des Siedlungsverfahrens. — Außer Kraft gesetzte Bescheinigung der Siedlungsbehörde für die Steuerbehörde nicht mehr bindend. RFH. 7. Aug. 28 II A 359/28 DVR. 1928, 189.

26.

Rennwett- und Lotteriesteuergesetz

vom 8. April 1922 (RGBl. I S. 395).

§ 17.

Friesecke, Sind die von Vereinen mit größerer Mitgliederzahl veranstalteten Verlosungen „öffentliche" im Sinne des § 17 Rennwett- und Lotteriegesetz? DStZ. 1928, 1001.

1. Einsatzschiebewetten, Teilschiebewetten bei öffentlichen Pferderennen sind nur als ein einheitliches Wettgeschäft mit einem einmaligen Einsatz vom Buchmacher zu versteuern. Die Teilschiebewetten werden also steuerlich den Teilschiebewetten gleichgestellt. Es handelt sich um Wetten der Art „Einsatz durch" oder „wenn Geld". RFH. 11. Nov. 27 II A 474/27 S. 22, 219 = DVR. 1928, 25 = StuW. 1928 Nr. 127 = StA. 1928, 154.
2. Dem Begriff einer Lotterie oder Ausspielung steht das Versprechen des Unternehmers an die Spieler nicht entgegen, den Einsatz der Nichtgewinner, soweit die Ansprüche der Spieler bis zu einem bestimmten Termin angemeldet würden, im Wege gruppenweiser Auslosung nach und nach zurückzuzahlen. Denn der Einsatz kann auch in der Gewährung eines unverzinslichen Darlehns bestehen. Wenn ein solches Versprechen als in absehbarer Zeit ausführbar und deshalb als ein ernstlich gemeinter Bestandteil des Spielplans angesehen werden kann, so ist der als Einsatz, d. h. als Entgelt für die Gewinnhoffnung, anzusetzende Betrag durch Schätzung nach § 210 Abs. 1 AO. zu bestimmen; wenn nicht, ist der volle Erlös der Einsätze dem Steueransatze zugrunde zu legen. RFH. 31. Jan. 28 II A 540/27 DVR. 1928, 54 = StA. 1928, 216 = StuW. 1928 Nr 704.
3. Gehören zu einem Bunde nicht nur Einzelmitglieder, sondern auch ganze Korporationen, deren eigene Organisationszwecke auf den verschiedenartigsten Gebieten liegen und sich mit den Zwecken des Bundes nicht decken, so kann eine Lotterie, die der Bund veranstaltet und deren Lose nicht nur an seine Mitglieder, sondern auch an die einzelnen Angehörigen der Korporationen abgesetzt werden sollen, nicht als eine nichtöffentliche angesehen werden. RFH. 6. März 28 II A 538/27 StuW. 1928 Nr. 705.
4. a) Eine Lotterie, die von einem der „deutschen Turnerschaft" angeschlossenen Einzelverein für die Mitglieder dieses Verbandes veranstaltet wird, ist nicht ohne weiteres als eine nichtöffentliche anzusehen. b) Über die Frage der Öffentlichkeit einer Lotterie hat die Steuerbehörde selbständig zu entscheiden ohne Rücksicht darauf, ob bei der Entscheidung über die Genehmigung die hiefür zuständige Behörde die Veranstaltung als eine öffentliche angesehen hat oder nicht RFH. 23. März 28 II A 585/27 RStBl. 1928, 190 = StuW. 1928 Nr. 706 u. 707.
5. Bei Bestimmung der für die Steuerberechnung maßgebenden Einsätze, wenn den Käufern der Lose außer der Gewinnhoffnung noch ein Anspruch auf Preisnachlaß bei etwaigen zukünftigen Wareneinkäufen gewährt ist, ist zunächst zu prüfen, ob in der Gewährung eines Preis-

nachlasses nicht nur ein Beweggrund für den Losverkauf zu finden ist, so daß der Einsatz nach dem Gesamtbetrage der Lose zu berechnen wäre. Verneinendenfalls ist zu schätzen, wieviel von dem Lospreise für die Gewinnhoffnung und wieviel für den Preisnachlaß gezahlt ist, und es ist nicht rechtsirrtümlich, hierbei zu berücksichtigen, in welchem Betrage überhaupt von dem erreichten Preisnachlaß Gebrauch gemacht ist. RFH. 24. Juli 28 II A 223/28 StuW. 1928 Nr. 769 = DVR. 1928, 167.

6. Wenn ein Verband den Absatz der Lose für eine von ihm veranstaltete Lotterie ausdrücklich auf seine Verbandsmitglieder beschränkt, so liegt trotzdem eine öffentliche Lotterie vor, falls damit gerechnet wurde, daß die Händler die von ihnen gekauften Lose nicht behalten, sondern an die Kundschaft und sonstige Besucher ihrer Geschäfte weiterveräußern und diese zum Spielen verleiten würden. RFH. 17. Aug. 28 II A 301/28 DStZ. 1928, 921 = DVR. 1928, 168 = DStBl. 1928, 614 = StuW. 1928 Nr. 770.

27.

Schaumweinsteuergesetz

vom 31. März 1926 (RGBl. I S. 185).

§ 13.

1. Um Besitzer von Schaumwein zu sein, ist die Kenntnis nicht erforderlich, daß der Inhalt einer Kiste Schaumwein ist. RFH. 4. April 28 IV A 444/27 ZfZ. 1928, 198.

28.

Gesetz über die Steuermilderungen zur Erleichterung der Wirtschaftslage

vom 31. März 1926 (RGBl. I S 185).

§ 8.

Kracht, Ist die Befreiung von der Wertzuwachssteuer bei Fusionen nur eine vorläufige oder eine endgültige? IndMitt. 1928, 298.

§ 11.

Mirow, Die steuerlichen Besonderheiten der sogenannten Studiengesellschaft zur Vorbereitung von Betriebszusammenschlüssen. DStBl. 1928, 357. — Pape, Zusammenschlüsse und Wertzuwachssteuer. DStZ. 1928, 388.

§ 12.

Lorenz, Die Festsetzung der Anteilsverhältnisse nach billigem Ermessen für die Beteiligung der Länder (Gemeinden und Gemeindeverbände) an der Gesellschaftsteuer bei wirtschaftlich gebotenen Betriebszusammenschlüssen. DVR. 1928, 177.

§ 22.

1. Eine Neufeststellung des Einheitswerts war in den Jahren 1925 und 1926 auch dann zulässig, wenn sich das Vermögen vermehrt hat. RFH. 8. Mai 28 I A 197/28 S. 23, 204 = IndMitt. 1928, 263 = DStBl. 1928, 439 = StuW. 1928 Nr. 698.

§ 26.

1. Außerkraftsetzung des Weinsteuergesetzes und § 2 des Strafgesetzbuches. „Temporäre" Strafgesetze. RG. 27. März 28 I D 201/28, VIII. 262 StA. 1928, 284.

29.

Zweite Steuernotverordnung

vom 19. Dezember 1923 (RGBl. I S. 1205).

Art. I § 5.

1. Die für die Einkommen- und Körperschaftsteuer-Vorauszahlungen für 1924 erlassenen I. DurchfBest. 2. Abschnitt unter G III und II. Durchf.-Best. unter A V, wonach Banken und Bankiers an Stelle der nach § 5 Abs. 1 des Art. I der II. StNVO. zu entrichtenden Vorauszahlungen monatlich 1,25 v. T. ihres gesamten für die Veranlagung zur Vermögensteuer auf den 31. Dez. 1923 maßgebenden Vermögens zahlen dürfen, sehen zwar nicht ausdrücklich eine Erklärungsfrist vor; aber die Natur der Vorauszahlungen 1924 als Steuerleistungen, die das Reich nach seinen damaligen Verhältnissen sehr dringend benötigte und die damals für die einzelnen Vorauszahlungsabschnitte sofort und ohne besondere behördliche Aufforderung zu bewirken waren, erforderte ohne weiteres, daß die Erklärung wegen Ausübung des Wahlrechts schon im Zeitpunkt der Fälligkeit der Vorauszahlungen abgegeben werden oder äußerstenfalls diesem Zeitpunkt unmittelbar nachfolgen mußte. RFH. 13. Jan. 28 I B 2/27 StuW. 1928 Nr. 352.

Art. II § 3.

1. Das Recht des Steuerpflichtigen gegen die Stadt X., bis zum Jahre 1995 für seine Landwirtschaft, seine Mahl- und Sägemühle kostenlos elektrischen Strom zu beziehen, besitzt einen erheblichen wirtschaftlichen Wert. Dieses Recht stellt einen Vermögensgegenstand dar, der auch bei der Vermögensteuerveranlagung 1924 zu bewerten ist. RFH. 6. März 28 I A 117/28 RStBl. 1928, 120.
2. Es wird an der Auffassung der Entscheidung Bd. 17 S. 62 festgehalten, daß zur Vermögensteuer 1924 auch ausländische Unternehmungen herangezogen werden können, die im Inland nur einen ständigen Vertreter besitzen, und daß dem inländischen Betrieb auch ein im Ausland liegendes Vermögen dienen kann.

   Für den Regelfall wird bei der Berechnung des dem inländischen Geschäftsbetriebe dienenden Vermögens vom Gesamtvermögen des Unternehmens auszugehen sein und wird das Verhältnis der deutschen

Prämieneinnahmen zu den Gesamtprämieneinnahmen einen brauchbaren Maßstab bilden. RFH. 30. März 28 I A 82/27 S. 23, 149 = IndMitt. 1928, 263 = StuW. 1928 Nr. 720.

3. Zum Begriffe der Werkwohnungen. Die Zurechnung eines hauptsächlich an Angestellte des Gewerbetreibenden von diesem vermieteten Anwesens zu seinem Betriebsvermögen ist nur gerechtfertigt im Falle eines näheren wirtschaftlichen Zusammenhanges der Mietverhältnisse mit dem Betriebe. Der Annahme einer solchen Verbundenheit mit dem Betriebe steht zwar nicht grundsätzlich entgegen, daß die Wohnungen nicht von vornherein eigens für die Angestellten erbaut worden sind. Ebensowenig muß die Überlassung der Wohnungen an die Angestellten für den Betrieb geradezu erforderlich sein. Aber notwendig ist, daß mit der Überlassung der Wohnungen an Angestellte vor allem eine Förderung und Erleichterung des Betriebes bezweckt wird, sie nach dem Willen des Betriebsunternehmers in erster Linie also ein Mittel sein soll, günstige Bedingungen für die Führung des Betriebs selber zu schaffen. Daß der Fall so liegt, muß, wenn der steuerpflichtige Gewerbetreibende ihn als nicht vorliegend bezeichnet, die Steuerbehörde schlüssig darlegen. RFH. 10. Jan. 28 I A 278/27 IndMitt. 1928, 86 = RStBl. 1928, 59 = StA. 1928, 154 = StuW. 1928 Nr. 171.

VermStDBest. 1924 § 3.

1. Grundstücke einer Brauerei-Aktien-Gesellschaft, in denen Gastwirte Wirtschaften mit der Verpflichtung zur Bierabnahme gepachtet haben, gehören ganz zum Betriebsvermögen der Aktiengesellschaft. RFH. 21. Febr. 28 I A 484/27 StuW. 1928 Nr. 367.

VermStDBest. 1924 § 24.

1. Ist ein Grundstück vom Eigentümer an eine Gesellschaft bürgerlichen Rechtes, deren Gesellschafter er ist, für deren gewerbliche Zwecke vermietet, so ist es gleichwie im Falle der Vermietung an eine offene Handelsgesellschaft als Grundvermögen zu bewerten. RFH. 8. Mai 28 I A 236/27 StuW. 1928 Nr. 722.

VermStDBest. § 31.

1. Die Apothekenkonzessionen, für die nach §§ 11 ff. der bayerischen Verordnung vom 27. Juni 1913 (GVBl. S. 343) eine Abfindung zu zahlen ist, sind für die Vermögensteuer 1924 in gleicher Weise als Gegenstand des Anlagekapitals zu bewerten wie die älteren preußischen Konzessionen nach dem Urteil Bd. 18 S. 120 ff. RFH. 28. Sept. 28 I A 330/28 StuW. 1928 Nr. 871.

Art. III § 3.

1. Die Steuerpflicht des Nacherben bestimmt sich nach dem ErbschStG. vom 3. Juni 1906, wenn der Erblasser während der zeitlichen Geltungsdauer dieses Gesetzes, der Vorerbe aber vor dem 1. Jan. 1925 gestorben ist. RFH. 31. Jan. 28 V e A 411/27 S. 22, 346 = DVR. 1928, 45 = StuW. 1928 Nr. 80.

30.

Dritte Steuernotverordnung

vom 14. Februar 1924 (RGBl. I S. 74).

§ 19.

1. Ob Schuldverschreibungen die zu ihrer Befreiung von der Steuer führenden Voraussetzungen erfüllen, ist nach dem Zeitpunkt des Inkrafttretens der III. StNVO. zu entscheiden. Handelt es sich aber um die Frage ihrer Tilgung (§ 21 Abs. 2), so muß entschieden werden, wie wenn etwa seit dem 1. Jan. 1918 getilgte Schuldverschreibungen am Tage des Inkrafttretens der III. StNVO. noch bestanden hätten. Dementsprechend muß auch für die Wertvergleichung dieser Tag zugrunde gelegt werden. RFH. 14. Okt. 27 II A 401/27 RStBl. 1928, 17 = StuW. 1928 Nr. 120.

§ 21.

1. a) Ob Schuldverschreibungen endgültig getilgt sind oder nachträglich noch aufgewertet werden müssen, hat der Steuerrichter zu entscheiden und ist nicht an die Entscheidung der ordentlichen Gerichte gebunden. b) Welcher Vorbehalt nimmt der Annahme des Schuldbetrags die Bedeutung einer endgültigen Tilgung? RFH. 12. Nov. 27 II A 387/27 RStBl. 1928, 8 = DStBl. 1928, 57 = StuW. 1928 Nr. 122 = StA. 1928, 154.
2. Der Wert der später fällig werdenden Raten einer Obligationensteuerschuld ist unter Berücksichtigung der Vorschrift des § 143 Abs. 3 AO. durch Abschlag des Zwischenzinses zu ermitteln. RFH. 25. Sept. 28 I A 413/27 RStBl. 1928, 333.

§ 38.

1. § 38 und die daran anschließende Rechtsprechung (vgl. Entsch. d. RFH. Bd. 16 S. 350) gilt auch für die Schulden einem ausländischen Gläubiger gegenüber, deren Aufwertung mit Rücksicht auf bestehende Staatsverträge bestimmt zu erwarten war. RFH. 18. Okt. 27 I A 411/26 StA. 1928, 155.
2. Eine Aufwertung durch Vereinbarung im Sinne des § 38 liegt nicht vor, wenn der Schuldner den Gläubigern zugesichert hat, er werde ihre Guthaben im gleichen Verhältnis aufwerten, wie die Substanz seines Vermögens erhalten bleibt. RFH. 10. Jan. 28 I A 278/27 StuW. 1928 Nr. 353.

§ 48.

1. Die Grundsätze von RFH. Bd. 22 S. 81/82 gelten nicht für den Streit über die Einkommensteuer; § 48 der III. StNVO. ist hier anwendbar. RFH. 21. März 28 VI A 210/28 RStBl. 1928, 185 = StuW. 1928 Nr. 223.
2. In Fällen, in denen der Steuerstreit sich nur um die Anwendung des § 8 VermStG. handelt, ist es grundsätzlich nicht zu beanstanden, wenn von § 48 der III. StNVO. Gebrauch gemacht wird. RFH. 29. Aug. 28 I A 364/28 DStZ. 1928, 1118 = StuW. 1928 Nr. 861.

31.
Tabaksteuergesetz
vom 12. September 1919 (RGBl. S. 1667).

§ 89.

1. a) Die auf Grund des § 89 TabStG. 1919 im § 1 Abs. 2 Satz 1 Tab.-ZollVergO. enthaltene Vorschrift über die Vergütungsunfähigkeit von Tabakerzeugnissen, zu deren Herstellung beim Entrippen von Tabakblättern im Ausland oder Inland gewonnene Tabakrippen oder Tabakstengel oder sonstige Tabakabfälle mitverwendet worden sind, ist rechtsverbindlich.
b) Zu den sonstigen Tabakabfällen im Sinne des § 1 Abs. 2 Satz 1 TabZollVergO. 1920 gehört auch Tabakstaub, gleichgültig, ob dieser durch natürliche Einflüsse entstanden oder auf künstlichem Wege dem Rohtabak entzogen worden ist.
c) Bei Zigaretten, zu deren Herstellung Tabakstaub mitverwendet ist, besteht kein Anspruch auf Vergütung der Materialsteuer. RFH. 2. Mai 28 IV A 263/27 S. 23, 228 = ZfZ. 1928, 239 = DStBl. 1928, 440 = JW. 1928, 2039.

32.
Tabaksteuergesetz
vom 10. August 1925 (RGBl. I S. 244).

Arlt, 2. Nachtrag zum Tabaksteuergesetz. (Berlin NW 7: Stilke).

§ 1.

Schmalz, Die Besteuerung der Zigaretten. IndMitt. 1928, 192.

§ 2.

Brosi, Nochmals: Die Betriebs-, Herstellungs- und Lagerräume nach dem Tabaksteuergesetz. ZfZ. 1928, 398.

§ 6.

Eversheim, Nochmals Bemessung des Steuersatzes im Sinne des § 6 des Tabaksteuergesetzes. ZfZ. 1928, 275. — Reichert, Nochmals Bemessung des Steuersatzes im Sinne des § 6 des *Tabaksteuergesetzes. ZfZ. 1928, 131.*

1. Fordert ein Tabaksteuerlagerinhaber für übersandte Zigarren einen einheitlichen Preis, ohne Versendungsporto besonders in Rechnung zu stellen, so ist der Kleinverkaufspreis nach der Zahl der übersandten Zigarren zu ermitteln, ohne Rücksicht darauf, daß dem Lagerinhaber Kosten für die Beförderung (Porto) entstanden sind. RFH. 6. Nov. 28 IV F 6/28 ZfZ. 1928, 478.

§ 9.

Arlt, Der Anspruch des Reiches aus §§ 9, 10 TabStG. und der Anspruch auf Entgelt für entnommene Tabaksteuerzeichen. ZfZ. 1928, 81. — Horstmann, Das Verhältnis der §§ 9, 10 zu § 42 Abs. 2 des TabStG. ZfZ. 1928, 428. — Neter, Zoll- und Steuerpflicht für gestohlene Tabakerzeugnisse. ZfZ. 1928, 110.

1. Der Umstand, daß Zigaretten nach dem 30. Sept. 1925 in ein Tabaksteuerlager nicht mehr aufgenommen werden dürfen (Art. II Nr. 9 Abs. 1 der Verordnung über Änderungen der Tabaksteuer-Ausführungsbestimmungen vom 16. Sept. 1925, RMinBl. S. 1022) schließt, wenn trotzdem Zigaretten nach dieser Zeit in ein Zigarettensteuerlager gelangen und in das Lagerbuch angeschrieben werden, nicht aus, daß diese Zigaretten in die steuerliche Überwachung kommen. Solange das Zigarettensteuerlager besteht und die darin aufgenommenen Zigaretten aus diesem Lager entfernt werden und damit in den freien Inlandsverkehr treten, entsteht die persönliche Steuerschuld des Lagerinhabers aus den §§ 9, 10, 44. Dies gilt auch dann, wenn hinsichtlich derselben Zigaretten schon früher einmal eine persönliche Steuerschuld desselben Lagerinhabers entstanden war. RFH. 8. Febr. 28 IV A 12/28 ZfZ. 1928, 136.
2. Gibt ein Hersteller tabaksteuerpflichtiger Erzeugnisse eine Versendungsanmeldung auf ein Tabaksteuerlager ab, werden aber die versandten Erzeugnisse nicht von vornherein mit dem Ziel nach dem Orte des Steuerlagers in Bewegung gesetzt, so entsteht die Steuerschuld in der Person des Herstellers nach §§ 9, 10 in dem Augenblick, in dem die Erzeugnisse die Herstellungsräume verlassen. RFH. 8. Febr. 28 IV A 363/27 ZfZ. 1928, 136.

§ 10.

1. Entfernt ein Gerichtsvollzieher unversteuerte tabaksteuerpflichtige Erzeugnisse aus einem Tabaksteuerlager, ohne daß dabei eine steuerliche Überwachung stattfindet, so entsteht die persönliche Tabaksteuerschuld des Lagerinhabers. RFH. 7. März 28 IV A 49/28 ZfZ. 1928, 157.

§ 11.

1. Verwendet ein Hersteller Steuerzeichen mit niedrigeren Kleinverkaufspreisen für Zigarren, deren richtiger Kleinverkaufspreis höher ist, so ist die in der Verwendung mit den niedrigeren Steuerzeichen liegende Bestimmung des Kleinverkaufspreises zwar unrichtig und die Steuerbehörde kann die richtige Versteuerung durch Nachforderung des Unterschiedsbetrags herbeiführen, aber die Verwendung der niedrigeren Steuerzeichen ist nicht vorschriftswidrig erfolgt; vorschriftswidrig war nur die zu niedrige Bestimmung des Kleinverkaufspreises. In solchem Falle sind die Steuerzeichen nicht als nicht verwendet anzusehen. RFH. 30. Mai 28 IV A 160/28 DStBl. 1928, 440 = ZfZ. 1928, 276.

§ 12. (a. F.)

Arlt, Die Anordnungen der Steuerbehörden aus § 12 Abs. 1 Satz 2 TabStG. a. F. auf Barzahlung der Steuerzeichen oder Sicherheitsleistung. ZfZ. 1928, 222.

1. a) Für das Gewicht der Zigarren — von dem die Doppelbesteuerung abhängt — ist entscheidend nicht der Zeitpunkt der Ablagerung, sondern der Zeitpunkt ihrer Verkaufsfertigkeit, d. i. für das Tabaksteuerrecht — unter Berücksichtigung der Besonderheiten der Entstehung des Tabaksteueranspruchs überhaupt — der Zeitpunkt der Überführung in den freien Verkehr. Eine etwaige weitere Austrocknung der Zigarren in der Folgezeit ist für die Frage der Doppelbesteuerung unerheblich. b) Voraussetzung der Doppelbesteuerung ist lediglich die Feststellung eines Durchschnittsgewichts von 1000 Zigarren. Dieses Durchschnittsgewicht gilt dann als Gewicht jeder einzelnen Zigarre, selbst wenn sie tatsächlich weniger wiegen sollte.

Die Prüfung, ob zur Ermittlung dieses Durchschnittsgewichts eine oder mehrere Probeverwiegungen — jedesmal von 1000 Zigarren — notwendig sind, untersteht dem freien und billigen Ermessen der Behörde.
c) Auf weitere Beweisermittlungen im Steuerverfahren erstreckt sich die Vorschrift, daß mindestens 1000 Zigarren zu verwiegen sind, nicht.
d) Änderung der Bestimmungen über das Zigarrenhöchstgewicht berührt die einmal entstandene Steuerpflicht nicht. RFH. 4. April 28 IV F 6/27 ZfZ. 1928, 197.

2. Maßnahmen aus § 12 Abs. 1 Satz 2 TabStG. (a. F.) sind nur dann zu treffen, wenn die Verhältnisse des einzelnen Betriebs sie rechtfertigen. RFH. 2. Mai 28 IV A 369/27 S. 23, 246 = DStBl. 1928, 565.

§ 13 (a. F.)

Neter, Zur Änderung des Tabaksteuergesetzes (TabStG.). ZfZ. 1928. 164. — Neter, Preisschleuderei mit Zigaretten vom Standpunkt des Fiskus. ZfZ. 1928, 270.

§ 15.

Trauvetter, Zur Haftung des Staates für Pflichtwidrigkeiten von Zollbeamten. ZfZ. 1928, 288.

§ 20.

Brosi, Die Betriebs-, Herstellungs- und Lagerräume nach dem Tabaksteuergesetz. ZfZ. 1928, 254.

§ 24.

1. Ein Tabakhändler, der gemäß § 50 Abs. 1 TabStAusfBest. Rohtabak mit Versendungsanmeldung (§ 39 TabStAusfBest.) abgibt, schuldet die Rohtabakabgabe, wenn der Empfänger den Tabak nicht in seinem Betriebsbuch anschreibt. RFH. 25. Jan. 28 IV A 375/27 ZfZ. 1928, 136.

§ 37.

Brosi, Die Buchführung in den Zigarrenherstellungsbetrieben. ZfZ. 1928, 30.

§ 39.

1. Grenzen der Pflichten der Zollbeamten bei Handhabung des Tabaksteuergesetzes. RG. 20. April 28 III 366/27 StA. 1928, 315.

§ 40.

1. Die Berichtigung der Betriebsbücher nach der Bestandsaufnahme durch Anschreibung der Mehrmenge oder Abschreibung der Fehlmenge ist grundsätzlich von dem Betriebsinhaber, nicht von der Steuerbehörde, vorzunehmen. RFH. 24. Okt. 28 IV A 346/28 ZfZ. 1928, 434.

§ 41.

Arlt, Tabaksteuerschuld des Herstellers oder Lagerinhabers für die aus den Herstellungs- oder Lagerräumen gestohlenen tabaksteuerpflichtigen Erzeugnisse. ZfZ. 1928, 381. — Hänselmann, Behandlung der Fehlmengen bei Bestandsaufnahmen von verbrauchssteuerbaren Erzeugnissen. ZfZ. 1928, 168.

1. Die Fehlmengenforderung ist dann begründet, wenn die Anfechtungsbehörde nach dem Ergebnis der angestellten Ermittlungen in freier Beweiswürdigung den steuerbefreienden Tatbestand nicht feststellen kann. RFH. 6. Dez. 27 IV A 408/27 ZfZ. 1928, 38.
2. Der Beweis, daß Fehlmengen gestohlen seien, ist im Strafverfahren dem Beschuldigten nachzulassen. RGSt. 26. März 28 II 771/27 E. 62, 101.

§ 44.

1. Der Grundsatz, daß der als Lagerinhaber Angemeldete für die aus dem Tabaksteuerlager in den freien Inlandsverkehr tretenden tabaksteuerpflichtigen Erzeugnisse Steuerschuldner wird, auch wenn er nur Angestellter oder Organ eines Dritten ist, gilt auch dann, wenn das Hauptzollamt den Lagerinhaber mit dem Verkauf der Lagervorräte beauftragt hat. RFH. 6. Dez. 27 IV A 410/27 ZfZ. 1928, 38.
2. Unter Zigarrenhändler i. S. des § 44 Abs. 5 fallen auch Kleinhändler. RGSt. 26. März 28 II 771/27 E. 62, 101.

§ 45.

1. Hat ein Verkäufer geöffnete, mit Steuerzeichen versehene Zigarrenpackungen in seinem Gewahrsam, in die Zigarren nachgefüllt worden sind, so gelten sie als nicht mit den zutreffenden Steuerzeichen versehen (§ 59 Ziff. 9). RFH. 8. Febr. 28 IV A 18/28 ZfZ. 1928, 136.

§ 57.

Hagemann, Führung des Betriebsbuchs II und Tabakbestandsaufnahmen. ZfZ. 1928, 171.

§ 59.

1. Anstiftung zu dem Vermutungstatbestand des § 59 Nr. 11. RGSt. 14. Juli 27 E. 61, 371.
2. Soweit Freigoldsteuerzeichen durch Beseitigung des sie als solche kennzeichnenden Aufdrucks zu einer bestimmungswidrigen Verwendung vorbereitet werden, liegt darin eine „Vorkehrung“, die, wenn sie eine erweislich bereits unterlassene richtige Versteuerung zu verdecken geeignet war, nach § 59 Nr. 10 die gesetzliche Vermutung einer begangenen Tabaksteuerhinterziehung begründet. RGSt. 19. März 28 II D 760/27 E. 62, 78 = StA. 1928, 250.

§ 60.

1. Der Täter der Tabaksteuerhinterziehung kann bei den von ihr betroffenen Erzeugnissen niemals Täter der Tabaksteuerhehlerei sein. RGSt. 17. Jan. 28 I D 1196/27 StA. 1928, 185.

§ 61.

1. Die Anwendbarkeit des § 61 reicht nur soweit, wie zahlenmäßig überhaupt nicht festgestellt werden kann, welcher Betrag hinterzogen ist. Erst für die den erweislichen Mindestbetrag überschreitende oder für eine zahlenmäßig überhaupt nicht, auch nicht durch Schätzung, feststellbare Steuerverkürzung kommt § 61 in Betracht. RGSt. 19. März 28 II D 760/27 E. 62, 78.

§ 64.

1. Zur Anwendung des § 64 Abs. 1 muß dem Beschuldigten die Absicht, die Abgabe zu hinterziehen, außerdem aber nachgewiesen werden, daß er in dieser Absicht und „zur" Täuschung der Steuerbehörde, d. h. zu diesem Zwecke, „Vorkehrungen" getroffen hat. RGSt. 19. März 28 II D 760/27 E. 62, 78 = StA. 1928, 250.

§ 66.

1. Tabaksteuerzeichen sind keine Urkunden im Sinne des § 348 Abs. 2 des Strafgesetzbuchs. RGSt. 18. Juni 28 III D 297/28 E. 62, 203 = DStBl. 1928, 614.
2. Anfertigung unechter Steuerzeichen durch unbefugte Eintragung des Kleinverkaufspreises. RG. 18. Juni 28 II D 1067/27 IX. 5/28 StA. 1928, 347.

§ 80.

Weiß, Ist Einziehung und Beschlagnahme von Rohtabak jetzt und nach Annahme des Entwurfs eines Einführungsgesetzes zum Spiritusmonopolgesetze möglich? ZfZ. 1928, 15.

§ 92.

Arlt, Die neuen Tabaksteuer-Ausführungsbestimmungen. ZfZ. 1928, 443. — Jacubeit, Die Änderung der Tabaksteuer-Ausführungsbestimmungen. ZfZ. 1928, 467.

§ 100.

1. Unter Zigarettentabak im Sinne des § 100 Abs. 2 Ziff. 3 ist Rohtabak zu verstehen, der in einen Zigarettenherstellungsbetrieb verbracht worden ist. RFH. 22. Febr. 28 IV A 297/27 ZfZ. 1928, 137.

33.

Umsatzsteuergesetz

in der Fassung der Bek. vom 8. Mai 1926 (RGBl. I S. 218).

Popitz-Kloß-Grabower, Kommentar zum Umsatzsteuergesetz in der Fassung vom 8. Mai 1926. 3. Aufl. (Berlin: Otto Liebmann 1928). — Vehlow, Handkommentar zum Umsatzsteuergesetz in der Fassung vom 8. Mai 1926. (Köln: Schmidt 1928).

Bychelberg, Veränderung des Umsatzbegriffes infolge der „Besitzkonzentration" in der Wirtschaft? ZStFr. 1928, 41.

Bulius, Handel und Umsatzsteuer. StA. 1928, 289. — Grabower, Die Umsatzsteuer im Ausland. Ein weiterer Beitrag zur vergleichenden Steuerrechtswissenschaft. (Abgeschlossen am 31. Dez. 1927.) StuW. 1928, 233, 345. — Schmauser, Neuere Rechtsprechung in Umsatzsteuersachen. StA. 1928, 68, 112.

§ 1.

Berka, „Der Geschäftsreisende und Handelsvertreter der tschechoslowakischen Umsatzsteuergesetzgebung. IndMitt. 1928, 78. — Friesecka, Interessengemeinschaft und Umsatzsteuer. IndMitt. 1928, 114. — Hoeres, Wann sind Verkäufe landwirtschaftlicher Grundstücke umsatzsteuerpflichtig? StZdL. 1928, 215. — Kloß, Zusammenschlüsse und Umsatzsteuer. DStZ. 1928, 9. — Lewin, Die Umsatzsteuerpflicht bei Hilfsgeschäften. IndMitt. 1928, 331. — Moos, Die Besteuerung der Interessengemeinschaften und Kartelle. ZStFr. 1927, 277. — Niekrens, Umsatzsteuerpflichtige Grundstückverkäufe. DStBl. 1928, 595. — Reininghaus, Zu RFH. 16. Nov. 1927 VI A 180/27 (Abschlachtung von Seuchenvieh). StZdL. 1928, 14. — Stritzke, Keine Umsatzsteuerpflicht für Vereinsbeiträge. IndMitt. 1928, 211. — Zimmermann, Holzwirtschaftliche Umsatzsteuerfragen. (Bonndorf: Beschle 1928).

1. Gewerbliche Tätigkeit. Alle von einem Kaufmann vorgenommenen entgeltlichen Leistungen und Lieferungen sind grundsätzlich umsatzsteuerpflichtig. Ausgenommen sind nur solche Geschäfte, die lediglich das Eigenleben des Kaufmanns betreffen und deshalb mit seiner gewerblichen Tätigkeit nicht in Zusammenhang stehen. RFH. 11. März 27 V A 35/27 (n. v.).

2. — Schon aus der bloßen Tatsache, daß jemand in einer Reihe von Fällen Grundstücke verkauft, ist eine gewerbliche Tätigkeit im Sinne von § 1 Nr. 1 zu folgern. RFH. 4. Mai 28 V A 840/27 (n. v.).

3. — a) Alle entgeltlichen Lieferungen und Leistungen eines Gewerbetreibenden sind umsatzsteuerpflichtig außer denen, die nur sein Privatleben berühren.

b) Auch ein nur einmaliger Umsatz genügt, um die Umsatzsteuerpflicht auszulösen, wenn auf die Absicht, das Geschäft bei sich bietender Gelegenheit zu wiederholen, geschlossen werden kann. RFH. 17. April 28 V A 703/27 (n. v.).

4. — Eine einmalige Tätigkeit wird nicht schon dadurch gewerblich, daß sie sich durch einen längeren Zeitraum hinzieht. RFH. 28. Sept. 28 V A 617/28 S. 24, 114 = DStBl. 1928, 615 = StuW. 1928 Nr. 771.

5. — Die Schaffung eines auf die Erzielung von Einnahmen gerichteten Dauerzustandes wie die Vermietung oder Verpachtung eingerichteter Räume ist eine gewerbliche Tätigkeit im Sinne des § 1 Nr. 1. RFH. 6. März 28 V A 74/28 (n. v.).

6. — Hilfsgeschäft. Veräußert ein Landwirt sein Gut, so liegt ein umsatzsteuerpflichtiges Hilfsgeschäft jedenfalls dann vor, wenn er sich das Inventar vorbehält, es mit einem Teile des Verkaufserlöses verbessert und die Landwirtschaft im Gute als Pächter weiterbetreibt. RFH. 2. Nov. 28 V A 378/28 (n. v.).

7. — — Umsatzsteuerpflichtige Gutsveräußerung. RFH. 27. April 28 V A 11/28 StZdL. 1928, 247.

8. Entgeltliche Leistung. Übereignet der Eigentümer dem Hypothekengläubiger zur Abfindung wegen der Hypothek das belastete Grundstück, so löst dieser Tatbestand allein keine Umsatzsteuerpflicht aus, wenn der Eigentümer nicht der persönliche Schuldner ist. RFH. 12. Okt. 28 V A 387/28 S. 24, 154 = DStBl. 1928, 678 = StuW. 1928 Nr. 870.

9. Die Veräußerung eines Unternehmens im ganzen ist nicht umsatzsteuerpflichtig. RFH. 18. Mai 28 V A 44/28 DStBl. 1928, 441.

10. Die Veräußerung eines Unternehmens im ganzen liegt nur vor, wenn der Betrieb als solcher veräußert wird. Das ist nicht der Fall, wenn nur das dem Betriebe gewidmete Vermögen veräußert wird und eine Fortsetzung des Betriebes durch den Erwerber überhaupt nicht in Frage kommt. RFH. 28. Sept. 28 V A 477/28R StBl. 1928, 353.

11. Selbständigkeit. Ein eine Lohnstrickerei leitender Werkmeister (Zwischenmeister), der die Arbeiter selbständig annimmt und entläßt, die sich aus diesem Arbeitsverhältnis ergebenden sozialen und steuerlichen Pflichten erfüllt, die Einteilung der Arbeit regelt und dessen Entschädigung abhängt von der Umsicht und Zweckmäßigkeit der eigenen Maßnahmen, ist selbständig und deshalb umsatzsteuerpflichtig. RFH. 19. Juni 28 V A 786/27 (n. v.).

12. — Weder aus den Vorschriften des Branntweinmonopolgesetzes noch aus denen der Brennereiordnung kann auf die Art des Rechtsverhältnisses, auf Grund dessen mehrere Beteiligte Kartoffeln an eine Brennerei liefern, geschlossen werden. Für die Frage, ob eine Brennerei, die nach Monopolrecht eine landwirtschaftliche Brennereigenossenschaft ist, zur Umsatzsteuer wegen der an die Monopolverwaltung gemachten Spritlieferungen als selbständige steuerfähige Rechtspersönlichkeit herangezogen werden kann, kommt es beim Vorliegen einer Gesellschaft des bürgerlichen Rechtes darauf an, ob die Gesellschaft Unternehmereigenschaft besitzt. RFH. 6. März 28 I A 687/27 RStBl. 1928, 190 = StZdL. 1928, 202.

13. — Umsatzsteuerpflicht des Grundstücksmaklers. RFH. 6. März 28 V A 198/28 LZ. 1928, 1098.

14. — Ein Handelsvertreter, der für mehrere Firmen tätig ist, muß als selbständiger Unternehmer angesehen werden, es müßte denn sein, daß zwischen den mehreren Firmen eine Einigung getroffen ist über die Grundsätze, nach denen der Vertreter verfahren soll, so daß wider-

streitende Weisungen an ihn nicht vorkommen können. RFH. 5. Okt. 28 V A 504/28 RStBl. 1928, 354.

15. — Das Auftreten nach außen im eigenen Namen entscheidet zwar für die Kommissionär-Eigenschaft, wenn bereits feststeht, daß es sich um einen selbständigen Unternehmer handelt; für die Vorfrage aber, ob der Auftretende selbständiger Unternehmer sei, kann sein Verhalten nach außen höchstens als Beweisanzeichen verwertet werden, falls die Frage der Selbständigkeit sonst nicht zu entscheiden ist. RFH. 5. Okt. 28 V A 320/28 DStBl. 1928, 678.

16. — Organgesellschaft. Bedeutung im Umsatzsteuerrecht. RFH. 14. März 28 V A 616/28 StuW. 1928 Nr. 356.

17. — — Wird eine Gesellschaft m. b. H. mit ihrem gesamten Fabrikationsbetriebe samt Gebäuden und Maschinen als Organ einer anderen Gesellschaft für diese tätig und erhält sie dafür außer dem Ersatz ihren Unkosten eine feste Verzinsung ihres Stammkapitals, so kommt weder wegen Verpachtung eingerichteter Räume noch sonst eine Steuerpflicht der Gesellschaft m. b. H. in Frage. RFH. 11. Nov. 27 V A 652/27 RStBl. 1928, 34.

18. — — Hat ein Unternehmen die Werke eines andern Unternehmens, das von dem ersteren völlig beherrscht wird, gepachtet, so hat die Zahlung der Pachtsumme wirtschaftlich die Bedeutung der Abführung eines Gewinnanteils und kommt eine Umsatzsteuerpflicht des beherrschten Unternehmens nicht in Frage. RFH. 6. Febr. 28 V A 483/27 (n. v.).

19. — — Wenn auch bei der Syndikatsbildung der Verband den Lieferwerken im allgemeinen als Herrschaftsperson gegenübersteht, so ist es doch nicht ausgeschlossen, daß er bei dem Verkaufsgeschäfte nur eine vermittelnde Tätigkeit entfaltet. RFH. 3. April 28 V A 554/27 DStBl. 1928, 441.

20. — — Es gibt nicht nur Lieferungssyndikate, sondern auch Vermittlungssyndikate. Ein Vermittlungssyndikat ist anzunehmen, wenn die Verkaufsstelle die Verkaufsgeschäfte im Namen des Lieferwerks abschließt. RFH. 23. Mai 28 V A 58/28 (n. v.).

21. a) Ist ein Unternehmer verpflichtet, die Verwertung eines Gegenstandes auf seine Rechnung auf Grund gesetzlicher oder behördlicher Anordnung zu dulden, so gilt die Leistung als von ihm selbst bewirkt, wenn sie ihrer Art nach in den Rahmen seines Gewerbes fällt; § 7 Abs. 1 ist darum nicht anwendbar, wenn die Behörde den unmittelbaren Besitz auf den Abnehmer überträgt.

b) Beim Verkaufe beanstandeten Fleisches durch die Freibank für Rechnung einer Viehversicherungsgesellschaft ist diese mit dem ihr zufließenden Erlöse umsatzsteuerpflichtig. RFH. 27. April 28 V A 101/28 S. 23, 177 = StuW. 1928 Nr. 711 = DStBl. 1928, 441.

22. Gesellschaften. Zahlungen von Mitgliedern eines Berufsverbandes an diesen zur Deckung der Kosten eines Schaufensterwettbewerbes als umsatzsteuerfreie Vereinsbeiträge. RFH. 11. Nov. 27 V A 200/27 StA. 1928, 90 = DStZ. 1928, 346 = StuW. 1928 Nr. 354.

23. — Umsatzsteuerpflicht von Beträgen, die ein Verein von seinen Mitgliedern für die Anmahnung, gegebenenfalls Einklagung ihrer Forderungen gegen säumige dritte Abnehmer vereinnahmt. RFH. 14. Febr. 28 V A 257/27 (n. v.).

24. — Wenn bei einem Kohlensyndikat, einer Gesellschaft des bürgerlichen Rechtes, die Werkbesitzer ihre Kohlen an das Syndikat zu Verrechnungspreisen verkaufen und das Syndikat die Kohlen durch eine Gesellschaft m. b. H. an die Abnehmer verkauft und die über die Verrechnungspreise lautenden Rechnungen der Werkbesitzer zur Deckung der Geschäftskosten der Gesellschaft m. b. H. um einen verhältnismäßigen Betrag gekürzt werden, so ist diese sog. Syndikatsumlage kein steuerpflichtiges Entgelt, sondern Gesellschaftsleistung. RFH. 17. Juli 28 V A 52/28 (n. v.).

25. Öffentliche Gewalt. Zur Umsatzsteuerpflicht der Gefängnisverwaltungen. RFH. 11. Nov. 27 V A 190/27 RStBl. 1928, 105.

26. — Entgeltliche Ausführung von Arbeiten durch Gefangene in Strafgefängnissen für Strafanstalts- und Justizbeamte, Gefängnisse oder Justizbehörden sowie der Verkauf der auf Vorrat hergestellten Erzeugnisse an diese sind umsatzsteuerpflichtig. RFH. 5. Juni 28 V A 712/27 RStBl. 1928, 283 = DStBl. 1928, 568.

27. — Umsatzsteuerpflicht bei Veräußerung des Fleisches verseuchten oder seuchenverdächtigen Viehs durch den Viehseuchenentschädigungsverband. RFH. 14. Febr. 28 V A 667/27 RuPrVBl. 1928, 935.

28. — Umsatzsteuerpflicht der von einem Landgestüt vereinnahmten Deck- und Fohlengelder. RFH. 17. April 28 V A 17/28 RStBl. 1928, 206.

29. — Einnahmen, die eine öffentliche Wetterdienststelle durch die Verbreitung der Wetternachrichten erzielt, sind nicht umsatzsteuerpflichtig. RFH. 27. April 28 V A 833/27 S. 23, 224 = StuW. 1928 Nr. 420 = DStBl. 1928, 441 = JW. 1928, 2109 = RuPrVBl. 1928, 1051.

30. — Ein Tierarzt, der neben seinem Berufe die amtliche Fleischbeschau ausübt und hierfür die behördlich festgesetzten Gebühren für seine eigene Rechnung vereinnahmt, unterliegt für diese Tätigkeit der Umsatzsteuerpflicht. RFH. 27. April 28 V A 621/27 S. 23, 189 = StuW. 1928 Nr. 708.

31. — Die Vergütungen, die Konkursverwalter für die Konkursverwaltung erhalten, sind umsatzsteuerpflichtig. RFH. 12. Juni 28 V A 362/28 S. 23, 278 = DStBl. 1928, 507 = StuW. 1928 Nr. 709.

32. — Die Schaugebühren amtlich vereidigter Fleisch- und Trichinenbeschauer sind umsatzsteuerpflichtig. RFH. 26. Juni 28 V A 23/28 RStBl. 1928, 295.

33. — Entgelte, die für die Abgabe von Speisen, Getränken, Genuß- und Reinigungsmitteln in den Räumen des Kameradschaftsheims bei einem Reichswehrbataillon vereinnahmt sind, sind umsatzsteuerpflichtig. RFH. 16. Juli 28 V A 81/28 StuW. 1928 Nr. 713.

34. Inland. Kommt bei der Bestellung eines Lizenzrechts die Einigung zwischen den Beteiligten im Inland zustande, so ist der Lizenzgeber umsatzsteuerpflichtig, auch wenn den Lizenznehmern Zeichnungen und sonstige Lieferungen vom Ausland aus geliefert werden. RFH. 20. Dez. 27 V A 605/27 (n. v.).

35. — Ein inländischer Spediteur, der Güterbeförderungen gegen ein Gesamtentgelt ins Ausland besorgt, ist auch insoweit steuerpflichtig, als die Beförderungen im Ausland durch selbständige Erfüllungsge-

hilfen bewirkt werden. RFH. 14. März 28 V A 169/27 RStBl. 1928, 142 = StuW. 1928 Nr. 355 = JW. 1928, 1766 *(m. Bespr. v. Fleck).*

36. — a) Werden Frachtverträge teils im Inland, teils im Ausland ausgeführt, so ist die Gesamtleistung in auf das Inland und Ausland entfallende Teilleistungen zu zerlegen und hiernach das umsatzsteuerpflichtige Entgelt für die auf das Inland entfallende Teilleistung zu ermitteln.

b) Keine Umsatzsteuerpflicht einer Reederei für einen auf Grund Kaufvertrags im Ausland übergebenen Dampfer. RFH. 4. Mai 28 V A 690/27 (n. v.).

37. Versteigerung. Staatliche Leihämter sind mit dem Erlöse aus der Versteigerung verfallener Pfänder umsatzsteuerpflichtig. RFH. 10. Juli 28 V A 344/28 DStBl. 1928, 615.

38. — Die gemäß § 1 Nr. 1 begründete Umsatzsteuerpflicht des Lieferers, der eine Ware zur Weiterverwertung einem Zwischenhändler geliefert hat, wird nicht dadurch berührt, daß der Zwischenhändler die Ware im Versteigerungswege nach § 1 Nr. 3 weiterveräußert. RFH. 11. Mai 28 V A 822/27 RStBl. 1928, 218 = DStBl. 1928, 441 = StuW. 1928 Nr. 714 = JW. 1928, 2334.

§ 2.

Beck, Die Befreiung des Umschlagverkehrs in den Seehäfen von der Umsatzsteuer. DStBl. 1928, 423. — Berka, Die Besteuerung der Einfuhr im Rahmen der tschechoslowakischen Umsatzsteuergesetzgebung. IndMitt. 1928, 307. — Saller, Zur Frage: Gelangen die auf Freiliste 1a stehenden Waren lediglich durch die Verzollung aus dem gebundenen Verkehre des Inlandes? DStBl. 1928, 422. — Schmalz, Die deutschen Seehäfen und ihre neueste steuerliche Begünstigung. DStBl. 1928, 304. — Derselbe, Die steuerliche Behandlung der Ausfuhr nach Rußland. IndMitt. 1928, 146. — Walch, Gelangen die auf Freiliste 1a stehenden Waren lediglich durch die Verzollung aus dem gebundenen Verkehre des Inlandes heraus? DStBl. 1928, 203.

Nr. 1.

1. Erste Umsätze aus dem Ausland eingeführter Gegenstände im Inland liegen vor, wenn die Ware vom inländischen Händler auf Grund eines bedingten Kaufvertrags ins Inland verbracht und hier nach Eintritt der Bedingung endgültig übernommen worden ist. RFH. 23. Mai 28 V A 140/28 S. 23, 286 = IndMitt. 1928, 313 = StuW. 1928 Nr. 715 = JW. 1928, 2038.
2. Werden die von einer Firma im Ausland hergestellten, auf vorherige Bestellung ins Inland gesandten, aber von den Bestellern nicht abgenommenen Baumwollgarne im Inland außerhalb des Kleinhandels anderweit verkauft, so gilt auch dieser Verkauf als erster Umsatz von aus dem Ausland eingeführten Gegenständen im Inland. RFH. 25. Okt. 28 V A 724/27 DStZ. 1928, 1116.
3. Betriebsstätte im Sinne von § 9 Nr. 2b UmsStDB. kann für den Ausländer auch der Markthallenverkaufsstand seines inländischen Agenten sein. RFH. 6. März 28 V A 805/27 RStBl. 1928, 127.

4. Zur Sicherstellung der Herkunft von Gegenständen aus dem Ausland genügt nicht der bloße Zusatz „holländisch" im Verkaufsbuch. RFH. 4. Nov. 27 V A 462/27 (n. v.).

5. Angabe der Eingangszollstelle und der handelsüblichen Bezeichnung der eingeführten Gegenstände in der Buchführung ist Voraussetzung für die Steuerfreiheit des ersten Umsatzes nach der Einfuhr. RFH. 14. März 28 V A 694/27 RStBl. 1928, 128.

6. Sind im Falle der Einfuhrkommission die Lieferungen des ausländischen Kommittenten und des inländischen Kommissionärs umsatzsteuerfrei, so erstreckt sich die Steuerfreiheit auch auf Lagergeld und Kühlwagenmiete, die der Kommissionär seinem Abnehmer in den Verkaufspreis eingerechnet, seinem Auftraggeber vom abzuführenden Erlös abgerechnet hat. RFH. 11. Mai 28 V A 289/27 StuW. 1928 Nr. 421 = RStBl. 1928, 295 = DStBl. 1928, 441.

7. Das Salzen und Nachsalzen von eingeführter Butter ist eine Bearbeitung oder Verarbeitung, die die Steuerpflicht des ersten Umsatzes nach der Einfuhr herbeiführt. RFH. 6. März 28 V A 830/27 RStBl. 1928, 118 = StuW. 1928 Nr. 357.

8. Keine Umsatzsteuervergünstigung der verlängerten Einfuhr von Getreide, wenn das ausländische Getreide mit inländischem gemischt wird. RFH. 21. Okt. 27 V A 193/27 StZbL. 1928, 58.

Nr. 2.

9. Rohzuckerwerke vertreiben den in Werklohn hergestellten Verbrauchszucker durch die Siedereien oder durch deren Zusammenschlüsse als Agenten. Zahlungen einer solchen Vertriebsgesellschaft vor Verkauf an den Abnehmer sind nicht Vorauszahlungen auf den Kaufpreis, sondern Kreditgewährungen. RFH. 6. Febr. 28 V A 755/27 (n. v.).

Nr. 4.

10. Übernimmt ein Lagerhaus die Lagerung von Getreide in bestimmt nach Nummern bezeichneten Räumen gegen Entgelt, das nicht nach der Größe und Beschaffenheit der Räume, sondern nach der Menge des gelagerten Gutes berechnet wird, und die Verpflichtung, das Getreide zur Gesunderhaltung zu bearbeiten, so handelt es sich um einen einheitlichen unbenannten Vertrag, auf den die Befreiungsvorschrift des § 2 Nr. 4 nicht anwendbar ist. RFH. 20. Jan. 28 V A 674/27 (n. v.).

11. Der Weidevertrag unterscheidet sich vom Grasgewinnungsvertrag und ist regelmäßig als Grundstückspachtvertrag anzusehen. RFH. 31. Jan. 28 V A 38/28 StA. 1928, 90 = RStBl. 1928, 105 = StuW. 1928 Nr. 358 = StZbL. 1928, 203 = DStBl. 1928, 263 = JW. 1928, 2486.

12. Ausbeuteverträge, in denen der Eigentümer des Grundstücks einem andern die Einräumung von schuldrechtlichen Befugnissen zum Abbau und zur Gewinnung von Torf, Kohlen, Kies oder anderen Mineralien überläßt, sind in der Regel wie Pachtverträge zu behandeln. Es widerspricht der Natur des Pachtvertrages nicht, daß der Ausbeutungsberechtigte auf eine bestimmte Art der Ausbeute und des Gebrauchs des überlassenen Gegenstandes beschränkt ist oder daß der Pachtzins nach der tatsächlichen Ausbeute bemessen ist. RFH. 3. Juli 28 V A 422/28 DStBl. 1928, 567.

13. Die Verpachtung einer preußischen vor 1810 konzessionierten Apotheke ist umsatzsteuerpflichtig, wenn für die Apothekengerechtigkeit kein Grundbuchblatt angelegt ist. RFH. 17. Juni 28 V A 104/28 S. 24, 48 = StuW. 1928 Nr. 710 = DStBl. 1928, 568.
14. Eine Gastwirtschaft verliert nicht dadurch ihren Charakter als eingerichtete Räumlichkeit, daß der Pächter die alten Einrichtungsstücke durch neue ersetzt. RFH. 20. Jan. 28 V A 692/27 RStBl. 1928, 65.
15. Sogenannte Packhäuser, die schon durch ihre Bauart zu Lagerhäusern bestimmt und mit allen baulichen Einrichtungen versehen sind, die zum Lagern von Waren erforderlich sind, sind eingerichtete Räume. Daß die Packhäuser zum Lagern bestimmter Güter eingerichtet sein müssen, ist für den Begriff „eingerichtete Räume" nicht erforderlich. RFH. 6. März 28 V A 825/27 (n. v.).

Nr. 5.

16. Die Befreiungsvorschrift greift Platz, wenn nur die Beförderung eine solche im Sinne des Gesetzes über die Besteuerung des Personen- und Güterverkehrs ist, ohne Rücksicht darauf, daß sie nach diesem Gesetz von der Beförderungssteuer befreit ist. RFH. 20. März 28 V A 658/27 (n. v.).

Nr. 8.

17. § 2 Nr. 8 nimmt von der Besteuerung aus die Versicherungsentgelte im Sinne von § 5 Abs. 2 VersStG., nicht aber die Einnahmen aus der Verwertung versicherter Gegenstände, die der Versicherer beim Eintritt des Schadens übernommen hat. RFH. 27. April 28 V A 101/28 S. 23, 177.

Nr. 9.

18. Vertrauensapotheker, die bei den Krankenkassen die ärztlichen Rechnungen nachprüfen, unterfallen wegen ihrer Tätigkeit nicht der Befreiungsvorschrift im § 2 Nr. 9. RFH. 28. Febr. 28 V A 661/27 RStBl. 1928, 118 = StuW. 1928 Nr. 359.
19. Lediglich die Krankenkassen selbst sind bei unmittelbaren Geschäftsbeziehungen zwischen ihnen und Ärzten und Apotheken usw. steuerbegünstigt; die Steuerbefreiung greift aber nicht Platz, wenn Krankenkassenmitglieder entweder auf Grund vorausgegangener oder nachträglich gewährter Barleistungen seitens der Krankenkassen ärztliche Hilfe in Anspruch genommen haben. RFH. 12. Juni 28 V A 671/27 RStBl. 1928, 273.

Nr. 14.

20. Wird die Steuerbefreiung von Rückvergütungen auf den Kaufpreis erst in einem späteren Steuerabschnitt wirksam als in dem der Erzielung der Umsätze, so sind gleichwohl die Steuersätze des früheren Steuerabschnitts maßgebend. RFH. 3. April 28 V A 481/27 RStBl. 1928, 206 StuW. 1928 Nr. 716.

§ 3.

Nr. 2.

1. Zur Umsatzsteuerfreiheit der Schlacht- und Viehhöfe. RFH. 28. Sept. 28 V A 439/28 RStBl. 1928, 353.

2. Die Umsatzsteuerfreiheit umfaßt bei Wasserwerken auch die entgeltliche Abgabe der Wasserkraft an Elektrizitätswerke zur Erzeugung des elektrischen Stromes. RFH. 31. Jan. 28 V A 215/27 S. 23, 15 = StuW. 1928 Nr. 155, 360 = DStBl. 1928, 263 = PrVR. 1928, 934.
3. Die Befreiungsvorschrift des § 3 Nr. 2 schlägt nicht ein, wenn ein Elektrizitätswerk beim Ersatze seiner Aluminiumleitungen durch Kupferleitungen das Aluminium in Zahlung gibt. RFH. 5. Okt. 28 V A 531/28 S. 24, 155 = DStBl. 1928, 678 = StuW. 1928 Nr. 869.

Nr. 3.

4. Ein Wirtschaftsbund, dem eine sehr große Zahl Einzelunternehmungen als Genossen angehört, hat nur dann Anspruch auf die Steuerbefreiung, wenn bei jedem dieser Einzelunternehmen die Befolgung der gemeinnützigen und wohltätigen Zwecke eine ausschließliche ist. Diese Voraussetzung ist in jedem Falle zu verneinen, in dem daneben privatwirtschaftliche Zwecke und Interessen verfolgt werden. RFH. 27. März 28 V A 631/27 (n. v.).
5. Besteht eine Gesellschaft des bürgerlichen Rechtes aus zwei Gesellschaftern, von denen der eine durch seine Beteiligung an der Gesellschaft gemeinnützige Zwecke, der andere eigenwirtschaftliche Zwecke verfolgt, so greift § 3 Nr. 3 nicht Platz. RFH. 21. Sept. 28 V A 415/28 (n. v.).
6. Die Förderung des Reitsports durch Vorführung von Turnieren gegen Entgelt ist gemeinnützig. RFH. 4. Mai 28 V A 125/28 DStBl. 1928, 441 = StuW. 1928 Nr. 817.
7. Privatkliniken sind keine ausschließlich gemeinnützigen Unternehmungen. RFH. 11. Nov. 27 V A 89/27 RStBl. 1928, 115.
8. Eine unmittelbare Förderung der Allgemeinheit liegt nicht vor, wenn die Leistungen eines Unternehmens nur den Interessen bestimmter Personen oder eines engeren Kreises von solchen oder in erster Linie Erwerbs- oder sonstigen eigenwirtschaftlichen Zwecken dienen; Betreiben einer Krankenpension. RFH. 28. April 28 V A 136/28 (n. v.).
9. Wenn durch eine Kurtaxe teils gemeinnützige, teils nichtgemeinnützige Leistungen der Kurverwaltung abgegolten werden, liegt ausschließliche Gemeinnützigkeit im Sinne des § 3 Nr. 3 dann nicht vor, wenn die letzteren Leistungen zur Erreichung des gemeinnützigen Zweckes entbehrt werden können. RFH. 21. Febr. 28 V A 422/27 S. 23, 28 = StuW. 1928 Nr. 361 = LZ. 1928, 1098 = PrVR. 1928, 935 = JW. 1928, 1246 *(m. Bespr. v. Wünschmann).*

Nr. 4.

10. Die Vorschrift, wonach nichtöffentliche Schulen von der Umsatzsteuer nur dann befreit sind, wenn die Zuschüsse aus öffentlichen Mitteln 25 v. H. der Gesamtausgaben für Schul- und Erziehungszwecke übersteigen, ist rechtsgültig.

    Zuschüsse aus öffentlichen Mitteln an nichtöffentliche Schulen zur Aufrechterhaltung des Betriebs bilden kein Entgelt für die Erteilung des Unterrichts und sind deshalb umsatzsteuerfrei. RFH. 9. Nov. 28 V A 761/28 S. 24, 179.

Nr. 5.

11. Bei Berechnung der Freigrenze des § 3 Nr. 5 sind sämtliche Umsätze des Steuerabschnitts zusammenzuzählen, gleichviel ob sie auf freiberuf-

licher oder auf sonstiger gewerblicher Tätigkeit beruhen. RFH. 1. Dez. 27 V A 749/27 S. 22, 201 = LZ. 1928, 196 = StuW. 1928 Nr. 131.

12. a) Zu dem Begriff „Privatgelehrter".
b) Die Befreiung greift Platz neben steuerfreien Umsätzen aller Art. RFH. 20. Jan. 28 V A 580/27 RStBl. 1928, 170 = StA. 1928, 216 = StuW. 1928 Nr. 362 = LZ. 1928, 1098.

§ 5.

1. Nach dem Umsatzsteuergesetz ist die Frage, ob der Angeklagte als Eigenhändler, insbesondere als Kommissionär zu gelten hat, bei dem die Steuer sich nach den Einnahmen für seine „Lieferungen" bemißt, oder ob er nur als Vermittler, insbesondere als Agent, tätig geworden ist, der nur die Entlohnung für die von ihm geleisteten Dienste zu versteuern hat, nicht nach dem Innenverhältnisse zu den Firmen, deren Waren er vertrieb, zu beurteilen, sondern nach den Beziehungen, in die er zu den Abnehmern der Waren getreten ist. RGSt. 14. Juni 28 II D 1040/27 E. 62, 190.
2. Wenn Landwirte an Molkereien, die kondensierte Milch herstellen, zu diesem Zwecke Vollmilch liefern, ihnen aber vereinbarungsgemäß eine entsprechende Menge Magermilch zurückgeliefert wird, so liegt wegen dieser Rücklieferung ein umsatzsteuerpflichtiger Leistungsaustausch auch dann nicht vor, wenn der Preis für die Vollmilch nicht nur nach deren Fettgehalt, sondern nach ihrem Tagespreise, der Preis für die Magermilch mit einem Zuschlag zum Tagespreise berechnet wird. RFH. 19. Okt. 28 V A 365/28 DStBl. 1928, 678 = StuW. 1928 Nr. 868.

§ 6.

Reininghaus, Die Umsatzsteuerpflicht beim Vermehrungsanbau. StZdL. 1928, 71; dazu Kloß, StZdL. 1928, 71.

§ 7.

Boongardt, Auswirkungen und Grenzen der neuen Entscheidung des Reichsfinanzhofs zum Zwischenhandelsprivileg. DStZ. 1928, 425. — Hoeres, Die Erweiterung der Zwischenhandelsvergünstigung im Umsatzsteuergesetz. ZStFr. 1928, 102. — Kloß, Zwischenhandel und Umsatzsteuer im Lichte der neuesten Rechtsprechung. StuW. 1928, 1171. — Lewin, Nochmals: Das Umsatzsteuerprivileg des reinen Handels. DStZ. 1928, 697. — Machens, Die praktischen Auswirkungen der Entscheidung des Reichsfinanzhofs vom 17. Dezember 1927 über das Zwischenhandelsprivileg. IndMitt. 1928, 188. — Rinteln, Die Umsatzsteuerfreiheit des Handels, sogenanntes Zwischenhandelsprivileg des § 7 des Umsatzsteuergesetzes. StA. 1928, 108, 135. — Schmauser, Zweifelsfragen bei Auslegung und Anwendung des § 7 Abs. 1 des Umsatzsteuer-Gesetzes. DStBl. 1928, 144. — Übber, Steuererleichterung durch die Rechtsprechung auf dem Gebiete der Umsatzsteuer. DStBl. 1928, 627. — Wassermann, Die praktischen Auswirkungen der Entscheidung des Reichsfinanzhofs vom 17. Dezember 1927 über das Zwischenhandelsprivileg. IndMitt. 1928, 250.

1. § 7 findet auch auf Ausbesserungen (Werklieferungen) Anwendung. Maßgebend für den Begriff, ob Werklieferung vorliegt, ist der Wert der Zutaten einerseits und der Arbeitslohn anderseits. RFH. 9. Dez. 27 V A 546/27 JW. 1928, 1699 *(m. Bespr. v. Glaser).*
2. Die Stellung eines Besitzdieners kann nicht durch Abschluß von Pacht und Anstellungsverträgen beseitigt werden. RFH. 11. Mai 28 V A 135/28 StuW. 1928 Nr. 422.
3. Die Begünstigung aus § 7 kann nicht Platz greifen, wenn es an der Nämlichkeit der gelieferten Gegenstände fehlt. Die Nämlichkeit liegt nicht vor, wenn der Zwischenhändler Maschinen seinem Kunden durch einen andern Unternehmer an Ort und Stelle liefern und alsdann dort durch seine eigenen Leute aufstellen und betriebsfähig machen läßt. RFH. 4. Juli 28 V A 379/28 DStBl. 1928, 615.
4. Beförderung. Bei der Abwicklung mehrerer von verschiedenen Unternehmern über dieselben Gegenstände oder über Gegenstände gleicher Art abgeschlossenen Umsatzgeschäfte werden die Lieferungen eines Unternehmers nicht schon dadurch umsatzsteuerpflichtig, daß er ausschließlich zum Zwecke der Beförderung den unmittelbaren Besitz an den Gegenständen erwirbt und überträgt. GrS. 17. Dez. 27 Gr.S. 1/27 S. 22, 239 = RStBl. 1928, 19 = StA. 1928, 57 = IndMitt. 1928, 40 = StZdL. 1928, 56 = JW. 1928, 257 u. 1615 *(m. Bespr. v. Kaufmann).*
5. — Gelangt die Ware auf das Privatanschlußgleis des Zwischenhändlers, so ist die Steuerbefreiung des § 7 gegeben, wenn der Zwischenhändler den unmittelbaren Besitz an der Ware lediglich zum Zwecke der Beförderung erlangt. RFH. 14. März 28 V A 616/27 RStBl. 1928, 128 = StA. 1928, 216 = StuW. 1928 Nr. 356; ebenso RFH. 28. Febr. 28 V A 798/27 DStBl. 1928, 118.
6. — Eine Gewichtsfeststellung, die nichts anderes bezweckt, als die Vertragsmäßigkeit der Lieferung festzustellen, kann für sich allein nicht die Folge des Verlustes der Steuerbefreiung des reinen Zwischenhändlers haben. RFH. 1. Dez. 27 V A 429/27 RStBl. 1928, 18.
7. — Der Umstand, daß der Zwischenhändler bei waggonweiser Lieferung von Kartoffeln die Eisenbahnwagen öffnet und erst nach Besichtigung und Prüfung auf Menge und Güte der Ware an die Abnehmer weiterrollen läßt, ist für die Gewährung der Steuerfreiheit aus dem Gesichtspunkt der Beförderung unschädlich. RFH. 21. Febr. 28 V A 618/27 RStBl. 1928, 117 = JW. 1928, 1767 *(m. Bespr. v. Fleck).*
8. — Prüfung ist unschädlich. RFH. 28. Febr. 28 V A 579/27 RStBl. 1928, 117.
9. — Wenn ein Großhändler von Landwirten Kartoffeln aufkauft und sich hierbei sog. Aufkäufer bedient, die die Kartoffeln am Güterbahnhof in Empfang nehmen, nach Menge und Güte prüfen und alsdann an die von dem Großhändler bezeichneten Firmen befördern lassen, ohne daß die Kartoffeln auf eigenes Lager des Großhändlers oder der Aufkäufer gebracht werden, so geht die Tätigkeit des Großhändlers und seiner Hilfskräfte nicht über den Rahmen von Handlungen hinaus, die als notwendige Begleiterscheinungen der Beförderung anzusehen sind. RFH. 6. März 28 V A 53/28 (n. v.).

10. — Über den Zweck der Beförderung geht es nicht hinaus, wenn der Beförderer die Ware zu dem Zwecke auf Lager nimmt, um sie zu einer Sendung zusammenzustellen, wenn er die Ware auf das Vorhandensein von Fremdkörpern prüft und Proben zieht. RFH. 6. März 28 V A 660/27 (n. v.).

11. — Wenn jemand Wein in Fässern beim Winzer kauft und dort liegen läßt, bis er durch seinen Abkäufer von dort abgeholt wird, so wird die Steuerfreiheit aus § 7 nicht dadurch ausgeschlossen, daß die Fässer beim Winzer versiegelt und die Siegel erst beim Abholen durch den ferneren Abnehmer in Gegenwart des ersten Käufers abgenommen wurden und der letztere dem Winzer weitere Weisungen wegen der Lieferung erteilt hat. RFH. 3. Juli 28 V A 119/28 RStBl. 1928, 295 = DStZ. 1928, 1116 = DStBl. 1928, 615.

12. — Verbringt der Kommissionär oder Zwischenhändler vorverkaufte Ware auf sein Lager ausschließlich zu dem Zwecke, um sie dort durch Verpackung versandfähig zu machen, so geht seine Tätigkeit nicht über den Rahmen der Beförderung hinaus. Anders, wenn er durch die Verpackung die vorverkaufte Ware etwa zugleich herrichtet für den Wiederverkauf im Kleinhandel durch seinen Abnehmer. RFH. 28. Sept. 28 V A 392/28 S. 24, 136 = IndMitt. 1928, 424 = DStBl. 1928, 615 = RStBl. 1928, 352 = DStZ. 1928, 1117.

13. a) Die im § 7 Abs. 1 u. 2 gebrauchten Ausdrücke „verschiedene Unternehmer" und „mehrere Unternehmungen" sind gleichbedeutend.

b) Ist bei der Abgabe von Elektrizität die zwischen dem Erzeuger und dem Abnehmer zur örtlichen Verteilung eingeschobene Vertriebsgesellschaft gewerblich unselbständig, so ist der Erzeuger als einziger Lieferer steuerpflichtig mit dem vom Abnehmer entrichteten Entgelt. RFH. 16. Nov. 28 V A 765/28 S. 24, 336.

§ 8.

Jacobi, Die Umsatzsteuerpflicht des Trinkgeldes in Gast- und Schankwirtschaften. DStZ. 1928, 515.

1. Berechnung des steuerpflichtigen Entgelts, wenn der Färber sich vom Färblohn den Wert der verdorbenen Stücke, die er zu übernehmen hat, muß kürzen lassen. RFH. 21. Sept. 28 V A 251/28 IndMitt. 1928, 390 = DStZ. 1928, 1117.
2. Bei Bajazzo-Automaten bildet nicht der in dem Apparat verbleibende Barbetrag, sondern ein durch Schätzung zu ermittelndes Vielfaches dieses Betrags das umsatzsteuerpflichtige Entgelt. RFH. 26. Juni 28 V A 254/28 S. 23, 301 = DStBl. 1928, 507 = StuW. 1928 Nr. 712.
3. Der Wert von Naturalleistungen, die an vom Bauunternehmer gestellte Bauarbeiter vom Bauherrn gewährt werden, ist bei der Festsetzung des in der Person des Bauunternehmers umsatzsteuerpflichtigen Entgelts einzurechnen, wenn die Gewährung der Naturalleistungen zwischen dem Bauherrn und dem Bauunternehmer vereinbart ist. RFH. 1. Okt. 28 V A 723/27 RStBl. 1928, 353 = DStBl. 1928, 615 = DStZ. 1928, 1118.
4. Zinsverluste wegen verspäteter Zahlung berühren das steuerpflichtige Entgelt nicht.

Wird einzelnen Kunden eine Rückvergütung hinsichtlich eines Teiles des Kaufpreises gewährt oder der Kaufpreis von vornherein gegenüber dem ursprünglichen Ansatz gekürzt, so hat ein entsprechender Ausgleich durch Kürzung des steuerpflichtigen Entgelts einzutreten. Die Höhe des Ausgleichs ist, wenn buchmäßige Unterlagen nicht vorhanden sind, zu schätzen. RFH. 10. Juli 28 V A 138/28 (n. v.).

5. Auch die Beträge, die der Pflichtige aus Wechseln, die er zur Begleichung der an ihn geschuldeten Kaufpreise erhielt, durch deren Weiterbegebung „vereinnahmte", sind vereinnahmte Entgelte im Sinne des § 8. RGSt. 14. Juni 28 II D 1040/27 E. 62, 190.

6. Diskontbeträge wie Zielzinsen und Diskontspesen gehören zum umsatzsteuerpflichtigen Entgelt. RFH. 3. Juli 28 V A 327/28 S. 24, 4 = IndMitt. 1928, 313 = DStBl. 1928, 507 = StuW. 1928 Nr. 718.

7. Übernimmt ein selbständiger Unternehmer die Beförderung von telegraphischen und telephonischen Nachrichten der Fahrgäste aus fahrenden Eisenbahnzügen und bedient er sich bei der Ausführung dieser Leistung der Post als Erfüllungsgehilfen, so ist er umsatzsteuerpflichtig mit dem gesamten von dem Fahrgast an ihn entrichteten Entgelt einschließlich der Postgebühren. RFH. 25. Okt. 28 V A 469/28 S. 24, 157 = BR. 1928, 544 = DStBl. 1928, 678.

8. Der Lieferer ist für den gesamten von seinem Agenten erzielten Verkaufspreis auch dann steuerpflichtig, wenn der Agent den Kaufpreis erhebt und ihn zum Teil für seine Tätigkeit gleich innebehält, also nur den Restbetrag an seinen Auftraggeber abführt. RFH. 21. Sept. 28 V A 88/28 (n. v.).

9. Die Unkosten, die das Reich der Funk-Stunde A.-G. für Bereitstellung der Funkspruchanlagen von der der A.-G. gewährten Vergütung abzieht, dürfen bei der Umsatzbesteuerung der A.-G. vom Entgelt nicht abgezogen werden. RFH. 3. April 28 V A 8/28 RStBl. 1928, 303 Nr. 547.

10. Sportberichterstatter; ist Gegenstand der Leistungspflicht die Erteilung von Nachrichten, so scheiden aus dem Entgelt aus die in Rechnung gestellten Auslagen des Leistenden für die Beförderung der Nachrichten, auch wenn sie in Telegramm- oder Fernsprechgebühren bestehen. RFH. 31. Jan. 28 V A 795/28 DStBl. 1928, 663 = StuW. 1928 Nr. 364.

11. Nur die im Einzelfalle wirklich entstandenen und in Rechnung gestellten Beförderungskosten sind abzugsfähig, nicht Durchschnittssätze für eine Reihe von Beförderungen. RFH. 21. Mai 28 V A 742/27 S. 23, 262 = IndMitt. 1928, 263 = DStBl. 1928, 441 = StuW. 1928 Nr. 719.

§ 10.

1. Die Umsatzsteuerpflicht gründet sich nur auf die eigene gewerbliche Tätigkeit des Steuerpflichtigen. Die Haushaltsbesteuerung, wie sie das Einkommensteuergesetz kennt, ist dem Umsatzsteuerrechte fremd. Umsätze der Ehefrau oder von im Haushalt des Steuerpflichtigen lebenden Verwandten dürfen daher dem Umsatz des Steuerpflichtigen nicht zugerechnet werden. RFH. 28. Febr. 28 V A 141/28 RStBl. 1928, 127.

§ 16.

Zierold-Pritsch, Die Bedeutung der Mitteilung nach § 16 UmsStG. StA. 1928, 170.

1. Hat ein Steuerpflichtiger kraft wechselrechtlicher Verpflichtung die Diskontsumme ganz oder teilweise zurückgezahlt, so sind die entsprechenden Beträge gemäß § 16 an den Entgelten abzusetzen. RFH. 17. April 28 V A 35/28 S. 23, 157.

§ 19.

Warneyer, Steuerhinterziehung bei Umsatzsteuervorauszahlungen ohne Voranmeldungen. DStZ. 1928, 696.

1. Ein Bescheid, der ohne Trennung in Vorauszahlungsabschnitte die Steuer für den ganzen Steuerabschnitt festsetzt, ist, wenn er auch in der Form der Festsetzung und Nachforderung von Vorauszahlungen ergangen ist, nicht Festsetzungsbescheid im Sinne des § 19 Abs. 3 UmsStG. 1926, sondern Steuerbescheid. RFH. 18. Nov. 27 V A 274/27 (n. v.).

34.

Vereinszollgesetz

vom 1. Juli 1869 (RGBl. S. 317)

Lang, Zollhandbuch für das Deutsche Reich (Berlin: Hobbing 1928. — Jaeger, Zolltechnische Auswirkungen der Zollsenkungsaktion. ZfZ. 1928, 461. — Sakowski, Aus der Praxis und ihren Problemen. ZfZ. 1928, 51. — Schmalz, Deutschlands Handelsvertragssystem. ZfZ. 1928, 392.

§ 3.

Eichhorn, Die zollrechtl. Stellung des Saargebiets auf Grund des Versailler Vertrags (Berlin: Hobbing 1928).

§ 6.

1. Die Zollfreiheit des Durchfuhrguts ist davon abhängig, daß die Ware zur zollamtlichen Abfertigung als Durchfuhrgut angemeldet und vorgeführt wird, und daß sie als Durchfuhrgut abgefertigt wird. RFH. 7. März 28 IV A 41/28 ZfZ. 1928, 156.

§ 9.

1. Bei der Eingangsabfertigung der zum vorübergehenden Gebrauch eingehenden Waren entsteht die Zollschuld mit dem Zeitpunkt der Ablassung der Ware zu dem bezeichneten Zwecke. Maßgebend ist deshalb auch der in diesem Zeitpunkt geltende Tarif. Das gilt auch für einfuhrverbotene Waren, die unter Verletzung des Einfuhrverbots eingeführt werden. RFH. 18. April 28 IV A 88/28 ZfZ. 1928, 195 = DStBl. 1928, 325.

§ 13.

1. Überführung in den Verkehr ohne Abfertigung bei vermeintlichem Einverständnis eines Zollbeamten. RFH. 25. Jan. 28 IV A 312/27 DStBl. 1928, 264.

2. Bei Gestellung der Ware durch einen Vertreter, der zur Gestellung für den Empfänger erkennbar ermächtigt ist, ist der Vertreter auch dann Inhaber und zollpflichtig, wenn im Innenverhältnisse zwischen dem Vertretenen und dem Vertreter der letztere den Zoll zu tragen hat. RFH. 4. April 28 IV A 68/28 ZfZ. 1928, 196 = StuW. 1928 Nr. 202.

3. Bei der Verzollung einer Warensendung durch die Reichsbahn rechtfertigt der Umstand, daß in Spalte 2 der Wareneingangsdeklaration Name und Wohnort des Empfängers eingetragen ist, nicht ohne weiteres die Annahme, daß die Reichsbahn als Bevollmächtigte des Empfängers bei der Verzollung auftritt. RFH. 6. Nov. 28 IV A 306/28 ZfZ. 1928, 455 = DStBl. 1928, 678.

4. Wer von einer inländischen Betriebsanstalt ohne Zollabschluß Mineralöl bezieht, für das die Betriebsanstalt zum vollen tarifmäßigen Satze Zollschuldner geworden war, wird selbst durch den Bezug nicht mehr Zollschuldner. RFH. 6. Dez. 27 IV A 262/27 S. 22, 295 = ZfZ. 1928, 56.

§ 16.

Grau, Die Rechtsstellung des Zollausschlusses Hamburg-Freihafen. ZfZ. 1928, 187, 230. — Hauser, Die zollrechtlichen Verhältnisse auf dem Bodensee. ZfZ. 1928, 370. — Kuehn, Die Rechtsstellung des Zollausschlusses Hamburg-Freihafen im deutschen Zollverfassungsrecht. ZfZ. 1928, 5.

1. In den Bremischen Zollausschlußgebieten steht die Zollgesetzgebung und Zollverwaltung nach Maßgabe der Reichsverfassung dem Deutschen Reiche zu. Staatsgerichtshof 15. Okt. 27 RGZ. 118, 41.

§ 21.

1. Das Bergen im Sinne der Strandungsordnung setzt die Absicht voraus, das geborgene Gut der Strandbehörde zur Verfügung zu stellen. Wer sich ohne diese Absicht Strandgut zueignet, ist nicht Berger und unterliegt hinsichtlich des Gutes den Vorschriften des VerZollG. RFH. 6. Dez. 27 IV A 304/27 ZfZ. 1928, 36 = DStBl. 1928, 103.

§ 22.

1. a) Die Ermittlung des zollpflichtigen Gewichts durch Verwiegung auf der Gleiswage ist grundsätzlich in der Weise vorzunehmen, daß von dem Gewichte des Wagens einschließlich der Ladung das durch Verwiegung ermittelte Gewicht des leeren Wagens abgezogen wird.

b) Im § 36 Abs. 1 EisenbZollO. ist nicht gefordert, daß der Widerspruch gegen die Abstandnahme von der Verwiegung des leeren Wagens schriftlich und in bestimmter Form erhoben wird. Es genügt, wenn die Beteiligten ihren Willen, Widerspruch zu erheben, mündlich klar zu erkennen gegeben haben.

c) Dieser Widerspruch gehört nicht zur speziellen Deklaration i. S. des b 22 VerZollG. RFH. 21. März 28 IV A 54/28 ZfZ. 1928, 179 = DStBl. 1928, 325.

§ 28.

1. Zur Feststellung der Gattung und Menge der Waren, die in einem aus dem Ausland eingegangenen Packstück enthalten sind, kann die Zoll-

behörde außer der speziellen Revision nach § 28 auch alle übrigen in der Reichsabgabenordnung zur Ermittlung und Feststellung der Steuerpflicht und zur Bemessung der Steuer zugelassenen Mittel anwenden. RFH. 25. Jan. 28 IV A 382/27 ZfZ. 1928, 93 = StuW. 1928 Nr. 208.

§ 29.

1. Die innere Umschließung einer Wachsbüste der TNr. 253, bestehend aus teils wulstig zusammengedrehten, teils fächerartig ausgebreiteten Papierlagen verschiedener Größe, aus weichen Papierspänen in Seidenpapier, aus losen Papierspänen, feinerer Holzwolle, Stücken oder Bogen von Papier oder Wellpappe, die je nach Bedarf um die Büste herumgewickelt und dann kreuzweise mehrfach mit Bindfaden umschnürt sind, gehört nach § 4 Abs. 3 Ziff. 9 TarO. zum Reingewichte der Ware. RFH. 8. Febr. 28 IV A 412/27 ZfZ. 1928, 120.
2. Dosen aus Weißblech, in denen Zuckerwaren eingehen, sind den im § 4 Abs. 3 Ziff. 2 TaraO. aufgeführten, stets zum Reingewicht gehörenden Umschließungen nicht gleichzustellen. RFH. 11. Juli 28 IV A 204/28 ZfZ. 1928, 358.

§ 80.

1. Schiffsproviant: Bedeutung des unter Verschlußsetzens für die Entstehung der Abgabenschuld. RFH. 9. Nov. 27 IV A 340/27 ZfZ. 1928, 17.

§ 92.

Schulze, Die Zollabfertigung der Reisenden an Bord von Überseedampfern während der Fahrt. ZfZ. 1928, 412.

§ 93.

Ludwig, Befragung Sachverständiger über Zollfragen. ZfZ. 1928, 41. — Wolff, Der Begriff Zielflughafen. ZfZ. 1928, 413.

§ 113.

1. Die Nachprüfung, ob eine Entscheidung über Gewährung von Zollfreiheit für eine Rückware dem Grundsatz von Recht und Billigkeit entspricht, ist dem Reichsfinanzhof entzogen. RFH. 26. Okt. 27 IV A 285/27 (n. v.).
2. In losem Zustand aus dem Ausland nach dem Freihafen verbrachter Weizen, der dort in inländische Säcke gefüllt und in diesem Zustand in das Inland eingeführt wird, ist nicht unter Abzug des Gewichts der inländischen Säcke, sondern nach dem Rohgewichte zu verzollen. Weder aus § 113 VerZG. noch aus § 6 Nr. 9 ZollTG. läßt sich in diesem Falle ein Anspruch auf Zollfreiheit für die inländischen Säcke ableiten. RFH. 6. Dez. 27 IV A 247/27 ZfZ. 1928, 37.

§ 134.

Jancke, Zur Frage der Bestrafung der Hinterziehung von Zöllen und Verbrauchsteuern und des Bannbruchs. ZfZ. 1928, 405.

§ 135.

Zwack, Zur Frage der Entstehung der Verbrauchssteuerschuld beim Versuch der Einschwärzung verbrauchbelasteter Waren über eine im Ausland errichtete deutsche Zollstelle. ZfZ. 1928, 272.

1. Die Feststellung der Teilnahme an der Zollhinterziehung ist mit der Feststellung, daß eine Beteiligung an der körperlichen Einbringung nicht stattgefunden hat, nicht unvereinbar. RFH. 21. März 28 IV A 58/28 ZfZ. 1928, 178 = StuW. 1928 Nr. 225 = DStBl. 1928, 326.
2. Vertragszollsätze gelten nur für Waren, die vorschriftsmäßig zur zollamtlichen Abfertigung gestellt werden. RFH. 6. Nov. 28 IV A 303/28 E. 24, 181 = ZfZ. 1928, 476.
3. Als Entstehungsgrund für eine Zollschuld kann § 135 nicht in Betracht kommen, wenn feststeht, daß die Einfuhr der Waren, für die eine Zollforderung geltend gemacht wird, verboten war. RFH. 7. März 28 IV A 371/27 E. 23, 162 = ZfZ. 1928, 178 = JW. 1928, 1246.
4. Beendigung der Hinterziehung von Eingangsabgaben (verbotene Einfuhr). RG. 8. März 28 II D 886/27 StA. 1928, 250.

§ 136.

1. Voraussetzung für die Anwendung des § 136 Nr. 1e ist ein Zuwiderhandeln wider besseres Wissen; es muß also der Hinterziehungsvorsatz des Angeschuldigten nachgewiesen und festgestellt werden. Ein Entlastungsbeweis nach § 137 kann nicht in Frage kommen. RFH. 11. Jan. 28 IV A 289/27 ZfZ. 1928, 93.

§ 137.

1. Notwendigkeit der Anhörung des Angeschuldigten; Entlastungsbeweis. RFH. 25. Jan. 28 VI A 347/27 DStBl. 1928, 264.

§ 155.

Grunewald, Eine Entscheidung des Reichsgerichts zur Frage der Umwandlung der Wertersatzstrafe des § 155 VZG. in Freiheitsstrafe. ZfZ. 1928, 24.

§ 156.

1. Beschlagnahme und Konfiskation. Wertersatz. RFH. 16. Jan. 28 IV A 250/27 DStBl. 1928, 265.

§ 158.

1. § 158 bezieht sich nur auf Konterbande und Defraudation, nicht auf bloße Ordnungswidrigkeiten. RGSt. 23. Febr. 28 II 579/27 E. 62, 48.

§ 164.

Cordes, Unterbrechung der Verjährung beim Bannbruch sowie den Ein- und Ausfuhrdelikten. ZfZ. 1928, 304.

35.

Vermögenssteuergesetz vom 8. April 1922 (RGBl. I S. 335).

§ 4.

Marcus, Befreiungen und Abzüge bei der Vermögensteuer. DStZ. 1928, 502.

§ 5.

1. Eine Satzungsbestimmung, durch die eine Auflösung der Personenvereinigung von behördlicher Zustimmung abhängig gemacht wird, kann nicht die zur Anerkennung der Gemeinnützigkeit erforderliche satzungsgemäße Feststellung ersetzen, daß bei der Auflösung das Vereinsvermögen für gemeinnützige und dergl. Zwecke bestimmt ist. RFH. 22. Nov. 27 I A 446/27 StA. 1928, 346.
2. Die Bankanstalt eines kommunalen Sparkassen- und Giroverbandes ist nicht gemeinnützig. RFH. 6. Dez. 27 I A 173/27 StuW. 1928 Nr. 365.

§ 11.

1. Ist jemand vertraglich verpflichtet, eine ihm gehörige gewerbliche Betriebsanlage, die er in gebrauchsfähigem Zustand erhalten muß, nach Ablauf einer bestimmten Zeit einem andern unentgeltlich zu übertragen, so kann diese Verpflichtung schon vorher als Schuld zum Abzug zugelassen werden. Ihre Bewertung hängt ab einerseits von dem wechselnden Werte der Anlage am jeweiligen Steuerstichtag und anderseits von der alsdann noch ausstehenden Restnutzungsdauer. RFH. 15. Mai 28 I A 494/27 DStZ. 1928, 923 = DStBl. 1928, 613.
2. Behandlung von Pensionslasten einer Aktiengesellschaft gegenüber ihren Angestellten und deren Hinterbliebenen bei der Vermögensteuer 1924. Zum Begriffe der Wohlfahrtszwecke. Sicherung von Rücklagen für Wohlfahrtspflege. RFH. 31. Mai 27/31. Jan. 28 I A 392/27 S. 23, 78 = IndMitt. 1928, 160.

§ 22.

1. Ein Landwirt, dessen körperliche Mitarbeit im landwirtschaftlichen Betrieb im Hinblick auf den Umfang des Grundbesitzes üblich und geboten erscheint, ist für die Vermögensteuer als erwerbsunfähig oder nicht bloß vorübergehend behindert anzusehen, wenn er den rechten Arm verloren hat. RFH. 16. Nov. 27 VI A 404/27 StZbL. 1928, 59 = StuW. 1928 Nr. 134 = RStBl. 1928, 120 = StA. 1928, 155.

36.

Vermögenssteuergesetz vom 10. August 1925 (RGBl. I S. 233).

Berolzheimer, Kritische Betrachtungen zu den neuen Durchführungsbestimmungen für die Vermögensteuer 1928. StuW. 1928,

797. — Hoffmann, Zweifelsfragen aus dem Vermögensteuerrecht. StA. 1928, 231. — Beuck, Die Vermögensteuererklärung 1928 (Berlin: Spaeth & Linde 1928). — Herrmann u. Pick, Richtlinien für die Vermögenserklärungen 1928 (Reichsverband der Deutschen Industrie, Berlin 1928). — Weckerle, Vermögenserklärung und Vermögensteuererklärung 1928. DStZ. 1928, 484.

§ 2.

Pißel, Die Behandlung des Gewinnes des offenen Handelsgesellschafters und Kommanditisten bei der Vermögensteuer und Einkommensteuer. DStZ. 1928, 879. — Moos, Die Besteuerung der Interessengemeinschaften und Kartelle. StuFr. 1927, 277.

1. Voraussetzung für die Anerkennung einer Körperschaft als Körperschaft öffentlichen Rechtes ist unter anderem, daß die betreffende Körperschaft öffentliche Aufgaben, insbesondere Aufgaben des Staates oder seiner Selbstverwaltungskörper, erfüllt. Wechseln die Anschauungen über die Aufgaben des Staates, kann die Körperschaft auch ihren Charakter ändern und aus einer Körperschaft öffentlichen Rechtes eine solche des Privatrechts werden. RFH. 6. Juni 28 I A 128/28 StuW. 1928 Nr. 723 = RStBl. 1928, 332.

§ 3.

1. Offene Handelsgesellschaften und Kommanditgesellschaften, deren Sitz und Ort der Leitung im Ausland liegt, sind als solche mit ihrem inländischen Betriebsvermögen beschränkt vermögensteuerpflichtig. RFH. 31. Juli 28 I A 88/27 S. 24, 91 = IndMitt. 1928, 388 = StuW. 1928 Nr. 772.

§ 4.

Zeine, Steuerliche Behandlung der Pensionsversorgung von Arbeitnehmern durch Arbeitgeber. DStZ. 1928, 1085.

1. a) Verwaltungsgesellschaften eines nichtrechtsfähigen Berufsverbandes können nach dieser Vorschrift befreit werden, auch wenn sie nicht gerade in die Rechtsform der Gesellschaft m. b. H. oder Aktiengesellschaft gekleidet sind.
   b) Der Begriff der Vermögensverwaltung im Sinne dieser Vorschrift ist eng auszulegen, so daß befreite Verwaltungsgesellschaften ihre Erträge im wesentlichen nicht aus der Führung eigener Gewerbebetriebe beziehen dürfen. RFH. 30. Okt. 28 I A 449/28 S. 24, 176.
2. Mildtätigkeit kann nur dort angenommen werden, wo Personen geholfen werden soll, die infolge ihrer körperlichen oder geistigen Beschaffenheit oder ihrer wirtschaftlichen Lage der Hilfe bedürfen. Spricht sich die Bedürftigkeit in anderer Richtung aus, dann kann ein Unternehmen, das Abhilfe bringen will, unter Umständen gemeinnützig sein; es ist aber nicht mildtätig im Sinne des § 10 DurchfVO. z. KörpStG. RFH. 6. Juni 28 I A 128/28 RStBl. 1928, 332.

§ 7.

1. Als nichtvorbelastetes Vermögen, das mit höheren Sätzen als 5 v. T. zur Vermögensteuer herangezogen werden kann, gilt das Reinvermögen, vermindert um die Einheitswerte derjenigen Vermögensteile,

die der Ertragsbesteuerung durch Länder und Gemeinden unterliegen. RFH. 23. Mai 28 I A 199/28 RStBl. 1928, 442 = StuW. 1928 Nr. 726 = JW. 1928, 2404 = DStZ. 1928, 1118.

§ 8.

Marcus, Befreiungen und Abzüge bei der Vermögensteuer. DStZ. 1928, 502.

1. Der Eintritt der Voraussetzungen des § 8 Abs. 2 innerhalb eines Veranlagungszeitraumes, hat nicht zur Folge, daß die Steuer, wie beim Erlöschen der subjektiven Steuerpflicht nach § 13, nur bis zum Schluß des Kalendermonats erhoben wird, in dem die Voraussetzungen eingetreten sind. RFH. 22. Febr. 28 V A 9/28 StuW. 1928 Nr. 368.
2. Unter „Jahreseinkommen" ist das Einkommen im Sinne des EinkStG. zu verstehen. Dieser Begriff wird als Gegenstand der Besteuerung bestimmt durch die §§ 2—48, 104—113 EinkStG. und wird durch die Tarifvorschriften der §§ 50—60 EinkStG. nicht berührt. Bei der Prüfung, ob das Jahreseinkommen die im § 8 Abs. 2 VermStG. für eine Nichterhebung der Vermögensteuer festgesetzten Einkommensgrenzen nicht übersteigt, darf somit der steuerfreie Einkommensteil des § 52 Abs. 1 Nr. 1 EinkStG. nicht abgesetzt werden. RFH. 30. März 28 I A 20/28 S. 24, 76 = StA. 1928, 346 = StuW. 1928 Nr. 727 = JW. 1928, 2395 *(m. Bespr. v. Erler).*
3. Die Auslegung des Begriffs Jahreseinkommen in dem U. v. 30. März 1928 I A 20/28 gilt entsprechend für die im Wege des Steuerabzugs vom Arbeitslohn besteuerten Steuerpflichtigen. Bei der Prüfung, ob das Jahreseinkommen die im § 8 Abs. 2 für eine Nichterhebung der Vermögensteuer festgesetzten Einkommensgrenzen nicht übersteigt, darf somit der steuerfreie Lohnbetrag des § 70 Abs. 1a EinkStG. nicht abgesetzt werden. RFH. 30. März 28 I A 208/27 RStBl. 1928, 287 = StuW. 1928 Nr. 773.
4. Zum Begriff der Erwerbsunfähigkeit. RFH. 27. Juni 28 VI A 695/28 StuW. 1928 Nr. 728.
5. Auch für das VermStG. 1925 gilt der in der Entscheidung Bd. 17 S. 235 ausgesprochene Grundsatz, daß „behindert, seinen Lebensunterhalt durch eigenen Erwerb zu bestreiten", jemand schon dann ist, wenn er nach seinen persönlichen Verhältnissen — u. a. durch Krankheit oder Gebrechen — keine Arbeit finden kann, die ihm einen zum Bestreiten des Lebensunterhalts ausreichenden Verdienst gewährt.

   „Nicht nur vorübergehend" behindert in diesem Sinne ist jemand dann, wenn nach den Verhältnissen am maßgebenden Stichtag nicht damit zu rechnen ist, daß die Behinderung in absehbarer Zeit wegfällt. RFH. 31. Juli 28 I A 437/28 StuW. 1928 Nr. 774.

§ 10.

1. Die „Zusammenveranlagung" der Ehegatten nach § 10 hat nicht die Bedeutung, daß die Ehefrau für die nach dem zusammengerechneten Vermögen berechnete Steuer lediglich „hafte", der Ehemann als Hauptschuldner gelte; es ist vielmehr jeder der beiden Ehegatten für das zusammengerechnete Vermögen zu veranlagen. Ist dies geschehen, so hat der Wegfall der Steuerpflicht des Ehemanns trotz § 13, sofern das zusammengerechnete Vermögen als Einheit unberührt bleibt, auf die veranlagte Steuer keinen Einfluß. RFH. 6. Nov. 28 I A 429/28 S. 24, 237.

§ 16.

Beuck, Zwei Zweifelsfragen des Vermögensteuerrechts. DStZ. 1928, 513. — Erler, Kann der Gesellschafter einer offenen Handelsgesellschaft seinen Anteil an der Überschuldung des Betriebsvermögens von seinem sonstigen Vermögen abziehen? DStZ. 1928, 414.

37.
Versicherungsteuergesetz
vom 8. April 1922 (RGBl. I S. 400).

§ 1.

1. Der Umstand, daß ein Versicherungsverein gemeinnützig wirkt, schließt die Steuerpflicht nicht aus. Dasselbe gilt, wenn der Verein durch seine Tätigkeit den Eintritt von Versicherungsfällen verhütet. Wie die Versicherungsentgelte verwendet werden, ist gleichgültig. RFH. 13. Jan. 28 II A 578/27 S. 22, 242 = StuW. 1928 Nr. 729.
2. Steuerpflichtigkeit kommunaler Haftpflichtgemeinschaften. RFH. 21. Febr. 28 II A 62/28 RStBl. 1928, 115 = DVR. 1928, 54 = StuW. 1928 Nr. 730.

§ 2.

1. a) Nicht von der Steuerpflicht ausgeschlossen sind Vereine auf Gegenseitigkeit, deren Mitglieder die Versicherung nicht für sich selbst, sondern für ihre Angestellten nehmen.
b) Auch der Umstand schließt die Versicherungspflicht nicht aus, daß sich der Verein als Wohlfahrtsunternehmen darstellt. RFH. 6. Dez. 27 II A 546/27 RStBl. 1928, 17 = StA. 1928, 156 = StZbL. 1928, 17 = StuW. 1928 Nr. 369 = DStBl. 1928, 104 = DVR. 1928, 24.

§ 6.

1. Eine Versicherung, die ein Reeder einheitlich gegen Schäden und Kosten nimmt, die ihm aus der Reise seines Schiffes entstehen können, und die durch die Transportversicherung nicht gedeckt sind, z. B. Kosten der Beseitigung des Wracks, Haftpflicht für Personenbeschädigung, verursacht durch das Schiff, Kosten für Rückbeförderung der Mannschaft, kann eine „andere" Versicherung im Sinne des § 6 Abs. 1 Satz 1 sein. Eine Versicherung allgemein gegen die Gefahren des Reedereiberufs könnte indessen nicht nach dieser Vorschrift besteuert werden. RFH. 13. Jan. 28 II A 498/27 S. 22, 342 = DVR. 1928, 40 = StA. 1928, 156 = StuW. 1928 Nr. 370.

§ 8.

1. a) Zum Begriffe der Pensionskasse. Es ist nicht nötig, daß diese zugleich der Versicherer ist. Steuerpflichtig ist jedenfalls der Versicherer.
b) Nicht nur Versicherungen, zu denen der Arbeitnehmer auf Grund des Arbeitsvertrags genötigt ist, können unter die Befreiungsvorschrift

fallen, sondern auch Versicherungen, zu denen er nach dem Arbeitsvertrag unter bestimmten Bedingungen berechtigt ist, jedenfalls dann, wenn der Arbeitnehmer ebenfalls einen Beitrag zur Versicherung leistet. c) Wird Pension in Gestalt einer einmaligen Kapitalzahlung gewährt, so schließt das die Steuerfreiheit nicht aus. RFH. 6. Nov. 28 II A 136/28 S. 24, 93.

38.
Wechselsteuergesetz
vom 18. Juni 1923 (RGBl. I S. 404).

Weinbach, Nachtrag zum Wechselsteuergesetz (Berlin: Spaeth & Linde 1928).

§ 4.

Wietfeld, Vordatierte Schecks. Die zivil- und steuerrechtliche Bedeutung. DVR. 1928, 129.

1. Die Wechselsteuerfreiheit eines Schecks ist vom Vorhandensein eines Guthabens des Ausstellers nicht abhängig. RFH. 27. Okt. 28 II A 443/28 S. 24, 158 = BadMitt. 1928, 466 = DStBl. 1928, 679.

§ 8.

Sander, Die Wechselsteuer bei Prolongationswechseln mit einer Laufzeit von drei Monaten. IndMitt. 1928, 398.

1. Vom Inland auf das Ausland gezogene und nur im Auslande zahlbare Wechsel i. S. des § 8 a. RFH. 27. Okt. 28 II A 446/28 DVR. 1928, 187.
2. Ist ein Wechsel an einem früheren als dem in ihm als Ausstellungstag angegebenen Tage ausgegeben worden, so gilt als Tag der Ausstellung im Sinne des § 8 Abs. 2 der wirkliche, nicht der im Wechsel als solcher bezeichnete Ausstellungstag. Dies gilt auch von Schriften der im § 2 bezeichneten Art. RFH. 13. Jan. 28 II A 551/27 S. 22, 328 = IndMitt. 1928, 87 = DJZ. 1928, 881 = DVR. 1928, 53 = LZ. 1928, 1099 = StA. 1928, 156 = StuW. 1928 Nr. 371.
3. a) Als Ausstellungstag gilt bei von einem Aussteller noch nicht unterzeichneten, mit Blanko-Akzept versehenen unvollständigen Wechseln der Tag, an dem sie vom Akzeptanten aus den Händen gegeben sind. b) Auf den Grund, aus dem die Lauffrist von drei Monaten fünf Tagen überschritten worden ist, kommt es für den Eintritt der erhöhten Steuerpflicht nicht an. RFH. 8. Mai 28 II A 144/28 = RStBl. 1928, 205 = DVStR. 1928, 90 = StuW. 1928 Nr. 731.

39.

Weinsteuergesetz

vom 10. August 1925 (RGBl. I S. 248).

§ 7.

1. a) Bei Zulassung der Vorausversteuerung (§ 108 AusfBest.) ist ein Weinsteuer-Erstattungsanspruch aus Rechtsgründen nicht gegeben, wenn im Zeitpunkt des Außerkrafttretens des Weinsteuergesetzes (31. März 1926) vorausversteuerter Wein noch nicht an Verbraucher abgesetzt war.
   b) Die §§ 72, 74 AusfBest. ermächtigen das Hauptzollamt bzw. das Landesfinanzamt nicht, eine Vorausversteuerung mit der Folge zuzulassen, daß dadurch die Entstehung der Steuerpflicht vorausverlegt wird.
   c) § 108 a. a. O. ermächtigt das Hauptzollamt zur Zulassung der Vorausversteuerung nur für selbständige Betriebe, nicht für die Zweigstellen eines Hauptgeschäfts. RFH. 18. April 28 IV A 105/28 ZfZ. 1928, 218.

§ 10.

1. Die Fehlmengenfeststellung setzt voraus, daß die Bestandsaufnahme in einem zusammenhängenden Akte erfolgt ist und daß der Steuerpflichtige oder sein Vertreter zugezogen ist. RFH. 26. Sept. 28 IV A 238/28 = ZfZ. 1928, 417 = DStBl. 1928, 615.

40.

Zolltarifgesetz

vom 25. Dezember 1902/8. April 1922 (RGBl. 1902 S. 503, 1922 I S. 38) samt Tarif und Warenverzeichnis.

Seidel, Grundsätzliche Fragen zum Aufbau eines neuen Zolltarifschemas. ZfZ. 1928, 281. — Derselbe, Zur Frage der Aufstellung eines internationalen Zolltarifschemas. ZfZ. 1928, 341.

§ 4.

1. Die in einzelnen Handelsverträgen für die Anwendung der Vertragssätze festgesetzte Beschränkung der Abfertigung auf vereinbarte Zollstellen ist eine Voraussetzung für die Gewährung des Vertragssatzes und kann durch eine der im § 4 ZolltarG. vorgesehenen Maßnahmen nicht ersetzt werden. RFH. 6. Nov. 28 IV A 227/28 S. 24, 170 = ZfZ. 1928, 457 = DStBl. 1928, 679.
2. § 4 begründet keine Verpflichtung zur Verzollung nach dem höchsten in Betracht kommenden Tarifsatz, wenn eine Ware, hinsichtlich deren die Abfertigungsbefugnis beschränkt ist, ohne Gestellung eingeführt wird. RFH. 11. Jan. 28 IV A 358/27 ZfZ. 1928, 94.

§ 6.

Cordes, Zolltarifgesetz. Begriff und Vollendung der „Einfuhr" im Sinne der Verordnung zur Regelung der Einfuhr. DStBl. 1928, 603.

Nr. 1.

1. a) **Als Erzeugnis des Ackerbaues im Sinne des § 6 Ziff. 1 ist auch frisches Obst anzusehen.**
b) **Voraussetzung der Zollfreiheit ist, daß die Erzeugnisse für Rechnung des inländischen Bewirtschafters des Grenzguts eingehen.** RFH. 2. Mai 28 IV A 92/28 ZfZ. 1928, 238.

2. a) **Als Erzeugnisse des Ackerbaues** sind auch Pflanzen und Gewächse anzusehen; soweit sie in Baumschulen gezogen sind, sind sie Erzeugnisse des Ackerbaues nur dann, wenn der Baumschulbetrieb nicht als gewerblicher Betrieb aufzufassen ist. Ob das der Fall ist, ist unter Heranziehung der Grundsätze, wie sie im Gewerbe- und Handelsrecht für die Unterscheidung zwischen Landwirtschaftsbetrieb und Gewerbebetrieb gelten, zu entscheiden.
b) Die außerhalb der Zollgrenze gelegenen Grundstücke sind als von innerhalb der Zollgrenze befindlichen Wohn- und Wirtschaftsgebäuden aus bewirtschaftet nicht schon dann anzusehen, wenn der Bewirtschafter bloß im Inland wohnt und von seinem inländischen Wohnsitz aus die ausländischen Grundstücke verwaltet, sondern nur, wenn die inländischen Wohn- und Wirtschaftsgebäude der wirtschaftliche Mittelpunkt auch für die Bewirtschaftung der ausländischen Grundstücke sind und nach Umfang und Entfernung den Maßstab für die Bewirtschaftung der ausländischen Grundstücke nach wirtschaftlichen Grundsätzen bilden. RFH. 16. Mai 28 IV A 77/28 ZfZ. 1928, 237 = DStBl. 1928, 442 = StuW. 1928 Nr. 508 = StZdL. 1928, 247.

Nr. 6.

3. Die Zollfreiheit für Gebrauchsgegenstände, die Reisende zur Ausübung ihres Berufs auf der Reise mit sich führen oder die ihnen zu diesem Zwecke vorausgeschickt oder nachgesandt werden, ist nicht auf Gegenstände beschränkt, die Inländer von einem Besuch im Ausland zurückbringen oder Ausländer zur Benützung bei einer Reise ins Inland einbringen. Sie ist auch nicht davon abhängig, daß der Gebrauch des Gegenstandes im Inland nur „vorübergehend" ist. Dagegen setzt sie voraus, daß die Gegenstände für einen „Reisenden", d. h. eine physische Person, und daß sie aus Veranlassung seiner Reise, bei einem reisenden Schausteller also in Fortführung seines bereits im Ausland ausgeübten Schaustellerberufs, eingehen. RFH. 7. März 28 IV A 206/27 ZfZ. 1928, 216.

Nr. 8.

4. Für Fahrzeuge, die beim Eingang über die Zollgrenze zur Beförderung von Personen gedient haben und nur aus dieser Veranlassung eingeführt worden sind, später aber dauernd im Inland verbleiben, entsteht die Zollschuld in dem Zeitpunkt, in dem der Einbringer sich entschließt, das Fahrzeug dauernd im Inland zu belassen und diesen Entschluß verwirklicht. RFH. 25. Jan. 28 IV A 395/27 ZfZ. 1928, 93 = BR. 1928, 152.

Nr 9.

5. Die Zollbefreiung nach § 6 Ziff. 9 ist lediglich von den dort vorgesehenen Voraussetzungen abhängig; entscheidend hierfür ist die Zweckbestimmung der Waren im Zeitpunkt des Einganges. RFH. 7. März 28 IV A 371/27 S. 23, 162 = ZfZ. 1928, 179.

Nr. 10.

6. Für in Buchform gebrachtes, mit Abbildungen von Gewebemustern bedrucktes Papier kann die Zollbefreiung nach § 6 Nr. 10 ZolltarG. nicht Platz greifen. Derartige Waren sind, gleichviel ob sie Handelswert haben oder nicht, als Papierware nach TarNr. 670 und bei einer Verbindung mit Gespinsten oder Gespinstwaren nach TarNr. 671 zollpflichtig. RFH. 4. April 28 IV A 90/28 ZfZ. 1928, 196.

§ 9.

1. Die Vergünstigung des Vertragszollsatzes ist davon abhängig, daß die Kontingentsbescheinigung die Sendung begleitet und der deutschen Zollstelle bei der Gestellung vorgelegt wird. Die nachträgliche Vorlegung der Kontingentsbescheinigung kann einen Anspruch auf die Vergünstigung nicht begründen. Diese Förmlichkeiten gelten auch für Sendungen an Private. RFH. 4. April 28 IV A 57/28 ZfZ. 1928, 196 = DStBl. 1928, 326.
2. Vertragszollsätze gelten nur für Waren, die vorschriftsmäßig zur zollamtlichen Abfertigung gestellt werden. RFH. 6. Nov. 28 IV A 303/28 S. 24, 181.
3. Die Vorschrift im § 9 Abs. 2 steht nicht im Widerspruch zu den Bestimmungen der Reichsabgabenordnung und ist daher nach § 451 AO. nicht aufgehoben. RFH. 16. Mai 28 IV A 69/28 ZfZ. 1928, 238 = StuW. 1928 Nr. 498.

§ 11.

1. Bei der Erteilung von Einfuhrscheinen dürfen Gutscheine nur angerechnet werden, soweit sie zugleich mit der Ausfuhranmeldung vorgelegt sind. RFH. 20. Dez. 27 IV A 217/27 ZfZ. 1928, 95.
2. Der Wertbestimmung eines Einfuhrscheins, der bei der Ausfuhr von loser Gerste erteilt wird, ist stets der Zollsatz für „Gerste zur Viehfütterung unter Zollsicherung" (2 RM. für 1 dz) zugrunde zu legen. RFH. 7. März 28 IV A 39/28 ZfZ. 1928, 156.
3. Die Bestimmung im § 3 Abs. 2 der Einfuhrscheinordnung hat ihre rechtliche Grundlage im § 11 Nr. 6 Abs. 1 ZolltarG.; sie ist daher rechtsgültig. RFH. 16. Mai 28 IV A 146/28 ZfZ. 1928, 238.
4. Die Bestimmung im § 13 Abs. 2 Satz 2 EinfO. gründet sich auf § 11 Abs. 6 ZolltarG. und hat die Natur einer bindenden Rechtsnorm. RFH. 12. Sept. 28 IV A 219, 220/28 ZfZ. 1928, 414.

Tarif.

Granass u. Arnoldt, Der deutsche Zolltarif (Hanseat. Rechts- und Wirtschafts-Verlag G. m. b. H., Hamburg 1928).

Nr. 3.

1. Die Vorschrift in der Anmerkung zu Nr. 3 des Zolltarifs ist nicht vollständig. Sie enthält insbesondere hinsichtlich der Entstehung der

Zollpflicht und der Person des Zollschuldners für zollbegünstigte Gerste eine Lücke. Diese Lücke ist nach Sinn und Zweck des Gesetzes abweichend von den Vorschriften des Vereinszollgesetzes auszufüllen. Demgemäß wird der Einbringer zollbegünstigter Gerste Zollschuldner für den begünstigten Satz unbedingt, für den Unterschied unter der auflösenden Bedingung, daß er die Gerste ordnungsmäßig verwendet, d. h. verfüttert oder weitergibt. Wer von ihm ordnungsmäßig zollbegünstigte Gerste bezieht, wird an seiner Stelle Zollschuldner für den Unterschiedsbetrag und zwar wieder auflösend bedingt. Ebenso jeder weitere Bezieher. RFH. 26. Sept. 28 IV A 422/27 ZfZ. 1928, 456 = DStBl. 1928, 679.

2. Wird Gerste zum ermäßigten Zollsatz für Futtergerste abgelassen, so entsteht die Zollpflicht für den Unterschiedsbetrag zwischen dem ermäßigten und dem allgemeinen Gerstenzollsatz, wenn die Gerste zur Viehfütterung nicht nach Maßgabe der für die Zollsicherung gegebenen Bestimmungen verwendet wird. RFH. 20. Dez. 27 IV A 253/27 ZfZ. 1928, 94 = StZdL. 1928, 37.

Nr. 52.

1. Unter „Feigen in Behältnissen bei einem Gewichte von 5 kg oder darunter" sind alle „Feigen in Einzelpackungen" des angegebenen Gewichts zu verstehen. RFH. 12. Sept. 28 IV A 36/28 ZfZ. 1928, 416.

Nr. 59.

1. Fruchtsaft zum Genuß. Die Eignung zum Genuß ist auch dann gewahrt, wenn die Zuführung zum Genusse nicht unmittelbar, sondern erst nach weiterer Verarbeitung erfolgt. RFH. 2. Mai 28 IV A 83/28 ZfZ. 1928, 238.

Nr. 76.

1. „Hackspäne", die aus Abfallholz durch Zerkleinern mit einer Hackmaschine hergestellt sind und zur Zellstoffbereitung dienen, sind als Nutzholz nach TarNr. 76 zu tarifieren. RFH. 12. Sept. 28 IV A 226/28 ZfZ. 1928, 416.

Nr. 86.

Sakowski, Die Brenn- und Schleifholzabfertigungsfrage im Lichte der Rechtsprechung des Reichsfinanzhofs. ZfZ. 1928, 336.

1. Entrindetes, durch Spalten aus 1 m langen Nadelrundholzstämmen gewonnenes, fast völlig astloses Scheitholz von erstklassiger Beschaffenheit, das zur Erzeugung von Nutzholzgegenständen wie Haus- und Küchengeräten, Dachschindeln usw. verwendbar ist, ist nicht als Brennholz, sondern als Nutzholz anzusehen. Nach den Bestimmungen des Warenverzeichnisses in Nr. 6 beim Worte „Holz" kommt als zollbegünstigtes Schleifholz der TarNr. 86, soferne die sonstigen Voraussetzungen vorliegen, nur das ungespaltene Rundholz in Betracht. RFH. 6. Dez. 1927 IV A 266/27 ZfZ. 1928, 37.

Nr. 153.

1. Gepickelte Schaffelle sind nicht als halbgare Felle der TarNr. 544 zollpflichtig, sondern nach TarNr. 153 zollfrei zu belassen. RFH. 6. Dez. 27 IV A 345/27 ZfZ. 1928, 38.

Nr. 180.

1. a) Für die Unterscheidung von Weiß- und Rotwein im Sinne des Zolltarifs für die Verkehrsauffassung maßgebend.
b) Der Erlaß des Reichsministers der Finanzen vom 3. Juni 1926 (RZollbl. 1926 S. 119) ist nicht maßgebend, da er das Warenverzeichnis nicht geändert hat. RFH. 6. Dez. 27 IV A 365/27 ZfZ. 1928, 38.

Nr. 188.

1. Als Hefe kommt nur ein Stoff in Betracht, der die charakteristischen Eigenschaften der Hefe, nämlich gärungsfähige Hefezellen, besitzt. RFH. 16. Mai 28 IV A 158/28 ZfZ. 1928, 239.

Nr. 216.

1. Kuchenmehl, aus einem Gemenge von Weizenmehl, Zucker und zerkleinerten Mandeln bestehend, ist als Nahrungs- und Genußmittel und Gegenstand des feineren Tafelgenusses nach TarNr. 216 zum Satze von 150 RM. für 1 dz zollpflichtig. RFH. 16. Mai 28 IV A 111/28 ZfZ. 1928, 275.

Nr. 239.

1. Trotz übernahme der in Ziff. 11 der „Bestimmungen über den Bezug und die Verwendung von zollbegünstigtem Mineralöl zum Motorenbetrieb" ausgesprochenen Verpflichtung, Fehlmengen stets nach dem Unterschiedsbetrage zwischen dem vollen Zollsatz von 10 RM. für 1 dz und dem ermäßigten Zollsatz zu verzollen, schuldet der Bezieher von zollbegünstigtem Mineralöl nur den Zollbetrag, der sich aus der Beschaffenheit des bezogenen Oles ergibt. Bestand und Umfang der Steuerschuld wird — mangels entgegenstehender gesetzlicher Vorschriften — nicht durch Anerkenntnis des Steuerschuldners geändert. RFH. 22. Febr. 28 IV A 42/28 ZfZ. 1928, 135.

Nr. 282.

1. a) Das als künstliches Mineralquellsalz bezeichnete, dem sogenannten Kruschensalz entsprechende Salzgemisch, bestehend aus Magnesiumsulfat, Natriumsulfat, Kaliumsulfat, Natriumchlorid und Kaliumchlorid, kann als künstliches Quellsalz im Sinne der TarNr. 282 nicht behandelt werden.
b) Die Vorschrift des Warenverzeichnisses in der Anm. Ziff. 1 Abs. 2 b beim Worte „Arzneiwaren" erfordert nicht, daß die Mischung ausschließlich aus Arzneistoffen besteht.
c) Die V. betr. Verkehr mit Arzneimitteln vom 22. Okt. 1901 (RGBl. S. 380) ist für die Zollbehandlung von Arzneiwaren nicht maßgebend. RFH. 7. März 28 IV A 246/27 ZfZ. 1928, 156.

Nr. 332.

1. Manganschlamm, bestehend aus etwa 55 v. H. Mangankarbonat und 38 v. H. Wasser sowie geringen jeweils 5 v. H. nicht übersteigenden Mengen von Eisen-, Kalzium- und Anilinverbindungen, ist nach Tar.-Nr. 332 zollpflichtig. RFH. 11. Juli 28 IV A 178/28 ZfZ. 1928, 357.

Nr. 336.

1. „Flüssige Tapetenfarbe" aus Zellstoff, Kaolin, löslicher Stärke und Wasser, mit Zinkoxyd oder einem organischen Farbstoff gefärbt, ist

als zubereitete Farbe zu verzollen. RFH. 18. April 28 IV A 101/28 ZfZ. 1928, 216.

Nr. 378.

1. Die Begriffsbestimmungen in Teil III Ziff. 99 der Anl. für die Zollabf. können nur als Anhaltspunkte dafür dienen, wann eine chemische Untersuchung der Ware herbeizuführen ist. Hat eine solche stattgefunden, so ist deren Ergebnis ohne Rücksicht auf die vorbezeichneten Begriffsbestimmungen der Zollbehandlung zugrunde zu legen. RFH. 25. Jan. 28 IV A 257/27 ZfZ. 1928, 95.

Nr. 383.

1. Sulfitablauge, die 32% gerbende Stoffe enthält, ist als Gerbstoffauszug zu verzollen. RFH. 20. Dez. 27 IV A 287/27 ZfZ. 1928, 56.

Nr. 405.

1. Sogenannte Vistragewebe, die aus Viskosestapelfaser hergestellt sind, sind als Kunstseidengewebe zu verzollen. RFH. 6. Nov. 28 IV A 341/28 ZfZ. 1928, 477.

Nr. 429.

1. Dichte Gewebe aus Wolle und Baumwolle zu Polstern von Automobilsitzen sind als Gewebe für Möbelausstattung nach TarNr. 429 zu verzollen. RFH. 21. März 28 IV A 38/28 ZfZ. 1928, 179.

Nr. 432.

1. Auf Maschinenfilze aus Wolle, endlos gewebt, zur Papierherstellung, die zur Kennzeichnung der Richtung der Filze in der Papiermaschine mit eingewebten, blauen Streifen (Wollfäden) versehen sind, finden die in der Anm. 3 zu Nr. 432 des Zolltarifs für Filztücher aus Wolle vorgesehenen Vertragssätze keine Anwendung. RFH. 22. Febr. 28 IV A 45/28 ZfZ. 1928, 135.

Nr. 484.

1. Die Verzollung von Bindfaden nach TarNr. 484 ist davon abhängig, daß sich dieser nach seiner Beschaffenheit als Seilerware darstellt. RFH. 27. Juni 28 IV A 173/28 ZfZ. 1928, 319.

Nr. 517.

1. Tierfiguren aus Gips, die mit Kleidern aus Gespinstwaren versehen sind, sind als „Gespinstwaren in Verbindung mit anderen Stoffen" zu verzollen, wenn sie im Sinne von Anm. 10 Abs. 2 zum Stichwort „Gespinstwaren" des Warenverzeichnisses überwiegend den Charakter von Gespinstwaren haben. RFH. 27. Juni 28 IV A 179/28 ZfZ. 1928, 318.

Nr. 518.

1. Preßmatten aus zwei kreisrund geschnittenen, aufeinandergenähten dichten Geweben aus anderen Tierhaaren als Wolle sind als genähte Gegenstände nach TarNr. 518 zum Satze von 1050 RM. für 1 dz zollpflichtig. RFH. 11. Juli 1928 IV A 230/28 ZfZ. 1928, 357.

Nr. 519.

1. Monatsbinden aus zugeschnittenen Zellstoffwattelagen, die in ein zugeschnittenes Stück undichten baumwollenen Gewebes vollständig ein-

geschlagen sind, sind als genähte Gegenstände nach TarNr. 519 zu verzollen. RFH. 21. März 28 IV A 64/28 ZfZ. 1928, 179.

2. Sogenannte Gleitverschlüsse aus Neusilber, die mit Baumwollbändern in feste Verbindung gebracht sind, werden wie genähte Gegenstände aus Gespinstwaren verzollt, sofern sie überwiegend den Charakter einer Gespinstware haben. RFH. 26. Sept. 28 IV A 253/28 ZfZ. 1928, 416.

Nr. 522.

1. Ventilationsschläuche, bestehend aus einem mit Kautschuk und mineralischen Stoffen überzogenen, schlauchartig zusammengenähten Jutegewebe sind als genähte Gegenstände nach TarNr. 522 zollpflichtig. RFH. 24. Okt. 28 IV A 310/28 ZfZ. 1928, 457.

Nr. 541.

1. Ein in Hutform gebrachtes gefärbtes Geflecht aus in schmale Streifen zerschlissenen Pandanusblättern, dessen Rand offen ist, so daß die Enden der Flechtstreifen vollständig frei liegen, ist wie Hüte zu verzollen. RFH. 24. Okt. 28 IV A 362/28 ZfZ. 1928, 457.

Nr. 546.

1. Die im Warenverzeichnis beim Stichwort Leder in der Anm. 1 zu 1 für die Verzollung von halben Häuten der TarNr. 545 vorgesehene Bestimmung kann auf Waren der TarNr. 546 nicht angeewendet werden. RFH. 27. Juni 28 IV A 166/28 ZfZ. 1928, 318.

Nr. 552.

1. Als lackiertes Leder ist auch das mit einem Anstrich von Zellhornlack versehene Leder zu behandeln. RFH. 27. Juni 28 IV A 80/28 ZfZ. 1928, 318.

Nr. 590.

Bergmann, Grobe und „andere als grobe" Flechtwaren der TNr. 590/1. ZfZ. 1928, 150.

Nr. 611.

1. Sogenannte Druckknopfkappen (Oberteile von Druckknöpfen aus Horn oder Steinnuß sind nicht als Knöpfe im Sinne der TarNr. 611 und 646, sondern als nicht besonders genannte Hornwaren ohne Verbindung mit anderen Stoffen und als solche Steinnußwaren nach Tar.-Nr. 614 und 646 zu verzollen. RFH. 26. Sept. 28 IV A 252/28 ZfZ. 1928, 417.

Nr. 623.

1. Von gebrauchten Fässern stammende Faßdauben, die an einer Schmalseite mit einer Nute versehen sind, sind nach TarNr. 623 zollpflichtig. RFH. 26. Sept. 28 IV A 139/28 ZfZ. 1928, 417.

Nr. 628.

1. Ahornkanthölzer, die in der Längs- und Querrichtung mit der Säge stellung von Tapetendruckwalzen dienen, sind nach TarNr. 628 zum vorgearbeitet und in der Längsrichtung durchbohrt sind und zur Her-Satze von 8 RM. für 1 dz zollpflichtig. RFH. 6. Nov. 1928 IV A 319/28 ZfZ. 1928, 476.

Nr. 648.

1. Aus formbarer Kohle hergestellte, auf 4 Seitenflächen bearbeitete Platten sind als Kohlenbürsten nach TarNr. 648 zum Satze von 200 RM. für 1 dz zollpflichtig. RFH. 2. Mai 1928 IV A 33/28 ZfZ. 1928, 216.

Nr. 651.

1. In Streifen geschnittene Steinpappe, die durch Wölbungen an beiden Längsseiten zur Verwendung als Wandbekleidung geeignet gemacht ist, ist nicht als Steinpappe der TarNr. 651 A, sondern als Pappware nach TarNr. 670 zu verzollen. RFH. 31. Aug. 28 IV A 280/28 ZfZ. 1928, 357.

Nr. 654.

1. Packpapier aus mechanisch und chemisch bereitetem Holzstoff kann bei Vorliegen der übrigen Voraussetzungen nur dann der TarNr. 654 zugewiesen werden, wenn der in ihm enthaltene Anteil an mechanisch bereitetem Holzstoff (Holzschliff nicht unter 95 v. H. beträgt. RFH. 12. Sept. 28 IV A 205/28 ZfZ. 1928, 415.

Nr. 657.

1. Durch zweimaliges Falten zusammengelegte gedruckte Preisverzeichnisse aus Papier sind als „lose" Preisverzeichnisse nach TarNr. 657 zu verzollen. RFH. 26. Sept. 28 IV A 291/28 ZfZ. 19928, 434.

Nr. 674.

1. Der Umstand, daß Druckschriften zu Werbezwecken dienen, schließt nicht aus, daß sie sich wegen ihres Inhalts usw. als literarische Erzeugnisse darstellen. RFH. 25. Jan. 28 IV A 430/27 ZfZ. 1928, 96.
2. Malvorlagen mit Erläuterungen können als literarische Erzeugnisse in Betracht kommen. RFH. 30. Mai 28 IV A 28/28 ZfZ. 1928, 318.

Nr. 725.

1. Feuerfeste, nicht als Steine zu behandelnde Erzeugnisse (Platten) aus Ton fallen ohne Rücksicht auf den Verwendungszweck unter Tar.-Nr. 725. RFH. 11. Juli 1928 IV A 250/28 ZfZ. 1928, 358.

Nr. 732.

1. Sogenannte Drahtziegelgewebe, bestehend aus einem Geflecht aus Eisendraht, dessen Bindungspunkte mit aufgepreßten, ziegelhart gebrannten, kreuzförmigen Körpern aus gewöhnlichem Ziegelton umgeben sind, sind nach TarNr. 732 mit 75 RM. für 1 dz zollpflichtig. RFH. 24. Okt. 1928 IV A 312/28 ZfZ. 1928, 433.

Nr. 739.

1. Lampenschirme aus weißem, an der Außenseite mit Spiegelamalgan belegtem und mit Aluminiumbronze bestrichenem Glase, die infolge dieser Bearbeitung an der Innenseite Silberfarbe zeigen, sind als versilbertes Glas nach TarNr. 739 zollpflichtig. RFH. 10. Okt. 28 IV A 336/28 ZfZ. 1928, 433.

Nr. 878.

1. Leuchter aus gegossenem Messing mit einer Vorrichtung zur Aufnahme eines Talglichts sind keine „Beleuchtungskörper" im tariflichen Sinne, wenn sie hauptsächlich nicht zu Beleuchtungszwecken, sondern als Schmuck dienen. RFH. 26. Sept. 28 IV A 231/28 ZfZ. 1928, 433.

Nr. 891.

1. Eine Vorrichtung zur Prüfung der Wasserdurchlässigkeit von Betonkörpern, die das Ergebnis der Prüfung nicht unmittelbar feststellt, ist keine Meßvorrichtung im Sinne der TarNr. 891 E. RFH. 2. Mai 28 IV A 43/28 ZfZ. 1928, 216.

Nr. 912.

1. Zinkhülsen für Taschenlampenbatterien sind als Bestandteile für Trockenelemente nach TarNr. 912 F zollpflichtig. RFH. 18. April 28 IV A 60/28 ZfZ. 1928, 197.

Nr. 929.

1. Als Ansichtsmuster für die Kundschaft bestimmte, mit Zifferblatt und Zeiger versehene Uhrwerke zu Taschen- und Armbanduhren in Umschließungen, die in einem silbernen Rande mit Glas für das Zifferblatt bestehen und bei denen an Stelle des hinteren Silberdeckels ein Glasdeckel angebracht ist, sind als Uhrwerke in Gehäusen wie Uhren nach TarNr. 929 zollpflichtig. RFH. 7. März 28 IV A 16/28 ZfZ. 1928, 157.

Nr. 933.

1. Messingplättchen, die sich nach ihrer Formgebung und der bei Zifferblättern für Uhren üblichen Auftragung der Ziffern erkennbar als Teile von Taschenuhren oder Armbanduhren darstellen, sind nach Tar.-Nr. 933 auch dann zu verzollen, wenn sie vor der Einsetzung in die Uhren noch einer weiteren Bearbeitung bedürfen. RFH. 27. Juni 28 IV A 174/28 ZfZ. 1928, 318.

41.

Zuckersteuergesetz

vom 9. Juli 1923 (RGBl I S. 472).

Thiel, Zuckersteuersenkung und Zuckerverbrauch. ZfZ. 1928, 446.

Sachregister.

(Die Ziffern bedeuten die Seiten.)

FSC
www.fsc.org
MIX
Papier | Fördert gute Waldnutzung
FSC® C083411

Kolibri 360 GmbH
Ferdinand-Jühlke-Straße 7
99095 Erfurt, Deutschland
produktsicherheit@kolibri360.de